The Practice of International Trade

무역실무

박현용 정재완

도서출판 청람

| 머리말 |

최근 국제무역질서는 WTO 중심의 다자주의 체제가 약화되면서 지역주의와 양자주의를 넘어서 보호무역주의가 전 세계로 확산되고 있다. 특히 패권 경쟁을 하고 있는 미·중 간 무역분쟁이 당분간 지속될 것으로 예상되며, 세계무역을 이끌었던 WTO의 기능을 다시 회복하기 위한 논의가 진전되지 못하면서 세계무역질서의 불확실성이 심화되고 있다. 또한 코로나19는 글로벌 가치사슬(GVC)의 붕괴와 이념을 기반으로 하는 글로벌 공급망 재편을 가져오면서 국제통상질서는 한치 앞을 알 수 없을 정도로 혼란스러운 상황이다. 이러한 불안정한 국제무역 환경은 대외의존도가 높은 한국경제에 큰 위협이 되고 있다. 특히 무역분쟁의 가능성이 높아졌고 기존에는 예상하지 못한 분야에서 클레임이 제기되면서 무역실무에 대한 전문성에 대한 요구는 높아지고 있다.

이 책은 무역실무에 대한 기초지식을 쉽고 현실감 있게 전달하고자 노력하였다. 특히 무역실무 프로세스를 바탕으로 주요 관심사와 쟁점을 중심으로 충실하게 기초적인 이론을 담고자 노력하였다. 이 책의 특징은 무역 프로세스를 바탕으로 무역계약, 무역운송, 무역보험, 대금결제, 무역분쟁의 해결로 구분하고, 세부적인 사안에 매몰되지 않고 전체적으로 내용을 따라가면서 큰 틀을 잡을 수 있도록 하여 무역실무의 흐름을 보는 눈을 가질 수 있도록 구성하였다. 이 책은 무역실무의 기초를 시작으로 무역계약의 성립, 이행, 소멸이라는 4개 부(section)와 하위 소주제를 담은 14개 장(chapter)으로 구성했다. 공부한 내용을 정리할 수 있도록 국제무역사 자격시험 기출문제를 정리해 두었다. 주요 학습내용을 마인드맵 형식으로 그리고 하위 세부사항을 정리하여 암기하고, 기출문제로 숙지 정도를 확인하는 방법으로 공부할 것을 권한다.

무엇보다도 2019년 10월 국제상업회의소(ICC)는 국제무역에서 보편적으로 사용되는 거래조건의 해석에 관한 국제통일규칙인 인코텀즈 개정안을 최종 승인하였다. 가장 큰 개정사항은 거래조건 중 DAT조건이 DPU조건으로 개정된 것과 CIF조건과 CIP조건의 부보 수준에 차이가 생긴 것 등이 있다. 그 외에도 개별 조항의 순서, FCA조건에서 선적선하증권(On board B/L)을 허용하는 등의 변화가 있었다. 제7장에서는 이러한 변화된 내용을 반영하여 전반적으로 수정하였다. 무역실무의 범위가 광범위하기 때문에 여전히 구석구석 미진함이 많지만 부족한 부분은 앞으로 최선을 다해 수정 · 보완할 것을 약속드린다. 이 책이 다채롭고 흥미진진한 무역실무의 세계로 다가가는 든든한 발판이 될 수 있기를 바란다.

2023년 2월

박현용 · 정재완

| 차례 |

Part 01 | 무역실무의 기초

Chapter 01 | 무역의 의의

Chapter 02 | 주요 무역거래의 형태

Chapter 03 | 무역거래의 절차

Chapter 07 | 정형거래조건

Part 03 | 무역계약의 이행

Chapter 08 | 수출입통관

Chapter 09 | 무역상품의 운송

Chapter 10 | 무역화물에 대한 적하보험

Chapter 11 | 무역대금의 결제

Chapter 12 | 신용장

Chapter 13 | 수출보험제도

Part 04 | 무역계약의 종료

Chapter 14 | 무역클레임

PART 01

무역실무의 기초

The Practice of International Trade

CHAPTER

01 무역의 의의

1 무역의 유용성

[그림 1-1]은 상해에 있는 어느 슈퍼마켓의 사진이다. 우리나라 제품을 비롯해 세계 각국의 제품들이 진열장을 가득 메우고 있다. 이러한 전경을 가능하게 하는 것이 바로 무역이다. 영어에서 home(domestic) trade는 국내거래를, foreign trade는 외국무역을 의미하는 것처럼, 무역(trade, 거래)이라는 말은 엄밀하게 말하면 외국과의 거래만을 의미하는 것은 아니다. 하지만 우리가 '무역'이라고 할 때는 일반적으로 외국과의 상거래를 의미한다.

국경을 초월해 국가 간 이루어지는 거래, 즉 무역에 대해서 대부분 경제학자들은 국가경제에 매우 유익한 효과를 가져온다고 말한다.[01] 먼저 무역을 통해 우리는 국내에서 생산되지 않는 재화를 얻을 수 있다. 예를 들어 원유나 고무와 같이 국내에서 생산되지 않는 재화를 얻을 수 있는 것도 무역의 혜택이고, 국내에서 보유하지 못한 첨단기술을 활용한 의료장비, 제조장비 등을 사용해 사람을 살리고 최첨단기기를 만들 수 있는 것도 무역의 혜택이다.

01 국경을 넘어 외국과 교역하는 무역이 발생하는 원인에 대하여 애덤 스미스(A. Smith)는 절대생산비설로, 리카도(D. Ricardo)는 비교생산비설로, 헥셔와 오린(E. Heckscher and B. Ohlin)은 요소부존비율(要素賦存比率)이론으로 설명했다.

| 그림 1-1 | 중국 상해의 어느 슈퍼마켓

또 무역을 통해 국내에서 생산은 되더라도 생산비가 많이 들어 비싼 물품을 보다 저렴한 가격에 더 좋은 품질로 얻을 수도 있다. 예를 들어 소형 가전의 경우 중국이나 동남아 국가에서 수입한 것을 사면 더 싸게 살 수도 있고, 한우를 먹기 부담스러운 회식 자리에서는 저렴한 호주산 쇠고기를 먹을 수 있는 것도 무역 덕택이다.

무역을 통하여 대량 생산이 가능한 규모의 경제효과를 얻을 수 있다는 것도 유익한 점이다. 국내시장만 대상으로 하는 것보다 세계시장을 대상으로 무역을 하면 대량 생산이 가능하고, 단위당 생산비가 절감되어 보다 수익향상이 가능해진다. 이러한 대량 생산은 결국 수익향상을 통해 무역하는 국가의 복지를 향상시킨다.

이 외에도 무역은 국가 간 원재료와 상품의 이동을 통해 국제 분업 생산을 가능하게 해준다. 이제 기업들은 저렴한 생산비나 원료의 확보, 고급기술의 이용 또는 판매시장의 확보를 위해 해외직접투자를 하고 세계(global)화되며 최적의 생산과 판매를 추구할 수 있게 됐다.

이렇게 유용한 무역은 이제 정보통신과 운송의 발달로 누구나 흔히 접하는 일상사가 되었다. e-Bay에서 마우스를 몇 번 클릭하면 외국제품을 쉽게 살 수 있고 또 K-Pop의 수출이나 해외대학의 온라인 강좌를 보는 것과 같이 무역의 범위도 단순한 재화를 뛰어넘어 서비스, 용역, 문화까지 그 범위가 넓어졌다. 이러한 변화로 무역의 혜택과 유용성은 대부분 상품의 제조자와 수출자인 기업에 머물러 있던 것이 용역을 제공하는 컨설턴트, 교육자, 가수나 배우에게로 확대되었고 수출과 국가

경제의 성장으로 이어져 왔다.

2 무역의 일반적인 특성

무역의 범위가 확대되기는 했지만 일반적으로 무역이라고 하면 상품의 수출입을 말한다. 그렇다면 일반적인 무역은 국내에서 상품을 거래하는 것과 어떤 차이가 있을까? 무엇보다 무역은 멀리 있는 외국의 거래 상대방과 상품을 교환하는 것이기 때문에 국내거래보다 더 큰 위험요소를 갖고 있다. 이러한 위험요소들은 무역의 확대에도 불구하고 실제로 수출입을 통해 장기적이고 지속가능한 무역의 수혜를 누리는 것을 어렵게 한다. 무역실무는 이러한 무역의 위험을 이해하고 회피하거나 완화하는 방법을 통해 무역거래를 성공적으로 매듭짓기 위한 절차와 손실, 분쟁이 발생하는 경우에도 이에 대응하는 방법을 공부하게 된다. 무역거래에 따르는 위험은 다양하지만 아래와 같이 몇 가지로 요약해 볼 수 있다.

2.1 장거리 운송의 부담

무역에는 장거리 운송에 따른 높은 운송비 부담과 상품의 품질저하문제가 발생한다. 따라서 상품의 가격에 비해 부피가 크거나 무거운 상품은 운송비가 과중되므로 무역거래의 대상이 되기 어렵다. 또한 신속한 운송과 상품의 품질저하를 방지하기 위해 국내거래에서보다 포장을 훨씬 견고하게 하여야 할 필요성이 높아지고, 운송에 있어서도 컨테이너와 같은 특수 운송용기가 사용된다. 또 장거리 운송에 따른 각종 위험의 발생은 운송보험을 필요로 한다.

2.2 환위험의 가능성

유럽연합과 같이 통화가 단일화된 경우가 아니라면 무역은 통화제도가 다른 국가들 간에 이루어지기 때문에 국내거래와는 달리 환율변화가 수익에 큰 영향을 미친다. 특히 시장상황에 따라 수시로 환율이 바뀌는 변동환율제하에서는 환율에 대해 적절히 대응하지 못할 경우 무역으로 오히려 큰 손실을 입을 수도 있다.

2.3 상이한 거래환경

무역은 각국의 상이(相異)한 법률, 제도, 상관습 또는 국제조약의 영향을 받는다. 국내거래는 동일한 법률과 제도, 그리고 큰 차이 없는 상관습 아래서 이루어지나 무역은 전혀 다른 외국의 법률이나 제도, 상관습 그리고 국제조약의 제약을 받을 수밖에 없다. 따라서 무역계약을 체결할 때 이러한 점을 고려하여 계약을 분명하게 해 둘 필요가 있으며, 거래되는 상품도 사용 · 소비되는 국가의 표준이나 기준, 법률적 규제사항에 적합하여야 한다.

2.4 관세 및 비관세장벽의 존재

무역에는 관세 및 비관세(非關稅)를 통한 수출국과 수입국의 관리가 따른다. 대개의 경우 수입상품에는 국내거래상품과는 달리 관세가 부과 · 징수되므로 그만큼 가격의 상승요인이 발생한다. 또 어느 나라나 수출 또는 수입상품에 대하여는 국내거래상품에 대한 것보다 더 많은 제한을 두기 마련이다. 각종 쿼터, 허가 · 승인제도의 운영, 외환의 배정 등 수많은 제약이 그것이다. 이러한 각종 제한과 관세는 무역의 장벽이 되어 거래를 어렵게 만든다.

2.5 언어 · 관습의 차이로 인한 장애

무역에서는 국내거래와 달리 상이한 언어 또는 관습이 거래에 큰 장애가 될 수 있다. 따라서 무역상에게 익숙한 언어와 관습이 있는 국가와의 거래가 그렇지 아니한 국가와의 거래보다 훨씬 원활하게 된다.

CHAPTER

02 주요 무역거래의 형태

무역거래의 형태는 무수히 다양하다. 무역거래의 형태를 구분하는 것은 학문적인 필요와 실무적인 필요를 동시에 만족하기 위해 시도됐다. 실무에서는 무역의 변화에 따라 무역거래자 간에 스스로의 거래의 형태를 쉽게 이해하기 위해 사용된다. 예를 들어 [그림 2-1]에서 보는 것과 같이 무역의 주체가 오로지 국가나 제국이었던 과거에는 개인이 무역에 참여하기도 했는데 무역의 주체가 누구인지 구분할 필요가 있었고 이에 따라 공무역과 사무역을 나누기도 했다. 반면에 학문적으로는 자유무역과 보호무역을 나눈 것과 같이 정치 · 경제학적인 관점에서 무역거래를 이해하고자 무역거래의 형태를 나누기도 한다.

그림 2-1 주로 황제국에 대한 조공형태로 이루어진 공무역

1 무역의 주체에 의한 분류

무역을 하는 주체가 누구인가에 따라 민간무역과 공무역(公貿易)으로 분류할 수 있다. 민간무역은 무역거래의 담당주체가 민간기업인 경우를 말하고, 공무역은 그 주체가 정부기관이거나 공공기관[01]인 경우를 말한다. 민간기업은 영리추구를 목적으로 하는 반면, 공무역은 통상 비영리를 목적으로 거래를 한다. 무역거래의 주체가 국가가 되어 국가의 무역계획과 무역협정에 입각해서 이루어지는 무역을 국영무역(state trade)이라 부르기도 한다. 국영무역도 특정한 정부기관이 이를 수행하게 되므로 이를 정부무역(government trade)이라 부를 수 있다. 한편 정부가 출자한 대행기관을 통해 하는 무역을 정부베이스무역(government basis trade)이라 한다.

2 국가의 간섭 정도에 의한 분류

국가가 무역에 대하여 어떠한 관리(통제)를 하느냐에 따라 자유무역, 보호무역, 관리무역, 협정무역 등으로 분류된다. 자유무역이란 국가가 민간의 수출입행위에 대하여 일체 간섭하지 않고 자유방임하는 것을 말하는데, 이것은 이론적인 것일 뿐 현실세계에서 이와 같이 자유무역을 허용하는 국가는 존재하지 않는다. 보호무역은 산업의 보호, 국제수지 균형, 군사 · 외교상의 이유 등으로 국가가 관세 또는 비관세수단을 동원하여 보호적인 무역정책을 하는 경우를 말한다. 관리무역이란 국가가 무역의 일부 또는 전부에 대해 그 금액, 품목, 거래대상, 결제시기나 방법 등에 일정한 규제를 가하는 경우를 말한다. 협정무역이란 무역증진이나 무역의 균형을 위하여 국가 간 협정을 체결하고 그 범위에서 무역을 하는 것을 말한다. 무역을

01 공공기관이란 정부의 투자 · 출자 또는 정부의 재정 지원 등으로 설립 · 운영되는 기관으로서 공공기관의 운영에 관한 법률에 의해 규율되는 기관을 말한다.

위한 국제협정에는 ① 수출입물품의 수량이나 종류를 약정하는 무역협정, ② 무역결제 방식을 약정하는 지급협정, ③ 상호 관세상의 혜택부여를 목적으로 하는 호혜통상협정, ④ 주요 상품의 수요와 공급관계를 안정시키기 위한 국제상품협정 등이 있다.

3 무역의 대상에 의한 분류

무역의 거래상대가 누구인가에 따라 남북무역, 동서무역, 수평무역, 수직무역 등으로 분류된다. 남북무역은 개발도상국과 선진국과의 무역을 지칭하는 것이다. 개발도상국이 지리적으로 보아 주로 적도(赤道) 남쪽에 위치하고 선진국은 그 북쪽에 위치하고 있음에서 유래한 것이다. 동서무역은 자본주의 시장경제 국가와 공산주의 국가 간의 무역을 의미하였던 것이다. 유럽을 중심으로 할 때 동쪽에 공산권 국가들이 위치하고 서쪽에 자본주의 국가들이 위치하고 있었음에서 유래한 것이다. 수평무역은 국가 간의 경제발전단계가 유사하거나 생산단계가 유사한 상품 간의 무역을 말한다. 예컨대 선진국 상호 간의 무역이나 개발도상국 상호 간의 무역 또는 공산품 상호 간이나 1차상품 상호 간의 무역이 그것이다. 수직무역은 공산품과 1차상품 간의 무역이나 경제발전단계상 산업구조가 다른 국가, 즉 선 · 후진국 간의 무역을 말한다. 수직무역은 보완적(補完的) 무역이라고도 한다.

4 재화의 형태에 의한 분류

거래되는 재화를 육안으로 식별할 수 있느냐의 여부에 따라 분류하는 것으로 유형무역과 무형무역으로 분류된다. 유형무역은 거래되는 물품이 있는 경우를 말하는 것이고, 무형무역은 거래의 대상이 형체를 가지지 않는 서비스이거나 전자형태로 배송(配送)되는 경우를 말하는 것이다. 유형무역은 세관의 통관절차를 반드시 거치게 되고 무역통계에도 집계되지만, 무형무역은 통관과는 무관하다. 다만 국제수지표에 수지로서 반영되어 나타난다. 무형무역에는 생산요소(자본, 노동)의 수출입이나 기술의 수출입, 관광과 같은 서비스의 거래, 그리고 전자적 형태의 무체물에 대한 On Line거래가 포함된다. 유형무역이 무역통계에 집계되는 시점은 세관에서 수출입신고가 수리된 때이고, 무형무역이 국제수지에 집계되는 시점은 외국환은행에서 외화가 지급되거나 영수되는 때이다.

5 재화의 이동 방향에 의한 분류

거래되는 재화가 이동하는 방향에 따라 분류하는 것으로 수출무역과 수입무역으로 분류된다. 수출(輸出, export)은 재화나 용역을 외국으로 내보내는 것을, 수입(輸入, import)은 그 반대로 재화나 용역을 외국에서 국내로 들여오는 것을 말한다. 수출입의 흐름에는 항상 반대 방향으로 외화(外貨)나 화폐용 금(金이) 반대급부로서 흐르게 된다.

6 물품의 매매형태에 의한 분류

물품의 매매가 무역거래당사자 사이에 직접적으로 이루어지는가 또는 제3자를 통하여 간접적으로 이루어지는가에 따라 구분하면 직접무역과 간접무역으로 분류된다. 또 판매방법의 특수성을 고려하여 분류하면 위탁판매무역, 수탁판매무역, 임대차무역으로 분류된다. 직접무역은 양국의 거래당사자가 직접 매매계약을 체결함으로써 이루어지는 것이고, 간접무역은 거래에 제3자 또는 제3국이 개입되는 것을 말한다. 간접무역에는 수출할 것을 목적으로 물품을 외국에서 국내로 반입하여 가공 없이 원형대로 다시 제3국에 수출하는 형태의 중계무역(intermediary trade), 수출되는 물품이 수출국에서 수입국으로 직접 운송되지 않고 제3국을 경유하여 수입국으로 운송되는 통과무역, 수출국과 수입국의 중간에서 제3국의 상인이 수출입을 중개함으로써 거래가 이루어지는 중개무역(merchandising trade), 수출입계약은 수출상과 수입상 사이에 직접 체결되고 물품도 직접 운송되지만 대금의 결제만은 제3국의 업자를 개입시키는 스위치무역(switch trade), 그리고 외환의 통제나 수입의 규제, 또는 관세장벽의 회피를 위하여 제3국을 경유하여 무역을 하는 우회무역(round-about trade)이 모두 포함된다.

통과무역은 물품의 이동경로로 보면 중계무역과 유사하지만 경유국에 있는 제3자의 직접적 개입이 없다는 점에서 다르다. 통과무역의 주요 당사자는 수출상과 수입상으로 양자 사이의 직접거래지만 통과무역은 제3국을 경유하여 운송되는 것을 제3국의 입장에서 본 무역형태이다.

중계무역은 수출상, 중계무역상, 수입상 모두가 주요 당사자가 된다. 무역거래에 제3자가 개입한다는 면에서 보면 중개무역과 중계무역은 동일하지만 중개무역에서의 제3자는 중개료의 취득을 위한 거래의 알선에 그치고 물품은 수출상으로부터 수입상에게로 직접 운송된다. 그러나 중계무역의 경우는 중계무역상 자신이 수출상으로 거래상의 차익을 남기면서 수입상에게 수출하는 것이 보통이며 물품 또한 중계무역국을 경유한다는 점에서 차이가 있다. 중개무역에서 대금결제는 중개무역상을 거치는 경우와 수입상이 수출상에게 직접 하는 두 가지 경우가 있다.

무역거래는 보통 물품을 불특정 다수인에게 판매하고 그 대가를 지급받는 것이 일반적이지만 경우에 따라서는 물품을 위탁에 의해 무상(無償)으로 수출 또는 수입하고 그 물품이 판매된 범위 안에서 대금을 결제하는 방식의 거래와 사용료만을 지급하고 물품을 임대차(賃貸借)하는 임대차무역도 있다. 위탁에 의한 거래를 위탁하는 쪽의 입장에서 위탁판매무역, 위탁받는 쪽의 입장에서 수탁판매무역이라 한다. 임대차무역에는 임대차기간의 만료 전 또는 만료 후에 당해 물품의 소유권이 임차인에게 이전되는 조건부 임대차계약에 의한 수출입도 포함된다.

7 거래의 상대에 의한 분류

거래상대가 누구냐에 따라 기업과 기업, 기업과 소비자, 개인 또는 소비자 개인과 개인 간 거래로 나눈다. B2B(Business to Business)무역이란 기업과 기업 간의 무역거래를 의미하고, B2C(Business to Consumer)무역이란 기업과 소비자 개인과의 무역거래를 의미하며, C2C(Consumer to Consumer)무역이란 소비자인 개인과 개인 간의 직접 무역거래를 의미한다. 위 거래에서 한쪽 당사자가 기업 대신 정부(government)가 될 수도 있다.

8 물품의 운송경로에 의한 분류

무역거래 물품의 운송경로 및 운송방법을 기준으로 하는 것으로 육상무역, 해상무역, 항공무역, 연안무역(coasting trade), 하천무역으로 분류된다. 육상무역은 철도, 트럭 등으로 인접국 사이를 육상운송에 의해 거래하는 경우를 말하고, 해상무역은 바다를 주요 통상로로 하여 주로 선박을 운송수단으로 하는 거래를 말하며, 항공무역은 고가품과 신속한 운송이 필요한 물품거래 시 주로 이용하는 것으로 항공기를 운송수단으로 한다. 그리고 연안무역은 상품의 이동이 연안을 따라 이루어지는 경우를, 하천무역은 강을 따라서 이루어지는 경우의 무역을 말한다.

9 물품의 가공 · 조립형태에 의한 분류

가공무역(processing trade)이란 가공에 따른 용역비를 목적으로 원자재의 전부 또는 일부를 외국에서 수입하여 이를 가공하여 수출하는 거래를 말한다. 가공 · 조립형태 등에 따라 일반가공무역, 위탁가공무역, 수탁가공무역, 보세가공무역, 주문자상표부착(OEM : Original Equipment Manufacturing)방식무역, 제조업자개발생산(ODM : Original Design Manufacturing)방식무역, 현지조립(knock-down)방식무역, 플랜트(plant)방식무역 등으로 분류된다.

일반가공무역이란 원자재 또는 완제품의 거래 상대방과 수 · 위탁관계가 없이 이루어지는 가공무역이다. 일반가공무역을 다시 세분류하면 원자재를 수입하여 가공한 상품을 원자재 수입국으로 다시 수출하는 능동적 가공무역과 원자재 수입국 이외의 제3국으로 수출하는 통과적 가공무역, 그리고 원자재 수출 후 해당국으로부터 가공된 상품을 다시 수입하는 수동적 가공무역의 총 세 가지로 나누어진다. 일반가공무역의 경우 무역거래는 어디까지나 매도인과 매수인이 자기 책임하에 거래하는 것이다.

위탁가공무역과 수탁가공무역은 계약에 의해 원자재의 일부 또는 전부를 거래 상대방에게 공급한 다음 위탁자나 그가 지정하는 제3자에게 완제품을 공급하는 형태의 무역이다. 원자재를 공급하는 입장에서 보면 위탁가공무역, 원자재를 공급받는 입장에서 보면 수탁가공무역이 된다. 위탁가공무역과 수탁가공무역의 경우 상품의 생산과 판매에 대한 책임과 그로부터 얻는 이윤은 전적으로 위탁자에게 속한다. 가공을 수행하는 수탁자는 단지 임가공비를 대가로 용역을 행할 뿐이다.

보세가공무역이란 보세공장이나 종합보세구역, 자유무역지역과 같이 정부가 정한 특정지역에서 관세의 부담 없이 원자재를 수입하여 가공 후 수출하는 형태의 무역을 말한다. 주문자상표부착방식(OEM : Original Equipment Manufacturing System)무역이란 수입상으로부터 상품의 생산을 의뢰받아 생산된 상품에 수입상이 요구한 상표를 부착하여 인도하는 무역거래를 말한다. 이 거래에서 수입상은 주요 원자재를 별도로 공급하지 않는 것이 보통이다. 제조업자개발생산방식(ODM : Original Development Manufacturing System)무역이란 제조업체가 수입상에게 알맞은 제품을 개발 · 생산하여 수입상의 상표로 수입상에게 인도하는 방식이다. 이 방식은 OEM방식보다 한 단계 발전한 것으로 제조업체가 신제품의 개발능력이 있고 수입상이 대형 유통업체일 경우에 많이 활용한다.

현지조립방식(KD : Knock-Down Manufacturing System)무역이란 완제품 생산에 필요한 부품 또는 반제품을 공급하는 수출상과 최종제품을 조립할 수 있는 설비와 능력을 갖춘 수입상 사이에 이루어지는 무역으로 물품은 Knock-Down상태로 거래되고 수입국 현지에서 조립된 다음 판매된다. 플랜트무역은 공장(plant) 외에 선박, 철도, 교량 등 광범한 의미의 산업설비의 수출입을 말한다. 플랜트무역 중에서 특히 수입상이 원하는 플랜트의 설계에서부터 기계, 설비의 조달, 시설공사, 시운전에 이르기까지 모든 것을 수출상이 일괄적으로 이행하는 무역거래를 턴키(turn-key)방식무역이라 한다. 플랜트무역에서는 기계, 설비라는 유형무역과 기술과 인력이라는 무형무역이 혼합되어 일어나게 된다.

10 수출입의 연계형태에 의한 분류

수출입이 상호 연계되는 무역형태를 연계무역(counter trade)이라 한다. 수출입 물품의 대금을 그에 상응하는 수입 또는 수출로 상계하는 무역거래형태이다. 연계무역에는 대금의 청산형태, 교역되는 상품들 간의 관계 등을 기준으로 물물교환무역(barter trade), 대응구매무역(counter purchase trade), 구상무역(compensation trade), 제품환매무역(product buy-back trade), 상계무역(off-set trade), 보상거래, 삼각무역(triangular trade), 각서무역 등이 포함된다. 물물교환무역은 환거래 없이 상호 간 직접 상품을 교환하는 단순한 형태의 무역거래이다. 대응구매무역은 국가가 국가기관을 통해서 직접 행하는 무역인 국영무역을 한 옛 공산권국가들과의 동서무역에서 활용된 것으로 의정서(protocol)의 체결을 통해 별도의 두 수출입계약을 동시에 연계시키는 형태의 무역이다.

구상무역은 수출입물품 대금의 전부 또는 일부를 그에 상응하는 수입 또는 수출로 상계하는 무역형태를 말한다. 물물교환무역과는 달리 환거래가 발생하고 대응의무도 제3국에 전가할 수 있는 특징이 있다. 제품환매무역이란 기술, 설비 또는 플랜트를 판매한 수출상이 수출대금을 이미 판매한 기술, 설비 또는 플랜트에서 직접 파생되는 제품이나 또는 이를 이용하여 생산된 제품으로 회수하는 거래방식이다. 제품환매는 합작투자와 함께 산업협력(industrial cooperation)형태로 이루어질 수도 있다.

상계무역('상쇄무역' 또는 '절충교역거래'라고도 한다)은 고도 기술상품의 거래에서 이용된다. 수출상품의 일부를 구성하는 부품을 수입국 현지에서 조달하도록 하거나 제품 생산의 기술을 수입국으로 이전하도록 강제하는 거래형태이다. 이 방식은 고가의 항공기나 무기, 기타 첨단기술제품의 거래에서 많이 사용된다. 프랑스로부터 고속철도기술을 도입할 때 활용된 바 있다.

보상거래는 거래대금의 일부를 상품으로 받고 나머지는 외환으로 결제하는 거래를 말한다. 보상거래는 물물교환과 제품환매가 복합된 형태다. 삼각무역은 두 나라 사이에 수출입 불균형이 이루어져 편무역(片貿易)이 되었을 경우 제3국을 개입시켜 3국 간의 협정에 의해 균형을 이루고자 하는 무역을 말한다. 특히 대금결제에 제3국의 업자를 개입시켜 간접적으로 결제하는 경우를 스위치무역(switch trade)이라 한다. 스위치무역은 결제방식을 직접적인 방법에서 간접적인 방법으로 전환(switch)시킨다는 의미에서 사용된다. 각서무역은 중국과 일본이 국교가 정상화되지 아니한 시기 두 나라 사이에 연간 교역할 금액을 정하고 이를 각서로 교환하여 행하였던 무역을 일컬었던 것이다. 당시 중국과 일본의 대표였던 각서 교환자의 이름 첫 글자를 따서 LT무역이라고도 하였다.

11 대금의 결제방식에 의한 분류

무역대금의 결제방식에 따른 구분은 무역대금의 결제를 다루는 부분에서 더욱 상세히 설명하고 있다. 대금결제방식에 따라 무역형태는 현금결제방식무역, 신용장방식무역, 송금방식무역, 무(無)신용장 추심(推尋)방식무역, 청산계정방식무역, 팩토링(factoring)방식무역, 포페이팅(forfaiting)방식무역 등으로 분류될 수 있다.

12 대외무역법에 의한 분류

대외무역법에서는 무역거래의 형태를 일반거래형태와 특정거래형태로 구분한다. 특정거래형태에 해당하는 것은 ① 위탁판매수출, ② 수탁판매수입, ③ 위탁가공무역, ④ 수탁가공무역, ⑤ 임대수출, ⑥ 임차수입, ⑦ 연계무역, ⑧ 중계무역, ⑨ 외국인도수출, ⑩ 외국인수수입, ⑪ 무환수출입 등이다.

CHAPTER

03 무역거래의 절차

1 무역계약의 체결

무역계약은 보통 무역의 첫 단계다. 무역실무는 이 무역계약을 중심으로 무역계약의 성립, 이행, 종료의 순으로 설명된다. 먼저 수출과정을 중심으로 설명하자면 무역계약은 수출계약이 된다. 수출기업은 자기회사상품의 특징과 향후 판매전략을 고려해 판매가능한 시장을 찾는 해외시장조사를 한다. 해외시장조사(market research)는 거래에 영향을 미칠 수 있는 모든 요인이 조사의 대상이 된다. 대상시장이 선정되면 무역유관기관(무역협회, 상공회의소, 대한무역진흥공사 등)의 당해 시장 내 거래선 명부(directory)를 조사하거나 인터넷을 이용하여 거래상대를 찾고 자신의 상품을 소개한다. 상품의 소개는 편지, 제3자를 통한 소개, 견본을 가지고 출장하여 면담하거나 해외광고 또는 국제박람회를 이용할 수 있다. 최근 통신의 발달로 E-Mail이나 화상회의와 같이 온라인으로 저렴하게 이 과정을 수행하기도 한다.

잠재적인 구매자가 나타나면 상품에 대한 보다 자세한 정보를 제공하고 상담을 진행한다. 이때 오퍼(offer)와 반대오퍼(counter offer)를 주고받게 된다. 한편 계약으로 연결될 가능성이 있는 거래선에 대하여는 은행이나 동업자, 신용조사전문기관 등을 이용하여 신용조사(credit inquiry)를 한다.

2 신용장의 내도(來到)

이 단계는 대금결제를 신용장으로 진행하는 수출에만 해당한다. 신용장거래에서 계약이 체결되면 수입상은 자신의 거래은행을 통하여 수출상에게 신용장을 개설한다. 신용장을 수령한 수출상은 ① 무역계약의 내용과 신용장 기재내용의 일치 여부, ② 신용장개설은행의 신용상태, ③ 신용장의 진위(眞僞) 여부, ④ 지급확약의 문언 및 신용장통일규칙 준수문언의 존재 유무, ⑤ 기타 이행이 곤란하거나 불가능한 문언의 존재 유무를 검토한다. 개설된 신용장의 조건은 취소불능신용장일지라도 당사자들[01]이 합의하면 변경(amend)될 수 있다. 실무상 신용장의 조건변경은 선적기한의 연장, 금액 · 환적(換積)이나 분할선적 · 선적항의 변경 등에서 많이 일어난다. 변경된 신용장은 대개 통지은행을 통하여 전신으로 수익자에게 통보된다.

3 수출승인

대외무역은 물품의 수출입이 자유롭게 이루어지는 것을 원칙으로 규정하고 있다. 그러나 산업통상자원부 장관이 수출입공고, 별도공고 등으로 따로 정하여 고시한 품목의 경우에는 수출입승인을 받아야 한다. 대외무역법 이외의 각종 국내법령에 의하여 수출입이 제한되는 품목에 대하여는 산업통상자원부 장관이 통합하여 고시하는데 이를 통합공고라고 한다. 통합공고에 게기된 물품에 대하여는 수출입 승인에 앞서 관련기관, 단체 등에서 허가 · 승인 · 추천 · 검사 · 신고 등 '요건확인'을 받아야 한다.

---

01 신용장통일규칙(UCP 600) 제10조 조건변경(amendment) a. 제38조에서 규정한 경우를 제외하고 신용장은 개설은행, 확인은행이 있는 경우에는 그 확인은행, 그리고 수익자의 동의가 없이는 조건변경되거나 취소될 수 없다.

4 수출물품의 확보

4.1 완제품의 구매를 통한 조달

수출계약이 성사된 후 수출물품은 두 가지 방법으로 구한다. 다른 회사가 이미 생산한 완제품을 구매해 수출하거나 직접 생산해서 수출하는 방법으로 한다. 계약된 수출물품을 국내 생산업체로부터 구매하려면 먼저 생산업체와 구매계약을 체결하고 계약에 따라 완제품 내국신용장이나 구매확인서를 개설하여야 한다. 내국신용장과 구매확인서는 물품의 공급업체에게 물품을 수출용으로 공급하였다는 사실을 입증하는 서류로 수출물품을 조달한 후에도 수출실적의 인정, 관세 및 부가가치세 등 조세의 환급에 필수 서류로 사용된다.

4.2 수출품의 직접생산을 통한 조달

수출품을 수출상이 직접 생산하는 경우 생산에 투입되는 원자재를 조달하는 방법은 국내에서 구매하는 경우와 해외수입에 의하는 경우의 두 가지이다. 이 두 가지는 그 절차에 있어 큰 차이가 있다. 그러나 어느 경우에도 필요한 원자재의 양을 파악하기 위하여 소요량의 계산이 필요하다.[02] 소요량이란 수출물품 생산에 소요된 원자재의 실량(實量)과 손모량(損耗量)을 합한 수량을 말한다. 조달된 원재료로 수출물품을 생산함에 있어 필요한 자금은 무역금융의 생산자금을 융자받아 사용할 수 있다.

02 소요량계산서는 물품 생산에 소요되는 원재료의 양이 얼마인지를 당해 기업이 자체 계산한 서류를 말하고, 소요량증명서는 정부기관 등이 물품 생산에 소요되는 원자재의 양을 계산하고 그 내용을 확인하는 증명서를 말한다. 수입이 제한되는 물품을 외화획득용 원료로 수입하기 위하여는 필요한 물량을 확인하는 수단으로서 소요량계산서 또는 소요량증명서가 반드시 필요하나, 그 이외의 경우 소요량의 계산은 기업 자체의 필요에 따라 행하게 된다.

(1) 원자재의 수입조달

원자재의 수입과정은 수출과는 반대로 진행된다. 먼저 가장 적합한 원자재의 공급대상자를 물색한 다음 상담과정을 거쳐 수입계약을 체결한다. 계약이 체결되면 수출입공고와 별도공고에서 수입승인대상인지 여부를 확인하여 승인대상일 경우 산업통상자원부 장관이 지정 · 고시한 승인기관에서 수입승인을 받아야 한다. 만일 통합공고에 요건확인 대상품목으로 지정되어 있는 품목일 경우에는 수출입승인에 앞서 '요건확인'을 받아야 한다.

수입승인절차가 종료되면 수입되는 원자재를 신용장에 의해 거래하기로 한 때에는 거래은행에 신용장개설을 의뢰한다.[03] 신용장을 개설하고 일정기간이 지나 원자재 수출상으로부터 거래은행에 선적서류가 도착하면 일람불(at sight)조건일 경우는 수입대금을 결제하게 되는데, 이때 수입대금은 무역금융 중 원자재금융을 융자받아 결제할 수 있다. 융자된 원자재금융은 생산자금 융자 시와 같이 수출이행 후 회수되는 수출대금에서 자동으로 상환된다. D/A나 Usance L/C의 경우는 성격상 원자재금융의 대상이 되지 아니한다.

대금의 결제가 완료되면 거래은행에서 입수한 선하증권을 운송회사에 제출하고 화물인도지시서(D/O : Delivery Order)를 받아 화물을 인수한다. 만일 수입화물은 도착했으나 선적서류가 아직 도착하지 아니한 경우에는 선박회사로부터 화물도착통지서(A/N : Arrival Notice)를 입수하여 선적서류의 사본과 함께 은행에 제출, 화물선취보증서(L/G : Letter of Guarantee)를 교부받아 이를 선박회사에 제출하고 화물을 인수할 수 있다.

화물이 인수되면 물품의 사용에 앞서 수입통관을 한다. 통관은 화물이 도착한 공항 또는 항만의 보세구역에서 할 수도 있으나 생산공장이 있는 내륙의 보세구역으로 화물을 이송하여 통관하고자 할 때는 보세운송절차를 거쳐야 한다. 수입통관절차는 대개 수입신고 → 신고서의 형식적 심사 → 물품의 검사 → 수입신고수리 → 관세납부의 과정을 거친다. 물품을 수입신고할 때는 관세법의 규정에 따라 가격신

03 외화획득용 원료의 신용장개설수수료는 은행에 따라 차이가 있으나 대체로 0.1~0.2%로 내수용 물품의 0.16~2%에 비해 낮게 적용된다.

고를 하여야 하지만 수출용원재료에 대하여는 가격신고가 생략되고 물품의 검사도 대개 생략된다.

한편 관세는 원칙적으로 매 수입신고 건별로 수입신고가 수리된 날부터 15일 이내에 납부하여야 한다. 수입신고가 수리된 원자재는 보세구역에서 반출되어 수출물품의 생산에 투입될 수 있다.

(2) 원자재의 국내조달

수출용원재료를 국내에서 조달하는 방법은 내국신용장에 의하는 경우와 구매확인서에 의하는 두 가지가 있다. 내국신용장은 원자재의 공급계약을 체결한 수출상이 수출신용장 또는 수출계약서 등을 근거로 하거나 과거 수출실적을 근거로 자신의 거래은행에 개설을 의뢰함으로써 원자재공급자를 수익자로 하여 발행된다. 내국신용장을 수취한 원자재 공급자는 구매자에게 물품을 공급하고 물품수령증을 교부받아 내국신용장과 물품수령증을 근거로 환어음을 발행하여 자신의 거래은행에 매입을 의뢰한다. 거래은행은 환어음을 매입하면서 거래대금을 지급한 다음 내국신용장개설은행에 추심을 의뢰한다. 추심의뢰를 받은 개설은행은 결제를 하는데 이때의 결제자금은 원자재금융으로 융자된다.[04] 융자된 원자재금융은 생산자금을 융자하였을 때와 같이 수출이행 후 회수되는 수출대금에서 상환 처리된다. 내국신용장에 의한 국내거래의 과정은 신용장의 개설의뢰인과 수익자, 그리고 신용장개설은행과 매입은행이 모두 국내에 소재한다는 특징을 제외하고는 무역에서의 신용장에 의한 거래와 매우 유사하게 진행된다.

구매확인서는 무역금융의 융자한도가 부족하거나 단순송금방식 수출 등 내국신용장을 개설할 수 없는 경우에 이용된다. 이는 내국신용장의 경우와는 달리 은행의 대금지급에 관한 보증이 없으며, 무역금융도 융자되지 아니하기 때문에 대금의 결제는 물품을 공급받는 수출상이 직접 하여야 한다. 이 경우 물품을 공급받는 수출상은 대개 2~6개월 만기의 약속어음을 교부하기 때문에 물품공급자의 입장에서

04 내국신용장 가운데도 무역금융 융자대상이 아닌 업체가 개설하거나 자기자금 결제조건으로 개설된 내국신용장은 단순히 지급보증의 기능만 있을 뿐이고 무역금융의 대상이 될 수 없다.

볼 때 내국신용장에 의한 거래보다 대금회수시기가 그만큼 늦어지게 된다.

내국신용장에 의하건 구매확인서에 의하건 수출용원재료의 국내공급에는 공급하는 원재료의 가격에 포함되어 있는 부가가치세와 관세 등의 조세환급과 관련한 후속조치가 필요하다. 먼저 부가가치세법상 수출에는 영세율이 적용되고 수출용원재료의 공급도 수출로 간주하기 때문에[05] 수출용원재료의 공급자는 물품을 공급한 다음 달(또는 매 2월 단위)에 관할세무서에서 환급을 받을 수 있다. 그러나 관세의 경우는 수출용원재료의 국내공급을 수출로 인정하여 환급을 하지 아니하고 최종적으로 수출한 때에 환급받을 수 있도록 세관에서 기납증('기초원재료납세증명서'의 약칭이다)을 발급하므로 수출용원재료의 공급자는 이 증명서를 발급받아 수출상에게 인도하고 해당 환급대상금액을 수출상으로부터 지급받아야 한다.

5 수출통관

수출물품의 생산이 완료되면 상품을 외국으로 반출하기에 앞서 국내의 각종 법률이 정하는 바에 따라 확인 · 추천 · 허가 등의 절차를 이행하여야 한다. 이 절차 가운데 최종적으로 거치는 단계가 수출통관이다. 수출통관이란 수출신고를 받은 세관장이 수출신고된 사항을 확인하여 그 내용이 적법하고 정당하다고 인정되는 경우 수출신고인에게 수출신고필증을 교부하는 일련의 과정을 말한다. 수출신고는 전자자료교환(EDI : Electronic Data Interchange)방식에 의하여 수출물품이 소재하는 구역을 관할하는 세관장에게 하여야 한다.

수출통관과정을 통하여 세관장은 관세법, 대외무역법 등 각종 법령상 수출요건의 이행 여부를 서면 또는 현품확인을 통하여 최종적으로 확인한다. 수출통관은 수출신고 → 형식적 요건심사 → 현품의 검사 → 수출신고수리의 과정을 거친다. 그러나 현품의 검사는 대부분 생략되고 있다. 수출신고를 위하여 물품을 보세구역에 반입할 필요는 없으나 수출신고가 수리된 물품은 수출신고가 수리된 날부터 30일

05 부가가치세법 제11조, 동법 시행령 제24조 내지 26조

이내에 운송수단에 적재하여야 한다.[06] 이때 관세청장이 따로 정한 것을 제외하고는 수출신고가 수리된 물품을 국내운송함에 있어서 보세운송절차는 요하지 않는다.[07] 선적항의 보세구역은 수출화물이 컨테이너화물로서 FCL(Full Container Load)화물일 경우에는 CY에 반입될 것이나 LCL(Less than Container Load)화물일 경우는 CFS에 반입될 것이다.

6 무역상품의 운송

6.1 운송계약과 보험계약

수출통관과는 별개의 절차로서 수출물품의 운송을 위한 운송계약과 보험계약이 체결되어야 한다. 이 두 가지 계약의 체결의무는 원칙적으로 정형거래조건[08]이 FOB, FAS, FCA 그리고 EXW의 경우에는 수입상에게 있으나 CIF, CFR, CPT, CIP, DAP, DPU, DDP 등의 조건에서는 수출상에게 있다.

운송계약은 선박회사와 화물의 운송을 의뢰하는 송화인 사이에 체결되는 것으로 운송계약체결 시 유의할 사항은 ① 운임이 채산(採算)상 유리할 것, ② 필요한 선복(ship's space)을 충분히 제공할 수 있을 것, ③ 신용장 등에 약정된 선적기일 내에 확실히 선적할 수 있을 것, ④ 계약이나 신용장조건에 저촉되지 않는 선박일 것 등이다. 운송계약은 정기선의 경우에 많이 이용되는 개품(個品)운송계약과 부정기선에 의하는 용선(傭船)운송계약이 있다. 개품운송에 있어서 운송계약은 불요식(不要式)계약이므로 계약서의 작성은 불필요하지만(B/L 발행) 용선계약의 경우는 관례적으로 용선계약서가 작성된다.

해상보험계약은 전화 또는 구두로도 할 수 있다. 실무적으로는 보험회사의 적화

06 관세법 제251조

07 관세법 제213조

08 INCOTERMS 2010에 대한 자세한 사항은 제2부 제3장 참조

보험청약서에 필요사항을 기재하여 보험료와 함께 보험사에 제출하고, 보험사는 계약이 성립한 증거로 보험증권 또는 이에 대신하는 계약인수증을 발행한다. 보험료는 원칙적으로 보험증권의 발행 전에 납부되어야 하지만 후급(後給)하는 경우도 많다. 또 정기적으로 보험료를 일괄납부하는 경우도 있다. 다만 보험계약의 청약은 반드시 화물운송에 관한 보험책임이 개시되기 이전에 행해져야 한다.

한편 화물의 운송과 관련한 위험 외에 신용위험이나 비상위험의 우려가 있을 때 수출상은 별도로 수출보험에도 가입할 필요가 있다.

6.2 선적

선적(船積)이란 본래 송화인(수출상)이 수출화물을 본선 선측에서 인도하는 것을 의미하지만 거래조건에 따라 화물의 인도시기와 장소는 달라진다. CIF나 FOB조건일지라도 개품운송의 경우 대개 선박회사의 지정선적업자가 정한 집하장소에서 수출화물은 인도된다. 그러나 특수화물 또는 대량화물은 경우에 따라서 송화인이 직접 본선에 인도하기도 한다. 선박회사는 대개 화물의 수량 또는 중량, 손상유무 등을 점검하는 검수(檢數)를 한 다음 화주로부터 화물을 인수하고 화물수취증을 발급한다. 화물수취증은 컨테이너화물일 경우에는 D/R(Dock Receipt), 재래선화물일 경우에는 M/R(Mate's Receipt)이 된다. 원칙적으로는 이러한 D/R 또는 M/R과 상환하여 선하증권(B/L)이 발행되어야 하지만 대개는 D/R과 M/R은 선박회사 내부에서만 왕래되고 송화인에게는 화물을 인수한 즉시 선하증권이 발급된다.

7 수출대금의 회수

수출대금은 회수시기에 따라 CWO(Cash with Order) 또는 선대(先貸)신용장(red clause L/C)과 같이 대금을 미리 받는 경우, 현금결제와 같이 상품인도와 동시에 받는 경우, 일람출급(at sight)신용장과 같이 선적과 거의 동시에 대금을 받는 경우, 그리고 연지급(延拂)이나 무신용장 추심결제방식(D/A) 또는 Usance신용장과 같이 화물선적 후 일정기간이 경과한 뒤에 대금을 받는 경우 등 다양하다. 이 중 가장 일반적이라 할 수 있는 일람출급신용장에 의한 대금의 회수과정은 다음과 같다. 먼저 선적이 끝나면 수출상은 관계서류를 갖추고 환어음을 발행하여 거래은행에 매입(NEGO)을 신청한다.

매입신청을 위해 수출상이 갖추어야 할 서류는 무역계약의 내용에 따라 달라지지만 ① 상업송장(Invoice), ② 선하증권 등 운송서류, ③ 보험증권(I/P : Insurance Policy), ④ 포장명세서(P/L : Packing List), ⑤ 원산지증명서(C/O : Certificate of Origin) 등이 된다. 매입의뢰를 받은 외국환은행은 제반 서류가 신용장상의 조건에 합당한지 여부를 확인하여 합당한 경우에는 수출대금을 수출상에게 지급한다. 이때 원재료 수입 또는 국내 구매단계에서 융자된 무역금융금액이 공제된다. 대금이 지급되면 매입은행은 해당 수출대금을 신용장 발행은행에 추심한다. 신용장 발행은행은 송부된 선적서류와 환어음을 접수한 후 하자(瑕疵) 여부를 확인하고, 이상이 없으면 신용장 발행의뢰인인 수입상에게 선적서류의 인도와 함께 대금을 회수한 다음 매입은행에 해당 대금을 상환한다.

8 조세의 환급

물품의 수출이 종료되면 수출대금의 회수와는 별개 절차로 수출물품 생산에 사용, 소비된 원재료에 대하여 부과징수된 관세 등을 환급받을 수 있다. 현재 조세의 환급은 크게 부가가치세와 관세 등으로 이원화되어 있어 서로 다른 절차를 통해 환급받아야 한다. 수출에 따른 부가가치세의 환급은 앞서 수출용원재료의 국내공급 시와 같이 관할세무서장에게 조기환급제도를 적용하여 환급받을 수 있으나, 관세 등의 환급은 관할세관장에게 정액환급 또는 개별환급방법을 통하여 환급받을 수 있다.

여기에서 관세 등이란 수출물품 생산을 위해 원재료를 수입할 때 납부한 관세 · 개별소비세 · 주세 · 교통세 · 교육세 · 농어촌특별세를 의미한다. 결국 원재료가 수입될 때 납부한 조세 중 부가가치세를 제외한 나머지 조세는 세관장에게, 그리고 원재료 수입 시 납부한 부가가치세와 국내에서 원재료를 구입할 때 공급자에게 지불한 부가가치세는 세무서장에게서 환급받을 수 있다. 부가가치세 환급에서 가장 중요한 서류가 매입과 매출 시의 세액이 기재된 세금계산서라면 관세 등의 개별환급에서 가장 중요한 서류는 수출사실을 증명하는 수출신고필증과 원재료의 수입 및 관세 등의 납부사실을 증명하는 수입신고필증(또는 국내거래 시 발급된 기납증), 그리고 원재료의 사용 · 소비량을 입증하는 소요량계산서가 된다. 관세 등의 환급신청은 수출신고가 수리된 날부터 2년 이내에 하여야 하며 2년을 경과하였을 때는 환급신청권리가 상실된다.[09]

09 관세환급특례법 제14조

CHAPTER

04 무역관리

1 무역관리의 의의

무역관리(trade control)란 상품의 국제적인 이동과정에서 국가 공권력에 의해 이뤄지는 모든 간섭과 지원작용을 총칭한다. 자유주의 경제이론에서는 무역에 이러한 국가의 간섭이나 지원은 부적절하다고 본다. 자유무역을 통해 생산에 필요한 자원의 배분을 최적화하고, 소비자의 후생을 증대시켜야 전체적인 경제의 발전이 있다고 보는 것이다.

그러나 국가의 간섭이 전혀 없는 자유무역(free trade)이 항상 허용되어야 할까? 선진상품이 자유롭게 수입되면 국내의 초기 발전단계에 있는 유치산업은 경쟁력을 잃을 수 있다. 정부의 간섭과 지원은 이러한 유치산업을 보호하기 위해 필요하기도 하다. 이 밖에도 무역관리의 목적은 여러 가지이다. [그림 4-1]에서 수입 컨테이너를 타고 들어오는 '불개미'와 같이 무역은 질병과 해충이 전파되는 주요한 경로다. 이 때문에 정부에서는 검역절차가 완료될 때까지 물품의 자유로운 수입을 통제한다. 즉 국가가 무역을 관리하는 것은 수출입이 국민의 생명과 재산, 그리고 복지를 저해(沮害)할 때 이를 막기 위해서도 이뤄진다.

자유무역을 이상으로 하는 WTO(World Trade Organization, 세계무역기구)도 회원국이 이러한 경우에 예외적으로 무역에 대한 일정한 규제나 지원을 할 수 있도

❙ 그림 4-1 ❙ 불개미 유입방지를 위한 검역

록 하고 있다. 무역관리에서 특히 수출입에 대한 규제는 무역을 하고자 하는 수출입상이 유의하여야 하는 부분이다. 길고 긴 무역의 과정이 순조롭게 이뤄지다가도 거래 상대국의 무역관리에 대하여 미리 대응하지 않은 경우에 수출입계약의 이행 자체가 불가능하게 되는 경우도 발생하기 때문이다. 이 장에서는 무역관리의 주요 형태를 알아본다.

2 WTO체제하의 무역관리

2.1 국제무역의 자유화 노력과 국제규범으로서의 WTO협정

19세기 말 이후 제2차 세계대전까지의 세계무역에 있어서 특징은 보호무역정책의 강화로 요약될 수 있다. 이때 세계 각국의 정부는 다양한 형태의 관세 및 비관세 장벽을 동원하여 자국의 산업만을 보호하는 데 급급했다. 제1차 세계대전(1914~1918년) 동안 전시체제 유지를 위해 채택되었던 각종 보호정책수단은 1929년 발생한 대공황의 여파로 1930년대에 이르러 더욱 극단화되었다. 높은 수준의 관세율을 비롯해 자국통화의 평가절하, 수입금지, 수량제한 등 거의 모든 수단이 동원되었다. 이와 같은 보호정책의 극단화는 결국 제2차 세계대전이라는 비극을 초래하게 된 주요 원인으로 작용하였다.

이에 대한 반성이 제2차 세계대전(1939~1945) 후 브레튼우즈(Bretton Woods) 체제 성립을 가능하게 하였다. 브레튼우즈체제는 국제통화기금(International Monetary Fund : IMF)과 국제개발은행(International Bank for Reconstruction & Development : IBRD), 그리고 관세 및 무역에 관한 일반협정(General Agreement on Tariffs and Trade : GATT)으로 이루어졌다. 이 가운데 GATT는 당초 ITO헌장(Charter for the International Trade Organization)의 발효와 국제무역기구의 설립 때까지 무역협정 실시의 공백을 메우기 위한 잠정적 조약이었다.[01] 그러나 ITO가 무산됨에 따라 WTO가 출범할 때까지 사실상 국제무역질서를 규범하는 중심적 역할을 하게 되었다.

그동안 GATT는 세계무역의 자유화에 지대한 기여를 하였던 것으로 평가된다. 그러나 GATT는 당초부터 ITO헌장의 조항에서 각국의 합의가 이루어진 부분이 발췌되어 구성됨에 따라 체계성이 부족하였고, 구속력 있는 국제협정으로서의 기능도 갖추지 못하는 등 여러 가지 문제점을 내포하여 1970년대 중반 이후 각국 간의 무역분쟁에 효율적으로 대처하지 못하는 한계를 보였다. 1995년 우루과이라운드의 결과로 출범한 WTO체제는 이러한 GATT의 한계를 극복하고 나아가 서비스, 지식재산권 등 무역과 관련되는 새로운 분야까지를 포괄하는 명실상부한 국제규범으로 자리를 잡고 있다. 무역과 관련된 국제규범은 여러 가지가 있지만 규범의 범위와 법적 효력 등에 있어 WTO협정이 가장 포괄적이고 또 세계 대부분의 국가가 WTO에 가입하고 있어 이들 국가에 구속력을 갖고 적용되고 있다는 점에서 큰 차이가 있다.

WTO협정은 모든 WTO 회원국에 법적 구속력을 가지며 각 회원국은 자기 나라의 법률, 규정 및 행정절차가 협정에 규정된 의무에 합치될 것을 보장하여야 한다.[02] 즉 WTO체제에서 자유로운 무역을 기본적으로 지지하고 정부의 무역관리는

01 우리나라는 1967년 4월 14일 GATT에 가입하였고, 이후 케네디라운드(1964년 5월~1967년 6월), 도쿄라운드(1973년 9월~1979년 4월), 그리고 우루과이라운드(1986년 9월~1994년 4월)에 적극 참여하였다.

02 WTO 설립협정 제2조 제2항 및 제16조 제4항

WTO협정이 직접적인 규범으로서 작용하고 있으므로 그 테두리 내에서 행해져야 한다. 따라서 WTO협정에서는 자유롭고 공정한 무역을 보장하기 위한 회원국의 책임과 의무, 권리를 정하는 반면, 자유로운 무역을 허용함에 따라 발생하는 부작용을 방지하기 위한 예외조항을 규정하여 회원국의 무역관리가 가능하도록 하고 있다.

2.2 WTO 다자간 무역협정과 무역관리

(1) WTO협정의 개요

WTO협정(세계무역기구 설립을 위한 마라케쉬협정, Marrakesh Agreement Establishing The World Trade Organization)은 WTO 설립협정과 부속서로 구성되어 있다. WTO 설립협정은 세계무역기구의 설립과 동 기구의 기능, 구조, 의사결정, 회원국의 가입과 탈퇴 등을 규정하고 있다. 부속서 1에서 3은 다자간 무역협정으로 모든 회원국에 구속력을 갖는 반면, 부속서 4는 복수국가 간 무역협정으로 수락한 회원국에 대해서만 구속력을 갖는다. 부속서 1은 상품무역과 서비스무역, 무역관련 지식재산권에 관한 협정, 부속서 2는 분쟁해결규칙 및 절차에 관한 양해서, 부속서 3은 무역정책 검토에 관한 합의서를 담고 있다.

WTO협정의 구성을 보면 WTO체제는 기본적으로 그 부속서에 수록된 제반 협정에 의해 규율되지만 부수적으로 기존의 GATT 1947의 규정을 보다 명료화한 GATT 1994로 대체하여 수용하고 있다. 따라서 WTO협정의 기본적인 바탕에는 GATT 1947을 적용하고 있다. 부속서 1의 GATT 1994규정과 나머지 12개의 상품무역에 관한 다자간협정의 규정이 상충하는 경우 나머지 협정규정이 우선한다.[03]

부속서 2와 3의 분쟁해결과 무역정책검토제도와 관련된 협정은 WTO의 기능을 강화하기 위한 것이다. 그 외 복수국 간 협정은 도쿄라운드 MTN(Multilateral Trade Negotiations)협정 중 다자화되지 못한 부분이다.

03 WTO 설립협정 부속서 1 가. 상품무역에 관한 다자간협정의 일반적인 주해

| 표 4-1 | WTO협정의 내용

다자간 무역협정	부속서 1	가. 상품무역에 관한 다자간협정(GATT) 1. 1994년도 관세 및 무역에 관한 일반협정 2. 농업에 관한 협정 3. 위생 및 식물위생조치의 적용에 관한 협정 4. 섬유 및 의류에 관한 협정 5. 무역에 대한 기술장벽에 관한 협정 6. 무역관련 투자조치에 관한 협정 7. 1994년도 GATT 제6조의 이행에 관한 협정(반덤핑협정) 8. 1994년도 GATT 제7조의 이행에 관한 협정(관세평가협정) 9. 선적전 검사에 관한 협정 10. 원산지규정에 관한 협정 11. 수입허가절차에 관한 협정 12. 보조금 및 상계조치에 관한 협정 13. 긴급수입제한조치에 관한 협정 나. 서비스무역에 관한 일반협정 및 부속서 다. 무역관련 지식재산권에 관한 협정
	부속서 2	분쟁해결규칙 및 절차에 관한 양해
	부속서 3	무역정책검토제도
복수국 간 무역협정	부속서 4	1. 민간항공기무역에 관한 협정 2. 정부조달에 관한 협정 3. 국제낙농협정 4. 국제쇠고기협정

(2) WTO협정상 무역관리의 원칙

WTO협정은 관세 및 그 밖의 무역장벽에 대한 실질적인 삭감과 국제무역관계에 있어서 차별대우의 폐지 등을 통해 생활수준의 향상, 완전고용의 달성, 높은 수준의 실질소득과 유효수요의 양적 증대, 상품과 서비스의 생산 및 무역증대를 달성하는 것을 목적으로 한다.[04] WTO협정에 반영되어 있는 주요 원칙은 다음과 같다.

① **무역자유화의 원칙** : 관세는 인하 · 무세화하고 비관세적인 무역제한은 철폐한다.

② **최혜국대우(most favoured nation treatment)의 원칙** : 관세의 양허나 무역제한

04 WTO 설립협정 서문

의 철폐는 WTO 회원국 전체에 무차별적으로 적용하고 특정국가에 대해 다른 국가보다 불리한 교역조건을 부여하여서는 아니된다.[05]

③ **내국민대우(national treatment)의 원칙** : 조세의 부과, 정부의 규제 등에서 수입물품과 국내생산품은 동등하게 취급한다.

④ **공정무역의 원칙** : 진정한 자유무역이 이루어질 수 있도록 상호 공정한 경쟁기회를 보장한다.

⑤ **시장접근(market access)의 보장원칙** : 재화와 서비스교역과 관련하여 관세와 같은 조세수단을 제외한 기타의 제한은 일시적 또는 단계적으로 철폐함으로써 시장을 개방한다.

⑥ **투명성(transparency) 보장의 원칙** : 각국의 행정, 사법기관의 의사결정이나 법령의 적용, 제도 운용은 예측가능하여야 하고 의사결정의 기초가 되는 법령 및 자료들은 공개한다.

⑦ **개발도상국 우대의 원칙** : 개발도상국에 대하여는 협정 적용에 있어 예외적인 우대를 인정하여 무역 증대를 통한 개발도상국의 경제발전을 촉진한다.

WTO협정의 원칙이 충실히 지켜지도록 WTO는 'UR협상의 이행기구' 및 '국제무역에 관한 UN'으로서 역할을 하여 과거 GATT체제가 가지고 있던 한계를 극복하고자 한다. 그러나 WTO협정의 원칙에는 많은 예외가 인정되고 있고, 각국은 자국의 이익 도모를 위해 필요에 따라 이러한 예외조항을 적절히 활용하고 있다. 결국 WTO체제하에서 무역관리는 WTO규정의 보장을 위한 각종 수단의 강구와 허용되는 예외의 범위 내에서 필요에 따른 수출입의 관리로 이루어지고 있다.

(3) WTO협정원칙의 보장을 위한 무역관리

WTO협정원칙의 보장을 위한 무역관리는 두 가지로 대별된다. 하나는 무역의

05 최혜국대우의 원칙은 WTO체제의 모든 분야에서 요구되는 원칙이다. 다만 서비스무역에 관한 일반협정은 각국이 이 원칙에 대한 예외를 최혜국대우 일탈목록에 기재하도록 함으로써 예외를 인정하고 있다.

자유화나 시장접근의 보장 또는 투명성의 원칙을 준수하기 위해 WTO협정의 내용과 국내의 제반 법령 등이 일치하도록 정비 · 관리하고 추가적인 시장개방 등의 경우에는 계획된 일정에 따라 이를 시행해 나가는 소극적 측면에서의 관리이다. 다른 하나는 공정무역(fair trade)을 구현하기 위한 불공정무역에의 대응과 같은 적극적 측면에서의 관리이다. 국제경영활동이 증가하고 국제시장에서의 경쟁이 치열해져 감에 따라 선진국들이 특히 많은 관심을 기울이는 것은 물론 적극적인 측면에서의 공정무역의 구현이다.

국제무역에 있어서 '공정한 무역'을 가장 강조해 온 것은 오래 전부터 매년 대규모의 무역적자에 시달려 온 미국이다. 미국은 이러한 무역적자의 해소를 위해 일찍이 1974년 통상법(Trade Act of 1974)에서 교역상대국의 '불공정한 무역관행'을 명시하고 이에 대한 무역보복을 규정한 바 있다. 이른바 통상법 301조가 그것이다. 이 통상법 301조는 그 후 1979년, 1984년에 각각 개정되었으며, 1988년 종합무역법(Omnibus Trade and Competitive Act of 1988)에서 더욱 강화되어[06] 국제무역에 많은 영향을 미쳐왔다. 미국 통상법상의 '불공정무역관행'규정은 UR 협상과정에서 많은 참고가 되었으나 이들 규정이 WTO협정의 내용과 모두 일치하는 것은 물론 아니다. 통상법 301조에 의한 미 정부당국의 무역관리가 WTO협정에 위반되는지 여부를 두고 논란이 되고 있는 것도 그 때문이다.[07] 우리나라 대외무역법상의 불공정무역 개념은 지식재산권의 침해, 원산지의 부적정표시, 기타 무역과정에서의 불성실한 행위 등을 지칭하는 것으로 비교적 간단하게 구성되어 있다.[08]

06 이를 슈퍼 301조 또는 스페셜 301조라 부른다.

07 EU가 바나나의 수입과 관련해 미국과 통상마찰을 치르면서 미국 통상법 301조가 WTO협정을 위반하는 것이 아닌지 WTO에 유권해석을 의뢰한 바 있다. 이에 대해 세 명의 전문가로 구성된 WTO의 조사 패널은 1999년 12월 22일 미 통상법 301조가 WTO규약에 위배되지 않는다는 결정을 내렸다. 패널은 보고서에서 미국이 이 법을 거론하며 재제조치를 위협해 왔고 이러한 위협 자체가 상대국가의 경제와 시장에 영향을 미칠 수 있음은 인정하면서도, 미국이 이 법을 실행에 옮기기 위해서는 WTO의 승인을 받아야 하는 것이므로 통상법 301조가 WTO규약에 위배되는 것은 아니라고 지적하였다.

08 불공정무역 중 덤핑방지관세와 보조금에 대한 상계관세의 부과, 보복관세의 부과 등 관세수단에 의한 대응조치는 관세법에 규정되어 있다.

(4) WTO협정원칙의 예외조항에 의한 무역관리

WTO협정에 반영되어 있는 주요 원칙에 대한 예외는 대개 종전의 GATT규정에서부터 허용되던 것들이다. 각국은 이러한 예외가 인정되는 범위 내에서 무역을 관리하고 있다. GATT 1947에 포함되어 있는 예외적인 무역제한의 주요 내용은 다음과 같다. 이러한 예외규정은 WTO의 상품무역에 관한 다자간협정에서 수정되거나 그 적용요건이 구체화되고 있지만 기본골격은 거의 그대로 유지되고 있다.

① 식료품 또는 수출국에 불가결한 상품의 위급한 부족을 방지하거나 완화하기 위한 일시적 수출금지 또는 제한(제11조 제2항 a호)

② 상품의 분류, 등급 또는 판매에 관한 기준 또는 규칙의 적용상 필요한 수출입의 금지 또는 제한(제11조 제2항 b호)

③ 국제수지 악화 방지를 위한 제한(제12조)

④ 개발도상국의 특정산업 확립을 위한 수입제한(제18조)

⑤ 국내산업 보호를 위한 긴급수입제한(제19조)

⑥ 공중도덕의 보호, 인간 · 동식물의 생명과 건강의 보호, 금 또는 은의 수출입에 관한 조치, 재소자(在所者) 노동상품에 대한 제한, 문화재 보호를 위한 조치, 유한 천연자원의 보존을 위한 조치 등 일반적인 예외조치(제20조)

⑦ 국가의 안전보장을 위한 제한(제21조)

⑧ 다른 회원국의 의무불이행에 대한 보복조치로서 수입제한(제23조)

⑨ Waiver[09]에 의한 수입제한(제25조 제5항)

이상의 예외조항 중 선진국들이 가장 적극적으로 무역관리에 활용하고 있는 것이 인간 · 동식물의 생명과 건강의 보호 등을 위한 일반적인 예외조치와 안전보장을 위한 제한조치이다. 이러한 예외조치는 무역을 자유화함으로 인해 오히려 저해될 수 있는 국민 전체의 복지를 보호하기 위한 것이므로 보다 적극적인 무역관리의

09 GATT 1947의 Waiver는 GATT에 규정되어 있지 않은 예외적 상황하에서 GATT체약국단 2/3 이상의 찬성(단, 전체 체약국의 과반수 이상)을 얻으면 특정 GATT규정의 준수의무가 면제되는 것을 말한다. 그러나 WTO협정에서는 다자간 무역협정상의 의무면제를 WTO회원국 3/4의 다수결에 의해 결정하도록 하고 있다(WTO설립협정 제9조).

형태로 나타나고 있는 것이다.

3 국내 무역법규에 따른 무역관리

3.1 무역관리의 개요

우리나라 무역관리를 위한 기본법규는 앞서 설명한 국제적인 자유무역체계의 성립과 함께 발전해 왔다. 1967년 4월 GATT 가입에 앞서 1967년 1월 무역거래법을 제정하면서 종전의 무역법에서 규정하고 있던 각종 규제를 크게 완화하기 시작하였다. 그 후 무역자유화는 지속적으로 이루어져 WTO의 출범(1995)과 우리나라의 OECD 가입(1996)이 이루어진 1990년대에 이르러서는 공산품의 경우 극히 예외적인 경우를 제외하고는 무역이 완전 자유화되었고 무역법규의 이름도 '대외무역법'으로 바뀌었다.

대외무역법은 대외무역을 진흥하고 공정한 거래질서를 확립하여 국제수지의 균형과 통상의 확대를 도모함으로써 국민경제의 발전에 이바지하는 것을 목적으로 한다. 대외무역법에 따라 이 목적에 부합한다면 물품의 수출입 및 이에 따른 대금의 영수 또는 지급이 대외무역법의 목적 범위 내에서 '자유롭게' 이루어질 수 있다. 즉 수출입에 자유를 허용해 주는 것은 완전한 자유가 아니라 대외무역법의 목적 안에서 이루어질 때 허용되는 것이다. 따라서 산업통상자원부 장관은 헌법에 의하여 체결·공포된 조약과 일반적으로 승인된 국제법규에 의한 의무의 이행, 생물자원의 보호 등을 위하여 필요하다고 인정하는 경우에는 대외무역법을 통해 물품의 수출 또는 수입을 제한할 수 있다. 수출입의 제한에는 품목별 수량·금액·규격 및 수출 또는 수입지역의 한정 등이 포함된다. 이와 같이 수출입이 제한되는 물품은 산업통상자원부 장관의 승인절차를 거쳐 수출입하여야 한다. 여기에서 산업통상자원부 장관이 지정·고시하는 물품이란 구체적으로는 수출입공고와 별도공고를 통한 고시를 의미한다.

수출입에 대한 관리는 대외무역법 외에도 다수 법령에 의해서도 행하여진다. 대외무역법 이외의 다른 법령에 의한 관리내용을 통합하여 산업통상자원부 장관이 고시하는 것이 통합공고이다. 통합공고를 통해 고시된 물품에 대하여는 산업통상자원부 장관의 수출입 승인절차에 앞서 관련 기관의 허가·추천 등 요건확인을 받아야 한다. 이와 같은 수출입승인 등의 절차 이행 여부와 승인·요건확인된 내용과 수출입물품의 일치 여부 등은 세관에서의 통관단계를 전후하여 또는 통관과정에서 개별법에 명시된 주무기관이나 세관장에 의해 확인된다. 세관장에 의해 통관단계에서 확인되어야 할 수출입물품 및 그 확인방법은 '관세법 제226조에 따른 세관장 확인물품 및 확인방법 지정고시'로서 정하고 있다.

4 특정거래형태 수출입에 대한 관리

4.1 특정거래형태의 의의

무역관리를 위해서 국내법규에서는 일반적인 수출입거래형태를 가정하고 있다. 물품이 수출되면 수출의 가치에 상응하는 대가로 대금이 합리적인 기간 내에 수령되고, 또 수입이 이뤄졌다면 수입의 가치에 상응하는 대가가 지급되어야 한다. 이러한 일반적인 거래형태를 벗어나는 경우에는 관세 및 비관세적인 조치에 따른 무역관리를 피해 가기 위한 거래일 수 있다는 점 때문에 특별한 관리체계가 필요하다.

이에 따라 대외무역법은 11가지 형태의 무역거래를 '특정거래형태'로 규정하고 있다. 종전에는 이러한 특정거래 가운데 일부 거래에 대해 사전에 산업통상자원부 장관의 '인정'을 받도록 하여 관리하였으나 2014년 9월 규제완화 차원에서 폐지하였다. 따라서 수출입거래가 특정거래형태에 해당한다 하더라도 어떤 별도의 절차가 요구되는 것은 아니다. 그러나 [표 4-2]의 특정거래형태에 해당하는 경우 다른 법령에 따른 관리의 대상이 되는 경우가 많다. 따라서 특정거래형태의 개념을 이해하고 법령에 따른 관리에 대응할 수 있어야 한다.

| 표 4-2 | 특정거래형태의 종류

구분	개념
위탁판매수출	물품 등을 무환으로 수출하여 해당 물품이 판매된 범위 안에서 대금을 결제하는 계약에 의한 수출
수탁판매수입	물품 등을 무환으로 수입하여 해당 물품이 판매된 범위 안에서 대금을 결제하는 계약에 의한 수입
위탁가공무역	가공임을 지급하는 조건으로 외국에서 가공(제조, 조립, 재생, 개조를 포함)할 원료의 전부 또는 일부를 거래 상대방에게 수출하거나 외국에서 조달하여 이를 가공한 후 가공물품 등을 수입하거나 외국으로 인도하는 수출입
수탁가공무역	가득액을 영수(領收)하기 위하여 원자재의 전부 또는 일부를 거래 상대방의 위탁에 의하여 수입하여 이를 가공한 후 위탁자 또는 그가 지정하는 자에게 가공물품 등을 수출하는 수출입. 다만 위탁자가 지정하는 자가 국내에 있음으로써 보세공장 및 자유무역지역에서 가공한 물품 등을 외국으로 수출할 수 없는 경우 관세법에 따른 수탁자의 수출 · 반출과 위탁자가 지정한 자의 수입 · 반입 · 사용은 이를 대외무역법에 따른 수출 · 수입으로 본다.
임대수출	계약에 의하여 물품 등을 수출하여 일정기간 후 다시 수입하거나 그 기간의 만료 전 또는 만료 후 해당 물품 등의 소유권을 이전하는 수출. 임대수출에는 사용대차도 포함된다.
임차수입	계약에 의하여 물품 등을 수입하여 일정기간 후 다시 수출하거나 그 기간의 만료 전 또는 만료 후 해당 물품의 소유권을 이전받는 수입. 임차수입에는 사용대차도 포함된다.
연계무역	물물교환(barter trade), 구상무역(compensation trade), 대응구매(counter purchase), 제품환매(buy back) 등의 형태에 의하여 수출 · 수입이 연계되어 이루어지는 수출입
중계무역	수출할 것을 목적으로 물품 등을 수입하여 관세법에 따른 보세구역 및 보세구역 외 장치허가를 받은 장소 또는 자유무역지역 이외의 국내에 반입하지 아니하고 수출하는 수출입
외국인수수입	수입대금은 국내에서 지급되지만 수입물품 등은 외국에서 인수하거나 제공받는 수입
외국인도수출	수출대금은 국내에서 영수하지만 국내에서 통관되지 아니한 수출물품 등을 외국으로 인도하거나 제공하는 수출
무환수출입	외국환거래가 수반되지 아니하는 물품 등의 수출 · 수입

PART 02 무역거래관계의 형성과 계약의 성립

The Practice of International Trade

CHAPTER

05 해외시장조사와 거래선의 확보

엄청난 인기를 모아 드라마로도 제작된 웹툰 〈미생〉은 무역상사에서의 인턴십(internship)과정을 그리고 있다. 미화되거나 과장되고 현실과 다른 부분도 있지만 〈미생〉은 무역의 전 과정을 잘 보여준다. 그렇지만 드라마에서는 무역과정을 에피소드 형식으로 보여주기 때문에 드라마만으로는 무역과정을 이해하기 쉽지 않다. 무역실무를 보다 체계적으로 이해하기 위해서 보통 무역실무과정을 무역계약을 중심으로 무역계약을 위한 거래관계의 형성, 무역계약의 성립, 이행, 소멸이라는 단계로 나눠 학습한다. 무역과정은 무역계약 이전에 거래관계를 만들고 잠재고객에

| 그림 5-1 | 웹툰 〈미생〉

게 제품 구매에 대한 제안을 하는 것부터 시작된다. 여기서 성공하면 계약이 체결되고, 이 계약을 이행하고, 이행 후 계약은 종료되거나 클레임이나 분쟁이 있는 경우에는 이를 처리하는 과정으로 끝난다. 제2부에서는 이 과정의 시작인 무역거래관계의 형성과 계약의 성립과 관련된 개념을 익힌다.

| 그림 5-2 | 무역계약을 중심으로 한 무역과정의 이해

무역거래관계의 형성 → 계약의 성립 → 계약의 이행 → 계약의 종료

1 무역마케팅의 기본개념

여러 장면 중 크게 공감을 일으켰던 인턴들의 첫 과제를 기억해 보자. 상품성 있는 제품을 찾아 바이어에게 프레젠테이션하는 과제였는데, 무역과정 중에서도 가장 초기에 일어나는 과정이 바로 '무역마케팅'이다.

무역마케팅은 "무역을 창출하고, 성장시키고, 유지하는 것"이다. 구체적으로는 시장을 조사하여 거래가능성이 있는 물품을 상품화하고 개척된 시장을 성장시키고 유지해 나가는 것이다. 무역마케팅의 전략은 4P라고 부르는 상품을 구체화하는 상품계획(Product), 가격의 설정(Price), 유통시스템의 확정(Place), 판매촉진전략(Promotion)이라는 네 가지 요소를 효과적으로 결합하는 것이다. 여기에서 상품계획이란 제품의 기능 · 규격 · 색상 등을 판매예상시장에 적합하도록 조정하는 것을 의미하고, 가격의 설정이란 경쟁제품의 가격과 거래대상상품의 채산성 등을 고려하여 적정한 가격을 결정하는 것을 말한다. 또 유통시스템의 확정이란 거래경로와 운송경로 등을 선택하는 것이고, 판매의 촉진전략이란 효과적인 광고 · 선전 · 판매방법 등을 수립하는 것을 말한다. 무역마케팅의 흐름을 수출과 수입으로 나누어 개괄적으로 살펴보면 [그림 5–3] 및 [그림 5–4]와 같다.

| 그림 5-3 | 수출마케팅의 흐름

시장조사 → 수출전략 수립 → 거래관계 창출 → 실행

시장조사	수출전략 수립	거래관계 창출	실행
• 일반적 기초정보(해외) • 상품 특유의 정보(해외) • 유통시스템(Place) • 판매촉진(Promotion)	• 상품계획(Product) • 가격설정(Price) • 무역계약	• 거래선 발굴 • 신용조사	

| 그림 5-4 | 수입마케팅의 흐름

시장조사 → 수입전략 수립 → 거래관계 창출 → 실행

시장조사	수입전략 수립	거래관계 창출	실행
• Needs 발견(국내) • 상품의 물색(해외)	• 상품계획(Product) • 가격설정(Price) • 유통시스템(Place) • 판매촉진(Promotion)	• 거래선 발굴 • 무역계약	

2 해외시장조사

해외시장조사(market research)는 무역거래를 하기 위해 특정한 상품의 수출 또는 수입가능성을 조사하는 일체의 활동을 말한다. 무역거래의 대상이 되는 해외시장은 국내시장과는 달리 상관습, 언어, 문화 등이 다르기 때문에 무역거래에서 위험을 최소화하고 이익을 극대화하기 위해서는 사전에 정확한 시장조사가 필수적이다.

해외시장조사는 먼저 목적대상시장의 일반적인 여건조사를 한 다음 거래하고자 하는 상품 특유의 정보를 조사하는 것으로 진행된다. 거래예정상품 특유의 정보조사는 다음과 같다.

2.1 가격경쟁력

수출품이 현지에서 가격경쟁력을 가질 수 있는지에 대해 조사하는 것으로 가장 먼저 수출하고자 하는 상품과 경쟁관계에 있는 다른 상품의 현지시장 판매가격과 수출상, 수입상의 적절한 이윤을 고려해야 하며, 이의 검토를 위해서는 먼저 국내에서의 판매원가에 국내운송비, 목적시장까지의 운송비, 보험료, 수입국에서 부과되는 관세와 내국소비세 및 기타 수수료, 수입국 내 운송비 등 상품이 해당 시장에 도착하기까지 발생하는 제반 비용을 파악해야 한다.

2.2 품질경쟁력

수출국에서 요구되는 상품의 품질과 규격에 대해 조사하는 것으로 수출품의 기능과 A/S가능 여부 등을 파악하고 국내에서 거래되지 않는 상품을 공급할 경우 제시간에 납품이 가능한지에 대해서도 검토한다.

3 거래선의 개발과 신용조사

3.1 거래선의 개발

해외시장조사를 통하여 특정품목의 수출 또는 수입대상시장이 선정되면 구체적인 거래선을 개발한다. 오늘날 거래선 개발은 인터넷이 세계 도처에서 광범위하게 이용되면서 무역관련 Web site, Usenet, Mailing List, E-Mail 등 각종 인터넷서비스를 통한 거래선의 발굴이 점차 늘어나고 있는 추세이다.

3.2 신용조사

(1) 신용조사의 의의

거래대상시장 내에서 거래처가 선정되면 상대방에 대한 신용조사를 가장 먼저

해야 한다. 무역에서 매수인이 무역계약상의 조건을 충실히 이행하지 않는 경우가 자주 발생하고, 이로 인한 피해의 규모도 국내거래의 경우와는 비교할 수 없을 정도록 큰 경우가 발생하기 때문이다.

무역거래과정에서의 위험은 신용장이나 수출보험제도 등을 통해 어느 정도 예방이나 구제가 가능하다. 또한 대리점을 통한 판매의 경우 대리점과의 지급보증계약을 체결함으로써 신용위험을 대리점에 전가시키는 것도 가능하다. 그러나 이와 같은 방법으로 근본적인 문제가 모두 해결되는 것이 아니므로 가장 바람직한 것은 신용조사를 통해 재정상태, 영업능력, 성실성 등 모든 면에서 신뢰할 수 있는 상대방을 선정하는 것이며, 신용조사는 거래관계가 형성되기 전에 한 번만으로 끝나는 것이 아니라 지속적인 거래관계에서도 수시로 행할 필요가 있다.

(2) 신용조사의 내용

신용조사의 목적은 신뢰도(reliability)의 측정이다. 이를 위하여 일반적으로 다음과 같은 3'C를 측정요소로 사용한다.

① Character(성격) : 이는 대상업체의 개성(personality), 성실성(integrity), 평판(reputation), 영업상태(attitude toward business) 및 의무이행의 열의(willingness to meet obligation) 등의 계약이행에 대한 태도와 관련된 것으로 상대방에 대한 신뢰성은 Character에 크게 좌우되므로 신용조사에서 가장 중시되고 있다.

② Capital(자본) : 재정상태는 수권자본(authorized capital)과 납입자본(paid-up capital), 자기자본과 타인자본의 비율 등을 파악하는 것으로 대금의 지급능력과 직결되는 것이다.

③ Capacity(능력) : 당해 업체의 연간 매출액(turn-over), 업체의 형태(주식회사 · 합자회사 · 합명회사 · 개인회사 · 기업의 공개 여부 등), 연혁(historical background)과 경력(career), 단골(good-will) 등 영업능력에 관한 내용이다.

오늘날 3'C 외에 Conditions(거래국의 제반 사정), Collateral(담보능력), Currency(거래통화)를 추가하여 4'C 혹은 5'C를 측정요소로 하기도 한다.

(3) 신용조사의 방법

신용조사는 보통 제3자를 통하여 이루어진다. 따라서 대개 거래를 제의하거나 이에 대하여 회신할 때 각 당사자들은 자신의 신용거래처를 제시한다. 이렇게 제시된 신용조회처를 통하여 조회를 하기도 하지만 이와 별개로 거래은행이나 동업자, 수출입은행 등 비영리 신용조사기관 또는 상업흥신소 등을 이용하기도 한다.

① **은행조회 또는 동업자조회** : 은행조회(bank reference)는 자사의 거래은행이나 상대방의 거래은행을 통하여 신용조회(credit inquiry)를 하는 것이다. 동업자조회(trade reference)는 상대방과 거래 경험이 있는 국내업자나 현지의 단골거래처에 신용조회를 하는 것을 말한다.

② **비영리 신용조사기관을 통한 조회** : 국내에서 해외신용조사서비스를 하는 기관 또는 단체로는 신용보증기금, 한국무역보험공사, 대한무역투자진흥공사 등이 있다. 이들 기관은 비영리 공익기관으로 무료 또는 저렴한 비용으로 신용조사 서비스를 제공하고 있다.

③ **상업흥신소를 통한 조사** : 상업흥신소(commercial agency)는 신용조사를 전업(專業)으로 하고 있는 기업을 말한다. 국제적으로 이름이 알려져 있는 흥신소들은 세계 주요 도시에 지점 또는 조사원을 상주시키거나 파견하여 현지조사를 실시하고 있다. 상업흥신소는 흔히 신규거래처의 신용조사에 많이 이용된다. 국제적으로 알려진 상업흥신소로는 Dun & Bradstreet(미국), Bradstreet British(영국), Auskunft W. Schimmelpfung(독일) 등이 있다. 국내에서는 한국신용정보 등이 국제적인 조사기관과 연계하여 해외신용조사 서비스를 제공하고 있다.

4 거래의 제의

거래대상 후보자가 선정되면 특정품목에 대한 구체적인 거래조건을 제시하면서 거래를 제의한다. 거래제의(business proposal)는 불특정 다수인에게 광고형태로 하는 경우도 있고, 동일내용의 문서를 여러 상대방에게 보내는 Form Letter 또는 Circular Letter에 의하는 경우도 있으나 통상 개별 상대방을 대상으로 서신을 작성하여 보낸다. 거래제의 서신의 내용은 거래하고자 하는 상품 및 기타 사정에 따라 달라질 것이나 대체로 다음과 같은 내용이 포함되어야 한다.

① 상대방을 알게 된 경위와 거래관계의 희망
② 자기회사의 소개(취급품목, 영업상태, 연혁, 신용상태 등)
③ 거래하고자 하는 내용
④ 무역거래의 기본조건
⑤ 신용조회처
⑥ E-Mail 주소, FAX번호, 전화번호 등 연락처

5 문의

5.1 Inquiry의 중요성

거래제의가 매도인의 입장에서 잠재적인 고객에게 거래를 제의하는 것이라면 문의(inquiry)는 매수인의 입장에서 잠재적인 판매자에게 원하는 정보를 요청(RFI : Request for Information)하는 것을 말한다. Inquiry는 매도인의 거래제의에 대한 반응으로 있을 수도 있고, 구매에 관심을 가진 측이 나름대로 행할 수도 있다. Inquiry에 대한 응답으로 매도인이 보낸 정보는 구매자가 어떤 공급업체로부터 물품을 구매할 것인지를 결정하는 데 중요한 단서가 된다.

Inquiry는 매도인과 매수인 모두에게 중요한 의미가 있다. 매수인의 입장에서 보면 어떤 상품을 구매하기 위해서는 잠정적인 공급업체와 사고자 하는 상품에 대해 가능한 많은 정보를 얻어야 하며, 수집한 정보를 토대로 비교분석을 통해 자신들이 원하는 바에 가장 알맞은 업체가 어떤 업체인지를 결정할 수 있다. 또한 매도인의 입장에서 보면 Inquiry는 상품의 매도를 위한 중요한 기회가 된다. 매수인은 확보된 정보와 자료를 토대로 구매업체와 구매상품을 결정하기 때문에 Inquiry에 대해 신속하고 구체적이며, 바이어가 현명한 구매결정을 내릴 수 있도록 완벽한 정보를 보낸 공급업체는 우선적인 고려의 대상이 될 것이다.

5.2 Inquiry의 처리

공급업체가 Inquiry를 받았을 때는 ① Inquiry의 분류, ② 회신, ③ 사후관리의 3단계로 이루어지는 것이 바람직하다.

(1) Inquiry의 분류

Inquiry를 받으면 우선 그 내용에 따라 긴급한 것(A), 성사가능성이 높은 것(B), 장기적인 노력이 필요한 것(C) 등으로 범주를 나누어 분류하는 것이 필요하다. 분류의 기준은 업체에 따라 또는 산업에 따라 달라질 것이지만 Inquiry의 시급함 정도, Inquiry 내용의 구체성, 바이어에 대한 기타 정보를 종합적으로 판단하여 결정한다. 따라서 평소 마케팅담당자, 관리담당자 등이 참여하여 해당 업체에 적합한 분류시스템을 마련해 두는 것이 바람직하다.

(2) 회신

Inquiry 처리에 있어 가장 중요한 것은 신속한 회신이다. 당장 거래가 성립될 가능성이 낮다고 판단된다 하더라도 구매자가 요구하는 정보를 제공하면 잠재고객을 확보할 가능성이 높아진다. 만일 요구하는 정보를 제공하는 데 시간이 걸린다면 문의를 잘 받았다는 내용과 함께 곧 자세한 정보를 제공하겠다는 답신을 즉시 보내는 것이 좋다. 구매와 연결되지 않는다고 판단될 경우에도 "No thank you"라 솔직히 말하고 길잡이가 될 만한 추가정보를 제공한다.

회신은 모든 Inquiry에 대해 하는 것을 원칙으로 한다. Inquiry가 항상 구매주문으로 연결되는 것은 아니므로 선택적으로 답신하는 것은 위험할 수 있으며 Inquiry나 회신의 통신수단은 전화, 전자메시지, E-Mail, Fax, 우편 등이 모두 활용될 수 있다. 그러나 그에 따른 소요시간과 비용 등은 차이가 있다. 대체로 Inquiry 측이 요청하는 통신수단을 사용하는 것이 현명하다. 회신에 포함될 내용은 다음과 같다.

① 바이어가 보인 관심에 대해 감사함을 표시하는 개인적인 커버레터 : 바이어의 Inquiry를 받은 시기와 방법, 질문에 대한 대답과 자사에 대한 소개
② 바이어가 요청한 상품에 대한 정보 : 전자적인 형태나 인쇄된 팸플릿 사용
③ 각 품목에 대한 가격정보
④ 자사 웹 사이트(web site)에 대한 언급과 그 주소
⑤ 가능한 모든 연락방법 : E-Mail이나 전화, Fax, 주소 등

(3) Inquiry의 관리

일단 Inquiry를 낸 상대방은 데이터베이스(data base)에 저장하고 관리한다. 데이터베이스에 저장된 바이어들에게는 신상품 발매 시 개별 구매오퍼 혹은 공급업체 전자 카탈로그를 E-Mail로 페이지 전송한다. 취급하는 품목이나 재고품을 구입한 경험이 있는 바이어에게는 나머지 품목에 대한 정보도 아울러 제공한다. 바이어를 대상으로 커버레터(cover letter)를 작성할 때는 이전에 보낸 정보(작성일 표기)에 대해 언급하면서 특정 품목에 대한 문의에 대해 상세하게 답신하는 것이 바람직하다. 또한 바이어가 원하는 품목이 있으면 최신정보를 제공하겠다고 언급한다. 이 과정에서 바이어는 공급업체가 현재 취급하고 있는 신상품 또는 다른 종류의 제품에 대해 관심을 갖게 된다.

CHAPTER

06 무역계약의 성립

1 무역계약의 의의

맥도날드의 창립과정을 그린 영화 〈파운더(the Founder)〉에는 여러 차례 '계약서'를 쓰는 장면이 나온다. 이 외에도 계약서는 수많은 드라마의 빈번한 소재가 되어왔다. 그만큼 계약서는 다양한 상황에서 당사자 간의 권리와 의무를 규정하고 법적으로 구속하기 위해 사용되고 있다.

그림 6-1 맥도날드 창립과정의 다양한 계약을 다룬 영화 〈파운더(the Founder)〉

우리가 무역실무에서 다루는 무역계약은 이렇게 많은 계약 중 '국제물품매매계약(國際物品買賣契約, contract of international sales in goods)'을 뜻한다. 무역 분야에서 자주 인용되는 영국의 물품매매법(Sales of Goods Act 1979)에서는 "물품의 매매계약이란 계약의 매도인(seller)이 대금이라는 금전적인 대가를 받고 매수인에게 물품의 소유권을 이전하거나 이전하는 것에 합의하는 계약"으로 정의한다. 무역계약, 즉 국제물품매매계약은 이러한 물품매매가 국제적으로 일어나는 상황에서 이뤄지는 계약이다.

무역계약은 이렇게 국제적인 물품계약을 다루기 때문에 영화나 드라마의 소재가 되는 일종의 서비스나 지식재산권과 같은 무체물에 대한 계약과 달리 운송과 통관과 같은 물품의 국제 간 이동에 필수적인 종속계약을 부수적으로 이행하게 된다는 특징이 있다. 또 무역계약은 국제계약(international contract)으로 매매계약이 국가 간에 이루어지는 것으로 매도인과 매수인이 서로 다른 국가에 영업소(place of business)를 두고 계약을 이행하게 된다. 이렇게 무역계약은 원거리에 있는 당사자들 간에 체결되기 때문에 교섭과 이행에 많은 시간과 비용이 소요되며 법과 제도가 다른 국가들이 관련되므로 당사자의 권리의무의 이행과 실현에 불확실성과 위험이 따른다. 또한 무역계약에는 각국의 법이 복합적으로 관련되기 때문에 어떠한 법이 적용되는지도 불확실하다.

무역계약은 보통 선물을 대상으로 물품이 계약서에 명세, 품질, 수량 정도만 정해지는 불특정물품(unascertained goods)상태에서 이뤄진다. 계약 후에 매도인은 계약에서 정한 물품을 확보하고 매수인이 임의처분할 수 있도록 구분하여 계약에서 정한 곳에 물품을 인도하게 되는데 이 과정을 통해 계약물품이 '특정'되고 매도인은 계약을 '충당(appropriation)'하게 된다.

무역계약은 한쪽의 청약(offer)에 대한 상대방의 승낙(approval)이 있으면 단순히 말로(구두로) 해도 성립되고 구속력도 있다. 그러나 계약내용에 대한 잘못된 이해를 피하고 분쟁 시 증거를 확보하기 위해서는 계약내용을 명확하게 '계약서'로 작성한 후 당사자가 서명 · 날인한 문서를 작성할 필요가 있다.

2 무역계약의 법적 성질

자본주의 자유무역을 발달시킨 계약자유의 원칙(liberty of contract)은 무역계약의 기본이다. 사적자치(私的自治)의 원칙이라고도 불리는 이 원칙에 따라 무역계약에 의한 법률관계의 형성은 법에 저촉되지 않는 한 계약의 당사자 간 자유에 맡겨지며 법도 이러한 자유의사의 결과를 가장 존중한다. 계약자유의 원칙을 바탕으로 무역계약은 아래 네 가지 주요한 법적 성질을 갖는다.

첫째, 무역계약은 낙성계약(consensual contract)으로 당사자 간 의견의 합치가 있으면 성립된다. 즉 요물계약과 같이 의견의 합치 이외에 물건의 인도나 기타의 급부를 필요로 하지 않는다.

둘째, 무역계약은 쌍무계약(bilateral contract)으로 계약의 양 당사자가 서로 대가적 의무의 채무를 부담하는 계약이다. 매도인은 계약에 맞는 물품을 인도할 의무가 있고, 매수인은 대금을 지급할 의무를 지게 된다.

셋째, 무역계약은 유상계약(remuneration contract)으로 금전적인 대가를 부담한다. 유상계약은 쌍무계약에서의 대가를 지불하는 채무를 지는 것보다 더 넓은 개념으로 금전 또는 재산의 출연에 중심을 둔다. 예를 들어 유상계약에는 무역실무에서 다루는 무역계약으로서 매매계약뿐만 아니라 유상, 즉 금전적 지출을 하게된다는 점에서 '임대차'계약도 포함된다.

넷째, 무역계약은 불요식계약(informal contract)으로 특별한 형식을 필요로 하지 않고 단순한 구두나 행위에 의해서도 성립된다.

3 청약과 승낙

3.1 청약

청약(offer)[01]이란 청약자(offerer)가 피청약자(offeree)와 일정한 조건으로 계약을 체결하고 싶다는 의사표시를 말한다. 이를 '물품매도확약' 또는 '오더(order)'라고도 한다. 오퍼는 여러 가지로 분류될 수 있다. 오퍼의 주체를 기준으로 하면 수출상이 물품판매조건을 제시하는 Selling Offer와 수입상이 물품구매조건을 제시하는 Buying Offer로, 오퍼의 발생지를 기준으로 하면 해외에 있는 물품공급자를 대신해서 국내에서 발행하는 국내오퍼와 거래상대국의 물품공급자가 국외에서 발행한 국외오퍼로 구분된다. 또 오퍼의 확정력을 기준으로 확정오퍼와 불확정오퍼 등으로 구분하기도 한다. 실무에서 흔히 사용되는 오퍼의 종류는 다음과 같다. 발행 방향을 기준으로 최초 발행된 오퍼를 원청약(original offer)이라고 하며 이에 대해 수정을 가한 오퍼를 반대청약(counter offer)이라고 한다. 청약의 종류는 다음과 같다.

(1) 확정청약

확정청약(firm offer)이란 청약자가 승낙기간을 지정하고 그 기간 내에 회답할 것을 조건으로 하는 청약을 말한다. 피청약자가 기간 내에 청약을 승낙하면 이를 이행하여야 한다. '국제물품매매계약에 관한 UN협약'에서는 청약은 "1인 또는 그 이상의 특정인에 대한 계약체결의 제안이 충분히 확정적이고, 승낙 시 그에 구속된다는 청약자의 의사가 표시"가 있는 경우 확정청약라고 정의한다. 확정적이라는 것은 청약이 "물품을 표시하고, 명시적 또는 묵시적으로 수량과 대금을 지정하거나 그 결정을 위한 조항을 두고 있는 경우"라고 말한다.[02]

---

01 무역실무에서 대개 '오퍼'라 부르고 있으므로 이 책에서도 이 용어를 병행하여 사용하기로 한다.

02 국제물품매매계약에 관한 UN협약

청약이 이뤄지기 전에 예비교섭단계에서 '불특정 다수인에 대한 제안'을 하는 것은 청약이 아닌 '청약의 유인(invitation to offer)'이라고 한다. 따라서 불특정 다수를 상대로 하는 카탈로그나 광고, 가격표, 견적서 등은 물론이고 Offer Sheet(청약서) 대신에 보내는 Proforma Invoice(견적송장)도 청약의 유인일 뿐 확정청약이 아니다.

확정청약(firm offer) 예문

① We offer(you) firm subject to reply(being) received(here) by September 30, 2000.
② We are pleased to offer you subject to your reply reaching us by the end of September.
③ We take pleasure in offering you subject to reply here by the 10th of this month.
④ We make a firm offer subject to immediate acceptance by E-Mail.

(2) 무확정청약(free offer)

유효기간을 명시하지 않거나 확정(firm) 또는 취소불능(irrevocable)이라는 문구 없이 매도의사만을 나타낸 청약을 말한다. 피청약자의 승낙이 있기 전까지는 청약자가 내용을 변경하거나 취소, 철회할 수 있다.

(3) 조건부청약(conditional offer)

청약이 효력을 발생하기 위해서 특정한 조건을 만족시켜야 한다는 내용을 담고 있는 청약을 말한다. 조건부청약은 여러 형태가 있다.

① 무확약청약(offer without engagement)은 상품의 시세변동이 심한 품목이나 우편으로 청약을 제시할 경우 사용한다. 피청약자가 승낙해도 청약자가 확인하지 않으면 계약이 성립되지 않는다.

② 재고잔류부청약(offer subject to being unsold) 또는 선착순판매조건청약(offer subject to prior sale)은 재고가 남아 있는 경우에만 성립된다는 것을

조건으로 한다.

③ 매도인 최종확인조건부청약(offer subject to our final confirmation, offer subject to confirmation 또는 sub-con offer)은 청약자가 최종적인 확인을 해야 매매계약이 성립되는 내용을 조건으로 하고 있다.

④ 점검조건부청약(offer on approval)은 청약과 함께 견본을 보내서 구매 희망자가 견본에 만족하면 그 청약이 유효해진다.

⑤ 반품허용조건부청약(offer on sale or return)은 다량의 물품을 피청약자에게 보내고 판매된 분에 대해서만 계약을 진행하고 판매되지 않은 분에 대해서는 반품할 수 있는 조건으로 발행된다.

3.2 승낙

청약에 응하여 그 청약내용대로 계약을 성립시키는 피청약자의 의사표시가 승낙(acceptance)이다. 승낙은 원칙적으로 청약에 대한 무조건적인 동의를 의미하는 것으로 청약내용에 대해 일정한 단서를 붙이거나 추가 또는 변경을 가하면 승낙이 아니라 반대청약이 된다. 승낙은 유효기간 이내에 하여야 하며, 승낙방법이 지정되어 있는 경우에는 명시된 방법에 따르지 않으면 따로 청약자의 승인이 없는 한 효력을 가지지 못한다.

보통의 무역거래에서 청약자와 피청약자가 서로 다른 나라에 소재하여 공간적으로 떨어져, 승낙의 의사표시가 피청약자로부터 발송되어 청약자에게 도착하기까지 상당한 시간이 소요된다. 이에 따라 어느 시점에서 승낙이 계약을 성립하는가에 대해 세 가지 입법주의가 있다.

① **발신주의** : 피청약자가 승낙의 의사표시를 발송한 시점에 계약이 성립된다.

② **도달주의** : 피청약자의 승낙의사표시가 청약자에게 도달한 시점에 계약이 성립된다.

③ **요지(了知)주의** : 승낙의 의사표시가 물리적으로 청약자에게 도달할 뿐만 아니라 현실적으로 청약자가 그 내용을 인지한 때에 계약이 성립된다.

이에 따라 청약 시 "Offer subject to acceptance reaching here by(date)."와 같이 승낙의 통지가 언제까지 도달해야 하는지를 명시하는 경우가 많다. 격지자 간 승낙의 효력발생시기에 대하여 대부분의 국가들은 영미법의 발신주의를 채택하고 우리나라도 발신주의를 규정하고 있다.[03] 한편, 청약자와 피청약자가 상호 대면하여 청약과 승낙이 이루어지는 경우 또는 구두로 이루어지는 경우 계약은 그 장소에서 이루어진다.

4 무역계약서의 종류

4.1 의향서

의향서(letter of intent)는 무역계약의 체결에 앞서 그때까지의 교섭결과 당사자 간에 의견이 좁혀진 사항을 당사자의 의도로서 작성한 것이다. 의향서에는 통상 당해 의향서에 기재되고 있는 것은 단지 당사자의 의사표명에 불과하고 법적 구속력을 가지지 않는다는 취지가 명기된다. 이와 같이 법적 구속력이 없다는 사실을 명기한 경우 그 의향서는 법적 효력을 가진 '계약'으로 간주되지 아니한다. 그러나 이와 같은 문구가 명기되지 아니하였을 때는 교섭 당시의 당사자의 의사 및 의향서의 문언 해석에 의하여 법적 구속력 여부를 판단하게 된다.[04] 이때는 분쟁발생의 가능성이 있게 되므로 유의할 필요가 있다.

매매계약을 체결하기 전에 의향서 대신 각서(memorandum)나 의사록(minutes)이 작성되는 경우도 있는데 이 경우도 마찬가지이다. 이러한 의향서나 각서, 의사록과는 달리 계약서(contract) 또는 협정서(agreement)는 법적 구속력을 전제로 교환되는 문서이다.

03 민법(제531조)

04 장치순, 현대무역계약론, 형설출판사, 1995, p.311.

4.2 개별계약

무역계약을 체결하는 방법에는 개별계약(case by case contract)방법과 포괄계약방법이 있다. 개별계약방법은 개별계약 매매 거래건별로 먼저 간단한 오퍼(offer)나 오더(order)를 확정한 후 계약을 맺는 방법이다. 통상 거래 상대방과 최초거래 시나 초기거래에서 활용한다. 개별계약방식에 의한 무역계약서는 대개 표면과 이면(裏面)의 양면으로 구성되어 있다. 표면 약정에 포함되는 사항은 거래 건별로 확정하여야 하는 개별약정사항들이다. 즉 당해 거래물품의 품질, 수량, 가격, 선적, 결제방법, 보험조건 등이 이에 해당한다. 이면약관사항은 무역에 관한 일반약정으로서 표면약정사항의 해석기준, 품질에 대한 검사, 수량 · 가격 · 선적조건 등을 정하는 기준, 계약불이행과 관련된 조항, 클레임조항, 중재조항 등 수출입거래 시 일반적으로 적용되는 공통사항이 포함된다. 개별계약은 여러 가지 형태로 이루어진다. 실무에서 흔히 사용되는 개별계약의 예로는 다음과 같은 것이 있다.

(1) 매도서와 매입서

Note는 매매에 대해 당사자 간 합의한 사항을 기록하여 통보하는 의미가 있다. Note를 발행한 측이 서명한 후에 상대방 당사자의 확인서명을 요하는 형태가 일반적이며, 이때의 Note는 실질적으로 계약서(contract form)의 성격을 갖는다. Note는 흔히 표준화된 서식으로 되어 있는데 표면은 발행할 때마다 필요한 내용을 기재하여 완성하고, 이면에는 일반거래조건이 약관화되어 있다. 여기서 매도인 측이 발행한 note가 매도서(sale note), 매수인 측이 발행한 note가 매입서(purchase note, purchase order 또는 order라고도 한다)이다.

| 표 6-1 | 구매주문서(매입서) 서식

PURCHASE ORDER

(P/O no : *PO 00011459*)

Usage code : *Q*

ATTTN

MESSRS : *BROOKING CO., Ltd.*

Terms of Delivery : *EXW*	DATE : *2000/05/27*
Terms of Payment : *LC(at sight)*	Delivery to : *01*
Advising Bank :	SEC Div/plant : *SC1*
Ship to Party :	Currency : *USD*
Warranty( )Month	Contract Person : Yong-Bang Kim
Remark :	

Seq	Item Code Ven Part No	Description Specification	Delivery U/M	Order qty U/Price	Amount P/Type	Origin S/Method	Ship Country Destination
0010	*PO0001455*	*USB CHIEF* *PLUS-ANALY* U-CHF-P128	*2000/10/27* *PC*	*14,245.000* *1.000*	*14,245.00*	*US* *Air*	*US* *KRSEL*

Total Amount : 14,245.00

Packing Mark
♣♣♣♣♣♣
◈ SSE ◈
♣♣♣♣♣♣
C/NO 1.UP

Your sincerely

ONE STAR ELECTRONICS

Accepted by :

G. MANAGER

(2) 매도확약서와 구매확인서

매매계약은 구두로도 성립될 수 있다. 그러나 구두계약은 약정한 거래조건에 대하여 후일 입증이 어려우므로 이를 서면으로 확인할 목적으로 사용되는 것이 매매계약서인 매도확약서(confirmation of sale)와 구매확인서(confirmation of purchase)이다. 매매계약확인서도 Note와 같이 일방의 당사자가 작성하여 상대방의 확인서명을 받는 형태이다.

(3) 수출계약서와 수입계약서

수출계약서(export agreement)와 수입계약서(import agreement)는 형식화된 서식을 사용하기 어려운 경우 거래를 할 때마다 별도로 작성하는 것으로 계약서의 내용은 다양해질 수밖에 없다. 또한 이 계약서는 거래의 당사자가 합의한 내용으로 작성하며 내용구성도 표면과 이면약관으로 구분되지 아니한다.

4.3 포괄계약

포괄계약(master contract, '기본계약'이라고도 한다)은 반복하여 행해지는 거래에 대하여 개개 매매의 기본이 되는 사항이나 거래의 공통사항에 대하여 약정한 것을 말한다. 이는 매 거래 시마다 건별로 무역계약을 체결함에 따른 번거로움을 피하는 데 적합한 것으로 당사자 간 향후 수출입거래준칙에 해당하는 일반거래조건협정을 체결하는 것이다. 여기에는 개별계약체결 시 무역계약서 이면약정사항에 포함되는 무역거래 일반약정과 함께 거래 건별로 오퍼나 오더를 확정하는 방법을 정한다. 이에 따라 개별거래 시는 포괄계약에서 정한 바에 따라 간단한 오퍼나 오더를 교환함으로써 무역계약을 확정한다. 따라서 기본계약이 체결되어도 판매자와 구매자 간에 구체적인 권리 · 의무는 발생하지 않고 당해 계약을 기초로 장래에 개별계약을 체결한다는 권리 · 의무만 발생한다.

5 ICC모델 표준계약서

국제상업회의소(ICC)가 제정하여 권유하고 있는 전매목적의 제조물에 대한 표준국제매매계약서는 [표 6-2]와 같다.[05] 이 모델계약서는 Incoterms 2000에 따라 1997년 만들어졌는데 이후 새로운 모델계약서는 계약의 형태에 따라 다양화시켜 책으로 출판하고 있다.[06] 일반적인 무역거래의 매매계약에서는 이 표준매매계약서를 거래내용에 따라 정형거래조건 부분을 비롯해 필요에 따라 수정해 사용하여야 할 것이다.

| 표 6-2 | ICC Model International Sales Contract

ICC Model International Sale Contract
(Manufactured Goods Intended for Resale)

A. SPECIFIC CONDITIONS

These Specific Conditions have been prepared in order to permit the parties to agree the particular terms of their sale contract by completing the spaces left open or choosing(as the case may be) between the alternatives provided in this document. Obviously this does not prevent the parties from agreeing other terms of further details in box A16 or in one or more annexes.

SELLER name and address	Contract Person name and address	BUYER name and address	Contract Person name and address
______________	______________	______________	______________
______________	______________	______________	______________

The present contract of sale will be governed by these Specific Conditions(to the extent that relevant boxes have been completed) and by the ICC General Conditions of Sale(Manufactured Goods Intended for Resale) which constitute part B of this document.

05 이 표준매매계약서는 1997년 12월 Fabio Bortolotti를 의장으로 한 국제상관습위원회에 의하여 제정 · 공표된 것이다.

06 ICC Digital Library 참조.

SELLER	BUYER
signature ______________________	signature ______________________
place__________ date __________	place__________ date __________

A1 GOODS SOLD

description of the goods

____

If there is insufficient space parties may use an annex.

A2 CONTRACT PRICE(Art.4)

Currency : ______________________

Amount in numbers : ______________ Amount in letters : ______________

A3 DELIVERY TERMS

Recommended terms(according to INCOTERMS 2000)

□**EXW** Ex Works	named place: __________
□**FCA** Free Carrier	named place: __________
□**CPT** Carriage Paid To	named place of destination: __________
□**CIP** Carriage Insurance Paid To	named place of destination: __________
□**DAF** Delivered At Frontier	named place: __________
□**DDU** Delivered Duty Unpaid	named place of destination: __________

Other terms(according to ICOTERMS 2000)

□**FAS** Free Alongside Ship	named port of shipment: __________
□**FOB** Free On Board	named port of shipment: __________
□**CFR** Cost and Freight	named port of destination: __________
□**CIF** Cost, Insurance and Freight	named port of destination: __________
□**DES** Delivered Ex Ship	named port of destination: __________
□**DEQ** Delivered Ex Quay	named port of destination: __________

Other delivery terms

□ ______________________

CARRIER(where applicable)

named and address	Contract Person
______________________	______________________

A4 TIME OF DELIVERY

Indicate here the date or period(e.g. week of month) at which or within which the Seller must perform his delivery obligations according to clause A4 of the respective INCOTERMS.

A5 INSPECTION OF THE GOODS BY BUYER(Art.3)

□Before Shipment Place of inspection : ________________

□Other : ____

A6 RETENTION OF TITLE(Art.7)

□YES □NO

A7 PAYMENT CONDITIONS(Art.5)

□**Payment on open account(art. 5.1)**

Time for payment(if different from art.5.1) ________days from date of invoice.

□Open account backed by demand guarantee of standby letter of credit(art. 5.5)

□**Payment in advance(art. 5.2)**

Date(if different from art.5.2) : ______________________________

□Total price □__________________% of the price

□**Documentary Collection(art.5.5)**

□D/P Documents against payment □D/A Documents against acceptance

□**Irrevocable documentary credit(art.5.3)**

□Confirmed □Unconfirmed

Place of issue(if applicable) : ______ Place of confirmation(if applicable) : ______

Credit available	Partial Shipment :	transhipment :
□By payment at sight	□Allowed	□Allowed
□By deferred payment at ______ days	□Not allowed	□Not allowed
□By acceptance of drafts at ______ days		
□By negotiation		

□**Date on which the documentary credit must be notified to seller(if different from art.5.3)**

□days before date of delivery □other : ______________________________

□**Other** : ____

(e.g. cheque, bank draft, electronic funds transfer to designated bank account of seller)

A8 DOCUMENTS

Indicate here documents to be provided by Seller. Parties are advises to check the INCOTERMS they have selected under A3 of these Specific Conditions.

□**Transport documents** : indicate type of transport document required ________

□**Commercial Invoice** □**Certificate of origin**

□**Packing list** □**Certificate of inspection**

□Insurance document □Other : ____________________

A9 CANCELLATION DATE

To be completed only if the parties wish to modify article 10.3

If the goods are not delivered for any reason whatsoever(including force majeure) by (date) the Buyer will be entitled to CANCEL THE CONTRACT IMMEDIATELY BY NOTIFICATION TO THE SELLER.

A10 LIABILITY FOR DELAY(Art.10.1, 10.4 and 11.3)

To be completed only if the parties wish to modify art. 10.1, 10.4 or 11.3

Liquidated damages for delay in delivery shall be :

□______ %(of price of delayed goods) per week, with a maximum of %(of price of delayed goods).

or :

□ __________ (specify amount) __________

In case of termination for delay, Seller's liability for damages for delay is limited to % of the price of the non-delivered goods.

A11 LIMITATION OF LIABILITY FOR LACK OF CONFORMITY(Art.11.5)

To be completed only if the parties wish to modify art.11.5

Seller's liability for damages arising from lack of conformity of the goods shall be :

□limited to proven loss(including consequential loss, loss of profit, etc.) not exceeding____________% of the contract price ;

or :

□as follows(specify) : ________________________________

A12 LIMITATION OF LIABILITY WHERE NON-CONFORMING GOODS ARE RETAINED BY THE BUYER(Art.11.6)

To be completed only if the parties wish to modify art.11.6

The price abatement for retained non-conforming goods shall not exceed :

□ ____________% of the price of such goods

or : ________________________________

□ (specify amount)

A13 TIME-BAR(Art.11.8)

To be completed only if the parties wish to modify art.11.8

Any action for non-conformity of the goods(as defined in article 11.8) must be taken by the Buyer not late than ________ from the date of arrival of the goods at destination.

A14(a), A14(b) APPLICABLE LAW(Art.1.2)

To be completed only if the parties wish to submit the sale contract to a national law instead of CISG. The solution hereunder is **not** *recommended*

(a) This sales contract is governed by the domestic law of ________ (country) ________

To be completed if the parties wish to choose a law other than that of the seller for questions not covered by CIGS

(b) Any questions not covered by CISG will be governed by the law of ________ (country) ________

A15 RESOLUTION OF DISPUTES(Art.14)

The two solutions hereunder(arbitration of litigation before ordinary courts) are alternatives : parties cannot choose both of them. If no choice is made, ICC arbitration will apply, according to art.14.

□ **ARBITRATION**

□ ICC(according to art.14.1)

Place of arbitration

□ Other ________(specify)

□ **LITIGATION(ordinary courts)**

In case of dispute the courts of

________________(place)

shall have jurisdiction

A16 OTHER

B. GENERAL CONDITIONS

Art.1 General

1.1 These General Conditions are intended to be applied together with the Specific Conditions (part A) of the International Sale Contract (Manufactured Goods Intended for Resale), but they may also be incorporated on their own into any sale contract. Where these General Conditions (Part B) are used independently of the said Specific Conditions (Part A), any reference in Part B to Part A will be interpreted as a reference for any relevant specific conditions agreed by the parties. In case of contradiction between General Conditions and any specific conditions agreed upon between the parties, the specific conditions shall prevail.

1.2 Any questions relating to this Contract which are not expressly or implicitly settled by the provisions contained in the Contract itself (i.e. these General Conditions and any specific conditions agreed upon by the parties) shall be governed :

A. by the United Nations Convention on Contracts for the International Sale of Goods(Vienna Convention of 1980), hereafter referred to as CISG), and

B. to the extent that such questions are not covered by CISG, by reference to the law of the country where the Seller has his place of business.

1.3 Any reference made to trade terms (such as EXW, FCA, etc.) is deemed to be made to the relevant term of INCOTERMS published by the International Chamber of Commerce.

1.4 Any reference made to a publication of the International Chamber of Commerce is deemed to be made to the version current at the date of conclusion of the Contract.

1.5 No modification of the Contract is valid unless agreed or evidenced in writing. However, a party may be precluded by his conduct from asserting this provision to the extent that the other party has relied on that conduct.

Art.2 Characteristics of the goods

2.1 It is agreed that any information relating to the goods and their use, such as weight, dimensions, capacities, prices, colours and other data contained in catalogues, prospectuses, circulars, advertisements, illustrations, price-lists of the Seller, shall not take effect as terms of the Contract unless expressly referred to in the Contract.

2.2 Unless otherwise agreed, the Buyer does not acquire any property rights in software, drawings, etc. which may have been made available to him. The Seller also remains the exclusive owner of any intellectual or industrial property rights relating to the goods.

Art.3 Inspection of the goods before shipment

If the parties have agreed that the Buyer is entitled to inspection the goods before shipment, the Seller must notify the Buyer within a reasonable time before the shipment that the goods are ready for inspection at agreed place.

Art.4 Price

4.1 If no price has been agreed, the Seller' s current list price at the time of the conclusion of the Contract shall apply. In the absence of such a current list price, the price generally charged for such goods at time of the conclusion of the Contract shall apply.

4.2 Unless otherwise agreed in writing, the price does not include VAT, and is not subject to price adjustment.

4.3 The price indicated under A2 (contract price) includes any costs which are at the Seller' s charge according to this Contract. However, should the Seller bear any costs which, according to this Contract, are for the Buyer' s account(e.g. for transportation or insurance under EXW or FCA), such sums shall not be considered as having been included in the price under A2 and shall be reimbursed by the Buyer.

Art.5 Payment conditions

5.1 Unless otherwise agreed in writing, or implied from a prior course of dealing between the parties, payment of the price and of any other sums due by the Buyer to the Seller shall be on open account and time of payment shall be 30 days from the date of invoice. The amounts due shall be transferred, unless otherwise agreed, by teletransmission to the Seller' s bank in the Seller' s country for the account of the Seller and the Buyer shall be deemed to have performed his payment obligations when the respective sums due have been received by the Seller' s bank in immediately available funds.

5.2 If the parties have agreed on payment in advance, without further indication, it will be assumed that such advance payment, unless otherwise agreed, refers to the full price, and that the advance payment must be received by the Seller' s bank in immediately available funds at least 30days before the agreed date of delivery or the earliest date within the agreed delivery period, the payment conditions of the remaining amount will be determined according to the rules set forth in this article.

5.3 If the parties have agreed on payment by documentary credit, then, unless otherwise agreed, the Buyer must arrange for a documentary credit in favour of the Seller to be issued by a reputable bank, subject to the Uniform Customs and Practice for Documentary Credits published by the International Chamber of Commerce, and to be notified at least 30 days before the agreed date of delivery or at least 30 days before the earliest date within the agreed delivery period. Unless otherwise agreed, the documentary credit shall be payable at sight and allow partial shipments and transhipment.

5.4 If the parties have agreed on payment by documentary collection, then, unless otherwise agreed, documents will be tendered against payment(D/P) and the tender will in any case be subject to the Uniform Rules for Collections published by the International Chamber of Commerce.

5.5 To the extent that the parties have agreed that payment is to be backed by a bank guarantee, the Buyer is to provide, at least 30 days before the agreed date of delivery or at least 30 days before the earliest date within the agreed delivery period, a first demand bank guarantee subject to the Uniform Rules for Demand Guarantees published by the International Chamber of Commerce, or a standby letter of credit subject either to such Rules or to the Uniform Customs and Practice for Documentary Credit published by the International Chamber of Commerce, in either case issued by a reputable bank.

Art.6 Interest in case of delayed payment

6.1 If a party does not pay a sum of money when it falls due the other party is entitled to interest upon that sum from the time when payment is due to the time of payment.

6.2 Unless otherwise agreed, the rate of interest shall be 2% above the average bank short-term lending rate to prime borrowers prevailing for the currency of payment at the place of payment, or where no such rate exists at that place, then the same rate in the State of the currency of payment. In the absence of such a rate at either place the rate either place the rate of interest shall be the appropriate rate fixed by the law of the State of the currency of payment.

Art.7 Retention of title

If the parties have validly agreed on retention of title, the goods shall remain the property of the Seller until the complete payment of the price, or as otherwise agreed.

Art.8 Contractual term of delivery

Unless otherwise agreed, delivery shall be "Ex Works" (EXW).

Art.9 Documents

Unless otherwise agreed, the Seller must provide the documents(if any) indicated in the applicable INCOTERMS or, if no INCOTERMS is applicable, according to any previous course of dealing.

Art.10 Late-delivery, no-delivery and remedies therefor

10.1 When there is delay in delivery of any goods, the Buyer is entitled to claim liquidated damages equal to 0.5% or such other percentage as may be agreed of the price of those goods for each complete week of delay, provided the Buyer notifies the Seller of the delay. Where the Buyer so notifies the Seller within 15 days from the agree date of delivery, damages will run from the agreed date of delivery or from the last day within the agreed period of delivery. Where the Buyer so notifies the Seller after 15 days of the agreed date of delivery, damages will run from the date of the notice. Liquidated damages for delay shall not exceed 5% of the price of the delayed goods of such other maximum amount as may be agreed. other remedy for delay in delivery or non-delivery

10.2 If the parties have agreed upon a cancellation date in Box A9, the Buyer may terminate the Contract by notification to the Seller as regards goods which have not been delivered by such cancellation date for any reason whatsoever(including a force majeure event).

10.3 When article 10.2 does not apply and the Seller has not delivered the goods by the date on which the Buyer has become entitled to the maximum amount of liquidated damages under article 10.1, the Buyer may give notice in writing to terminate the Contract as regards such goods, if they have not been delivered to the Buyer within 5 days of receipt of such notice by the Seller.

10.4 In case of termination of the Contract under article 10.2 or 10.3 then in addition to any amount paid or payable under article 10.1, the Buyer is entitled to claim damages for any additional loss not exceeding 10% of the price of the non-delivered goods.

10.5 The remedies under this article are exclusive of any

Art.11 Non-conformity of the goods

11.1 The Buyer shall examine the goods as soon as possible after their arrival at destination and shall notify the Seller in writing of any lack of conformity of the goods within 15 days from the date when the Buyer discovers or ought to have discovered the lack of conformity. In any case the Buyer shall have no remedy for lack of conformity if he fails to notify the Seller thereof within 12 months from the date of arrival of the goods at the agreed destination.

11.2 Goods will be deemed to conform to the Contract despite minor discrepancies which are usual in the particular trade of though course of dealing between the parties but the Buyer will be entitled to any abatement of the price usual in the trade or through course of dealing for such discrepancies

11.3 Where goods are non-conforming(and provided the Buyer, having given notice of the lack of conformity in compliance with article 11.1, does not elect in the notice to retain them), the Seller shall at his option :

(a) replace the goods with conforming goods, without any additional expense to the Buyer, or

(b) repair the goods, without any additional expense to the Buyer, or

(c) reimburse to the Buyer the price paid for the non-conforming goods and thereby terminate the Contract as regards those goods.

The Buyer will be entitled to liquidated damages as quantified under article 10.1 for each complete week of delay between the date of substitute goods under conformity according to article 11.1 and the supply of substitute goods under article 11.3(a) or repair under article 11.3(b) above. Such damages may be accumulated with damages (if any) payable under article 10.1, but can in no case exceed in the aggregate 5% of the price of those goods.

11.4 If the Seller has failed to perform his duties under article 11.3 by the date on which the Buyer becomes entitled to the maximum amount of liquidated damages according to that article, the Buyer may give notice in writing to terminate the Contract as regards the non-conforming goods unless the supply of replacement goods or the repair is effected within 5 days of receipt of such notice by the Seller.
11.5 Where the Contract is terminated under article 11.3(c) or article 11.4, then in addition to any amount paid or payable under article 11.3 as reimbursement of the price and damages for any delay, the Buyer is entitled to damages for any additional loss not exceeding 10% of the price of the on-conforming goods.
11.6 Where the Buyer elects to retain non-conforming goods, he shall be entitled to a sum equal to the difference between the value of the goods at the agreed place of destination if they had conformed with the Contract and their value at the same place as delivered, such sum not to exceed 15% of the price of those goods
11.7 Unless otherwise agreed in writing, the remedies under this article 11 are exclusive of any other remedy for non-conformity.
11.8 Unless otherwise agreed in writing, no action for lack of conformity can be taken by the Buyer, whether before judicial or arbitral tribunals, after 2 years from the date of arrival of the goods. It is expressly agreed that the expiry of such term, the Buyer will not plead non-conformity of the goods, of make a counter-claim thereon, in defence to any action taken by the Seller against the Buyer for non-performance of this Contract.

Art.12 Cooperation between the parties

12.1 The Buyer shall promptly inform the Seller of any claim made against the Buyer by his customers or third parties concerning the goods delivered or intellectual property rights related thereto.
12.2 The Seller will promptly inform the Buyer of any claim which may involve the product liability of the Buyer.

Art.13 Force majeure

13.1 A party is not liable for a failure fo perform any of his obligations in so far as he proves :
(a) that the failure was due to an impediment beyond his control, and
(b) that he could not reasonably be expected to have taken into account the impediment and its effects upon his ability to perform at the time of the conclusion of the Contract, and
(c) that he could not reasonably have avoided or overcome it or its effects.
13.2 A party seeking relief shall, as soon as practicable after the impediment and its effects upon his ability to perform become known to him, give notice to the

other party of such impediment and its effects on his ability to perform. Notice shall be given when the ground of relief ceases. Failure to give either notice makes the party thus failing liable in damages for loss which otherwise could have been avoided.

13.3 Without prejudice to article 10.2, a ground of relief under this clause relieves the party failing to perform from liability in damages, from penalties and other contractual sanctions, except from the duty to pay interest on money owing as long as and to the extent that the ground subsists.

13.4 If the grounds of relief subsist for more than six months, either party shall be entitled to terminate the Contract with notice.

Art.14 Resolution of disputes

14.1 Unless otherwise agreed in writing, all disputes arising in connection with the present Contract shall be finally settled under the Rules of Arbitration of the International Chamber of Commerce by one or more arbitrators appointed in accordance with the said Rules.

14.2 An arbitration clause does not prevent any party from requesting interim or conservatory measures from the courts.

6 무역계약의 조건

무역계약을 체결할 때 가장 바람직한 것은 매매거래에서 야기될 수 있는 모든 경우를 다 고려하여 계약에 포함시키는 것이다. 그러나 현실적으로 그 모든 것을 일일이 다 계약할 수는 없는 일이다. 일반적으로 무역계약에 명시되는 주요 조건으로는 다음과 같은 것이 있다.

① 품질조건(quality terms)

② 수량조건(quantity terms)

③ 가격조건(price terms)

④ 포장과 화물의 단위화조건(packing & unitization terms)

⑤ 선적조건(shipment terms)

⑥ 보험조건(insurance terms)

⑦ 대금결제조건(payment terms)

⑧ 권리구제를 위한 조건

6.1 품질조건(quality terms)

(1) 무역거래에서의 품질의 의의

상품의 시장성에 영향을 미치는 요소는 다양하지만 그 중에서도 상품의 품질은 큰 영향을 미친다. 격지 간 거래로 현품을 수입상이 직접 확인하기가 어렵고 상품이 장거리를 이동하는 과정에서 품질이 저하될 가능성이 높아 주요 관심사가 될 수 밖에 없다. 따라서 품질계약조건과 이 조건의 이행을 어떻게 입증하고 확인할 것인가는 중요한 의미를 갖는다.

품질(quality)이란 일반적으로 자연과학적인 요소인 물품 고유의 본질, 성질, 상태를 말한다. 그 외에 포장, 상표, 원산지, 보존성, 운반성 등도 품질판단의 중요한 요소가 된다. 품질을 결정하는 구성요소는 물품마다 차이가 있다. 가장 중요한 구성요소는 물론 물품의 성상(性狀)과 성능이다. 물품 자체의 크기, 무게, 부피, 성분, 형태, 구조, 밀도, 가공도, 품종, 색상, 비중, 응고점이나 융점(融點), 인화점(引火點) 등이 성상이라면 영양가, 소화율, 열전도율, 발열량, 방수성(防水性), 내구성, 탄성(彈性), 속도, 용량, 정밀성, 다양성 등은 성능에 속한다. 물품의 이러한 성상과 성능에 흠집, 오염, 변질, 부패, 파손, 변색, 탈색, 변형, 미달, 결핍 등의 결점이 있다면 품질이 떨어지게 된다.

상품에 대한 품질의 결정은 법령, 시장의 관행, 동업자단체의 규정 등에 의한다. 어떤 상품에도 그 업계와 거래관계자 사이에 일반화된 품질의 결정방법이 있는 것이 보통이다. 또한 상품의 어느 요소에 대해서 어느 정도의 품질을 계약조건으로 정하느냐는 수입상(buyer)이 어떤 품질을 필요로 하는지와 수출상(seller)이 매도가능한 것인지 여부에 따라 결정된다.

(2) 품질조건의 내용

무역계약에 있어 품질조건은 ① 어떻게 품질을 확정할 것인가 하는 품질결정의 방식, ② 이러한 품질을 결정하는 품질결정의 시기, ③ 약정된 품질의 상품임을 확인하고 증명하는 품질증명의 방법 등 세 가지로 구성된다.

1) 품질의 결정방법

품질을 결정하는 방법으로는 점검매매(sales by inspection), 견본매매(sales by sample), 표준품매매(sales by standard), 상표매매(sales by trade mark or brand), 명세서매매(sales by specification or dimensions), 규격매매(sale by grades) 등이 있다. 또한 이상의 방법을 둘 이상 혼합하여 품질결정방법으로 사용하기도 한다. 예를 들면 견본매매가 주(主)가 되면서 명세서가 부대(附帶)되거나 명세서가 주가 되면서 견본이 부대되는 경우가 그것이다.

가. 점검매매(sales by inspection)

점검매매는 매수인이 거래물품을 물품의 소재지에서 실제 점검하여 품질을 결정하는 방법이다. 이 매매방법은 선택매매(sale by selection), 현물매매(spot sale), 현장매매(plant sale), 점포매매(shop sale), 재고매매(stock sale), 승인매매(sale on approval) 등으로도 불려진다. 점검매매는 BWT(Bonded Warehouse Transaction)거래나 COD(Cash On Delivery)거래 또는 소비자가 여행 등에서 직접 구매하는 경우가 많다. 매매 후의 품질분쟁가능성은 매수인이 직접 현품을 확인한 다음 구입했기 때문에 상대적으로 낮다. 그러나 매매 당시에는 나타나지 않았으나 사용한 후에 발견되는 숨은 하자에 대해서는 클레임이 제기될 수 있다.

나. 견본매매(sales by sample)

견본매매는 공산품의 무역거래에서 가장 일반적으로 사용되고 있는 품질결정방법이다.[07] 이것은 매도인과 매수인 중 어느 일방이 거래하고자 하는 물품과 동일한

07 영국 물품매매법에서는 계약상 견본매매로 한다는 명시적 또는 묵시적인 조항이 있을 때에는 다음

상품을 보내고 상표나 설명 약정 등을 추가하는 방법으로 품질을 약정한다. 이때 보내지는 상품을 관용적으로 견본(sample)이라 한다. 견본은 다음과 같이 여러 가지로 분류된다.

① **적화(積貨)견본 또는 선적견본(shipment sample)** : 선적품 중에서 견본을 추출하고 이를 당해 선적화물 전체의 품질을 대표하는 것으로 하여 매수인이 검사할 수 있도록 선적화물과 동일한 선박으로 매수인에게 보내는 견본

② **착화(着貨)견본** : 선적화물이 도착했을 때 매수인이 화물의 품질상태를 표시하기 위하여 도착화물 중에서 추출한 견본

③ **시험견본(trial sample)** : 거래과정과 연관하여 본 상품의 생산에 앞서 만들어 보내는 견본

④ **원견본(original sample) 또는 대표견본** : 계약을 할 때 기준으로 삼은 품질로서 매도인 또는 매수인이 상대방에게 보내는 견본

⑤ **제2견본(duplicate sample) 또는 참조견본** : 원견본을 보내는 측이 예비로 보관하는 견본

⑥ **제3견본(triplicate sample)** : 계약체결 후 제조업자나 도매상에 참고용으로 보내는 견본. 이 견본도 참조견본이라 한다.

⑦ **매도인견본(seller's sample)과 매수인견본(buyer's sample)** : 견본을 송부하는 주체를 기준으로 하여 분류한 견본. 이때 매도인 또는 매수인이 상대방이 제시한 품질조건을 수정하기 위해 제시하는 견본이 반대견본(counter sample)이다.

다. 표준품매매(sales by standard)

농산물이나 임산물, 광산물과 같은 1차산품은 일정한 규격이 없으므로 품질을

과 같은 묵시적인 조건(implied condition)이 존재하는 것으로 간주한다.
① 현품은 품질에 있어 견본과 일치하여야 한다. ② 매수인은 현품을 견본과 대조하는 데 상당한 기회를 가져야 한다. ③ 물품은 견본의 정당한 검사에 의해서도 발견되지 아니하고 매매에 부적합한(unmerchantable) 것으로 간주되는 하자가 없어야 한다. 여기에서 '매매에 부적합'하다는 것은 "명세서 기타 모든 관련 사정에 따라 합리적으로 기대된 바대로의 통상적인 매입목적에 적합하지 아니한 품질"을 뜻한다(Sale of Good Act 1979, article 15).

약정해서 거래하기가 곤란하다. 따라서 상품의 표준품(standard)을 추상적으로 제시하여 계약을 성립시키는데 이러한 품질약정방법을 표준품매매라 한다. 표준품매매는 기준이 모호하기 때문에 표준품에 대한 견해와 표준품과 선적품과의 일치 여부와 관련하여 거래당사자 사이에 분쟁이 많으므로 계약 시 이를 분명하게 해둘 필요가 있다. 표준품매매의 품질 표시방법에는 평균중등품품질조건(FAQ : Fair Average Quality)과 판매적격품질조건(GMQ : Good Merchantable Quality), 보통품질조건(USQ : Usual Standard Quality)의 세 가지가 있다.

① **평균중등품품질조건(FAQ)** : 이 조건은 곡물, 과일, 면화 등 농산물거래에 적합한 조건이다. 표준품을 동종상품의 평균적인 중등의 품질을 선정하여 표준품의 대표품질로 한다. 이 표준품은 법령에 의거하여 공공기관이 정하고 그 규격과 격차도 일정한 것이 보통이다.

② **판매적격품질조건(GMQ)** : 이 조건은 목재나 냉동수산물에 많이 적용하는 조건이다. 매수인이 인수받은 물품이 당해 물품의 성질과 상관습상 상품시장에서 매매가 적격한 것으로 일반적으로 인정되는 조건의 품질조건을 말한다. 목재에서 나무가 너무 굽었다든지 옹이가 너무 많아 본래의 용도인 판자, 기둥 등으로 사용할 수 없을 경우에는 판매적격품질조건에 부합되지 못하는 것이다.

③ **보통품질조건(USQ)** : 이 조건은 공인검사기관 또는 공인표준기관에 의해서 확인된 보통품질을 표준품의 품질로 결정하는 조건이다. 공인된 검사기관은 특정상품에 대해서 품질의 등위에 따른 공적인 차등, 즉 특등, 1등, 2등, 3등과 같이 표준화해 놓고 있다. 선적품은 이러한 표준품과 비교해서 등급이 결정되고 등급에 따라 가격을 결정하여 결제대금을 계약대금에서 증감시킨다. 이 조건을 적용할 때는 계약시에 공인기관의 계약표준화 등급과 가격이 정해져 있어야 하며 선적품과의 비교판정방법이 명확해야 한다.

라. 상표매매(sales by trade mark or brand)

이 조건은 생산업자의 상표(trade mark) 또는 브랜드(brand)가 국제시장에서 널리 알려진 경우 그 상표나 브랜드에 의하여 거래가 이루어지는 품질조건이다. 예컨대 카메라의 Nikon, Cannon, 자동차의 RollsRoyce, Bentz, 청량음료의 Coca-cola 등은 누구나 다 인정하는 품질이 보증되고 있다. 상표는 자기상품을 타인의 동종 혹은 유사상품과 쉽게 식별할 수 있도록 문자, 도형, 기호 등의 복합조합으로 표시하는 것이다. 상표는 소비자에게 당해 상표에 대한 이미지가 높게 인식될 때 상품으로서의 가치도 높아진다. 상표로서 정부에 등록되어 보호를 받으면 등록상표라 불린다. 다수의 소비자를 상대로 하는 의류, 식료품, 가전 등의 생활소비재가 상표매매의 주된 대상이 되고 있다.

마. 명세서매매(sales by specifications or dimensions)

상품의 특성에 따라 견본, 표준물, 상표로서 품질조건을 충분히 표시하지 못하는 경우가 있다. 선박, 기계류, 의료기구 등은 경제적 혹은 기술적으로 견본사용이 곤란하다. 또한 화학공업제품, 의약품, 염료 등은 함유성분을 견본으로서 나타낼 수 없다. 이 경우 품질의 결정은 명세서, 사양서, 분석표, 감정서 등에 의하게 된다. 이러한 물품은 물품의 성질, 재료, 구조, 성능 등에 관한 명세서, 청사진, 설명서, 설계도, 카탈로그 등을 첨부하여 계약을 체결한다. 이를 명세서매매라 한다. 명세서매매에서는 수출국의 국가검사기관이나 공인기관의 품질증명서를 통해 선적품이 계약 설명내용과 일치하는지를 확인하고 판단하는 경우가 많다.

바. 규격매매(sales by grade)

규격매매는 국제적으로 물품의 규격이 정해져 있거나 수출국의 법적 규정에 의하여 상품의 규격이 정해져 있는 경우 그 규격에 의하여 거래가 이루어지는 것을 말한다. 국제규격의 예로는 국제표준화기구 ISO(International Standardization Organization)의 규격이 있고, 대부분의 국가도 나름대로 표준적인 규격을 정해두고 있다. 예를 들면 영국의 BSS(British Standard Specification), 일본의 JIS(Japan Industrial Standard), 우리나라의 KS(Korean Standard) 등이 그것이다.

2) 품질결정의 시기

무역화물의 운송은 원거리의 이동을 필요로 하기 때문에 운송도중에 품질 변화가 있을 수 있다. 즉 수출지에서 선적할 때의 품질과 수입지에서 양륙될 때의 품질

간에 차이가 있을 수 있는 것이다. 이러한 경우 어느 시점의 품질을 기준으로 할 것인가는 중요한 문제이다. 따라서 무역계약 시 이에 대해 약정을 해둘 필요가 있는데 이를 품질결정시기라고 한다. 품질결정의 시기는 크게 선적품질조건과 도착품질조건이 있고 이에 대한 예외로서 특약을 통한 품질조건이 있다.

가. 선적품질조건(shipped quality terms)

이 조건은 인도상품의 품질이 계약된 상품의 품질과 일치하느냐의 여부를 상품 선적 시의 품질에 의하여 결정하는 방법이다. 운송과정에서 품질의 변화가 잘 발생하지 않는 공산품 등에 널리 이용되고 있다. 매도인은 선적 시의 품질이 계약상품의 품질과 합치할 것은 보증하나 운송도중의 변질로 인한 도착지의 품질상태에 대해서는 책임을 지지 않는 조건이다.

곡물류의 거래에서는 특히 TQ(Tale Quale)라는 국제곡류시장의 관행적인 품질조건을 많이 사용한다. 이 조건은 'as it is, just as they come'이란 뜻으로 선적품질조건을 의미하고 운송도중의 변질에 대해 매도인이 책임지지 않는다. 그러나 선적품질조건을 택하되 특약으로서 선적 후에 발생하는 누손(漏損), 풍해(風害), 충해(蟲害), 퇴색(退色) 등 여러 종류의 손해에 대해서 매도인이 한정적 특약으로 책임을 부담하도록 할 수 있다. 곡물거래의 SD(Sea Damage)조건이 이에 속한다. 이는 "Damaged by sea water, if any, to be for seller's account(만약 바닷물에 의한 손해가 발생한다면 매도인이 부담한다)."는 조건이다.

공산품거래에서는 선적품질조건의 하나로 공장출하 시 품질을 조건으로 할 수도 있다. 예를 들면 기계, 기구 등의 공산품을 매도인이 제조자, 공급자의 공장에서 실시하는 검사로서 품질을 확정하는 것이다. 이들 상품들은 제조자 또는 매도인의 통제하에서 최종적인 품질을 확인하는 것이 용이하고, 그 이후 매수인에게 인도되는 과정에서 품질 변화가 거의 없는 성격이 있기 때문이다.

선적품질조건은 수입국 정부에 의해 선적전 검사의 일부로서 요구될 수도 있다. 선적전 검사는 수출되는 상품의 품질, 수량, 환율, 금융조건을 포함한 가격 또는 상품분류 등의 검증과 관련하여 수입국 정부의 기관이나 수입국 정부와의 계약 또는 그 위임 · 위탁에 의해 별도 기관이 하는 일련의 활동을 말한다.[08] 이 검사는 품질의 검사가 상품이 선적되기 이전단계에서 행해지는 것이므로 자연히 선적품질조건의 성격을 띠게 된다.

나. 도착품질조건(arrival quality terms)

이 조건은 인도상품의 품질과 계약상품의 품질과의 일치 여부를 상품의 도착지에서 결정하는 조건이다. 이 조건에서는 운송 중의 상품의 변질에 대하여 매도인이 책임을 져야 한다. 이 조건은 운송 중에 변질되기 쉬운 농산물이나 도착 후 정확한 분석에 의거하여 품질이 결정되는 광산물 등에 주로 이용되고 있다.

곡물류의 거래에서는 이 조건을 RT(Rye Terms)라고도 하는데 이는 원래 호밀거래에서 처음 사용된 데서 유래되었다. 도착품질조건으로 거래되는 물품에는 도착지에서의 검사결과가 나올 때까지 매매금액이 확정되지 아니하는 것도 있다. 이는 도착지에서의 품질검사결과를 기초로 일정수준을 하회(下廻)하는 것에 대해서는 가격조정 또는 정산(精算)을 하도록 규정하기 때문이다.

3) 품질의 확인 또는 증명

매도인이 인도하는 상품이 계약한 품질조건에 일치하는가 여부의 확인 또는 입증방법도 매매계약에 포함되어야 한다(이것은 수량조건의 경우에도 유사하다). 여기에는 ① 품질검사(檢品)의 시기와 장소, ② 검사인(檢査人), ③ 검사방법과 검사기준, ④ 검사비용의 부담 등이 포함된다. 검품의 시기와 장소는 대개 앞서 설명한 품질결정의 시기 및 장소와 일치한다.

검사인은 매도인 또는 매수인 외에 매도인 측의 제조자와 공급자 또는 매수인 측의 최종수요자 등의 거래관계자 1인 내지 2인 이상이 될 수 있다. 또 거래관계자의 검사에 대신하여 또는 그것에 추가하여 제3의 기관을 검사인으로 하는 경우가 있다. 제3의 기관을 검사인으로 하는 것은 상품의 성격이나 거래의 특질상 전문적 기술이나 측정기구 등을 사용하는 검품 · 검량(檢量)업자에게 위촉하지 않을 수 없는

08 WTO 선적전 검사협정(Agreement on Preshipment Inspection), article 1, 3

경우가 많기 때문이다. 또한 구체적인 거래에 있어 매도인과 매수인이 모여 검사하는 것이 통상 곤란하고, 각각 검사를 실시하는 것은 검사시기와 방법의 차이로 인해 검품결과에 차이가 생기며, 그 조정에 대해서도 논란이 생길 가능성이 있을 때 이와 같은 불이익을 피하기 위해 중립적인 제3의 검사기관을 이용하기도 한다.

국제적으로 권위 있는 검사기관으로는 영국의 Lloyd's Agent, 프랑스의 SGS(Societe Generale de Surveillance S.A), 미국의 Del Pan Inc. 등이 있다. 이러한 검사기관이 감정인(surveyor)이고 이들이 발급하는 증빙서류가 감정보고서(survey report)이다. 한편 이러한 기관이 없는 경우에 대비하여 검사의뢰기관을 계약서에 명시해 둘 수도 있다. 의뢰기관으로는 수출국에 주재하는 수입국 영사, 수입국에 주재하는 수출국 영사, 수출 또는 수입국의 상공회의소 등이 가능하다. 품질검사를 하는 데는 비용이 들어가게 된다. 매도인 혹은 매수인이 검품을 실시하도록 규정할 때는 통상 자기의 비용으로 이것을 실시하는 것으로 보는 것이 일반적이나 제3의 검사기관을 이용할 때는 그 비용을 양자가 균등하게 부담하는 것이 합리적이다. 그러나 어느 한쪽이 전액 부담하도록 규정할 수도 있다.

4) 품질에 관한 클레임

품질검사결과 대상상품에 대해 계약위반이 있음이 판명된 때에는 클레임이 제기될 것이다. 계약과 도착물품의 일치 여부 판단은 품질의 결정방법에 따라 달라질 것이지만 국제물품매매계약에 관한 UN협약에는 다음과 같은 경우를 계약과 일치하는 것으로 보고 있다.[09]

① 물품은 동일한 명세의 물품이 통상적으로 사용되는 목적에 적합할 것

② 물품은 계약체결 시에 명시적 또는 묵시적으로 매도인에게 알려져 있는 어떠한 특정의 목적에 적합할 것. 다만, 사정으로 보아 매수인이 매도인의 기량과 판단을 신뢰하지 않았거나 또는 신뢰하는 것이 불합리한 경우는 제외

③ 물품은 매도인이 매수인에게 견본 또는 모형으로 제시한 물품의 품질을 보유할 것

09 국제물품매매계약에 관한 UN협약 제35조

④ 물품은 그러한 물품에 통상적인 방법으로 또는 그러한 방법이 없는 경우에는 그 물품을 보존하고 보호하는 데 적절한 방법으로 용기에 담거나 또는 포장되어 있을 것

클레임 제기 시 매수인은 대상상품의 부적합(不適合) 정도에 따라 대상상품의 인수를 거절하거나 또는 부적합 정도에 따른 대금 감액 등의 가격조정을 청구하는 것이 보통이다. 품질과 관련한 클레임은 무역계약서에 약정된 기간 내에 제기되어야 하나 특별한 약정이 없으면 국제협약과 거래 관련국의 법령에 따라 그 기간이 결정된다. 품질조건 위약을 이유로 클레임을 제기하기 위해서는 무엇보다 객관적인 입장에서 품질이 계약조건과 다르다는 것을 입증하는 것이 중요하다.

6.2 수량조건(quantity terms)

(1) 수량조건의 종류

무역계약에서 수량이란 중량, 용적, 개수, 포장 등을 말한다. 수량은 품질 다음으로 거래에서 분쟁이 일어나기 쉬운 것이다. 그러나 계약이 성립될 때는 목적물의 인도수량을 정확하게 할 수 없는 산물(散物, bulk)의 거래에서는 '개산(概算)수량조건'이 흔히 사용된다. 수량 앞에 about, approximately, circa, around, some 등의 용어를 표시하고, 양륙지에서 수량을 확인한 다음 최종 확정수량을 정하여 정산하는 방법이다. 신용장통일규칙(UCP 600 제30조)에서는 개산수량조건에서 사용되는 단어가 수량, 금액, 단가 앞에 사용된 경우에는 10%의 과부족을 허용한다.

(2) 수량의 단위

수량을 표시하는 단위에는 중량(weight), 용적(measurement, volume), 개수(piece), 포장(package), 길이(length) 등이 있다.

1) 중량단위

중량은 철강제품, 양곡, 수산물 등의 거래에서 주로 사용된다. 계산단위에는 ton, pound(lb), kilogram(kg) 등이 있다. 이 가운데 ton의 경우는 중량을 표시하는 톤(weight ton : W/T)과 용적을 표시하는 톤(measurement ton : M/T)이 있다. 중량을 표시하는 톤은 같은 톤일지라도 표시방법에 따라 다음과 같이 실제 중량에서 차이가 난다.

① Long Ton(L/T) : 2,240파운드(1,016kg)로 주로 영국계에서 사용한다.

② Short Ton(S/T) : 2,000파운드(907kg)로 주로 미국계에서 사용한다.

③ Metric Ton(M/T) : 2,204파운드(1,000kg)로 주로 유럽계에서 사용한다.

중량의 측정방법에는 총중량조건(gross weight terms), 순중량조건(net weight terms), 정미(正味, net)순중량, 법적 순중량(legal net weight) 등이 있다. 총중량조건은 포장한 상태 그대로의 중량을 측정하는 것이다. 따라서 포장용기(tare)와 내용물(ware)의 합계량이 된다. 이것은 분말품과 같이 그 성질상 포장과의 분리가 어려운 특성을 가진 제품에서 많이 사용된다. 순중량조건은 포장용기의 중량을 공제하거나 포함하지 아니하는 수량이다. 순중량조건은 일반적으로 무역에서 가장 많이 사용된다. 정미순중량은 포장용기의 중량은 물론이고 허용되는 잡물(dust)까지 중량에서 제외시키거나(예 농산물), 부자재의 무게를 제외하는 중량(예 섬유제품)을 말한다. 법적 순중량은 종량관세(specific duty)의 부과 등을 위해 법으로 정한 중량으로 통상 겉포장재료의 무게(legal tare)를 공제한 수량이다.

2) 용적단위

용적은 액체나 목재 등의 거래에서 주로 사용된다. 계산단위로는 liter, gallon, barrel, cubic meter(CBM), cubic feet(CFT), super foot(SF) 등이 있다.[10]

10 SF는 주로 목재에 사용되는 단위이다. 1SF는 1평방 feet×1inch로 480SF가 1용적톤이다.

3) 개수단위

낱개로 계산이 가능한 공산품거래에서 주로 사용된다. piece, set 등을 계산단위로 하지만 크기가 적거나 저가(低價)의 잡화품은 다음과 같은 dozen, gross 등의 단위를 사용한다.

① 1dozen : 12pcs(pieces)

② 1gross : 12dozen(12×12 = 144pieces)

③ 1great gross : 12gross(12×12×12 = 1,728pieces)

④ 1small gross : 10dozen(12×10 = 120pieces)

4) 포장단위

시멘트, 비료, 유류, 면화 등의 거래에서 주로 사용된다. box, bale, case, bag, can, drum 등의 포장용기가 단위로 사용된다. 용기를 사용하지 않는 포장물은 bundle, coil 등이 단위로 사용되기도 한다.

5) 길이단위

원단, 합판, 생사 등의 거래에서 주로 사용된다. 계산단위로는 meter, feet, yard, inch 등이 있다. 합판이나 타일 등의 면적에는 square foot(SFT)가 사용된다.

(3) 수량의 결정시기와 확정방법

수량이 계약된 수량과 합치하느냐 여부를 결정하는 시기에는 품질조건의 경우와 마찬가지로 선적수량조건과 도착수량조건이 있다. 그러나 INCOTERMS를 적용하는 무역계약에서 별도의 약정이 없으면 CIF, FOB 등과 같은 선적지인도조건에서는 선적수량조건이고, DES, DEQ와 같이 도착지인도조건이면 도착수량조건이 적용된다.

1) 선적수량조건(shipping weight terms)

선적장소에서 검사한 수량을 계약물품의 인도수량으로 간주하는 조건이다. 매도인은 선적 당시의 검량을 수량으로 표시하고 수출대금을 계산한다. 흔히 운송과정에서 감량률(減量率)이 적은 상품인 경우에는 매도인 측의 검량인이 작성하고 매도인이 서명한 중량표(weight note)나 용적 · 중량표(measurement and weight list)로 증명한다. 감량률이 많은 대량 화물로 검량의 입증이 중시되는 경우에는 공인검량인이 발급한 중량증명서(certificate of weight)로서 수량을 증명한다.

2) 양륙수량조건(landed weight terms)

도착지에서의 실제 중량을 계약물품의 인도수량으로 간주하는 조건이다. 운송도중의 감량과 누손(漏損)은 매도인의 책임이다. 양륙수량은 보통 도착지에서 공인검량기관의 수량검사로 확정된다.

(4) 산물의 수량조건

곡물이나 광물과 같이 비포장 산물(bulk cargo)화물로 거래되는 물품은 어느 정도의 과부족(surplus or deficiency)발생이 불가피하다. 따라서 상사분쟁을 방지하기 위해서는 계약상에 과부족용인조항이나 소량 손해면책조항을 약정해 두거나 또는 개산(概算, approximate)조건으로 하는 것이 바람직하다.

1) 과부족용인조항(more or less clause)

약정된 수량에서 다소의 과부족이 발행하더라도 이를 계약위반으로 간주하여 클레임을 제기하지 않기로 약정하는 조항을 말한다. 수량에 대한 과부족을 용인할 때는 용인하는 수량의 한도와 과부족의 선택권자를 명시하는 경우가 많다. 예를 들어 "3% more or less at seller's option(3% 이내의 과부족은 매도인의 임의이다)."이나 "Seller has the option of delivering 5% more or less on the contracted quantity(매도인은 약정된 수량에 5%의 과부족을 인도할 선택권을 갖는다)." 등과 같은 조항을 두는 것이다. 신용장통일규칙(UCP 600 제30조)에서는 신용장에 특정물품의 수량에 대하여 과부족을 허용하지 않는다고 명시하고 있지 않는 한 어음발행금액이 신용장금액을 초과하지 않는 경우에 한하여 5%의 과부족이 허용되는 것으로 규정하고 있다. 그러나 신용장통일규칙의 규정은 신용장통일규칙을 적용하는 신용장거래에서만 적용되는 것이다. 따라서 무(無)신용장방식의 거래에서는 계약서상에 과부족용인조항을 명시해 둘 필요가 있다.

과부족의 선택권자는 운송계약의 체결권자와 관련이 깊다. 따라서 FOB계약에서는 'Buyer's option', CIF계약에서는 'Seller's option'을 원칙으로 한다. 과부족을 용인하는 경우에는 일반적으로 과부족된 수량에 대하여 대금을 정산한다. 정산시의 기준이 되는 가격은 계약가격(contract price)에 의하는 것이 원칙이다. 그러나 약정에 따라서는 선적일가격(day of shipment price) 또는 도착일가격(day of arrival price)으로 정산하기도 한다.

2) 개산조건

개산(概算)조건이란 계약수량 앞에 about, circa, approximately, around, some 등의 용어를 사용하는 것이다. 신용장통일규칙(UCP 600 제30조)에서는 신용장의 금액, 수량, 단가와 관련하여 이와 같은 용어가 사용되었을 때 언급된 금액, 수량, 단가보다 상하 10% 범위 내에서 과부족을 허용하는 것으로 해석한다. 만일 수량 앞에만 이러한 용어가 사용되고 금액 앞에는 사용되지 않았을 경우 수량만이 10%의 과부족이 허용되고, 별도의 약정이 없는 한 금액은 증감이 허용되지 아니하는 것으로 해석한다. 또한 수량에 대한 about 등의 10% 과부족용인이 선적기일, 유효기간, 운임, 보험료 등에도 적용되는 것은 아니다.

6.3 가격조건(price terms)

무역계약에서 거래당사자의 관심이 가장 높은 것이 가격조건이다. 가격조건은 거래를 통한 이윤의 획득과 가장 직접적으로 관련되어 있기 때문이다. 가격조건에 포함될 사항은 가격을 표시하는 통화(이는 대금결제통화가 된다)와 거래가격에 포함되는 비용의 범위 등이다.

거래가격을 표시하는 통화는 환위험(exchange risk)과 관련하여 유의하여야 한다. 거래에 적용하는 통화가 자국통화일 때는 환위험의 문제가 발생하지 않으나 거래 상대방 국가의 통화나 제3국의 통화를 적용할 경우에는 외국환의 거래로 인한 환위험이 수반되기 때문이다. 통화의 표시에 있어 같은 명칭이라도 통용 국가(지역)가 다르면 대외가치도 다른 것이 일반적이므로 반드시 통화명 앞에 그 통화의 통용 국가(지역)명을 붙여야 한다.[11] 거래가격의 결정구조는 [그림 6-2]와 같다.

| 그림 6-2 | 거래가격의 결정구조

기본원가	+	수출입비용	+	경비	+	마진	=	거래가격
구입가격 또는 생산원가		수출입과정에서 발생하는 각종 비용		영업비 등 일반경비		적정이윤		

가격조건은 [그림 6-2]에서 수출입비용을 매도인과 매수인 중에서 누가 부담할 것이냐의 문제이다. 수출입비용은 거래의 형태, 운송방법, 물품의 성상 등에 따라 아주 다양하게 발생한다. 예를 들어보면 다음과 같다.

① 포장비(packing charge)

② 선적전 검사비(pre-shipment inspection fee)

③ 검수(檢數) 및 검량(檢量)비(survey report fee)

④ 원산지증명서(certificate of origin) 발급비

⑤ 수출통관비(clearing fee for export)

⑥ 수출국 내륙운송비(inland freight)

⑦ 수출항장치장 사용료 · 보관료(CY · CFS charge)

⑧ 선적 · 적재 · 적부비용(shipping charge · loading charge · stowing charge)

⑨ 주 운송구간의 운임(ocean freight, air freight)

⑩ 할증료 · 추가요금 기타 운송관련 비용(이에 대한 보다 구체적인 내용은 제9장 참조)

⑪ 적하보험료(insurance premium)

---

11 예를 들어 dollar에는 U.S dollar(U.S$), Canada dollar(C$), Australia dollar(A$), Singapore dollar(S$), Taiwan dollar(NT$) 등이 있으며 이들은 각각 대외가치가 다르다.

⑫ 도착항 양하비(unloading charge)

⑬ 도착항 장치장 사용료 · 보관료(CY · CFS charge, storage)

⑭ 수입관련 제증명서 발급비(import licence fee 등)

⑮ 수입통관비(clearing fee for import)

⑯ 관세 · 내국소비세(duties)

⑰ 도착항에서 최종목적지까지의 내륙운송비와 보험료

⑱ L/C개설수수료

⑲ 환거래비용

⑳ 중개수수료(commission), 특허권사용료(royalty), 이자(interest) 등 기타 별도 지불비용

이들 비용 가운데 거래가격에 포함되는 비용의 범위, 즉 매도인이 부담하여야 할 비용의 범위를 어떻게 정하느냐에 따라 동일한 거래가격일지라도 실질적인 거래단가는 크게 달라질 수 있다.[12]

거래가격에 포함되는 비용의 범위는 흔히 정형거래조건을 적용하거나 이를 변형시킨 조건을 약정함으로써 해결한다. 정형화된 무역거래조건에 대한 보다 구체적인 내용은 제7장에 설명되어 있다.

6.4 포장 및 화물의 단위화조건(packing & unitization terms)

무역거래에서 포장(packing)은 거래되는 물품을 안전하게 보호하고 적절한 정보를 제공하며 상품의 가치를 유지할 수 있도록 하는 데 주목적이 있다. 화물의 단

12 예를 들어보자. 미국 시카고에 있는 수입상과 서울에 있는 수출상이 컴퓨터 100대를 미화 10만 달러에 거래한다고 하자. 이때 정형화된 무역거래조건 EXW(공장인도)로 할 경우와 DDP(관세지급인도)로 할 경우를 비교하면 같은 10만 달러에 거래되더라도 수출상이 궁극적으로 획득하게 되는 실제 판매가격은 매우 큰 차이가 나게 된다. DDP조건의 경우 수출상은 서울에서 시카고까지 과정에서 발생하는 대부분의 수출입관련 비용을 수입상으로부터 받은 10만 달러에서 지출하여야 하기 때문이다.

위화는 운송의 효율화를 위한 것이다. 포장조건과 관련하여 규정될 사항은 포장의 종류와 화인(貨印)등이고 화물의 단위화와 관련하여 규정될 사항은 단위화의 방법, 단위화에 사용될 용구 등에 관해서이다.

(1) 포장의 종류

무역거래의 대상이 되는 상품의 운송은 다음과 같은 네 가지 형태로 이루어진다.

① Bulk Cargo(산물) : 농산물, 광산물 등(포장 불필요)[13]

② General Cargo(break bulk cargo, 일반화물) : 통상적인 공산품 등(포장)

③ Neo-Bulk Cargo(산물과 일반화물의 특징을 동시에 가진 화물) : 자동차, 원목 등(포장 불필요)

④ Project Cargo(특수화물) : 공장설비, 특수구조물 등(포장이 생략되거나 특수포장)

이와 같이 네 가지 형태 가운데 포장의 문제가 발생하는 것은 일반화물과 특수화물이다. 특수화물은 해당 화물의 특성 등이 고려되어 포장이 결정되나 일반화물의 포장은 대개 기초적 포장(primary packing)과 2차적 포장(secondary packing)으로 나누어진다.[14]

1) 기초적 포장(primary packing)

제품을 바로 감싸고 있는 형태로 소매단위를 이루는 상품 하나하나에 대한 포장을 말한다. 개장(個裝, unitary packing)이라고도 한다. 보통 상품 생산의 마지막 단계에서 이루어지고 무역을 위한 별도의 포장작업에는 포함되지 않는다. 개장은 소비자가 그 상품을 구매할 때 직접 접하는 포장이므로 소비자의 구매욕을 자극하고 상품에 관한 제반 정보를 제공할 수 있도록 구성되어야 한다.

13 산물(散物)도 bag에 포장되거나 컨테이너에 적재되면 이미 bulk화물이 아니다.

14 P. Fawcett, R. E. McLeish, I. D. Ogden, *Logistics Management*, The M&E Handbook series, 1992, pp.93-136.

2) 2차적 포장(secondary packing)

화물운송과정에서 파손, 변질, 도난, 분실 등을 방지하기 위하여 적절한 재료나 용기로 포장하는 것을 말한다. 2차적 포장을 외장(外裝, outer packing)이라고도 한다. 2차적 포장에서는 개장(個裝)물품이 수분, 증기, 충격, 진동 등에 의해 손상되지 않도록 내부에 판지, 솜, 소형의 볼(ball) 등을 채우는 내장(內裝, inner packing)도 이루어진다. 2차적 포장에 의해 단위화(unitization)도 이루어진다.

(2) 화인

화인(貨印, shipping marks, cargo marks)은 외장(外裝)에 특정의 기호, 번호, 목적지, 원산지 등의 표시를 하는 것을 말한다. 이러한 표시는 해당 화물에 대한 정보를 제공함으로써 운송인이나 기타 관계자에 대한 업무처리의 정확성과 효율성을 높이기 위한 것이다. 화인의 주요 표시는 선하증권이나 포장명세서(packing list) 또는 송품장(invoice) 등에도 기재된다. 화인에는 모든 포장물에 동일하게 표시되는 것도 있고(식별기호, 목적지, 원산지, 주의표시 등), 포장물마다 다르게 표시되는 것도 있다(포장물의 일련번호 등).

(3) 화물의 단위화조건

화물의 단위화(單位化)는 무역거래 대상물품의 물적 유통관리를 합리적이고 효율적으로 수행하기 위하여 필요하다. 물적 유통과정에서 가장 중요한 것은 화물의 일관운송관리와 재고(在庫)관리이다. 물적 유통을 관리함에 있어서 화물의 형태가 다양하거나 취급하는 단위량, 규격 등이 달라지게 되면 물류방식이 복잡해지고 기계 · 장비에 의한 처리도 어려워지기 때문이다. 따라서 화물을 일정한 표준규격의 중량 또는 용적으로 일체화시킬 필요가 생긴다. 이를 단위화(unitization)라 한다. 화물의 단위화는 화물의 운송과정에서 운송회사에 의해 요구되기도 한다.

화물의 단위화에는 일반적으로 해상운송이나 복합운송에서는 팔레트(pallet)나 컨테이너(container)가 항공화물에서는 ULD(Unit Load Device)가 사용된다.

팔레트는 1940년대 미국에서 처음 사용하기 시작하여 제2차 세계대전 후 널리 사용되어 왔다. 팔레트의 특징은 재질과 형태, 크기가 상당히 다양하다는 점이다. 팔레트에 사용되는 재질에는 나무, 플라스틱, 알루미늄, 철강, 판지 등이 있고 형태로는 평면(깔판)형, 지주(poll)형, 상자(box)형 등 여러 가지가 있으며 자체의 바퀴를 지닌 알루미늄 재질의 roll-cage도 있다. 규격은 제조업체 또는 물류업체의 필요성 및 제품의 특성에 따라 다양하지만 보통 1M×1M, 1M×1.2M 또는 0.8M×1.2M 등이 많이 사용된다.

컨테이너는 1920년대에 사용되기 시작하여 오늘날 대부분의 무역상품운송에서 활용되고 있다. 컨테이너와 컨테이너에 의한 화물운송에 대한 보다 구체적인 내용은 제9장 '무역상품의 운송'에서 설명한다.

한편 항공운송에 사용되는 ULD는 주로 알루미늄 재질로 되어 있는데, 형태 · 크기 등이 서로 다른 20여 종이 사용되고 있다.

6.5 선적조건(shipment terms)

(1) 물품의 선적과 인도

선적조건과 인도조건(delivery terms)의 개념은 혼용되기도 한다. 그러나 엄밀하게 살펴보면 무역거래에서 선적(shipment)과 인도(delivery)의 시기와 장소는 일치하는 경우도 있고 일치하지 않는 경우도 있다. INCOTERMS에는 정형거래조건별로 거래물품의 인도시기와 장소, 그리고 방법이 명시되어 있다. 이를 보면 E와 F그룹(EXW, FCA, FAS, FOB), D그룹(DAP, DPU, DDP)은 선적과 인도의 시기와 장소가 대체로 일치하지만 C그룹(CFR, CIF, CPT, CIP)의 경우에는 일치하지 아니한다. 선적은 거래되는 물품의 운송을 위한 적재 · 인수 · 수탁 · 접수 등의 '사실행위'를 의미하는 데 반해, 인도는 거래 '당사자 간 소유권의 이전 및 위험부담의 분기점'과 밀접한 관련이 있다.

선적조건의 해석에 대하여는 신용장통일규칙에 여러 가지 규정이 있다. 여기에서는 신용장통일규칙을 중심으로 선적조건에 대하여 살펴보기로 한다.

(2) 선적시기(time of shipment)

1) 선적시기를 규정하는 용어와 그 해석

가. 특정일(特定日)조건

신용장에서 'to', 'until', 'till', 'by', 'from' 및 'between' 등의 용어를 사용하여 특정일 이전 또는 특정일 이후로 표시할 경우 선적은 당해일, 즉 이러한 용어의 다음에 언급되는 날짜를 포함하는 것으로 해석한다. 'before'와 'after'의 경우는 반대로 당해일을 제외하고 해석한다.[15] 따라서 "Shipment shall be made till April 30, 2001"로 표시되었다면 2001년 4월 30일까지 선적하면 된다. 또 "Shipment shall be made within 30 days after receipt of L/C"로 표시되었다면 L/C를 수취한 다음날부터 30일 내에 선적하면 되는 것으로 해석한다. 'on or about' 또는 이와 유사한 표현이 사용되는 경우에는 양단일(both end days)을 포함하여 명시된 일자의 전후 5일의 기간 이내에 선적되어야 하는 것으로 해석한다.[16] 따라서 'Shipment shall be made on or about April 15, 2001'로 표시된 경우 선적은 4월 10일부터 4월 20일, 즉 11일의 기간 내에 이루어져야 하는 것이 된다.

나. 특정월(特定月)조건

어느 달의 전반(first half), 후반(second half)이라는 용어는 각각 그 양단일(last day of such month)을 포함하여 그 달의 1일부터 15일까지, 그리고 16일부터 말일까지로 해석한다.[17] 만일 초순(beginning of a month), 중순(middle of a

---

15 UCP 600 제3조 선적기간을 정하기 위하여 'to', 'until', 'till', 'from', 그리고 'between'이라는 단어가 사용된 경우 이는 (기간에) 명시된 일자 또는 일자들을 포함하고, 'before'와 'after'라는 단어는 명시된 일자를 제외한다.

16 UCP 600 제3조 그 시경(on or about) 또는 이와 유사한 표현은 어떠한 일이 첫날과 마지막 날을 포함하여 특정일자의 전 5일부터 후 5일까지의 기간 중에 발생해야 하는 규정으로 해석된다.

17 UCP 600 제3조

month), 하순(end of a month)이라는 용어를 사용하였을 때는 각각 그 양단일을 포함하여 그 달의 1일부터 10일까지, 11일부터 20일까지, 그리고 21일부터 말일까지로 해석한다.[18]

다. 연월(連月)조건

April/May/June Shipment와 같이 연월(連月)로 선적시기를 규정한 경우에는 4월 1일부터 6월 말일까지 어느 시기에 선적해도 좋다는 의미로 해석한다. 이와 같은 연월 선적조건의 경우에는 일시선적과 분할선적이 모두 허용되는 것으로 간주된다.

라. 조기(早期)선적조건

선적의 시기와 관련하여 구체적인 시기를 명시하지 않고 막연하게 신속히(prompt), 즉시(immediately) 또는 가능한 한 빨리(as soon as possible)라고 표기하는 경우가 있다. 이러한 용어는 사람에 따라 그 기간이 1주일로 이해될 수도 있고 1개월로 이해될 수도 있다. 따라서 신용장통일규칙에서는 이러한 용어나 이와 유사한 표현을 사용하지 말 것을 권고하고 있다. 그럼에도 불구하고 이러한 표현들이 사용되었을 때는 신용장의 수리에 있어 당사자인 은행은 이를 무시한다.[19]

2) 선적시기와 신용장의 유효기일

매도인이 계약물품을 인도한 날, 즉 선적일(shipment date)은 신용장에 따른 지급, 인수, 매입을 결정하기 위해 심사하는 주요한 사항이다. 선적일은 보통 운송서류에 나타나는데, 은행의 심사를 위해 신용장에 운송서류를 포함한 선적서류를 제시하여야 할 특정한 기간, 즉 서류제시기간을 명시한다. 은행은 선적일 이후 21일이 경과한 후 제시되는 서류는 수리하지 아니한다.[20] 그러나 어떤 경우에도 서류는 신용장의 유효기일 이내에 제시되어야 한다.

18 UCP 600 제3조
19 UCP 600 제3조
20 UCP 600 제14조 c항

신용장의 제시기일이나 유효기간은 천재지변(act of God), 폭동(riot), 소요(civil commotions), 반란(insurrection), 전쟁(war), 기타 불가항력(force majeures)이나 동맹파업(strikes), 직장폐쇄(lockouts) 등으로 인해 은행업무가 중단되더라도 연장되지 않는다.[21] 이 기간 동안 만료한 신용장에 대해서 은행은 지급, 인수, 매입하지 않는다. 그러나 신용장의 유효기간이나 서류제시기간의 최종일이 서류를 제시하여야 할 은행의 휴업일인 경우 그 기간은 은행의 다음 첫 영업 개시일까지 연장된다. 그런데 이 경우에도 선적을 위한 최종일자는 신용장의 유효기일과는 달리 연장되지 아니한다는 것을 유의하여야 한다.[22]

3) 선적의 지연

계약된 물품을 약정된 일자에 선적하지 못할 경우 선적지연(delayed shipment)의 문제가 발생한다. 선적지연이 일어나는 이유는 크게 수출상의 고의 또는 과실에 의한 경우와 불가항력(force majeure)에 의한 경우로 나누어진다. 수출상의 고의 또는 과실로 선적지연 또는 선적불이행이 발생한 경우는 수출상의 귀책에 의한 계약위반(breach of contract)이므로 클레임대상이 된다. 따라서 수출상으로서는 사전에 선적기간 연장의 요청 등 계약 자체의 변경을 위한 조치가 필요하다. 불가항력에 의한 선적지연의 경우 수출상은 원칙적으로 면책된다. 이 경우 어느 기간까지 지연이 허용되는지는 계약서에 명시하여야 하나 관례적으로는 3주 내지 1개월 정도 선적기간이 자동적으로 연장될 수 있다.

불가항력에 의한 선적기간 연장이 인정되기 위해서는 불가항력의 존재를 입증하여야 하기 때문에 수출상은 관련기관으로부터 증명서를 교부받아 수입상에게 송부하여야 한다. 만일 불가항력사태가 장기간 또는 계속 반복될 경우에는 매매계약을 계속 존속시킬지 여부가 문제된다. 이 경우 일반적으로는 계약의 계속 존속 여부에 대한 결정권을 수입상에게 부여한다.

21 UCP 600 第36条
22 UCP 600 第29条

(3) 분할선적

물량이 많거나 금액이 대규모인 경우 하나의 거래계약에 선적이 여러 번에 걸쳐 일어날 수 있다. 이를 분할선적(partial shipment)이라 한다. 분할선적이 필요할 경우 매매당사자는 무역계약을 체결할 때 분할의 횟수, 각 분할선적의 수량, 분할선적의 시기 등을 약정해 두어야 한다.

신용장통일규칙에는 신용장에 분할선적에 관한 별도의 명시가 없는 한 분할선적이 허용되는 것으로 규정하고 있다.[23] 이때 문면(文面)상 선적이 동일한 항로(same journey)를 따라 동일한 수송수단(same means of conveyance)으로 이루어졌음이 표시되는 경우 선적일자, 선적항, 인수지(place of taking in charge), 적송지(place of dispatch)가 다르게 표시되어 있을지라도 분할선적으로 간주되지 아니한다.[24] 분할선적에서 어느 분할분의 선적이 할부선적기간을 지키지 못한 경우, 신용장에 별도의 명시가 없는 한 당해 할부 부분은 물론 그 이후의 할부 부분에 대해서도 신용장은 효력을 상실한다.[25]

또 우편 또는 특사배달(courier)에 의한 선적은 우편수취증(post receipts), 우송증명서(certificate of posting) 또는 특사배달업자의 수취증 또는 발송장(courier's receipts or dispatch notes)이 신용장에서 물품이 발송되도록 규정된 장소에서 동일한 날짜에 날인 · 서명 기타의 방법으로 인증된 것으로 표시되는 경우에도 분할선적으로 간주되지 아니한다.[26] 우편이나 특사배달의 경우 소포의 포장단위가 여러 개가 될 수 있고 또 포장단위로 명세서가 작성되므로 여러 장의 수취증이 발급될 수 있음을 고려한 내용이다.

23 UCP 600 제31조 a항. 그러나 영국물품매매법에는 별도의 합의가 없는 한 매수인은 분할에 의한 상품의 인도를 수락할 의무가 없는 것으로 규정하고 있다(제31조).

24 UCP 600 제31조 b항

25 UCP 600 제32조

26 UCP 600 제31조 c항

(4) 환적

환적(transshipment)은 선적지에서 목적지까지 운송도중에 일단 선적한 상품을 내려서 다른 운송수단에 적재하는 것을 말한다. 그러나 특수한 사정에 의하여 본선에서 일단 가양륙(假揚陸)하여 다시 당해 본선에 재선적한 것은 환적으로 보지 아니한다. 환적은 선박에서 선박으로 하는 경우도 있고 선박과 철도, 트럭 또는 항공으로의 환적도 있다. 화물을 환적하면 분실이나 파손의 위험이 높아지고 추가비용도 많이 발생하게 된다. 따라서 계약서에 'transshipment is not permitted'와 같은 조항을 삽입하여 환적을 금지할 수 있다. 그러나 선적지에서 목적지까지 직항선(direct line)이 없는 경우에는 환적이 불가피하게 된다. 이런 경우 수입상은 환적을 금지할 수 없으므로 이에 대한 언급을 하지 않거나 환적을 허용하는 조건을 삽입한다.

선적지에서 목적지까지 직항선이 없는 대표적인 것이 정기선이 주요 환적항에만 기항하는 경우이다. 정기선 운항에서 선박 운항업자는 채산성을 고려하여 결정된 항구에만 기항하고 나머지 항구와의 운송은 다른 소형선박이나 육상 운송수단이 이용되는 경우가 적지 않은 것이 현실이다. 이때 주항로(主船路)를 운항하고 있는 선박을 모선(母船, mother vessel)이라 하고, 모선의 화물을 인접항구로 운송하는 선박을 자선(子船, feeder vessel)이라 한다. 운송되는 화물의 목적지가 모선이 기항하는 항이 아닐 경우 화물은 환적항에서 모선으로부터 자선으로 환적되어 이송될 수밖에 없다.

신용장통일규칙에서는 운송현실을 반영하여 운송서류에 나타난 환적에 관한 규정을 은행이 보다 포괄적으로 심사하도록 하고 있다. 선하증권[27]을 예로 설명하자면 화물이 동일한 선하증권에 의하여 전 운송구간이 취급되는 것으로 기재되어 있다면 "환적될 것이라거나 환적될 수 있다(transshipment will or may take place)"라고 기재되었더라도 은행은 수리한다.[28] 또 물품이 컨테이너, 트레일러, 래시 바지(lash barge)에 선적되었다는 것이 선하증권에 의하여 증명되는 경우에는 비록 신

27 UCP 600 제20조

28 UCP 600 제20조 c항 i

용장이 환적을 금지하더라도 환적이 될 것이라거나 될 수 있다고 표시하는 선하증권을 은행은 수리할 수 있다(acceptable).[29]

환적에 대한 은행의 신용장 심사는 운송서류의 종류에 따라 다른 운송현실을 반영해 이뤄진다. 복합운송서류의 경우 서로 다른 종류의 운송수단이 복합적으로 사용되기 때문에 운송방법에 상관없이 물품을 양하하였다가 다시 선적하는 것으로 폭넓게 정의하고, 금지특약이 있더라도 어떤 조건 없이 환적될 것이라거나 환적될 수 있다는 내용을 기재한 서류를 수리한다. [표 6-3]은 운송서류에 따른 통일신용장규칙의 조항을 분석해 둔 것이다.

| 표 6-3 | UCP 600 운송서류에 따른 '환적(transshipment)' 허용

<table>
<tr><th>운송서류 종류
(UCP 600 조항)</th><th>정의</th><th>단일 서류
전 운송구간 확인[1]</th><th>금지특약이
있는 경우[2]</th><th>운송인의
환적권리조항</th></tr>
<tr><td>복합운송서류
(§19)</td><td>운송방법이 다른지 여부는 상관없이 옮겨 싣는 것</td><td>수리</td><td>수리</td><td>규정 없음</td></tr>
<tr><td>선하증권(§20)</td><td rowspan="2">선박>선박</td><td rowspan="2">수리</td><td rowspan="2">물품이 컨테이너, 트레일러, 래시 바지에 선적되었다는 것이 증명되는 경우 수리</td><td rowspan="2">무시</td></tr>
<tr><td>비유통
해상화물운송장
(§21)</td></tr>
<tr><td>용선선하증권
(§22)</td><td colspan="4">규정 없음</td></tr>
<tr><td>항공운송서류
(§23)</td><td>항공기>항공기</td><td>수리</td><td>수리</td><td>규정 없음</td></tr>
<tr><td>도로, 철도, 내수로 운송서류(§24)</td><td>동일한 운송방법 내에서</td><td>수리</td><td>수리</td><td>규정 없음</td></tr>
<tr><td>특송배달영수증, 우편영수증 또는 우편증명서(§25)</td><td colspan="4">규정 없음</td></tr>
</table>

1) 하나의 동일한 운송서류에 전운송구간이 포괄된 경우, 환적될 것이라거나 환적될 수 있다는 표시 운송서류
2) 신용장에 환적을 금지하는 명시적인 규정이 있는 경우, 환적될 것이라거나 환적될 수 있다는 표시 운송서류

29 UCP 600 제20조 c항 ii

(5) 선적사실의 증명

선적이 약정된 일자 또는 기간 내에 이루어졌다는 사실의 증명은 운송서류 등에 의한다. 이러한 서류는 무역화물의 운송수단과 거래조건, 그리고 무역계약내용에 따라 달라진다. INCOTERMS(2010)의 정형무역거래조건별로 선적을 증명할 수 있는 서류를 예시하면 다음과 같다.

① EXW조건 : 매도인은 상업송장 등의 서류를 매수인에게 제공하여야 하나 선적과 관련된 다른 증빙서류를 제공할 의무는 없다.

② FCA · CPT · CIP조건 : 유통성 선하증권(negotiable bill of lading), 비유통성 해상화물운송장(non-negotiable sea waybill), 내수로운송서류(inland waterway documment), 항공화물운송장(air waybill), 철도화물탁송장(railway consignment), 도로화물탁송장(road consignment note), 복합운송서류(multimodal document) 등

③ FAS조건 : 부두인수증(D/R : Dock's Receipt), 선박수령증(S/R : Ship's Receipt), 수취선하증권(Received for Shipment B/L) 등

④ FOB조건 : 선박수령증(S/R), 수취선하증권 등

⑤ CFR · CIF조건 : 유통성 선하증권, 비유통성 선하증권, 내수로운송서류, 복합운송서류 등

⑥ DAP · DPU조건 : 창하(倉荷)증권(warehouse warrant), 부두창고증권(dock warrant), 화물인도지시서(delivery order), 유통성 선하증권, 비유통성 해상화물운송장, 내수로운송서류 또는 복합운송서류 등

⑦ DDP조건 : 유통성 선하증권, 비유통성 해상화물운송장, 내수로운송서류, 항공화물운송장, 철도화물탁송장, 도로화물탁송장, 복합운송서류 등이나 화물인도지시서 등

운송서류에는 다양한 날짜가 표기되거나 부기되는데 이 중 선적일을 정하는 것은 신용장 심사에서 매우 중요하다. 신용장통일규칙에서는 운송서류에 따라 다음 [표 6-4]에서와 같이 선적일을 판단한다.

| 표 6-4 | UCP 600 운송서류에 따른 '선적일(date of shipment)' 판단

운송서류 (UCP600조항)	선적일	기재방법
복합운송서류(§19)	발송(dispatch), 수탁(taking in charge), 본선적재(shipped on board)일	• 미리 인쇄 • 스탬프 또는 부기(우선)
선하증권(§20)	본선적재(on board)일	• 미리 인쇄 • 표기(우선)
비유통 해상화물운송장(§21)		
용선선하증권(§22)		
항공운송서류(§23)	운송을 위해 수리된 날(accepted for carriage)	• 발행일 • 부기일(우선)
도로, 철도, 내수로운송서류(§24)	선적, 발송, 운송을 위해 수리된 날(received for shipment, dispatch or carriage)	스탬프 또는 표기
특송배달영수증, 우편영수증 또는 우편증명서(§25)	집배(pick-up) 또는 수령(receipt)일	스탬프 또는 표기

6.6 보험조건(insurance terms)

거래대상물품이 운송되는 과정에는 많은 위험발생의 가능성이 있으므로 이러한 위험에 대비하기 위하여 적하보험(cargo insurance)에 부보(附保)하여야 한다. 적하보험은 해상운송의 경우에는 해상적하보험(marine cargo insurance), 육상운송의 경우에는 운송보험(transport insurance), 항공운송의 경우에는 항공운송보험(air transport insurance), 그리고 복합운송의 경우에는 일관운송보험(through insurance)으로 나누어진다.

보험조건에는 ① 매도인과 매수인 중 보험료 지불과 보험계약을 누가 할 것인가(보험계약자), ② 보험사고발생 시 누가 보험금을 지급받을 것인가(피보험자), ③ 언제 어디에서부터 언제 어디까지 운송과정에서 발생하는 위험에 대하여 부보할 것인가(보험기간), ④ 보험대상이 될 위험의 종류와 손해보상의 범위는 무엇인가(담보조건) 등이 포함된다.

해상적하보험에는 일반적으로 런던보험자협회(The Institute of London Underwriters)가 제정한 협회적하약관(Institute Cargo Clauses : ICC)이 사용된다. 협회적하약관은 구약관과 신약관의 두 가지가 있다. 이들 약관의 담보조건은 그 명칭이 서로 다르나 [그림 6-3]과 같이 담보의 범위에는 큰 차이가 없다. 현재 이들 신 · 구약관은 다 함께 사용되고 있다.

CIF조건을 예를 들어 설명하자면 매도인이 해상적하보험을 부보하여야 하며, 담보조건은 ICC 신약관의 최소한 담보조건인 ICC(C)조건으로 계약서의 통화로 약정된 대금의 110%를 보험금액으로 부보하여야 한다. 해상적하보험의 담보조건에 대한 구체적인 내용은 제10장에서 살펴본다.

| 그림 6-3 | 신 · 구 협회적하약관의 담보조건

[구협회적하약관]	[신협회적하약관]
전위험담보(All Risk : AR)	ICC(A)
분손담보(With Average : WA)	ICC(B)
분손부담보(Free from Particular Average : FPA)	ICC(C)

6.7 대금결제조건(payment terms)

대금결제조건이란 대금의 결제시기와 결제방법 등에 대하여 약정하는 것을 말한다. 대금의 결제시기는 선지급(payment in advance), 동시지급(concurrent payment), 후지급(deferred payment), 누진 또는 할부지급(progressive · installment payment)의 네 가지로 나눌 수 있다. 대금의 결제시기와 결제방식에 대한 보다 구체적인 내용은 제11장 '무역대금의 결제'에서 볼 수 있다.

대금결제방식에는 현금결제방식, 송금방식, 무신용장 추심방식, 신용장방식, 유사신용장방식, 연계무역방식, 청산계정방식 등이 있다. 그 외에도 거래형태와 금융기법의 발전에 따라 전자결제방식, 국제팩토링방식, 포페이팅방식 등 다양한 변형도 이용되고 있다. 무역대금의 결제방식은 고정되어 있는 것이 아니라 각국의 법률이 허용하는 범위 내에서 수출상과 수입상이 합의하는 데 따라 결정되는 것이므로 기업의 국제경영활동이 활발해지면서 결제의 방식도 상당히 다양한 모습을 보이고 있다.

6.8 권리구제를 위한 조건

무역거래에서는 아무리 명확하고 자세한 계약을 해두었다 하더라도 분쟁이 생길 소지가 많다. 따라서 거래당사자의 일방이 의무를 위반하거나 기타 분쟁이 발생하였을 경우를 대비하여 권리구제를 위한 조항도 약정해 둘 필요가 있다. 여기에 포함될 수 있는 내용은 불가항력조항(force majeures clause)과 중재조항(arbitration clause) 등이다. 불가항력조항을 계약서에 반영하는 방법은 계약상황에 따라 다르지만 일반적으로는 불가항력으로 인정되는 범위를 정하고 이에 따라 매도인 또는 매수인의 의무이행의 면책에 대해 다룬다.

불가항력조항의 예

Force Majeure

If the performance of this Agreement or any obligations hereunder is prevented, restricted or interfered with by reason of earthquake, fire, flood or other casualty or due to strikes, riot, storms, explosions, acts of God, war, terrorism, or a similar occurrence or condition beyond the reasonable control of the Parties, the Party so affected shall, upon giving prompt notice to the other Parties, be excused from such performance during such prevention, restriction or interference, and any failure or delay resulting therefrom shall not be considered a breach of this Agreement.

중재(arbitration)는 서로 다른 법이 적용되는 매도인과 매수인 간 분쟁이 생겼을 때 법정관할(jurisdiction)이나 준거법(governing law)의 문제를 해결하고, 장기간 고비용이 소요되는 소송의 단점을 보완하기 위해 사용된다. 중재에서는 당사자 간의 합의에 따라 분쟁에 대한 판단을 법원이 아닌 제3자에게 맡겨 분쟁을 해결한다.

대한상사중재원에서 권고하는 표준중재조항은 무역계약서에 흔히 사용되는데 아래와 같이 클레임의 제기 및 분쟁의 해결과 관련하여 중재에 의한 분쟁의 해결, 중재기관, 적용할 준거법, 판단의 최종적인 구속력 등에 대하여 약정한다. 무역클레임과 분쟁해결에 대한 보다 구체적인 내용은 제14장 '무역클레임'에서 다룬다.

대한상사중재원의 표준중재조항

Arbitration

"All disputes, controversies, or differences which may arise between the parties, out of or in relation to or in connection with this contract, or for the breach thereof, shall be finally settled by arbitration in Seoul, Korea in accordance with the Arbitration Rules of the Korean Commercial Arbitration Board and under the Laws of Korea. The award rendered by the arbitrator(s) shall be final and binding upon both parties concerned."

6.9 기타 조건

무역계약은 다양한 형태로 이뤄지고 계약환경도 다양하기 때문에 이 외에도 다양한 계약조건을 포함한다. 즉 기타 조건들은 모든 계약서에 들어가는 것이 아니고 필요에 따라 계약조건을 구성하는 데 포함시킨다. 다음 계약조건들의 개념과 구성을 이해하고 실무에서 필요에 따라 적용할 수 있도록 익혀보자.[30]

(1) 권리침해조항(infringement clause)

'권리침해'는 보통 특허권(patent) 또는 지식재산권(intellectual property)을 정당한 권한 없이 실시하는 것을 말한다. 권리침해를 하는 경우 권리자에 의한 손해배상청구에 대한 배상책임을 질 수 있다. 권리침해조항은 권리침해와 그로부터 발

30 계약조항 예문은 모두 Law Insider–contract database and search engine 참조 편집
https://www.lawinsider.com/ 참조

생하는 배상책임의 위험을 방지하기 위해 매수인이나 매도인 모두에게 적용할 수 있는 규정이다. 매수인이 제공한 규격이나 원료를 사용한 경우에는 매수인이, 매도인이 직접 원료를 구입하거나 규격을 제공한 경우에는 매도인이 권리침해로부터 자유로운 물품을 제공할 의무를 규정하고 있다.

Supplier와 Customer 간 특허된 소프트웨어 사용과 관련된 권리침해조항 사례

Supplier shall defend, indemnify and hold harmless Customer from and against any and all Third Party claims and liabilities, arising out of or in connection with a claim that the Licensed Software, when used within the scope of this Agreement, infringes, violates or misappropriates a valid third party patent, copyright or other proprietary right.

(2) 완전합의조항(entire agreement clause)

계약서가 유일한 합의서로 이전에 교환되었던 합의나 약속 등이 모두 계약의 내용에 반영되었다는 내용의 조항으로 매도인과 매수인 간 오랜 교섭과정에서 계약내용과 상치되는 합의가 있었더라도 무효화되었으며 현재의 계약서만 유효하다는 내용을 규정한다.

계약과 계획에 대한 완전합의조항 사례

This Agreement together with the Plan supersede any and all other prior understandings and agreements, either oral or in writing, between the parties with respect to the subject matter hereof and constitute the sole and only agreements between the parties with respect to the said subject matter. All prior negotiations and agreements between the parties with respect to the subject matter hereof are merged into this Agreement.

(3) 가격변동조항(escalation clause)

계약이행기간이 장기인 경우에 계약 성립 후에 원자재, 운임, 보험료 등의 상승, 환율의 변동에 따라 계약가격이 변동될 수 있고 이때 가격변경에 대한 협의를 할 수 있다는 내용을 규정한다.

건설계약에서 가격변동조항 사례

The Contract Price is not subject to escalation unless there is an increase in the price resulting from a adverse major national or international Force Majeure event of any Equipment or materials, or Subcontractor prices, after the Contract Price has been determined. In the event of any price change due to such national or international Force Majeure event, then the Contract Price, Project Schedule and Guaranteed Completion Date shall be subject to adjustment as determined by Contractor. The Parties shall negotiate a change in good faith, and if the Owner does not accept a mutually agreed adjustment, ABC Construction Co., Ltd. may terminate this Agreement and such termination shall be treated as one for Owners convenience.

(4) 검사조항(inspection clause)

물품이 계약조건에 일치하고 있다는 것을 확인하기 위하여 물품에 대한 검사방법과 검사기준을 결정하는 조항이다. 검사기관, 검사장소, 검사시기, 검사비용의 부담 여부 등을 구체적으로 약정한다.

제조공정 중 적용규격과 일치 여부 판독을 위한 샘플 검사조항 사례

The Purchaser may, upon reasonable advance written notice, request samples of the Product designated to the Purchaser during production for purposes of determining compliance with the requirements and applicable Specification(s) hereunder, provided that the provision of such samples shall not materially impact ABC Co.'s performance under the Manufacturing Plan or its ability to meet delivery requirements under any accepted Purchase Order.

(5) 하드쉽조항(hardship clause)

계약의 전제가 되는 객관적 상황이 계약체결 후 계약을 이행할 때 변화하고, 계약대로의 이행이 현저하게 곤란하게 되었을 때, 그 이행을 강요한다면 극히 불공평한 결과를 초래하게 되는 경우, 당사자 간에 그 계약조항에 대하여 다시 교섭의 여지를 인정하는 조항이다. 불가항력조항의 목적이 면책범위를 정하는 것이라면 Hardship조항은 교섭의 방법과 가격조정이나 계약기간의 연장과 같이 계약내용을 조정하는 방법을 규정한다.

Hardship조항 사례

If during the period of this Agreement there is a substantial change in economic or political or manufacturing circumstances which affects its operation such that one or more of its terms becomes excessively onerous to either Party (hereinafter: Hardship), the Parties will meet forthwith to review the situation and discuss in good faith alleviation of the Hardship by renegotiation of the relevant term or terms of this Agreement. The Parties shall review periodically (at least once every six (6) months if appropriate) the situation. As soon as the cause of Hardship no longer exists the previous term or terms of this Agreement shall be automatically reinstated with such modifications as the Parties may have agreed.

(6) 분리가능조항(severability clause)

매매계약의 일부조항이 중재나 법원의 판결로 효력을 상실하게 되더라도 나머지 조항은 유효하게 작용한다는 내용을 규정한 조항이다. 특정조항이 무효화되더라도 계약 전체가 무효화되지 않고 유지될 수 있도록 규정된다.

분리가능조항 사례

In the event any provision or part of this Agreement is found to be invalid or unenforceable, only that particular provision or part so found, and not the entire Agreement, will be inoperative.

(7) 준거법조항(governing law clause)

계약에 따른 분쟁이 발생했을 때 법적인 책임 유무와 손해의 정산에 대한 판단의 기준이 되는 법을 규정한다. 무역계약은 서로 다른 나라에 영업소를 둔 당사자 간의 계약이어서 서로 다른 법을 따르고 있기 때문에 준거법에 대해 계약체결 당시에 합의해 규정해 둔다.

준거법조항 사례

Governing Law. This Agreement shall be governed by and construed under the laws of the State of Delaware (without regard to conflict of laws principles), all rights and remedies being governed by said laws.

(8) 재판관할조항(jurisdiction clause)

'재판관할(jurisdiction)'이란 여러 법원 사이의 재판권을 분장하는 규정을 말하는데, 무역계약에서는 다수 국가가 개입하다 보니 사건의 성격에 따라 재판권을 갖는 법원이 어디인지가 불분명해지는 경우가 발생한다. 무역계약에서 발생한 분쟁에 대하여 그 해결을 재판에 맡기는 경우 해당 사건을 관할할 법원을 특정해 소송을 제기하도록 정한 약관을 말한다.

재판관할조항 사례

Jurisdiction. This Warrant shall constitute a contract under the laws of New York, without regard to its conflict of law, principles or rules.

기출문제 1 계약

01 다음은 무역계약의 품질조건에 관한 내용이다. 잘못된 것은?

① 품질조건을 약정하는 방법 중 GMQ(Good Merchantable Quality)조건은 잠재적 하자가 있을 가능성이 높은 목재, 광석류, 냉동어류 등의 거래 시 흔히 채택된다.

② 곡물의 경우 쉽사리 부패될 수도 있으므로 품질검사의 기준시기를 결정 시 SD(Sea Damage)를 사용할 수 있는바 이는 양륙품질조건(Landed Quality Term)에 해당한다.

③ 봉제완구 및 조화 등 비규격 공산품거래 시는 품질의 수준을 약정할 때 'same as the sample'이라는 표현보다는 'as per sample' 혹은 'about equal to sample'이라는 표현이 후일의 market claim을 예방하는 데 도움이 된다.

④ 곡물류거래 시 사용되는 검품시기에 관한 조건 중 TQ(Tale Quale)는 선적품질조건이다.

국제무역사 35회 2교시 10번

02 다음은 무역계약의 수량조건과 관련된 내용이다 다음 중 올바른 것을 모두 기재한 것은?

A. 살물(bulk cargo)거래 시 과부족용인조항(more or less)을 사용하였을 경우 제품 인도 후 과부족분에 대한 금액은 정산할 필요가 없다. B. 1gross는 12dozen이며, 144pcs이다. C. 신용장으로 살물(bulk cargo)거래 시 신용상에 과부족을 인정하지 않는다는 금지 표시가 없는 한 5%의 과부족을 허용한다. D. 중량표시에서 Gross Weight란 제품중량 및 내포장, 외포장 무게를 더한 개념이며, Net Weight란 제품중량에 내포장 무게까지만 포함한 개념이다. E. 용적의 단위 중 'CBM'이란 가로, 세로 및 높이가 각각 1m씩인 부피를 의미하며, 1FEU란 20피트 컨테이너 1개 분량을 의미한다.

① A, B, C　　② B, D, E

③ A, C, D　　④ B, C, D

국제무역사 35회 2교시 12번

03 다음은 무역계약의 법률적 특성에 대한 설명이다 잘못된 것은?

① 무역계약은 매도인의 물품인도를 포함한 계약내용의 이행에 대하여 상대방인 매수인은 그 반대급부로서의 대가의 지급을 수반하는 약인(consideration)에 의한 계약으로 유상계약의 특성을 갖고 있다.

② 무역계약은 계약당사자 쌍방이 각각 상대방에 대하여 교환적 내지 대가적 의미를 지니는 채무를 부담하게 되는 계약으로 쌍무계약의 특성을 갖고 있다.

③ 무역계약은 그 성립을 위하여 국제연합(UN), 국제상업회의소(ICC) 등 국제기구 및 기관에서 제정한 국제법 및 국제규칙을 근거로 한 정형화된 서류를 사용하는 요식계약의 특성을 갖고 있다.

④ 무역계약은 계약당사자 쌍방의 계약체결을 향한 의사표시의 합치만으로 계약이 성립되는 낙성계약의 특성을 갖고 있다.

국제무역사 35회 2교시 18번

04 신용장에서 선적조건 중 분할선적과 할부선적에 관한 설명으로 올바른 것은?

① 신용장에서 분할선적에 대하여 아무런 명시가 없는 경우 분할선적은 허용되지 않는다.

② 선적된 물품에 대하여 동일운송수단, 동일항로가 표시된 운송서류는 상이한 선적일 또는 선적항을 표시하더라도 동일목적지를 표시하고 있으면 분할선적으로 간주되지 않는다.

③ 선적일과 선적항, 하역항이 동일하다면 적재선박이 다르더라도 분할선적으로 간주되지 않는다.

④ 분할선적이 금지되고 있는 신용장에서 수출자가 동일한 선박에 의한 물품선적임을 나타내고 있는 복수의 선하증권을 제시한 경우, 복수의 선하증권에 있는 선적일자 중 가장 빠른 선적일자를 선적일로 취급한다.

국제무역사 38회 1교시 60번

05 다음은 무역계약의 특징 및 체결과 관련된 설명이다. 잘못된 것은?

① 청약에 대한 승낙의 방법에는 제한이 없으나 청약에서 승낙방법을 지정한 경우에 다른 방법을 이용하여 승낙하더라도 계약은 성립되지 아니한다.

② 무역계약은 낙성계약적 성격을 가지므로 승낙만으로 계약은 성립되지만 승낙 당시에 물품이 존재해야 유효하게 성립된다.

③ 거래관계 개설 시 교환된 일반거래약정서에서 서면에 의한 계약만을 인정하는 조항을 두고 있다면 전화통화에 의해 계약은 성립되지 않는다.

④ 당해 계약에 적용되는 법률상의 강행규정이 당사자 간의 합의보다 우선한다.

국제무역사 36회 2교시 9번

06 청약자가 계약 성립의 최종결정권을 갖는 조건부청약(conditional offer) 중에서 '일정한 기한 내에 판매하고 남는 물품을 반품하는 것을 조건으로 하는 청약'의 명칭은?

① Offer Subject to Being

② Offer on Approval

③ Offer on Sale or Return

④ Offer without Engagement

국제무역사 36회 2교시 11번

07 개별계약과 포괄계약에 관한 기술로서 잘못된 것은?

① 개별계약이란 특정품목을 거래할 때마다 매번 구체적인 거래조건에 대해 합의하는 방식으로 체결되는 계약을 말한다. 이 방법은 최초의 거래 시나 거래가 1회로 종결되는 경우에 사용되는 방법이다.

② 포괄계약은 동일한 상대방과 거래가 지속적으로 이루어지는 경우, 일반거래조건에 관한 협정을 체결하여 향후 거래 시 적용될 수 있는 기본원칙을 규정한다.

③ 포괄계약은 중장기연불방식에 의한 수출입 등 거래내용이 복잡할 경우에 주로 사용되는 방법이다.

④ 일반거래약관 혹은 보통거래약관이란 특정 종류의 거래에 적용하기 위하여 미리 작성된 정형화된 계약조건을 가리키며 통상 계약서상 표제로 General terms & conditions라 쓰고 있다. 한편 영미에서는 이와 같은 정형화된 계약조항을 광고업계의 관행을 고려하여 'Boilerplate Terms'라 부르기도 한다.

국제무역사 38회 2교시 9번

08 다음은 Shipping Mark(화인)에 관한 설명이다. 잘못된 것은?

① 주화인(main mark)은 다른 화물과의 식별을 용이하게 하기 위한 기호로써 송화인의 표시에 해당한다.

② 착항표시(port mark)는 화물의 오송(誤送)을 방지하기 위한 것이다.

③ 착항표시(port mark)가 누락된 화물이 다른 항구에 양륙한 때에 Hague Rule(1924) 등 국제운송법규상으로도 운송인이 그로 인한 손해배상 등 일체의 책임을 지지 않게 되어 있다.

④ 주의표시, 예를 들어 'Fragile', 'No Hooks', 'This side up' 등의 표현은 문자 및 상징적 그림으로 표시하여도 무방하다.

국제무역사 35회 2교시 13번

09 청약과 승낙에 관한 기술로서 올바른 것을 모두 기재한 것은?

> A. 청약은 불특정 다수에게 하는 행위이다.
> B. 청약은 그 제시된 내용과 매매조건에 당사자가 구속되는 것은 아니다.
> C. Offer Sheet, Purchase Order는 매도인이 청약 시 주로 사용하는 문서이다.
> D. 조건부승낙도 청약에 대한 승낙으로 간주한다.
> E. 승낙의 방식이나 방법은 원칙적으로 자유이고 특별한 제한은 없다.

① A, E　② B, D
③ B, C, D　④ E

국제무역사 38회 2교시 7번

10 무역계약의 주요 협상조건인 품질조건에 관한 설명이 잘못된 것은?

① Original sample이란 수출자가 수입자에게 제공하는 견본을 의미한다.

② Counter sample이란 original sample의 수령자가 original sample과 가장 유사하거나 또는 일부나 전부를 수정하여 제시하는 견본을 의미한다.

③ 견본매매에서는 market claim에 대비하여 매도인의 입장에서 '견본과 같음'보다는 '견본과 유사함'이라는 표현이 유리하다.

④ KS, JIS, BBS 등은 'sales by Grade'이다.

국제무역사 39회 2교시 12번

11 무역계약의 주요 협상조건인 수량조건에 관한 다음의 설명에서 그 연결이 올바른 것을 모두 기재한 것은?

A. 중량 : English ton – 1,016kg – Long ton
B. 용적 : 1M/T – 480SF – 40cubic feet
C. 개수 : gross – 10dozen – 10×12(pcs)
D. 살물 : approximate quantity term – 개산수량조건 – UCP 600에서 인정됨
E. 살물 : more or less clause – 5% 과부족 – URC 522에서 인정됨
F. 부피 : CBM – 통상 운임 및 부대비용 산출 시 활용 – 용적톤

① B, D, F
② A, B, D, F
③ A, B, C, E
④ C, D, E, F

국제무역사 39회 2교시 13번

CHAPTER

07 정형거래조건

무역거래는 매도인과 매수인의 합의에 따라 이루어지는 물품매매계약에서 시작되기 때문에 거래당사자들의 의무사항이 여러 가지로 구성될 수 있다. 그러나 이러한 의무사항을 계약할 때마다 일일이 합의한다는 것은 매우 번거롭고 부정확할 우려가 있다. 따라서 무역상인들은 오래 전부터 특히 거래상품의 인도 및 가격과 관련하여 무역거래조건을 CIF나 FOB와 같이 부호화하여 관습적으로 사용함으로써 이러한 불편을 해결하려 하였다. 이러한 부호에는 물품이 매도인으로부터 매수인에게 이르는 과정에서 발생하는 비용과 위험부담의 당사자가 누구인지 관습적으로 정해져 있었다.

그렇지만 무역에서는 거래당사자가 속한 국가에 따라 법체계와 상관습이 다름에 따라 이와 같은 부호에 대한 해석상의 오해와 분쟁, 그리고 소송이 적지 않게 야기되어 왔다. 이에 따라 민간국제기구를 중심으로 무역거래조건을 통일된 국제무역규칙으로서 규범화하려는 노력이 시도되었다. 그 대표적인 것이 국제상업회의소(ICC : International Chamber of Commerce)에 의해 정형화된 INCOTERMS(International Rules for the Interpretation of Trade Terms, 무역거래조건의 해석에 관한 국제규칙)이다. INCOTERMS는 1936년 제정된 후 변화하는 무역여건 및 관습의 변화를 수용하면서 여섯 차례에 걸쳐 개정되어 오늘에 이르고 있다.

INCOTERMS 외에도 정형무역거래조건에는 국제법협회(ILA : International

Law Association)가 중심이 되어 제정한 CIF계약에 관한 와르소-옥스포드규칙(Warsaw-Oxford Rules for CIF Contract)과 전(全)미국무역협회(National Foreign Trade Council) 등이 제정한 개정 미국외국무역정의(Revised of American Foreign Trade Definitions)가 있다.

정형무역거래조건은 매매당사자들에게 공통적으로 적용될 수 있는 중립적이고 합리적인 국제규칙을 제공함으로써 일반적으로 사용되고 있는 무역거래조건에 대한 상이한 해석으로 인한 오해와 마찰, 기타 예견치 못한 위험요인을 제거 또는 경감하는 데 그 목적이 있다.

1 정형거래조건의 개요

1.1 정형거래조건의 개념

ICC에서 정한 INCOTERMS는 무역계약의 가격과 관련한 조건을 정형화한 것이다. 가격조건은 무역계약에서 특히 중요한 의미를 갖는데 거래상품의 가격을 넘어 매도인에게서 매수인에게로 물품이 인도되기 까지 물품을 안전하게 인도하여야 할 인도장소(위험부담의 범위)는 어디가 되어야 할지 또는 운송 및 통관과 같은 비용을 누가 부담하여야 하는지와 같은 구체적인 내용을 포함한다.

가격조건에서 거래상품의 인도장소는 매도인에게서 매수인에게로 물품이 이동되는 중 한 장소다. 이러한 인도장소는 거래상품에 대한 위험부담의 분기점(分岐點)이 된다. 즉 운송과정에서 발생하는 거래상품의 멸실(loss), 손상(damage) 등에 대한 부담을 매도인과 매수인 중 누가 질 것인가 하는 책임 귀속의 분기점을 말한다. 반면 비용은 무역의 전 과정에서 발생하는 다양한 비용을 어디까지 매도인이 부담하고 어디부터 매수인이 부담할 것인지를 정하고 있다.

| 표 7-1 | Incoterms®의 개정

1936년 제정	1953년 개정	1967년 개정	1976년 개정	1980년 개정	1990년 개정	2000년 개정	2010년 개정
Ex Works	○	○	○	○	○	○	○
Free of Rail/ Free of Truck	○	○	○	○	FCA로 변경	○	○
Free 선적항	삭 제	–	FOB Airport 신설	○	FCA에 흡수	–	–
FAS	○	○	○	○	○	○	○
FOB	○	○	○	○	○	○	○
C&F	○	○	○	CFR로 변경	○	○	○
CIF	○	○	○	○	○	○	○
Freight or Carrage paid to	○	○	○	DCP[01]로 변경	CPT로 변경	○	○
Ex Ship	○	○	○	○	DES로 변경	○	DAP로 흡수
Ex Quay	○	○	○	○	DEQ로 변경	○	DAT로 변경
Free or Free Delivered	삭 제	DAF 신설	○	○	○	○	DAP로 흡수
–	–	DDP 신설	○	○	○	○	○
–	–	–	–	Free Carrier 신설	FCA에 흡수	–	–
–	–	–	–	CIP 신설	○	○	○
–	–	–	–	–	DDU 신설	○	DAP로 흡수
11개 조건	9개 조건	11개 조건	12개 조건	14개 조건	13개 조건	13개 조건	11개 조건

01 DCP : Freight or Carriage Paid to(운송비지급인도)

1.2 Incoterms®의 적용

INCOTERMS가 오늘날 국제무역에 널리 적용되는 국제규칙이기는 하지만 적용에 있어 강제성을 가진 법이나 국제협약이 아니라 어디까지나 국제상업회의소가 마련한 무역거래조건의 국제적인 해석기준에 불과하다. 따라서 무역거래조건의 해석기준에 대한 약정을 하지 않아도 정형거래조건이 INCOTERMS에 따라 해석되는 것이 아니다. 명시적인 적용규정이 없을 경우 무역분쟁이 발생할 수 있다. 이에 대비하여 무역거래계약서에 "The Seller and the Buyer shall be governed by the provision of Incoterms® 2010"과 같이 표시하여 계약의 해석기준으로 INCOTERMS를 채택한다는 명시적인 규정을 두는 것이 보통이다. 한편 INCOTERMS의 적용을 명시하고 있다 하더라도 매매계약상 거래당사자가 거래조건과 관련하여 INCOTERMS의 규정과 다른 별도의 조항을 두는 경우 이러한 별도 조항은 INCOTERMS상의 여러 해석규정보다 우선하여 적용한다.

1.3 Incoterms의 변천과정

ICC가 1936년 처음 발표한 Incoterms®규칙은 물품 매매계약에서 가장 일상적으로 사용되는 정형거래조건의 해석을 위한 국제적으로 받아들여지는 정의와 규칙을 제공한다. 1919년 ICC가 창립된 이래 무역을 원활히 하기 위해 1920년대 세계 비즈니스 조직들은 상인들에 의해 사용되는 정형거래조건에 대한 연구를 시작했다. 13개 주요 무역 국가에서 가장 보편적으로 사용되는 6개 조건에 한정된 이 연구에서는 국가마다 정형거래조건의 해석에 상당한 차이가 있음을 밝혔고, 1923년 국가별 해석의 차이를 설명한 첫 공식 연구결과를 발표했다.

1928년 정형거래조건에 대한 ICC의 연구는 30개 국가로 더 확장됐고, 1936년 이러한 연구결과를 바탕으로 FAS, FOB, C&F, CIF, Ex Ship과 Ex Quay라는 6개의 Incoterms®조건이 발표됐다. 이후 제2차 세계대전의 여파로 Incoterms®조건을 보완하는 개정작업이 1950년대까지 중단되었다가 1953년 Incoterms® 개정판이 나오면서 재개되었다. 이때 육상운송에 대한 3개의 조건, 즉 DCP(Delivered Costs Paid), FOR(Free On Rail), FOT(Free On Truck)조건이 추가됐다. 1967년 세 번째 개정에서는 국경과 목적지에서의 인도를 포함하기 위해서 DAF조건과 DDP조건이 포함되었다. 1974년 개정에서는 항공운송의 발달과 함께 FOB Airport이 추가됐고, 1980년 개정에서는 컨테이너운송이 확대되면서 운송인의 역할이 강조되는 FRC(Free Carrier)조건이 추가됐다. 1990년에는 대폭적인 개정이 이뤄졌는데, FOR, FOT, FOB Airport와 같이 특정한 운송수단이 뒤에 붙었던 규칙들이 FCA조건으로 간소화됐다. 2000년 개정에서는 FAS와 DEQ조건에서 통관절차와 서류의 문제에 대한 개정작업이 있었다.

2010년 개정판은 D조건이라 불리던 DAF, DES, DEQ, DDU조건을 삭제하고 DAT, DAP조건을 추가했다. 이 외에도 정보제공과 산물의 연속매매(string sales)에서의 당사자 간 의무를 보다 명확히 하는 작업도 이루어졌다. 2020년 개정판은 전체적으로 큰 변경은 없었다. 세부 변경 내용을 보면 DAT조건을 변경하여 DPU조건을 신설해 11개 조건을 유지했다. CIF조건과 CIP조건의 부보범위를 차별화하여 CIP조건은 최대담보로 부보하도록 개정하였다. 그 외에도 수출자와 수입자 자가운송 수단을 허용하였고, 개별 규칙 첫 부분에 사용지침(Guidance Note)을 사용자를 위한 설명문(Explanatory Notes for Users)으로 변경하여 각 조건에 대해서 보다 자세히 설명하였다.

1.4 Incoterms® 이외의 정형거래조건

INCOTERMS 외에도 정형무역거래조건에는 국제법협회(ILA : International Law Association)가 중심이 되어 1932년 제정한 CIF계약에 관한 와르소-옥스포드규칙(Warsaw-Oxford Rules for CIF Contract)과 전(全)미국무역협회(National Foreign Trade Council) 등이 제정한 개정 미국외국무역정의(Revised of American Foreign Trade Definitions)가 있으나 잘 사용되지는 않는다. 무역에서 어떤 국제규칙의 정형무역거래조건을 적용할 것인가 하는 것은 전적으로 계약당사자의 자유로운 의사에 달려 있다. 즉 INCOTERMS와 CIF계약에 관한 와르소-옥스포드규칙, 그리고 개정 미국외국무역정의 중 어떠한 규칙에 따라 정형무역거래조건을 해석할 것인가 하는 것은 당사자 간의 약정에 따라 결정된다는 것이다.

(1) 개정 미국외국무역정의

전통적인 무역거래조건은 해상운송을 통해 무역이 이루어지는 영국을 중심으로 하여 발전되어 온 것이다. 그러나 미국의 경우 지리적 특수성 때문에 인접국과의 거래에서 육상운송을 통한 거래가 많게 됨에 따라 영국 중심의 FOB조건과는 다른 의미의 FOB조건이 다양하게 정형화되어 사용되었다. 이러한 여러 형태의 FOB조건에 대한 해석의 통일을 위해 1919년 뉴욕의 India House에서 全미국무역회의(National Foreign Trade Convention)가 개최되어 수출가격조건의 정의(Definition of Export Quotations, 이를 India House Rules for FOB라 하기도 한다)를 채택하였다. 이 정의는 그 후 1941년에 개정 미국외국무역정의(Revised of American Foreign Trade Definitions)로 개정되었으며, 무역관습과 절차의 변화를 감안하여 1990년에 다시 개정되었다. 1990년 개정된 미국외국무역정의에는 다음과 같은 무역조건이 규정되어 있다. 이들 조건 중 EXW, CFR, CIF조건은 INCOTERMS의 무역거래조건과 별 차이가 없다.

① Exw(Ex Work … named place)

② C&F(named point of destination)

③ CIF(named point of destination)

④ Ex Dock(Ex Doc … named place)

④ FOB : 개정 미국외국무역정의의 가장 독특한 특징을 보이는 FOB 거래조건에는 다음과 같은 여섯 가지가 있다.[02]

- FOB(named inland carrier at named inland point of departure) : 매도인이 국내 출하지에서 매수인이 지정한 운송인에게 물품을 인도하는 조건
- FOB(named inland carrier at named inland point of departure)

02 Revised American Foreign Trade Definitions 1990, DEFINITIONS OF QUOTATIONS Ⅱ.

Freight Prepaid to(named point of exportation) : 매도인이 국내 출하지에서 매수인이 지정한 운송인에게 물품을 인도하되 해상운송 출발지까지의 반출운임은 매도인이 부담하는 조건

- FOB(named inland carrier at named inland point of departure) Freight Allowed to(named point of exportation) : 매도인이 국내 출하지에서 매수인이 지정한 운송인에게 물품을 인도하되 물품의 가격에 해상운송 출발지까지의 반출운임을 공제하는 조건. 이 조건에서 운임은 착지불(着地拂)로 지급되고, 지불된 운임만큼이 송장(invoice)가격에서 공제되므로 수출지까지의 실제 운임부담은 '나'의 경우와 같다.
- FOB(named inland carrier at named inland point of exportation) : 매도인이 자신의 비용부담으로 해상운송 출발지까지 물품을 운송하여 매수인이 지정한 운송인에게 물품을 인도하는 조건
- FOB Vessel(named port of shipment) : 매도인이 지정선적항에서 매수인이 지정한 본선에 물품을 적재하여 인도하되, 수출허가와 통관절차는 매수인의 부담에 속하는 조건
- FOB(named inland in country of importation) : 매도인이 물품을 수출국과 수입국에서 각각 수출통관 및 수입통관절차를 이행하고 수입국내의 지정지점까지 반입하는 모든 비용과 위험을 부담하여 인도하는 조건

(2) CIF계약에 관한 와르소-옥스포드규칙

CIF계약에 관한 와르소-옥스포드규칙(Warsaw-Oxford Rules for CIF Contract)은 국제법협회(ILA : International Law Association)가 중심이 되어 1931년에 제정하였다. 이 규칙은 서문과 21개 조문으로 구성되어 있다. 와르소-옥스포드규칙의 CIF와 INCOTERMS CIF조건의 가장 큰 차이점은 전자(前者)가 소유권 이전에 관한 내용을 포함하고 있다는 점이다. 와르소-옥스포드규칙은 원칙적으로 매도인이 물품이 선적항에서 선적되는 시점까지의 당해 물품에 대한 위험만을 부담하면 충분한 적출지 인도조건이다. 그러나 비용면에서는 목적항에 도착할

때까지의 운임과 보험료를 매도인이 부담할 뿐 아니라 다른 조건과는 달리 현물인도에 의하지 않고 서류인도방식을 택한다는 내용을 명시하고 있다.

2 Incoterms® 2020

2.1 Incoterms® 2020의 특징

(1) DAT조건에서 DPU조건으로 명칭 변경

Incoterms® 2020에서도 Incoterms® 2010과 같이 거래조건을 [표 7-2]와 같이 ① 모든 단수 또는 복수의 운송수단에 적합한 규칙(즉 복합운송조건)과 ② 해상 및 내수로운송을 위한 규칙(즉 해상운송조건)으로 구분하였다.

[표 7-2]에서 ①에 속하는 것은 선택된 운송수단에 관계가 없고, 또 하나 또는 그 이상의 운송수단이 이용되느냐의 여부에 관계없이 사용할 수 있는 조건이다. 이들 조건은 해상운송이 전혀 포함되지 않은 경우에도 사용될 수 있고, 또 운송의 일부구간에 선박이 이용되는 경우에도 사용될 수 있다. ②에 속하는 것은 인도지점과 물품이 매수인에게 운송되는 장소가 모두 항구가 되는 조건들이다.

Incoterms® 2020은 기존 DAT조건을 DPU(Delivered at Place Unloaded)조건으로 명칭을 변경하였다. 신설된 DPU조건은 매도인이 터미널뿐만 아니라 지정목적지 어느 장소에서도 물품 인도가 가능하고, 인도할 때 도착한 운송수단에서 물품을 양하한 후에 매수인에게 인도하도록 하고 있다. 매도인은 도착지에서 물품 양하와 관련된 위험과 비용을 부담해야 하기 때문에 기존 DAT조건에 비해 매도인의 의무가 확대되었다고 할 수 있다. 만약 매도인이 물품 양하와 관련 의무를 부담하지 않을 경우에는 DAP조건을 선택해야 하며, 수입통관까지 수행하는 경우 DDP조건을 선택하므로 순서상으로 DAP조건과 DDP조건 사이에 DPU조건이 위치한다.

(2) CIF조건과 CIP조건 부보범위의 차별화

Incoterms® 2010에서는 매도인이 보험에 가입해야 하는 CIF조건과 CIP조건 모두 최소담보로만 가입하면 되었다. Incoterms® 2020에서는 CIF조건과 CIP조건의 부보범위를 차별화하였다. CIF조건은 기존과 같이 최소담보로 가입하도록 하였지만 CIP조건은 최대담보로 가입하도록 개정하였다.

(3) 자가운송수단을 통한 직접 운송 허용

매도인과 매수인이 자가운송수단이 있는 경우 FCA, DAP, DPU, DDP조건의 경우 자가운송을 허용하였다. 매도인이 운송인을 거치지 않고 직접 매수인의 지정목적지까지 물품을 운송하는 관행을 공식적으로 인정한 것이다.

(4) 연속매매 가능 조건 확대

EXW조건을 제외한 10개 조건에서 연속매매(string sale)가 가능하도록 연속매매를 확대하였다. Incoterms® 2010에서는 FAS, FOB, CFR, CIF조건에서 인도된 물품의 조달(procure goods so delivered)이 가능하도록 개정되었는데 Incoterms® 2020에서는 EXW조건을 제외한 모든 조건에서 연속매매가 가능하도록 허용하였다. 보통 일차산품(농산물, 원유, 구리 등)의 경우 화물이 운송되는 과정에서 매매를 통해 소유권이 이전되는 연속매매가 빈번하게 발생하였는데 이러한 무역관행을 개정된 규칙에서 반영한 것이다.

(5) 본선적재표시 선하증권 발급 허용

FCA조건으로 계약되어 운송되는 경우 매도인이 요청할 경우 매수인은 운송인에게 본선적재표시 선하증권을 매도인에게 발행하도록 지시할 수 있도록 하였다. 신용장 결제조건의 경우 은행에서 본선적재표시 선하증권을 요구하는데 이번 개정을 통해 매도인이 운송인으로부터 본선적재표시 선하증권을 발부받을 수 있도록 하였다.

| 표 7-2 | Incoterms® 2020의 개정내용

구분	개정내용
DAT에서 DPU로의 명칭 변경	DAT조건은 매도인이 물품을 도착지에서 운송수단에서 양하한 후 터미널에서 인도하는 조건이었다면 신설된 DPU조건은 도착지에서 물품을 양하한 후 터미널뿐만 아니라 어떤 장소에서도 매수인의 처분하에 둘 수 있도록 하였음
CIF조건과 CIP조건 부보범위의 차별화	CIF조건은 협회적하약관 (C)약관을 그대로 유지하였고, CIP조건은 보다 높은 수준의 부보조건인 협회적하약관 (A)약관으로 부보하도록 하였음
자가운송수단을 통한 직접운송 허용	FAC조건과 D그룹 조건에서 매도인 또는 매수인이 제3자 운송인을 이용하지 않고 자신의 운송수단으로 직접 운송하는 것이 가능하도록 하였음
연속매매 가능 조건 확대	EXW조건을 제외한 모든 조건에서 운송되는 과정에서 물품의 매매를 통한 소유권 이전이 가능하도록 하였음
본선적재표시 선하증권 발급 허용	FAC조건의 경우에도 매도인이 운송인에게 본선적재표시 선하증권을 발부받을 수 있도록 하였음

2.2 Incoterms® 2020 거래규칙의 항목구성

Incoterms® 2020도 표제에 약간의 변동은 있으나 종전과 마찬가지로 모든 정형거래조건에 대해 매매당사자의 상대방에 대한 의무를 각각 10개 항목으로 대칭되게 규정하였다. 정리하면 [표 7-3]과 같다.

[표 7-3]을 보면 Incoterms 2010과 Incoterms 2020의 항목의 내용에 근본적인 차이가 있는 것은 아니다. 다만 Incoterms 2020에서는 매매당사자의 의무의 중요도에 따라 기술순서를 조정하여 당사자들이 거래조건별 의무를 보다 쉽게 이해하도록 하였다. 특히 인도와 인도의 수령을 A2, B2에 위치시켰고, 위험의 이전도 A3, B3에 놓으면서 물품의 인도와 위험의 이전이 가장 중요한 항목으로 규정하고 있다.

| 표 7-3 | Incoterms® 2020 매매당사자의 의무에 관한 항목구성

Incoterms® 2010	Incoterms® 2020
A1/B1 : 일반의무	A1/B1 : 일반의무
A2/B2 : 허가, 인증, 보안 및 기타 통관절차	A2/B2 : 인도/인도의 수령
A3/B3 : 운송 및 보험계약	A3/B3 : 위험의 이전
A4/B4 : 인도/인도의 수령	A4/B4 : 운송
A5/B5 : 위험의 이전	A5/B5 : 보험
A6/B6 : 비용분담	A6/B6 : 인도/운송서류
A7/B7 : 통지	A7/B7 : 수출/수입통관
A8/B8 : 인도서류/인도의 증빙	A8/B8 : 점검, 포장, 하인표시
A9/B9 : 점검, 포장, 하인표시/물품검사	A9/B9 : 비용분담
A10 : 정보에 관한 협조 및 관련 비용	A10/B10 : 통지

INCOTERMS에서 인도(delivery)란 용어는 두 가지 의미로 사용되고 있다. 하나는 매도인의 인도의무 완료와 관련하여 사용하는 것이고, 다른 하나는 물품의 인도를 수령 또는 승낙(take of accept)하는 매수인의 의무와 관련하여 사용하는 것이다. 이때 매수인의 의무와 관련하여 사용되는 인도의 수령 또는 승낙의 의미는 매수인이 당해 물품이 매매계약과 일치하는 것을 인정한다는 의미가 아니라 단지 매수인이 그 물품을 수령할 의무를 진다는 것을 승낙한다는 의미이다.

Incoterms® 2020의 거래조건별로 인도가 이루어지고 위험부담의 분기점이 되는 장소와 물품 이전과정에서 발생하는 주요 비용의 부담 주체를 살펴보면 [표 7-4]와 같다.

| 표 7-4 | 거래조건별 물품 인도 · 위험 이전장소 및 주요 비용의 부담 주체

거래조건	물품의 인도 및 위험의 이전장소	물품 이전과정에서 매도인이 부담하여야 하는 주요 비용									
		포장비 검사비	수출국 내륙 운송비	수출 통관비	수출항 적재비	해상 운송비	보험료	수입항 양하비	수입 통관비	수입국 내륙 운송비	선적전 검사비 (PSI)
EXW	매도인 영업장 구내 또는 지정장소	○	◎	◎	◎	◎	◎	◎	◎	◎	◎
FCA	수출국 내 약정장소	○	△	○	◎	◎	◎	◎	◎	◎	◎
FAS	지정선적항 본선 선측	○	○	○	◎	◎	◎	◎	◎	◎	◎
FOB	지정선적항 본선	○	○	○	○	◎	◎	◎	◎	◎	◎
CFR	〃	○	○	○	○	○	◎	○	◎	◎	◎
CIF	〃	○	○	○	○	○	○	○	◎	◎	◎
CPT	수출국 내 약정장소	○	○	○	○	○	◎	○	◎	○	◎
CIP	〃	○	○	○	○	○	○	○	◎	○	◎
DPU	수입국 내 약정장소	○	○	○	○	○	○	○	◎	△	◎
DAP	수입국 내 약정장소	○	○	○	○	○	○	△	◎	△	◎
DDP	〃	○	○	○	○	○	○	○	○	○	◎

* ○ : 매도인이 부담, △ : 약정에 따라 매도인/매수인이 일부 부담, ◎ : 매수인이 부담

3 거래규칙별 인도 및 위험 · 비용위험 · 비용의 핵심 내용

3.1 모든 운송수단에 사용가능한 규칙

(1) EXW(Ex Works : 공장인도)

EXW(insert named place of delivery) Incoterms® 2020

["Ex Works" means that the seller delivers the goods to the buyer when it places the goods at the disposal of the buyer at a named place(like a factory or warehouse), and that named place may or may not be the seller's premises. For delivery to occur, the seller does not need to load the goods on any collecting vehicle, nor does it need to clear the goods for export, where such clearance is applicable.

① 위험 · 비용 분기점은 매도인의 영업구내 또는 기타 지정장소(작업장, 공장, 창고 등)에서 물품을 수취용 차량에 적재하지 않은 채로 매수인의 처분하에 두는 때이다.

② 매도인의 영업구내 또는 기타 지정장소(작업장, 공장, 창고 등)에서 물품을 수취용 차량에 적재하지 않은 채로 매수인의 처분하에 두는 때에 매도인이 인도한 것으로 간주한다.

③ 매도인의 의무가 가장 적은 조건(minimum obligation for the seller)이다.

④ 매수인은 매도인의 영업장구내로부터 물품을 수령하는 데 수반된 모든 비용과 위험을 부담한다.

⑤ 물품을 적재하기에 매도인이 보다 나은 지위에 있는 경우에는 매도인이 자신의 위험과 비용으로 물품적재의무를 부담하는 FCA가 통상적으로 보다 적절하다.

⑥ 매수인이 직접 · 간접으로 수출통관을 수행할 수 없는 경우에는 EXW를 사용하지 않는 것이 바람직하다.

⑦ 거래가격은 국내 도매가격과 유사하다.

⑧ 복합운송 포함 모든 운송방식에 적용가능하다.

⑨ 계약서 기재 예시 : EXW Samsung Electronics Company's Factory, Suwon, Korea, Incoterms® 2020.

⑩ 수출 · 수입통관과 승인관련 비용은 매수인의 의무이다.

⑪ 물품의 선적전 검사(PSI : Pre-Shipment Inspection)가 매수인의 이익을 위하는 경우에는 그 비용은 매수인이 부담하도록 하고 있지만 그러한 검사가 수출당국에 의해서 강제적으로 이루어질 경우에는 EXW를 제외하고는 그 비용을 매도인이 부담한다.

(2) FCA(Free Carrier : 운송인인도)

FCA(insert named place of delivery) Incoterms® 2020

['Free Carrier' means that the seller delivers to the buyer in one or ther of two ways. First, when the named place is the seller's premises, the goods are delivered when they are loaded on the means of transport arranged by the buyer. Second, when the named place is another place, the goods are delivered when, having been loaded on the seller's means of transport, they reach the named other place and are ready for unloading from that seller's means of transport and at the disposal of the carrier or of another person nominated by the buyer. Whichever of the two is chosen as the place of delivery, that place identifies where risk transfers to the buyer and the time from costs are for the buyer's account.

① 위험 · 비용 분기점은 매수인이 지정한 운송인 또는 제3자에게 인도될 때이다.

② 매도인이 물품을 자신의 영업장구내 또는 기타 지정장소에서 매수인이 지정한 운송인 또는 제3자에게 인도하는 것을 의미한다.

③ 당사자들은 지정인도장소 내의 지점을 가급적 명확하게 명시하는 것이 바람직하다. 그러한 지점에서 위험이 매수인에게 이전하기 때문이다.

④ 복합운송 포함 모든 운송방식(항공운송 포함)에 사용가능하다.

⑤ 수출통관은 매도인(수입통관은 매수인)이 부담한다.

⑥ 계약서 기재 예시 : FCA 37 Cours Albert 1er, Paris, France, Incoterms® 2010.

〈참고 : FCA에서의 인도〉

- 지정장소가 매도인 영업구내인 경우: 물품이 매수인이 제공한 운송수단에 적재되는 때
- 기타의 경우에는 물품이 매도인의 운송수단에 실린 채 양하준비된 상태로 매수인이 지정한 운송인이나 제3자의 처분하에 놓인 때

(3) CPT(Carriage Paid To : 운송비지급)

CPT(insert named place of destination) Incoterms® 2020

['Carriage paid to' means that the seller delivers the goods–and transfers the risk–to the buyer by handing them over to the carrier, contracted by the seller or by procuring the goods so delivered. The seller may do so by giving the carrier physical possession of the goods in the manner and at the place appropriated to the means of transport used.

① 위험분기점은 합의된 장소에서 물품을 매도인이 지정한 운송인이나 제3자에게 인도하는 때이다.

② 비용분기점 : 지정목적지까지 운송계약에 따른 비용과 운송비용을 매도인이 부담한다.

③ 매도인이 합의된 장소(당사자 간에 이러한 장소의 합의가 있는 경우)에서 물품을 자신이 지정한 운송인 또는 제3자에게 인도하고 매도인이 물품을 지정목적지까지 운송하는 데 필요한 계약을 체결하고 그 운송비용을 부담하여야 한다.

④ 매도인이 지정된 목적지까지 물품을 운반하는 데 필요한 운송비(cost of carriage)를 추가로 지급한다.

⑤ 복합운송 포함 모든 운송방식에 사용된다.

⑥ 계약서 기재 예시 : CPT Smith Carriers, Inc. Main Warehouse, New York, U.S.A., Incoterms® 2020.

⑦ 수출통관은 매도인(수입통관은 매수인)이 부담한다.

⑧ 위험 분기점과 비용분기점이 다른 규칙이다(위험과 비용이 상이한 장소에서 이전된다).

(4) CIP(Carriage and Insurance Paid To : 운송비 · 보험료지급)

CIP(insert named place of destination) Incoterms® 2020

['Carriage and Insurance paid to' means that the seller delivers the goods–and transfers the risk–to the buyer by handing them over to the carrier, contracted by the seller, or by procuring the goods so delivered. The seller may do so by giving the carrier physical possession of the goods in the manner and at the place appropriate to the means of transport used.

① 위험 분기점은 합의된 장소에서 물품을 매도인이 지정한 운송인이나 제3자에게 인도하는 때이다.

② 비용 분기점 : 지정목적지까지 운송 · 보험계약에 따른 비용과 운송비용과 보험료를 매도인이 부담한다.

③ 매도인이 합의된 장소(당사자 간에 이러한 장소의 합의가 있는 경우)에서 물품을 자신이 지정한 운송인 또는 제3자에게 인도하고 매도인이 물품을 지정목적지까지 운송하는 데 필요한 계약을 체결하고 그 운송비용을 부담하여야 한다.

④ 매도인은 또한 운송 중 매수인의 물품의 멸실 또는 손상의 위험에 대비하여 보험계약을 체결한다.

⑤ 매도인이 지정된 목적지까지 물품을 운반하는 데 필요한 운송비와 보험료(insurance premium)를 추가로 지급한다.

⑥ 복합운송 포함 모든 운송방식에 사용된다.

⑦ 계약서 기재 예시 : CIP Smith Carriers, Inc. Main Warehouse, New York, U.S.A., Incoterms® 2020.

⑧ 수출통관은 매도인(수입통관은 매수인)이 부담한다.

⑨ 위험 분기점과 비용 분기점이 다른 규칙이다(위험과 비용이 상이한 장소에서 이전된다).

(5) DAP(Delivered at Place : 도착지 인도조건)

DAP(insert named place of destination) Incoterms® 2020

['Delivered at Place' means that the seller delivers the goods–and transfers risk–to the buyer when the goods are placed at the disposal of the buyer on the arriving means of transport ready for unloading at the named placed of destination or at the agreed point within that place, if any such point is agreed. The seller bears all risks involved in bringing the goods to the named place of destination or to the agreed point within that place. In this incoterms® rule, therefore, deliver and arrival at destination are the same.

① 위험 · 비용 분기점은 지정된 목적지에서 도착운송수단에 실린 채 양하 준비된 상태로 매수인의 처분하에 놓이는 때이다.

② 지정된 목적지에서 도착운송수단에 실린 채 양하 준비된 상태로 매수인의 처분하에 놓이는 때에 인도한 것으로 간주한다.

③ 매도인은 그러한 지정장소까지 물품을 운송하는 데 수반하는 모든 위험을 부담한다.

④ A4 인도 : 매도인은 물품을 합의된 기일이나 합의된 기간 내에 지정목적지에서 또는 그 지정목적지 내에 합의된 지점이 있는 때에는 그 지점에서 도착운송수단에 실어둔 채 양하 준비된 상태로 매수인의 처분하에 둠으로써 인도해야 한다.

⑤ 계약서 기재 예시 : DAP named place of destination, U.S.A., Incoterms®

2020.

⑥ 복합운송 포함 모든 운송방식에 사용가능하다.

⑦ 당사자 간에 매도인이 물품을 수입통관하고 수입관세를 부담하며 수입통관절차를 수행하도록 원하는 때에는 DDP가 사용되어야 한다.

⑧ 수출통관은 매도인(수입통관은 매수인)이 부담한다.

(6) DPU(Delivered at Place Unloaded : 도착지 양하 인도조건)

DPU(insert named place of destination) Incoterms® 2020

['Delivered at Place Unloaded' means that the seller delivers the goods–and transfers risk–to the buyer when the goods, once unloaded from the arriving means of transport, are placed at the disposal of the buyer at a named place of destination or at the agreed point within that place, if any such point is agreed. The seller bears all risks involved in bringing the goods to and unloading them at the named place of destination. In this incoterms® rule, therefore, deliver and arrival at destination are the same. DPU is the only incoterms® rule that requires the seller to unload goods at destination. The seller should therefore ensure that it is in a position to organise unloading at the named place. Should the parties intend the seller not to bear the risk and cost of unloading, the DPU rule should be avoided and DAP should be used instead.

① 위험 · 비용 분기점은 물품이 도착운송수단으로부터 양하된 상태로 지정목적지나 도착지의 합의된 지점에서 매수인의 처분하에 놓이는 때이다.

② 물품이 도착운송수단으로부터 양하된 상태로 지정목적항이나 지정목적지의 지정터미널에서 매수인의 처분하에 놓이는 때에 매도인이 인도하는 것으로 간주한다.

③ 매도인은 '지정목적지' 또는 합의된 지점까지 물품을 가져가고 물품을 운송하고 거기서 양하하는 데 수반하는 모든 위험을 부담한다.

④ A4 인도 : 매도인은 물품을 도착운송수단으로부터 양하하여야 하고 또한 물품을 합의된 기일이나 합의된 기간 내에 지정목적지에서 매수인의 처분하에

둠으로써 인도하여야 한다.

⑥ 당사자들이 터미널에서 다른 장소까지 물품을 운송하고 취급하는 데 수반하는 위험과 비용을 매도인이 부담하도록 의도하는 경우에는 DAP 또는 DDP가 사용되어야 한다.

⑦ 계약서 기재 예시 : DPU named place of destination, U.S.A., Incoterms® 2020.

⑧ 복합운송 포함 모든 운송방식에 사용가능하다.

⑨ 수출통관은 매도인(수입통관은 매수인)이 부담한다.

(7) DDP(Delivered Duty Paid : 관세지급인도)

DDP(insert named place of destination) Incoterms® 2020

['Delivered Duty paid' means that the seller delivers the goods to the buyer when the goods are placed at the disposal of the buyer, cleared for import, on the arriving means of transport, ready for unloading, at the named place of destination or at the agreed point within that place, if any such point is agreed. The seller bears all risks involved in bringing the goods to the named place of destination or to the agreed point within that place, In this incoterms® rule, therefore, delivery and arrival at destination are the same.

① 위험 · 비용 분기점은 수입통관된 물품이 지정목적지에서 도착운송수단에 실린 채 양하 준비된 상태로 매수인의 처분하에 놓였을 때이다.

② 수입통관된 물품이 지정목적지에서 도착운송수단에 실린 채 양하 준비된 상태로 매수인의 처분하에 놓였을 때 인도한 것으로 간주한다.

③ 매도인은 그러한 목적지까지 물품을 운송하는 데 수반하는 모든 위험을 부담하고, 또한 물품의 수출통관 및 수입통관을 모두 하여야 하고, 수출관세 및 수입관세를 모두 부담하여야 하며, 모든 통관절차를 수행하여야 하는 의무를 부담한다.

④ 매도인의 최대의무부담(maximum obligation for the seller)을 나타낸다.

⑤ 'Franco Domicile'이라고도 하고 'Delivered'라고도 한다.

⑥ 계약서 기재 예시 : DDP Smith's Warehouse 2, Chicago, U.S.A., Incoterms® 2010). (DDP Frankfurt, Schmidt Gmbh Warehouse 4, Incoterms® 2010.

⑦ 매도인이 직접 또는 간접으로 수입통관을 수행할 수 없는 경우에는 DDP를 사용하지 않는 것이 좋으며, 만약 당사자들이 수입통관에 관한 모든 비용과 위험을 매수인이 부담하기를 원하는 때에는 DAP규칙이 사용되어야 한다.

⑧ 수입 시에 부과되는 부가가치세 기타 세금은 매도인이 부담하되, 다만 매매계약에서 명시적으로 달리 합의된 때에는 그에 따른다.

⑨ 복합운송 포함 모든 운송방식에 사용가능하다.

⑩ 수출 · 수입통관은 매도인이 모두 부담한다.

3.2 해상 및 내수로운송수단에만 사용가능한 규칙

(1) FAS(Free Alongside Ship : 선측인도)

FAS(insert named port of shipment) Incoterms® 2020

['Free Alongside Ship' means that the seller delivers the goods to the buyer when the goods are placed alongside the ship(e.g., on a quay or a barge) nominated by the buyer at the named port of shipment or when the seller procures goods already so delivered. The risk of loss of or damage to the goods transfers when the goods are alongside the ship, and the buyer bears all costs from the moment onwards.]

① 위험 · 비용 분기점은 지정선적항에서 매수인이 지정한 본선의 선측에 인도하거나 그렇게 인도된 물품을 조달한 때이다.

② 물품이 지정선적항에서 매수인이 지정한 본선의 선측(예 : 부두 또는 바지선)에 놓이는 때에 매도인이 인도한 것으로 간주한다.

③ 물품의 멸실 또는 손상의 위험은 물품이 선측에 놓인 때에 이전하며 매수인은

그러한 시점 이후의 모든 비용을 부담한다.

④ 오직 해상운송이나 내수로운송방식에만 사용한다.

⑤ 계약서 기재 예시 : FAS Busan Port, Incoterms® 2020.

⑥ 물품이 컨테이너에 적재되는 경우 매도인이 물품을 선측이 아닌 터미널에서 운송인에게 교부하는 것이 전형적이므로 FAS규칙보다는 FCA규칙이 사용되어야 한다.

⑦ 수출통관은 매도인(수입통관은 매수인)이 부담한다.

(2) FOB(Free on Board : 본선인도)

FOB(insert named port of shipment) Incoterms® 2020

['Free on Board' means that the seller delivers the goods to the buyer on board the vessel nominated by the buyer at the named port of shipment or procures the goods already so delivered. The risk of loss of or damage to the goods transfers when the goods are on board the vessel, and the buyer bears all costs from that moment onward.]

① 위험 · 비용 분기점은 매도인이 물품을 지정된 선적항에서 매수인이 지정한 본선에 적재하여 인도하거나 이미 그렇게 인도된 물품을 조달하는 때이다.

② 매도인이 물품을 지정된 선적항에서 매수인이 지정한 본선에 적재하여 인도하거나 이미 그렇게 인도된 물품을 조달하는 것을 의미한다.

③ 조달(procure)을 규정한 것은 특히 일차산품거래에서 보편적인 복수의 연속적 매매(string sales)에 대응하기 위해서이다.

④ 운임계약은 매수인이 체결하고 부담한다.

⑤ 오직 해상운송이나 내수로운송방식에만 사용되어야 한다.

* FOB Incheon Airport는 사용 불가

⑥ 계약서 기재 예시 : FOB Busan Port, Incoterms 2020.

* 변형계약 사례 : 'FOB stowed andtrimmed'(창내적부 · 정돈필 본선인도)

⑦ 터미널에서 인도되는 컨테이너화물과 같이 물품이 본선에 적재되기 전에 운송인에게 교부되는 경우에는 FCA규칙이 사용되어야 한다.

⑧ 수출통관은 매도인(수입통관은 매수인)이 부담한다.

(3) CFR(Cost and Freight : 운임 포함)

CFR(insert named port of destination) Incoterms® 2020

['Cost and Freight' means that the seller delivers the goods to the buyer on board the vessel or procures the goods already so delivered. The risk of loss of or damage to the goods transfers when the goods are on board the vessel, such that the seller is taken to have performed its obligation to deliver the goods whether or not the goods actually arrive at their destination in sound condition, in the stated quantity or, indeed, at all. In CFR, the seller owes no obligation to the buyer to purchase insurance cover: the buyer would be well-advised therefore to purchase some cover for itself.

① 위험 분기점은 본선에 적재하여 인도하거나 이미 그렇게 인도된 물품을 조달한 때이다.

① 비용 분기점 : 지정목적항까지 운송계약에 따른 비용과 운임을 매도인이 부담한다.

② 매도인이 물품을 본선에 적재하여 인도하거나 이미 그렇게 인도된 물품을 조달하는 것이다.

③ FOB조건에 운임(freight : 해상운임)만을 추가한다.

④ 매도인은 지정된 목적항까지 물품을 운반하는 데 필요한 비용 및 운임을 지급한다.

⑤ 실무에서 전통적인 표현인 C&F, C and F, C+F를 사용하지 말아야 한다.

⑥ 계약서 기재 예시 : CFR Seattle Port, U.S.A., Incoterms® 2020.

⑦ 오직 해상운송이나 내수로운송방식에만 사용되어야 한다.

⑧ 터미널에서 인도되는 컨테이너화물과 같이 물품이 본선에 적재되기 전에 운

송인에게 교부되는 경우에는 CPT규칙이 사용되어야 한다.

⑨ 수출통관은 매도인(수입통관은 매수인)이 부담한다.

⑩ 위험 분기점과 비용 분기점이 다른 규칙이다(위험과 비용이 상이한 장소에서 이전된다).

(4) CIF(Cost, Insurance and Freight : 운임 · 보험료 포함)

CIF(insert named port of destination) Incoterms® 2020

['Cost, Insurance and Freight' means that the seller delivers the goods to the buyer on board the vessel or procures the goods already so delivered. The risk of loss of or damage to the goods transfers when the goods are on board the vessel, such that the seller is taken to have performed its obligation to deliver the goods whether or not the goods actually arrive at their destination in sound condition, in the stated quantity or, indeed, at all.

① 위험 분기점은 본선에 적재하여 인도하거나 이미 그렇게 인도된 물품을 조달한 때이다.

② 비용 분기점 : 지정목적항까지 운송 · 보험계약에 따른 비용과 운임 및 보험료를 매도인이 부담한다.

③ 매도인이 물품을 본선에 적재하여 인도하거나 이미 그렇게 인도된 물품을 조달하는 것이다.

④ CFR조건에 매도인이 보험료(insurance premium)를 추가로 부담하는 조건이다.

⑤ 매도인은 지정된 목적항까지 물품을 운반하는 데 필요한 비용 및 운임과 보험료를 지급한다.

⑥ 계약서 기재 예시 : CIF Seattle Port, U.S.A., Incoterms® 2020.

⑦ 오직 해상운송이나 내수로운송방식에만 사용되어야 한다. CIF Incheon Airport는 사용 불가하다.

⑧ 터미널에서 인도되는 컨테이너화물과 같이 물품이 본선에 적재되기 전에 운송인에게 교부되는 경우에는 CIP규칙이 사용되어야 한다.

⑨ 수출통관은 매도인(수입통관은 매수인)이 부담한다.

⑩ CIF Landed(CIF + 양륙비용조건), CIF Cleared(CIF + 수입통관비용) 등 변형적용이 가능하다.

⑪ 위험 분기점과 비용 분기점이 다른 규칙이다(위험과 비용이 상이한 장소에서 이전된다).

3.3 Incoterms® 2020 거래조건의 분류

(1) 운송방식별 적용가능성

운송방식별로 그에 적합한 무역거래조건을 분류해 보면 다음과 같다. 각 조건에서 선적지와 도착지는 반드시 항구가 소재하는 지명(地名)이어야 한다.

① 모든 운송방식에 사용이 가능한 조건 : EXW, FCA, CPT, CIP, DAP, DPU, DDP

② 해상 및 내수로운송에만 사용되는 조건 : FAS, FOB, CFR, CIF

(2) 주운송비의 부담자

주운송구간의 운송계약과 운임(주운송비)[03]을 누가 부담하느냐에 따라 무역거래조건을 분류해 보면 다음과 같다.

① 매도인이 주운송구간의 운임을 부담하는 조건 : CFR, CPT, CIF, CIP, DAP, DPU, DDP ⇒ 이 경우 운송서류에 'Freight Prepaid'라고 표기된다.

② 매수인이 주운송구간의 운임을 부담하는 조건 : EXW, FCA, FAS, FOB ⇒

03 주운송구간(해상운송의 경우 선적항과 목적항 구간, 복합운송의 경우 인도장소와 목적지 구간) 이외의 운송계약과 운임의 부담은 별도의 언급이 없더라도 당연히 각각 해당 구간의 위험을 책임지는 당사자가 하여야 한다.

이 경우 운송서류에는 'Freight Collect'라고 표기된다.

(3) 보험계약자

Incoterms® 2020에서 매도인이 매수인을 위하여 의무적으로 보험에 가입하여야 하는 조건은 CIF규칙과 CIP규칙 2개뿐이다. 나머지를 Seller 또는 Buyer가 자기 자신의 위험을 담보하기 위해서 보험에 가입하는 것이다. 적하보험을 누가 가입하고 그 비용을 부담하느냐에 따라 무역거래조건을 분류해 보면 다음과 같다. 만일 신용장을 개설하는 경우에는 신용장상에 보험서류조건을 명시하고, 신용장개설 시 개설은행은 그 채권보전을 위하여 보험서류를 징구한다.

① 매도인이 부보할 수 있는 조건 : CIF, CIP, DAP, DPU, DDP

② 매수인이 부보할 수 있는 조건 : EXW, FCA, FAS, FOB, CFR, CPT

(4) 위험이전(수입자의 추가비용 부담)의 분기점

매도인의 위험부담이 어느 곳에서 매수인에게 이전되느냐에 따라 무역거래조건을 분류해 보면 다음과 같다.

① 수출국에서 이전되는 조건 : EXW, FCA, FAS, FOB, CFR, CPT, CIF, CIP

② 수입국에서 이전되는 조건 : DAP, DPU, DDP

3.4 거래조건의 표시방법

무역거래조건을 표시할 때는 조건의 명칭과 함께 매도인(수출상)의 운임부담 종료지점을 표시한다. 표시방법은 다음과 같다.

① EX Works : EXW + 수출국의 지정된 인도장소(Factory, Works, Mine, Plantation, Store, Warehouse 등)

② Free Carrier : FCA + 수출국의 지정된 인도장소(Seller's Premises, Port, Airport, Station, Container Terminal 등)

③ Carriage Paid To : CPT + 수입국의 지정된 목적지(Port, Airport, Station, Container Terminal 등)

④ Carriage and Insurance Paid to : CIP + 수입국의 지정된 목적지(Port, Airport, Station, Container Terminal 등)

⑤ Delivered At Terminal : DAT + 수입국의 지정된 목적항(Port) 또는 목적지의 지정터미널(Quay, Warehouse, Container Yard or Road, Rail or Air Cargo Terminal)

⑥ Delivered At Place Unloaded : DAP + 수입국의 지정된 목적지(Cargo Terminal, Warehouse 등)

⑦ Delivered Duty Paid : DDP + 수입국의 지정된 목적지(Cargo Terminal, Warehouse 등)

⑧ Free Alongside Ship : FAS + 수출국의 지정된 선적항(Port)

⑨ Free On Board : FOB + 수출국의 지정된 선적항(Port)

⑩ Cost and Freight : CFR + 수입국의 지정된 목적항(Port)

⑪ Cost, Insurance and Freight : CIF + 수입국의 지정된 목적항(Port)

3.5 Incoterms® 2020 위험이전과 통지의무의 종합

(1) 거래조건에 따른 위험이전시기

위험은 매도인이 A4의 규정에 따라 물품의 인도의무를 이행한 때에 이전된다. 위험이 이전되면 그 시점 이후 발생하는 추가적 위험의 부담과 추가적 비용의 부담은 모두 매수인에게 돌아간다. INCOTERMS의 각 거래조건에 있어 구체적인 위험이전 시기를 종합요약하면 [표 7-5]와 같다.

| 표 7-5 | 거래조건의 위험이전시기

거래조건	위험이전시기
EXW	지정인도장소에서 매수인의 처분에 맡겨진 때
FCA	매수인이 지명한 운송인 또는 그 밖의 당사자에게 인도된 때
CPT	운송인에게 인도된 때
CIP	상동
DPU	목적항 또는 목적지의 지정터미널에 도착한 운송수단에서 양하하여 매수인의 처분에 맡긴 때
DAP	지정목적지의 합의된 지점에서 도착한 운송수단에서 양하하지 아니한 상태로 매수인의 처분에 맡긴 때
DDP	상동
FAS	지정선적항에서 매수인이 지명한 본선의 선측에 인도하거나 그렇게 인도된 물품을 조달한 때
FOB	지정선적항에서 매수인이 지명한 본선상에서 인도하거나 그렇게 인도된 물품을 조달한 때
CFR	본선상에서 인도하거나 그렇게 인도된 물품을 조달한 때
CIF	상동

(2) 위험의 조기이전

매도인의 의무 A5는 "모든 조건에 대해 B5에 규정된 경우의 멸실 또는 손상을 제외하고"라는 단서를 달고 있다. 이것은 매도인이 A4의 규정에 따라 물품을 인도한 때에 위험이 이전된다고 하는 원칙에 예외가 있음을 나타낸 것이다. 즉 일정한 경우에는 매도인이 인도의무를 완료하기 전에도 매도인으로부터 매수인에게 위험이 이전될 수 있다. 이러한 위험의 조기이전은 ① 매수인이 매도인으로 하여금 물품을 자기에게 인도하도록 하기 위해 해야 할 의무를 이행하지 않거나 ② 매수인이 물품을 수령하지 않는 경우에 발생할 수 있다. 다만 위험의 조기이전은 물품이 계약물품으로 명확히 특정되고 있는 것을 조건으로 한다. 계약물품으로 특정되고 있지 않으면 위험이 이전될 수 없기 때문이다. 매수인의 B7에 의거한 통지내용은 정형거래조건에 따라 차이가 있는데, 이를 정리하면 [표 7-6]과 같다.

| 표 7-6 | 정형거래조건별 매수인의 통지의무

거래조건	매수인의 통지의무내용
EXW	합의된 기간 내의 시기 및/또는 지정장소 내에서 인도를 수령할 지점(계약상 매수인이 결정권한을 갖는 경우)
FCA	매도인이 제4조에 따라 물품을 인도할 수 있도록 충분한 시간적 여유를 가지고 운송인 또는 기타 당사자의 성명, (필요한 경우) 인도기일, 운송방식, 지정장소 내의 수령지점
CPT	발송시기/지정목적지 또는 그 목적지 내에서의 물품 수령지점(계약상 매수인이 결정권한을 갖는 경우)
CIP	상동
DPU	합의된 기간 내의 시기/지정터미널에서 인도를 수령할 지점(계약상 매수인이 결정권한을 갖는 경우)
DAP	합의된 기간 내의 시기/지정목적지 내의 인도를 수령할 지점(계약상 매수인이 결정권한을 갖는 경우)
DDP	상동
FAS	본선명, 적재지점 및 합의된 기간 내의 인도시기
FOB	상동
CFR	선적시기/지정목적항에서의 물품 수령지점(계약상 매수인이 결제권한을 갖는 경우)
CIF	상동

한편 매도인의 매수인에 대한 통지의무는 [표 7-7]과 같다. 매도인이 이러한 통지의무를 게을리한 경우 당연히 계약위반이 되어 당해 계약에 적용되는 법률의 규정에 따라 손해배상 등의 책임을 지게 된다.

| 표 7-7 | 정형거래조건별 매도인의 통지의무

거래조건	매도인의 통지의무내용
EXW	매수인이 물품을 수령하는 데 필요한 사항
FCA	물품이 A4의 규정에 따라 인도되었다는 사실 또는 매수인이 지명한 운송인이나 기타의 자가 합의된 기간 내에 물품을 수령하지 않은 경우에는 그 사실
CPT	① 물품이 A4의 규정에 따라 인도되었다는 사실 ② 매수인이 물품의 수령에 통상 필요한 조치를 취하기 위해 요구되는 사항
CIP	상동
DPU	매수인이 물품 수령에 통상 필요한 조치를 취하기 위해 요구되는 사항

DAP	상동
DDP	상동
FAS	물품이 A4D의 규정에 따라 인도되었다는 사실 또는 본선이 합의된 기간 내에 물품을 수령하지 않는 경우에는 그 사실
FOB	상동
CFR	매수인이 물품의 수령에 통상 필요한 조치를 취하기 위해 요구되는 사항
CIF	상동

3.6 Incoterms® 2020 비용부담의 종합

(1) 비용부담의 분기점

비용부담에 관한 INCOTERMS의 주요 원칙은 명확하다. 즉 INCOTERMS상의 모든 정형거래조건에서 비용부담의 책임은 매도인이 인도의무를 다한 때에 매도인으로부터 매수인에게 옮겨진다. 따라서 매도인은 합의된 인도지점에 물품이 도착하기까지 필요한 비용을 지급하여야 하고, 매수인은 그 지점 이후의 추가비용을 지급하여야 한다. 그러나 다양한 정형거래조건별로 구체적인 업무분장을 INCOTERMS에서 완벽하게 규정하고 있지는 않기 때문에 이러한 원칙을 적용하는 데는 한계가 있다. 따라서 매매계약상 명확하게 규정하고 있지 않은 경우에는 당사자 사이의 상관행이나 거래관습에서 해답을 찾을 수밖에 없다.

(2) 인도조건에 따른 비용의 부담

EXW/FCA/DPU 등 이른바 지정장소인도조건에서는 인도장소가 위험부담의 분기점인 동시에 비용부담의 분기점이 된다. 반면 특수비용조건에 해당하는 CFR, CIF, CPT, CIP조건의 경우 매도인은 인도장소를 지나 목적항 또는 목적지까지의 운송비를 부담한다. CIF, CIP의 경우 보험료도 매도인이 부담한다. 따라서 이들 정형거래조건에서는 위험부담의 분기점과 비용부담의 분기점이 다르다. 그러나 위험이 이전되는 인도장소를 지나 목적항 또는 목적지까지 매도인이 부담하는 비용은 문자 그대로 모든 비용은 아니고, 매도인의 의무 A3에 따라 매도인이 체결하는 운송계약 또는 운송계약 및 보험계약에서 생기는 운송비 기타의 비용뿐이다. 만일 물품이 인도되어 매수인에게 위험이 이전된 후에 일어난 우발사고(좌초, 충돌, 동맹파업, 정부명령, 빙산 또는 기타 기상조건에 의한 장애 등) 때문에 운송인이 추가로 부과하는 비용은 매수인의 부담이다. 따라서 비용부담의 분기점은 지정장소인도조건의 경우 문자 그대로 모든 비용에 미치는 데 비해 특수비용포함조건의 경우에는 운송비 또는 운송비와 보험료에 한정된 것이며, 그 밖의 비용부담의 분기점은 지정장소인도조건의 경우와 마찬가지로 인도장소라고 할 수 있다. 결국 CFR, CIF, CPT, CIP와 같은 특수비용조건의 경우 매수인은 인도장소를 지나 목적항 또는 목적지까지 운송도중에 발생하는 추가적 운송관련 비용을 별도로 부담할 수 있는 것이다.

(3) 수출입에 따른 제세 · 공과금과 당사자 간 협조비용의 부담

매도인의 의무 A6과 매수인의 의무 B6에는 수출입통관에 따른 비용 및 수출입 시에 부과되는 제세공과금의 부담에 관한 규정이 있다. 이를 보면 수출통관비용과 수출 시 부과되는 제세공과금은 EXW조건에서만 매수인이 부담하고, 그 외의 조건에서는 모두 매도인이 부담하여야 한다. 수입통관비용과 수입 시 부과되는 제세공과금은 DDP조건만 매도인이 부담하고, 그 외의 조건에서는 모두 매수인이 부담하여야 한다.[04] 한편 일방당사자가 상대방의 요청에 따라 협조를 해준 경우, 그에 소요된 비용은 요청한 당사자가 부담하여야 한다. EXW조건에서 수출입허가를 매도인이 취득하도록 하는 경우, DDP조건에서 매수인이 수출입허가와 수출입통관절차를 밟는 경우가 대표적이다. 한편 매수인은 수출국에 의해 강제되는 것을 제외하고는 강제적인 선적전 검사에 드는 모든 비용을 부담하여야 한다. 다만 EXW조건의 경우는 수출국에 의해 강제되는 선적전 검사의 경우도 그 비용을 매수인이 부담

04 이러한 규정은 수입국의 국내법에 의해 납세의무가 부과되는 것과는 별개 문제다. 우리나라의 경우 수입화주가 납세의무를 지는데, 화주란 물품을 수입하는 당사자이다. 이때의 수입이란 외국물품을 우리나라에 반입(보세구역을 경유하는 것은 보세구역으로부터 반입)하는 사실행위를 말한다.

해야 한다. 이는 모든 조건의 B9에서 규정하고 있는 것으로, 통상 선적전 검사가 수입국 관세당국에 의해 불법적인 수입행위를 차단하기 위해 요구된다는 특성을 감안하여 예외 없이 매수인이 부담하도록 하였다.

(4) 매수인 측의 귀책사유로 인한 추가비용의 부담

INCOTERMS상의 비용부담 분기점은 원칙적으로 물품의 인도장소가 되지만 매수인 측의 귀책사유로 인해 인도가 이행될 수 없는 경우 그에 따라 추가적으로 발

| 표 7-8 | 매수인이 추가비용을 부담해야 하는 경우

거래조건	매수인의 추가비용 부담사유
EXW	① 물품이 매수인의 처분에 맡겨진 때, 매수인이 물품을 수령하지 않은 경우 ② 매수인이 결정권을 갖고 있으나 합의된 기간 내의 시기 및/또는 지정장소 내의 인도를 수령할 지점에 대해 적절한 통지를 하지 아니한 경우
FCA	① 매수인이 운송인 또는 기타 당사자를 지명하지 않은 경우 ② 매수인이 지명한 자가 물품을 수령하지 아니한 경우 ③ 매수인이 결정권을 갖고 있으나 합의된 기간 내의 시기 및/또는 지정장소 내의 인도를 수령할 지점에 대해 적절한 통지를 하지 아니한 경우
CPT	매수인이 발송시기, 지정목적지 또는 그 목적지 내의 물품수령지를 결정할 권한을 갖고 있으나 적절한 통지를 하지 아니한 경우
CIP	상동
DPU	매수인이 결정권을 갖고 있으나 합의된 기간 내의 시기 및/또는 지정터미널 내의 인도를 수령할 지점에 대해 적절한 통지를 하지 아니한 경우
DAP	매수인이 결정권을 갖고 있으나 합의된 기간 내의 시기 및/또는 지정목적지 내의 인도를 수령할 지점에 대해 적절한 통지를 하지 아니한 경우
DDP	상동
FAS	① 매수인이 본선명, 적재지점 및 합의된 기간 내의 인도시기에 대해 적절한 통지를 하지 아니한 경우 ② 매수인이 지명한 본선이 정시에 도착하지 않거나 또는 그 선박이 물품을 수령할 수 없거나 혹은 매수인이 통지한 시기보다 일찍 화물을 마감한 경우
FOB	상동
CFR	매수인이 결정권을 갖고 있으나 지정목적항에서의 물품수령지점을 적정하게 통지하지 않은 경우
CIF	상동

생한 비용은 매수인이 부담하여야 한다. 매수인 측의 귀책사유로 인도가 이행될 수 없는 경우란 INCOTERMS상 매수인의 의무로 되어 있는 행위를 매수인이 성실하게 이행하지 않는 경우에 발생한다. 예를 들면 매수인 자신이나 매수인이 지명한 자가 물품을 수령하지 아니하는 경우와 매수인이 운송수단 또는 운송시기 등에 대해 통지를 할 의무가 있음에도 적절한 통지를 아니한 경우, 그리고 매수인이 운송인 기타 당사자를 지명할 의무가 있음에도 이를 지명하지 않은 경우 등 여러 사유가 있다. INCOTERMS는 A6와 B6에 비용분담에 대해 규정하고 있는데, 매수인의 의무 B6을 보면 매수인이 자신의 귀책으로 발생하는 추가비용을 부담하는 경우에 대해 [표 7-8]과 같이 규정하고 있다. [표 7-8] 각각의 경우는 물품이 계약물품으로 명확하게 특정되어 있을 것을 조건으로 한다.

기출문제 2 INCOTERMS

01 Incoterms 2010조항 중에서 매도인이 수출통관의 이행 및 운송계약을 체결해야 하는 조건을 올바르게 기재한 것은?

A. DAP	B. EXW
C. CPT	D. FCA
E. FAS	F. CIP

① B, C, D ② A, D, E
③ C, E, F ④ A, C, F

국제무역사 35회 2교시 2번

02 다음 Incoterms 2010조항의 설명이 모두 올바르게 기재된 것은?

	조건명	수입통관의무	운송계약체결	위험이전시기
A	FCA	매수인	매수인	운송인에게 인도된 때
B	CPT	매수인	매도인	최종 목적지에 도착한 때
C	DDP	매도인	매수인	최종 목적지에 도착한 때
D	CFR	매수인	매도인	본선에 적재되었을 때
E	DAT	매수인	매도인	수입지 터미널에 도착했을 때

① A, B, C ② C, A, D
③ A, D, E ④ E, D, C

국제무역사 35회 2교시 4번

03 수출업자와 수입업자가 Incoterms 2010의 DAT조건으로 무역계약을 체결하였다. 운송 중 위험을 대비하기 위한 매도인 및 매수인이 취한 조치에 대한 아래의 설명으로 실무상 가장 합리적인 것은? (단, 무역계약상 위험부담 및 보험계약체결에 대한 별도의 합의는 없는 것으로 한다.)

① 매도인은 화물의 출발지부터 도착항의 터미널까지 매수인을 피보험자로 하여 적하보험계약을 체결하였다.

② 매도인은 선적항부터 도착항의 터미널까지 위험을 대비하기 위하여 자신을 위한 적하보험계약을 체결하였다.

③ 매수인은 운송 중 화물의 멸실 혹은 훼손에 대한 위험을 회피하고자 전 운송구간에 대해 자신을 위한 적하보험계약을 체결하였다.

④ 매수인은 지정된 터미널에 화물이 인도된 시점부터 최종 창고로 이동되는 과정 중의 위험을 대비하기 위해 운송보험계약을 체결하였다.

국제무역사 35회 2교시 40번

04 다음 중 Incoterms 2010에 관한 설명으로 올바른 것은?

① CPT 혹은 CIP조건으로 거래 시 양 조건 모두 보험계약체결의 의무는 매도인에게 있으며 운송계약 역시 매도인이 체결해야 한다.

② DAT조건으로 거래 시 수출통관의 의무 및 수입통관의 의무는 매도인에게 있으며 매도인은 물품을 도착 운송수단으로부터 양하한 상태로 인도해야 한다.

③ DAT조건으로 거래 시 매도인은 물품을 인도하는 데 필요한 품질, 용적, 중량, 수량의 점검에 필요한 비용 및 수출국에 의해서 강제되는 선적전 검사비용을 부담해야 한다.

④ DDP조건으로 거래 시 수출통관의무는 매도인에게, 수입통관의무는 매수인에게 있으며 운송계약은 메도인이 체결해야 한다.

국제무역사 35회 2교시 5번

05 다음은 Incoterms 2010 중 C조건에 관한 설명이다. 올바른 것을 모두 기재한 것은?

A. CFR조건으로 거래 시 매도인은 보험가입의무가 없다.
B. CPT조건의 경우 매도인은 물품의 수출국 및 제3국을 통과하는 인도 전의 운송에 필요한 모든 통관절차를 수행하나 제3국을 통과하는 경우 소요되는 관세와 조세 및 공과금은 따로 계약을 명확히 하여야 한다.
C. CIF조건의 경우 매도인의 비용부담의무는 해상운임 및 보험료 등이며 매도인의 공장에서 본선에 선적할 때까지의 비용을 부담할 필요가 없다.
D. CIP조건의 경우 수출통관의 의무는 매도인이 부담하며 수입통관의 의무는 매수인이 부담한다. 매도인은 수출국에서 강제되는 선적전 검사에 드는 비용을 부담해야 한다.
E. CFR, CIF, CPT, CIP조건일 경우 매도인이 부담하는 비용의 범위와 위험부담(위험이전)의 시기는 일치한다.

① A, C ② A, B, D
③ A, C, D ④ B, C, D, E

국제무역사 36회 2교시 4번

06 다음과 같은 방식의 거래가 진행될 경우 Incoterms 2010의 규정에 따른 수출가격산정으로 올바른 것은?

A. 품목 : Skin Lotion
B. 마진을 포함한 제품원가 : USD5.00
C. 매도인공장으로부터 선적 시까지 1병당 운송료(통관비용 포함) : USD0.50
D. 선적항으로부터 도착항까지의 1병당 해상운임 : USD1.00
E. 1병당 보험료 : USD0.10
F. 도착항으로부터 목적지(named place)까지 1병당 내륙 운송료 : USD1.00

① CFR조건일 경우 USD6.60 ② FOB조건일 경우 USD5.60
③ EXW조건일 경우 USD5.10 ④ DAP조건일 경우 USD7.50

국제무역사 37회 2교시 2번

07 다음 문장의 ( )에 가장 적합하지 않은 것은?

The rules of Incoterms 2010 do not deal with ( )

① transfer of property rights in the goods.
② relief from obligations and exemprions from liability in case of unexpected or unforeseeable events.
③ condequences of various breaches of contract.
④ the question related to the delivery of the products from the seller to the buyer.

국제무역사 36회 2교시 42번

08 다음은 Incoterms 2010에 대한 설명이다. 잘못된 것은?

① Incoterms 2010은 무역거래에 수반된 매도인과 매수인의 법률관계, 즉 매도인의 의무와 매수인의 의무의 내용을 11개의 정형거래조건별로 설명하고 있다.

② Incoterms 2010은 운송방식에 따른 분류를 개정, 기존 E(departure), F(main carriage unpaid), C(main carriage paid), D(arrival) 분류방식에서 운송방식 불문규칙, 해상운송 전용규칙으로 변경하였다.

③ Incoterms 2010은 ICC(국제상업회의소)가 설립되어 있는 모든 국가의 무역거래당사자가 계약체결 시에 자동 적용되도록 규정함으로써 사용가능 범위를 크게 확대하였다.

④ Incoterms 2010은 FOB, CFR, CIF규칙에서 인도지점으로 선측난간(ship's rail)의 개념을 포기하고, 대신에 본선에 적재(on board the vessel)로 변경하였다.

국제무역사 37회 2교시 5번

09 다음 중 Incoterms 2010의 CPT조건에 관한 설명으로 올바른 것은?

① 매도인은 물품이 수입국의 공항에 도착한 때 자신의 인도의무를 이행한 것이다.

② 매도인은 수출 및 제3국을 통과하는 인도 전의 운송에 필요한 모든 통관절차를 이행해야 한다.

③ 매수인은 지정목적지까지 물품을 운송하는 계약을 체결하고 운임은 매도인이 부담한다.

④ 매도인은 매수인에 대하여 보험계약을 체결할 의무가 있다.

국제무역사 39회 2교시 5번

10 다음 Incoterms 2010 중 FOB조건에서 매도인의 의무가 아닌 것은?

① The seller must provide the goods and he commercial invoice in conformity with the contract of sale and any other evidence of conformity that may be required by the contract.

② The seller has no obligation to the buyer to make a contract of carriage.

③ The seller has no obligation to the buyer to make a contract of insurance.

④ The seller has obligation to clear the goods for import, pay any import duty or carry out any import customs formalities.

국제무역사 39회 2교시 46번

PART 03

무역계약의 이행

The Practice of International Trade

CHAPTER

08 수출입통관

1 통관의 의의

통관(customs clearance)이란 관세법에서 정한 수출(반송 포함) 또는 수입의 절차를 이행하는 것을 말한다. 좁은 의미로는 수출 또는 수입의 신고에서 신고수리까지의 일련의 과정을 말한다. 그러나 넓은 의미에서 통관이라 할 때는 관세법 외에 수출입과 관련되는 모든 법령의 요건을 충족하고 물품을 국외로 반출하거나 국내로 반입하는 일련의 절차를 의미한다.

통관절차는 관세(customs duty)의 부과와 징수를 중심으로 구성된다. 관세는 전 세계적으로 보편적으로 징수되는 조세 중 하나다. 경제학의 아버지이자 한때 스코틀랜드 관세청장이었던 애덤 스미스(Adam Smith, 1723~1790)는 관세가 봉건 영주시대에 자신의 땅에서 장사를 할 수 있도록 외부의 상인들을 통제하는 과정에서 '통과세'의 일환으로 생겨나서, 이후 국가의 개념이 생기면서 관세부과의 범위가 국경으로 확대되어 지금의 형태를 갖게 됐다고 설명한다.

국제무역은 물품이 국가 간에 이동하게 되므로 [그림 8-2]와 같이 반드시 두 번에 걸쳐 통관과정을 거친다. 물품을 수출하는 국가에서의 수출통관과 그 물품을 수입하는 국가에서의 수입통관이다. 관세는 대부분의 국가에서 주로 수입통관을 할 때 부과된다. 매도인과 매수인 중 통관을 이행해야 하는 의무를 부담하는 사람은

| 그림 8-1 | 스코틀랜드 관세청장이던 애덤 스미스

정형거래조건에서 정해진 바에 따라 결정된다. 예를 들어 INCOTERMS(2010)에서는 EXW조건을 제외한 모든 경우 수출통관의무는 매도인에게, DDP조건을 제외한 모든 경우 수입통관의무는 매수인에게 부여하고 있다.

| 그림 8-2 | 무역거래상품의 이동과 수출 · 수입통관

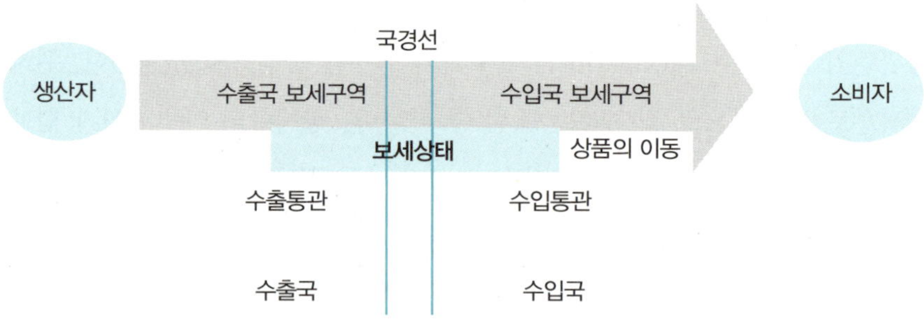

무역은 민사(民事)상의 거래행위로 이루어진다. 무역계약을 비롯하여 신용장개설약정, 무역운송계약, 보험계약 등 각종 계약은 거래당사자 간 의사의 합치(合致)에 의해 그 효력이 발생한다. 신용장통일규칙이나 INCOTERMS 등 무역에 적용되는 각종 규칙들이 있지만 거래당사자가 합의한다면 그 합의사항, 즉 계약이 이러한 규칙보다 우선하여 효력을 갖는다. 그러나 통관과정에서는 수출국 또는 수입국의 법률 또는 국제협정 등이 강제로 적용된다. 따라서 무역을 함에 있어 다른 모든 과정을 잘 처리하였다 하더라도 강제적용되는 법률이나 국제협정을 이해하지 못해 수출입의 통관이 원활하게 이루어지지 못한다면 민사상 거래로서 이뤄진 무역은 의미가 없어질 수 있다.

2 관세법에 의한 외국물품의 관리

2.1 외국물품과 내국물품

수출입물품에 대한 통관을 규정하고 있는 관세법에는 외국물품과 내국물품을 엄밀하게 구분하고 있다. 외국물품은 수입통관절차가 완료되기 전에는 원칙적으로 사용 · 소비할 수 없으며, 이를 위반하였을 때는 처벌의 대상이 된다. 관세법 제2조에서 규정하고 있는 외국물품은 다음과 같다. 외국물품이 아닌 물품으로 국내에 있는 물품은 내국물품이다.

① 외국으로부터 우리나라에 도착된 물품으로 수입신고가 수리되기 전의 것

② 외국의 선박 등에 의하여 공해(公海)에서 채취되거나 포획된 수산물 등으로 수입신고가 수리되기 전의 것

③ 수출신고가 수리된 물품

외국으로부터 우리나라에 도착된 물품으로 수입신고가 수리되기 전의 것은 대개 물품을 싣고 입항한 선박 또는 항공기 내에 있거나, 운송업자 또는 창고업자가 운영하는 보세구역에 있거나, 아니면 수입상이 스스로 운영하는 보세구역에 있다.

일반적으로 수입신고는 물품을 싣고 입항한 선박 또는 항공기로부터 물품이 하역(荷役)되어 보세구역에 반입되고, 수입상이 은행으로부터 선적서류를 교부받아 선하증권(또는 항공화물운송장 등)을 운송회사에 제출하여 물품을 인수한 다음에

이루어진다.

공해(公海)에서 채취되거나 포획된 수산물 등일지라도 우리나라 선박에 의해 채취 또는 포획된 것은 외국물품으로 간주하지 아니한다. 따라서 원양어선에 의해 공해에서 잡힌 수산물은 수입통관절차 없이 국내에 반입하여 판매할 수 있다.

한편 수출신고가 수리된 물품은 국내에서 생산된 물품이고 아직 국내에 있다고 하더라도 외국물품으로 취급된다. 그러므로 세관장에게 수출신고를 하여 신고가 수리된 물품을 수출하지 않고 국내에서 사용하려면 먼저 수출신고를 취하(取下)하든가, 아니면 수입통관을 하여야 한다. 외국물품은 보세화물이라고도 한다. 여기에서 보세(保稅)란 '관세의 미납' 또는 '수입통관 미필상태'의 의미이다.[01]

2.2 외국물품의 관리

(1) 외국물품관리의 개요

외국물품은 수입통관절차가 완료되거나 수출의 경우 선(기)적이 완료될 때까지 세관의 엄격한 관리와 감시를 받는다. 관리에 있어 주요 내용은 다음과 같다. 이와 같은 관리와 관련하여 부여된 각종 의무를 위반하면 처벌의 대상이 된다.

① 외국물품을 싣고 있는 선박 또는 항공기(이를 관세법에서는 '외국무역선' 또는 '외국무역기'라 한다)는 원칙적으로 개항(開港)으로만 출입하여야 한다. 개항은 대통령령으로 지정하는데 현재 김포 · 김해 · 제주의 3개 공항과 부산 · 인천 등 22개 항구가 지정되어 있다. 따라서 물품이 수출 또는 수입될 수 있는 항구 또는 공항은 개항에 국한된다.

② 외국무역선(기)에 물품을 싣거나 내릴 때는 먼저 세관장에게 신고하여야 한다.

③ 세관장 허가 없이 외국물품을 싣고 있는 선박과 다른 선박 간에 물품을 옮겨

01 시중(市中)에서 흔히 '보세판매'라 광고하며 판매되는 물품이 있다. 이는 관세법상의 보세개념과 맞지 않는 표현이다. 만일 관세법에서 정의하고 있는 대로 '관세의 미납' 또는 '수입통관 미필상태'의 물품이라면 불법적인 시중 유출물품이 될 것이므로 처벌대상이다. 따라서 그러한 물품이 공공연히 판매될 수는 없는 것이다.

실을 수 없다.

④ 외국물품은 원칙적으로 보세구역이 아닌 장소에 장치할 수 없다.

⑤ 외국물품을 국내에서 운송하고자 할 때는 먼저 '보세운송'으로서 세관장에게 신고하거나 승인을 받아야 한다.

⑥ 외국물품을 장치할 수 있는 보세구역을 설영(設營)하고자 하는 경우에는 세관장의 특허를 받아야 한다.

⑦ 보세구역에 물품을 반입하거나 반출하고자 할 때는 세관장에게 신고하여야 한다.

⑧ 보세구역에 장치 중인 외국물품에 대해 보수, 해체, 절단 등의 작업을 하거나 부패 · 손상 등의 사유로 폐기하고자 할 때는 세관장의 승인을 받아야 한다.

⑨ 보세구역에 장치 중인 외국물품의 전부 또는 일부를 견본품으로 반출하고자 할 때는 세관장의 허가를 받아야 한다.

(2) 보세구역제도

보세구역은 외국물품이 반입되는 구역으로 세관에 의한 수출입물품관리의 중심이 되는 곳이다. 보세구역은 여러 가지 목적으로 설치되므로 그 종류도 [그림 8-3]과 같이 다양하다. [그림 8-3]에서 지정보세구역이란 세관장이 주로 국가나 공공기관의 토지 · 시설 등의 일정구역을 지정한 곳이고, 특허보세구역은 민간인의 신청에 의해 세관장이 특허한 곳으로 주로 개인의 토지 · 시설 등의 일정한 구역이 된다.

종합보세구역은 공항 또는 항만의 일정한 지역을 관계행정기관이나 지방자치단체의 요청에 의하거나 관세청장이 직권으로 지정한다. 특허보세구역은 하나의 기업단위로 설치되는 것이 일반적이나 종합보세구역은 공항 또는 항만의 일정지역을 지정하므로 해당 지역에 여러 기업이 입주할 수 있다.

자유무역지역은 관세법의 규정에 의한 보세구역이 아니라 '자유무역지역의 지정 등에 관한 법률'에 의해 지정된 지역이다. 그러나 외국물품이 보세상태에서 반입될 수 있다는 점에서 유사보세구역으로서의 성격을 갖는다.[02]

02 그 외에 관세법에 의해 세관장의 허가를 받아 물품을 임시장치하는 '타소(他所)장치장'도 보세구역

| 그림 8-3 | 보세구역의 종류

1) 지정장치장

통관하고자 하는 물품을 일시적으로 장치할 수 있는 장소이다. 장치가능한 기간은 6개월이다. 지정장치장은 대개 부두, 공항 또는 세관청사 내에 특정지역을 지정하고 있다.

2) 세관검사장

수입 또는 수출통관하고자 하는 물품의 검사를 할 수 있는 장소이다. 공항입국장의 세관검사장이 대표적이다. 수출입물품 중 세관검사가 필요한 물품이 모두 세관검사장에 반입되어야 하는 것은 아니며 대개 여행객의 휴대품이나 이사물품, 기타 탁송물품의 검사에 세관검사장이 이용된다.

은 아니지만 외국물품을 반입할 수 있다는 점에서 보세구역으로서의 성격이 있다. 타소(他所)라는 말은 보세구역이 아니라는 의미이다.

3) 보세창고

비축용 물품, 중계무역물품 등을 외국물품상태로 장기간 장치하기 위한 장소이다. 장치기간은 비축용 물품은 비축기간이며 기타 물품은 2년이지만 1년의 범위 안에서 연장도 가능하다.

4) 보세공장

외국물품이나 외국물품과 내국물품을 원재료로 제조 · 가공작업을 하기 위한 장소이다. 보세공장에는 수출용 물품만을 제조 · 가공하는 수출용 보세공장과 수입하기 위한 물품을 제조 · 가공하는 내수용 보세공장, 그리고 이 둘을 겸하는 수출 · 내수겸용 보세공장이 있다. 보세공장에는 외국물품장치에 따로 제한기간을 두지 않는다. 보세공장은 외국물품상태로 제조 · 가공이 가능하므로 자금부담의 완화 등에 큰 도움이 될 수 있다.

5) 보세전시장

박람회 · 전시회 등을 위하여 외국물품을 장치하거나 사용할 수 있는 장소이다. 보세전시장제도는 일시적으로 국내에 반입되어 전시 등을 한 다음 다시 외국으로 반출되는 물품에 유용하게 적용할 수 있다. 수출입통관절차 없이 반입과 반출이 가능하기 때문이다. 보세전시장은 대개 해당 박람회 · 전시회 등의 기간 동안 특허되고, 외국물품의 장치기간도 보세전시기간 동안이다.

6) 보세건설장

외국물품상태로 산업시설의 건설공사를 할 수 있는 장소이다. 건설된 시설은 가동하기 전에 수입통관절차를 필하여야 한다. 보세건설장제도는 대규모 산업설비 등의 건설에서 자금부담 완화에 큰 도움이 될 수 있다. 보세건설장은 당해 건설공사기간을 고려하여 일정기간 동안 특허되며, 외국물품의 장치 · 사용기간은 해당 특허기간과 같다.

7) 보세판매장

외국물품을 보세상태에서 판매할 수 있는 장소이다. 공항 출국장의 면세점이 대표적이고 시내 주요 백화점 등에도 일부 설치되어 있다. 보세판매장을 이용할 수 있는 자는 외교관 면세권자나 출국예정자에 국한된다. 출국예정자가 보세판매장에서 구입한 물품은 공항의 출국장에서 인도되며, 반드시 국외로 반출하여야 한다.

8) 종합보세구역

보세장치장, 보세창고, 보세공장, 보세전시장, 보세건설장, 보세판매장의 기능을 종합적으로 수행할 수 있는 장소이다. 종합보세구역을 이용하기 위해서는 먼저 종합보세구역에 입주하여야 한다. 물품의 장치기간에는 제한이 없다.

9) 자유무역지역

자유무역지역은 중앙행정기관의 장이나 지방자치단체장의 요청을 받아 산업통상자원부 장관이 지정한다.[03] 이 지역에 입주할 수 있는 자는 제조업, 물류업, 무역업자 등이다. 입주업체는 외국물품을 보세상태로 사용하여 물품을 제조 · 가공할 수 있다. 또한 이들 입주업체에 대하여는 법인세, 재산세 등의 조세감면혜택도 부여된다. 자유무역지역에서 제조 · 가공된 물품을 국내로 반입하고자 할 때는 수입통관절차를 필하여야 한다.

(3) 보세운송제도

보세운송이란 외국물품을 보세상태로 국내에서 운송하는 것을 말한다. 개항으로 도착한 수입물품을 당해 항구 또는 공항 내의 보세구역에서 수입통관한다면 보세운송은 불필요할 것이다. 그러나 그 물품을 내륙지에 있는 보세구역으로 이송하여 통관하고자 한다면 도착항으로부터 내륙 목적지의 보세구역까지는 '보세운송'에 의해 운송하여야 한다. 보세운송제도의 주요 내용은 다음과 같다.

03 자유무역지역은 종전의 수출자유지역설치법을 폐지하고 자유무역지역의 지정 등에 관한 법률을 1999년 12월 제정하면서 종전의 수출자유지역의 명칭을 변경한 것이다.

1) 보세운송의 목적지

외국물품을 보세운송해 갈 수 있는 목적지는 개항, 보세구역, 타소장치장, 세관관서 등으로 지정되어 있다. 그러므로 자신의 공장 내에 보세장치장을 특허받고 있다면 이 보세장치장으로 외국물품을 보세운송할 수 있다.

2) 보세운송의 신고 또는 승인

외국물품을 보세운송하고자 할 때는 그 물품이 소재하고 있는 지역을 관할하는 세관장에게 신고하거나 승인을 받아야 한다. 승인의 대상은 관세청장이 따로 정하고 있다. 대개 검역을 요하는 물품, 위험물품, 타소장치장으로 운송하는 물품 등이다. 승인대상이 아닌 경우에는 신고만 하고 보세운송할 수 있다.

3) 보세운송 신고인

보세운송을 신청할 수 있는 자는 당해 외국물품의 화주, 관세사, 보세운송업자 등이다. 보세운송업자는 관세청장 또는 세관장에게 등록을 하고 보세운송을 업으로 하고 있는 운수업자이다.

4) 보세운송통로와 운송기간

보세운송 중에는 세관의 감시 · 단속을 일시 벗어나게 되므로 보세운송에는 운송통로와 운송기간을 제한하고 있다. 운송통로는 예를 들어 부산에서 서울로 운송할 때 '경부고속도로'로 지정하는 것과 같다. 한편 보세운송의 원칙적인 허용기간은 보세운송 신고일부터 해상화물은 15일, 항공화물은 7일이다. 지정된 기간 내에 물품이 목적지에 도착하지 아니하면 세관장은 보세운송 신고인으로부터 해당 물품에 대한 관세를 징수한다.

5) 수출신고가 수리된 물품의 예외인정

수출신고가 수리되어 외국물품으로 간주되는 물품에 대하여는 원칙적으로 보세운송절차가 생략된다. 따라서 운송통로나 운송인, 운송방법 등에 제한을 받지 아니한다. 다만 수출신고가 수리된 날부터 30일 내에 선(기)적 하여야 하므로 이 기간 내에 화주의 책임 아래 선(기)적항으로 운송하여야 한다.

3 수입통관 개요

그림 8-4 수입통관절차의 흐름

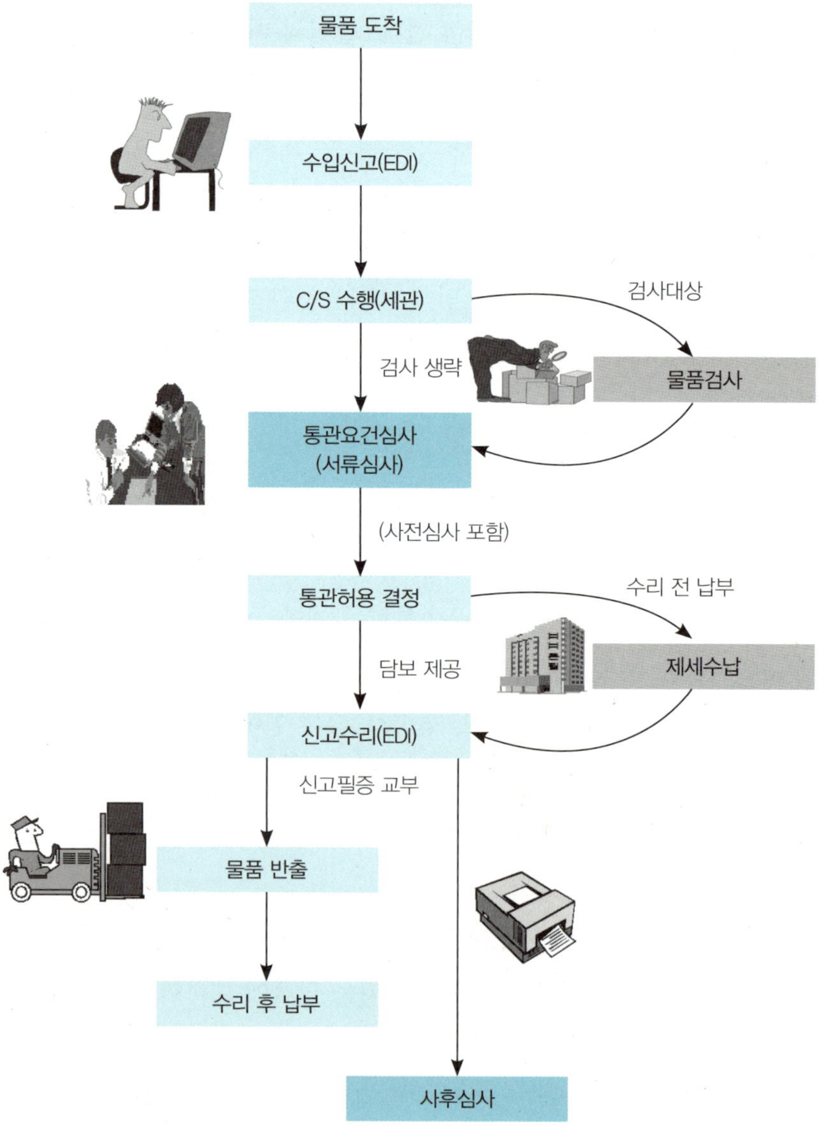

3.1 수입신고의 준비

(1) 상품의 세번(稅番)분류

1) 상품분류의 필요성과 HS

무역거래에 있어 통일된 상품분류의 필요성이 제기된 것은 이미 19세기 중반부터이다. 상품분류방법이 각각 다를 경우 상품의 국제적 비교나 통계의 집계가 어렵고, 상품분류 자체가 하나의 비관세장벽으로 무역에 장애요인이 된다는 것을 인식하였기 때문이다.

그 후 세계 각국은 국제적으로 통일된 품목분류표와 통계표의 사용이 유익하다는 사실에 많은 관심을 갖게 되었고 1931년 국제연맹의 주관하에 제네바 상품분류표가 제정되었다. 이 제네바 상품분류표는 그 후 SITC(Standard International Trade Classification, 표준국제무역분류), BTN(Brussel Tariff Nomenclature, 브뤼셀 관세품목분류), CCCN(Customs Cooperation Council Nomenclature, 관세협력이사회 상품분류표), HS(Harmonized System, 국제통일상품분류제도의 약칭) 등으로 발전해 왔다. 현재 우리나라를 비롯하여 세계 대부분 국가가 상품분류방법으로 채택하고 있는 HS는 관세협력이사회(CCC, 현재의 세계관세기구인 WCO)에서 CCCN을 근간으로 하여 1983년 제정하여 1988년 1월 1일부터 국제협약으로서 발효된 것이다.[04]

물품을 수출입하기 위해서는 먼저 거래하고자 하는 상품의 품목분류(흔히 '세번분류'라 한다)를 해보는 것이 좋다. 왜냐하면 품목분류결과에 따라 수출입의 제한 여부와 관세율이 결정되기 때문이다. 따라서 무역계약을 체결하기 전에 먼저 이를 확인하여 수출입가능 여부와 수입 시 부과 · 징수될 조세가 어느 정도인지를 미리 파악하는 것이 바람직하다.

---

04 HS의 정식명칭은 'The International Convention on the Harmonized Commodity Description and Coding System, 통일상품명 및 부호체계에 관한 국제협약'이다. 현재 주요 무역국이 망라된 세계 88개국이 이 협약에 가입하고 있다.

2) HS의 분류와 관세율표

HS는 물품의 성분, 주특성, 가공도, 용도, 주된 기능 등에 따라 품목을 분류한다. 모든 상품은 동물 · 식물 · 광물의 3가지 소재(素材)를 기초 출발물질로 하여 만들어지며, 소재로부터 가공 정도가 높아질수록 상품의 부가가치도 높아지고 상품의 종류도 많아진다. HS는 이 원리를 이용하여 가공도가 높아지는 순서대로 물품을 분류한다.

HS는 부(部, section), 류(類, chapter), 호(號, heading), 소호(小號, sub-heading)로 구성되고, 이들 각각에는 아라비아 숫자로 분류번호가 부여되어 있다. 부는 1부에서 21부까지가 있으며, 류는 1류에서 99류까지가 있다. 부는 분류의 편의상 부여하고 있는 것이고, 상품의 직접적인 분류는 류 이하의 10단위 숫자로 나타낸다. 즉 HS는 [표 8-1]과 같이 류는 2단위, 호는 4단위, 소호는 6단위, 기타 세분류 등의 10단위로서 표시되는 것이다. 이때 소호 다음 단위는 각국이 자체 필요에 따라 임의로 분류하는 것이다. 따라서 국제협약으로서 유효한 것은 소호까지의 6단위이다. 현재 HS 4단위인 호는 1,241개이고, 6단위인 소호는 5,113개이다.

| 표 8-1 | HS의 분류체계(가공치즈의 경우)와 류(類)별 상품분류의 개요

0 4 0 6. 3 0 - 0 0 0 0
류 호 소호 임의분류

HS	주요 분류품목	HS	주요 분류품목	HS	주요 분류품목
01	산동물	34	비누 · 계면활성제	67	조화 · 인모제품
02	육과 식용설육	35	단백질계 물질 · 효소	68	석 · 운모 · 시멘트제품
03	어류, 갑각류, 연체동물	36	화공품 · 성냥	69	도자제품
04	낙농품, 꿀 등	37	사진용 · 영화용 재료	70	유리와 유리제품
05	기타 동물성 생산품	38	각종 화학공업 생산품	71	천연 또는 양식진주
06	산 수목과 기타 식물	39	플라스틱과 그 제품	72	철강
07	식용의 채소	40	고무와 그 제품	73	철강의 제품
08	식용과실	41	원피와 가죽	74	동과 그 제품
09	커피, 차	42	가죽제품	75	니켈과 그 제품
10	곡물	43	모피와 인조모피	76	알루미늄과 그 제품

11	제분공업의 생산품	44	목재와 그 제품	77	– (유보)
12	채유용 종자 · 사료식물	45	코르크와 그 제품	78	연(鉛)과 그 제품
13	식물성 액즙과 엑스	46	짚 기타 농세공물품	79	아연과 그 제품
14	기타 식물성 생산품	47	목재펄프	80	주석과 그 제품
15	동물성 유지	48	종이 · 종이제품	81	기타 비금속제품
16	육류 · 어류 등의 조제품	49	서적 · 신문 · 회화	82	비금속제의 공구
17	당류 · 설탕과자	50	견	83	비금속제의 기타 제품
18	코코아와 그 조제품	51	양모 · 섬수모 및 그 직물	84	기계류
19	베이커리제품	52	면	85	전기기기
20	채소 · 과실의 조제품	53	기타 식물성 방직용 섬유	86	철도차량
21	각종의 조제식료품	54	인조필라멘트	87	기타 차량
22	음료 · 알코올 · 식초	55	인조스테이플섬유	88	항공기
23	조제사료	56	펠트 · 부직포 및 그 제품	89	선박과 수상구조물
24	담배	57	양탄자류 · 바닥깔개	90	정밀기기
25	소금 · 시멘트 · 토석류	58	특수직물 · 자수포	91	시계
26	광 · 슬랙 · 회	59	공업용의 방직용 섬유제품	92	악기
27	광물성 연료 · 광물유	60	메리야스와 뜨게질 편물	93	무기류
28	무기화학품	61	의류(메리야스 편물 등)	94	가구 · 침구류
29	유기화학품	62	의류(61류 제외의 것)	95	완구류 · 운동용구
30	의료용품	63	방직용 섬유의 기타 물품	96	잡품
31	비료	64	신발류	97	예술품 · 골동품
32	염료 · 안료 · 잉크	65	모자류	98	– (유보)
33	화장품류	66	지팡이 · 우산류	99	– (유보)

이와 같이 하여 분류된 10단위의 HS 품목별로 관세율을 규정해 둔 것이 관세율표이다. 관세율표는 관세법 제50조의 '별표'로서 공표되어 있다.

3) 사전심사제도의 이용

HS분류는 반복적으로 수출입되는 물품에 대하여는 해당 자료를 참고하여 비교적 쉽게 분류가 가능하지만 신제품이나 식품류와 같이 함유물질에 변화가 있는 경우 그 분류가 쉽지 않다. 이때 수출입하고자 하는 상품이 어떤 HS에 해당하는지를

미리 확실하게 알 수 있는 방법이 '품목분류 사전심사제도'의 이용이다.[05]

이 제도는 물품을 수출입하고자 하는 자와 관세사 등이 수출입신고를 하기 전에 미리 그 물품에 적용될 관세율표상의 품목분류에 관해 심사를 신청할 경우 관세청장이 이를 검토하여 품목을 분류해 주는 것이다.

품목분류의 사전심사 신청은 관세청장 또는 관세평가분류원장에게 할 수 있으며, 신청대상물품의 견본 1개와 기타 설명자료를 제출하여야 한다. 그러나 물품의 성질상 견본을 제출하기 곤란한 물품으로서 견본이 없어도 품목분류에 지장이 없고, 당해 물품통관 시 세관장이 이를 확인할 수 있을 때는 견본의 제출은 생략될 수 있다.

사전심사 신청을 하면 관세청장은 15일 이내에 품목분류결과를 기재한 사전심사서를 신청인에게 교부하고, 통관예정지 세관장에게도 이를 통지하여 당해 물품을 통관할 때 원칙적으로 사전심사서에 기재된 HS로서 처리하도록 조치한다.

(2) 과세가격의 결정

물품을 수입할 때 납부하여야 할 관세액을 결정하는 방법에는 두 가지가 있다. 하나는 관세의 납세의무자(즉 수입물품의 화주)가 스스로 관세액을 결정하여 이를 세관장에게 신고하고 그 세액을 납부하는 신고납부방법이고, 다른 하나는 세관장이 납부세액을 결정하여 고지(告知)하면 납세의무자가 고지된 금액을 납부하는 부과고지방법이다.

부과고지방법은 여행자의 휴대품이나 우편물품 기타 관세법에서 따로 정한 사유가 발생하여 관세를 징수하는 경우에만 예외적으로 적용된다. 따라서 일반적인 수입물품의 경우 화주는 수입물품에 부과될 관세 등 제세액(諸稅額)을 산출하여 수입신고와 함께 납세신고를 하고 이를 자진하여 납부하여야 한다.

수입물품에 부과되는 관세 등 제세액을 산출하기 위해서는 먼저 수입물품에 대한 과세가격이 확정되어야 한다. 수입물품에 대한 과세가격은 WTO 평가협정[06]의

05 관세법 제86조(특정물품에 적용될 품목분류의 사전심사)

06 정식명칭은 '1994년도 GATT 제7조의 이행에 관한 협정'이다. 우리나라는 이 협정의 주요 내용을

원칙에 따라 결정된다. 과세가격은 ① 당해 물품의 거래가격으로서 신고가격을 원칙으로 하는 경우, ② 동종 · 동질물품의 거래가격을 기준으로 하는 경우, ③ 유사물품의 거래가격을 기준으로 하는 경우, ④ 국내판매가격을 기준으로 하는 경우, ⑤ 산정가격을 기준으로 하는 경우, ⑥ 기타 합리적인 방법에 의해 과세가격을 결정하는 경우 등이 있으나 대부분 당해 물품의 신고가격을 원칙으로 하여 과세가격이 결정되고 있다. 여기에서 신고대상이 되는 거래가격이란 구매자가 판매자에게 또는 판매자를 위하여 실제로 지급하였거나 지급할 가격을 의미한다. 따라서 수입상인 구매자가 수출상인 판매자에게 환어음 대금의 결제 등으로 거래은행을 통하여 지급하였거나 지급할 금액 외에 거래 대가의 일부를 수출상인 판매자를 위하여 제3자에게 지급하는 경우에는 그 금액도 거래가격에 합산하여야 한다.

거래가격이 파악되면 여기에 당해 물품의 수입과 관련하여 발생한 비용으로 수입상이 별도 부담한 비용을 가산하고, 거래가격에 포함되어 있으나 과세가격에서 공제(控除)하여야 할 금액은 공제하는 '조정'을 한다. 이러한 조정결과 산출된 금액이 곧 과세가격이며 이러한 과세가격에 관세율을 곱하면 납부하여야 할 관세가 되는 것이다.

거래가격에 가산하여야 하는 주요 비용은 다음과 같다.

① 구매자가 별도로 부담하는 수수료 및 중개료(구매수수료는 제외된다)

② 구매자가 수입물품의 생산이나 거래를 위하여 무료 또는 정상보다 인하된 가격으로 판매자 또는 제3자에게 물품이나 용역을 제공한 때에는 그 가격 또는 인하차액

③ 수입물품과 관련하여 구매자가 별도 지급하여야 하는 특허권 등 지식재산권의 사용대가

④ 구매자가 별도 부담하는 수입항까지의 운임 또는 보험료

관세법 제9조의 3 내지 제9조의 8에 수용하고 있다. 과세가격 결정에 관한 WTO 평가협정은 WTO 회원국에 법적인 효력을 갖기 때문에 WTO 회원국의 과세가격 결정방법은 모두 동일한 원칙에 의한다.

한편 거래가격에서 공제할 수 있는 주요 비용은 다음과 같다.

① 물품이 수입된 후에 국내에서 그 물품을 건설, 설치, 정비하고 기술지원을 하는 데 필요한 비용

② 수입항 도착 후에 그 물품을 운송하는 데 필요한 운임, 보험료 등

③ 우리나라에서 부과된 수입물품에 대한 세금과 공과금

④ 연불조건 수입 시의 연불이자

거래가격에서 이러한 비용이 공제될 수 있기 위해서는 그러한 사실이 송품장 등에 명백히 표시되어야 하며 그 금액도 구분 표기되어야 한다.[07]

(3) 수입신고에 필요한 서류의 준비

수입신고를 할 때 세관에 제출하여야 하는 서류는 다음과 같다.

① 수입신고서([표 8-2] 참조)

② 수입승인서 또는 수입인정서, 단 대외무역법에 의한 대상품목의 경우에 한한다.

③ 송품장(Invoice)

④ B/L 또는 AWB 부본(副本)

⑤ 포장명세서(Packing List), 단 세관장이 필요 없다고 인정하는 경우는 제외한다.

⑥ 원산지증명서(Certificate of Origin), 단 해당 물품의 경우에 한한다.

⑦ 통합공고에 의한 요건확인서

⑧ 가격신고서, 단 가격신고가 생략되는 물품은 제외한다([표 8-3] 참조).

⑨ 관세감면 또는 분할납부신청서, 단 해당 물품의 경우에 한한다.

07 예를 들어 미국 시카고에서 부산항을 경유 서울로 CIP US$ 10,000에 컴퓨터 10대를 수입하였다고 하자. 여기에서 CIP US$ 10,000에는 거래조건상 부산에서 서울까지의 운임과 보험료도 포함된 것이다(INCOTERMS조건 참조). 이때 송품장에 부산에서 서울까지 운임과 보험료가 각각 US$ 300과 US$ 200 등으로 구분되어 있다면 이 부분은 공제되어 US$ 9,500로 과세될 수 있다. 그러나 이와 같이 구분하여 표기되어 있지 않다면 US$ 10,000이 과세가격이 되는 것이다. 따라서 이런 조건의 거래에서는 무역계약 시 수출상으로 하여금 무역서류에 이를 구분하여 표기하도록 약정해 둘 필요가 있다.

| 표 8-2 | 수입신고서 양식

수입신고서

*처리기간 3일　　　　(3쪽 중 제1쪽)

① 신고번호	② 신고일	③ 세관 · 과	⑥ 입항일	⑦ 전자인보이스 제출번호			
④ B/L(AWB)번호	⑤ 화물관리번호	⑧ 반입일	⑨ 징수형태				
⑩ 신고인		⑮ 통관계획	⑲ 원산지증명서 유무	㉑ 총중량			
⑪ 수입자		⑯ 신고구분	⑳ 가격신고서 유무	㉒ 총포장개수			
⑫ 납세의무자	(통관고유부호-사업자등록번호)	⑰ 거래구분	㉓ 국내도착항	㉔ 운송형태			
	(주소)						
	(상호)	⑱ 종류	㉕ 적출국				
	(전화번호)		㉖ 선기명				
	(이메일주소)						
	(성명)						
⑬ 운송주선인							
⑭ 해외거래처		㉗ Master B/L(AWB)	㉘ 운수기관부호				
㉙ 검사(반입)장소							
● 품명 · 규격							
㉚ 품명 ㉛ 거래품명				㉜ 상표			
㉝ 모델 · 규격	㉞ 성분	㉟ 규격수량	㊱ 단가	㊲ 금액			
㊳ 품목번호		㊵ 순중량	검사 여부	㊸ 사후확인기관			
㊴ 과세가격	(미화)	㊶ 수량					
	(원화)	㊷ 환급물량	㊹ 원산지	㊺ 특수세액근거			
㊻ 수입요건확인 (발급서류명)							
㊼ 세목	㊽ 세율	㊾ 감면율	㊿ 세액	(51) 감면분납부호	감면액	내국세목부호	
(52) 결제금액(인도조건-통화종류-금액-결제방법)					(55) 환율		
(53) 총과세가격	(미화)	(54) 운임	(57) 가산금액	납부(고지)서번호			
	(원화)	(56) 보험료	(58) 공제금액	(62) 총부가가치세과표			
세목	(59) 세액	(61) 신고인기재란	세관기재란				
관세		「관세법」 제241조에 따라 위와 같이 신고합니다.					
개소세							
교통세		년 월 일					
주세							
교육세		신고인 : (서명/인)					
농특세							
부가세		○○**세관장** 귀하					
신고지연가산세							
미신고가산세							
(60) 총세액합계		담당자	접수일시	수리일자			

210mm × mm[백상지(80g/㎡) 또는 중질지(80g/㎡)]

| 표 8-3 | 가격신고서 양식

가격신고서

<table>
<tr><td>1. 수입신고번호 :</td><td>2. 선적일 :</td></tr>
<tr><td colspan="2">3. 거래가격 외 배제요건 해당 여부(예 : Y, 아니오 : N)
① 수입물품의 처분 또는 사용하는 데 제한이 있는가? [ ]
② 수입물품의 가격이 금액으로 환산할 수 없는 조건 또는 사정에 의하여 영향을 받았는가? [ ]
③ 수입물품의 처분 · 사용 등에 따른 이익의 일부를 판매자에게 주는가? [ ]
④ 수출자와 특수관계가 있는가? [ ]</td></tr>
<tr><td colspan="2">4. 수입관련 계약의 내용(예 : Y, 아니오 : N)
① 독점대리점계약 [ ] ② 장기공급계약 [ ] ③ 일회계약으로 분할 수입 [ ]
④ 수시계약 [ ] ⑤ 최초거래 [ ] ⑥ 수출자와 특수관계 [ ]</td></tr>
<tr><td>5. 대금지급
① 수입신고 전 송금
은행거래번호(Ref. No)
② 수입신고 전 송금
송품장번호(Invoice No.) ______</td><td>6. 별도 지불금액
금액
무역 외 지급인증은행명
은행 지점
인증번호
지급일</td></tr>
<tr><td>7. 과세가격결정방법 ______방법</td><td></td></tr>
<tr><td>8. 과세가격계산
① 실제지급금액(A) 소계 :______
송품장금액 소계 :______
할인금액
수출자의 채무를 상계하는 금액
구매자가 판매자의 채무를 변제하는 금액
기타 간접지불금액
② 가산요소(B) 소계 :______
수수료 중개료
용기비용
포장관련 비용
생산지원비용
권리사용료
사후귀속이익
보험료 ______운임
운송관련 비용
③ 공제요소(C) 소계 :
수입 후 운송비용
수입 후 설치, 조립 등 비용
국내에서 부과된 세금 및 공과금
연불이자
④ 과세가격(A+B−C) ______</td><td>9. 잠정가격신고의 경우
① 잠정가격신고번호
② 감정가산률 ______%
③ 감정가산되어야 할 금액 ______원
④ 가격확정시기(분할확정시기)
⑤ 관련 수입거래 계약기간
⑥ 잠정가격신고사유(Y, N)
수수료 [ ] 중개료 [ ]
물가비용 [ ] 포장비 [ ]
자재비 [ ] 생산지원비용 [ ]
권리사용료 [ ] 사후귀속이익 [ ]
보험료 [ ] 운임 [ ]
운송관련 비용[ ]
기타 [ ]
기타 서류
[ ]</td></tr>
</table>

이러한 서류는 세 가지 경로를 통해 준비되어야 한다. 먼저 무역서류로서 외국의 수출상으로부터 입수하여야 하는 경우이다. 이에는 송품장, B/L 또는 AWB 부본, 포장명세서, 원산지증명서가 해당된다. 둘째는 국내관련기관으로부터 발급받아야 하는 경우이다. 수입승인서, 수입인정서와 통합공고에 의한 요건확인서가 이에 해당된다. 통합공고에 의한 요건 확인은 관세청장이 세관장 확인 대상품목으로 고시한 것만 통관단계에서 세관장이 확인한다. 그 이외의 요건 확인대상은 관세법에 의한 수입통관과는 별도로 통합공고에 고시된 바에 따라 해당 기관에서 세관에서의 수입통관 전이나 후에 행하게 된다. 셋째는 수입신고인(또는 납세의무자)이 직접 작성하는 서류이다. 수입신고서, 가격신고서, 관세감면 또는 분할납부신청서가 이에 해당한다.

3.2 수입신고

수입신고는 물품을 수입하겠다는, 즉 외국물품을 국내로 반입하겠다는 의사의 표시이다. 수입신고는 수입하고자 하는 물품의 품명 · 규격 · 수량 · 가격 · 납부세액 등을 기재한 수입신고서를 세관장에게 제출하는 것으로 한다. 수입신고를 함에 따라 당해 물품에 적용하여야 할 법령이나 과세물건 등이 확정되는 법적 효과가 발생한다. 주요 내용은 다음과 같다.

(1) 수입신고의 시기

수입신고는 당해 물품을 적재한 선박 또는 항공기가 입항된 후에 한하여 이를 할 수 있다. 일반적으로는 당해 물품이 보세구역 또는 타소장치장에 장치된 다음 수입신고를 한다. 그러나 물품을 신속히 통관하여야 할 필요가 있을 때는 '입항 전 수입신고제도'를 이용하여 미리 수입신고를 할 수 있다.[08]

08 입항 전 수입신고제도는 ① 출항 전 신고, ② 입항 전 신고, ③ 부두직통관, ④ 보세구역 도착 전 신고 등으로 세분된다. 이는 수입하고자 하는 화물이 수입신고시점에 어디에 소재하고 있느냐에 따라 구분하는 것으로 어느 경우에나 보세구역 또는 타소장치장에 장치되기 이전단계에서 수입신고를

(2) 수입신고인

수입신고는 물품을 수입하는 화주(貨主)[09]가 직접 하거나 관세사(관세사법인, 통관취급법인 포함)에게 일정한 수수료를 지급하고 위탁하여 할 수 있다.[10]

(3) 수입신고세관

수입신고는 원칙적으로 당해 물품이 장치된 보세구역을 관할하는 세관장에게 하여야 한다. 다만 입항 전 수입신고제도를 이용하는 경우에는 당해 물품을 적재한 선박 또는 항공기가 입항할 예정인 공항 또는 항구를 관할하는 세관장에게 하여야 한다.

(4) 수입신고의 단위

수입신고는 선하증권(B/L) 또는 항공운송장(AWB)당 1건으로 하는 것이 원칙이다. 그러나 세관장의 승인을 받으면 B/L을 분할하거나 여러 건의 B/L에 관련되는 물품을 1건으로 수입신고할 수 있다.

하는 것이다. 보다 자세한 내용은 관세청 훈령인 '수입통관사무처리에 관한 고시'를 참조한다.

09 관세청은 수입화주를 다음과 같이 판단한다. ① 물품의 수입을 위탁받아 수입업자가 대행 수입한 물품인 때에는 그 수입을 위탁한 자, ② 수입신고 전에 해당 물품을 양도한 때에는 그 양수인, ③ 조달물품은 실수요부처의 장 또는 실수요자, ④ 앞의 ① 내지 ③ 이외의 물품인 때에는 송품장(송품장이 없을 때는 선하증권 등)에 기재되어 있는 수하인, ⑤ 송품장상의 수하인이 부도 등으로 직접 통관하기 곤란한 경우에는 적법절차를 거쳐 수입물품의 양수인이 된 은행, ⑥ 법원의 임의 경매절차에 의하여 경락(競落)받은 물품은 그 물품의 경락자
수입화주는 수입신고인이 될 수 있을 뿐 아니라 원칙적으로 수입물품에 대한 관세의 납세의무자가 되는 등 통관절차상 중요한 의미가 있다.

10 현실적으로 극히 예외적인 경우를 제외하고 대부분의 수출입통관업무는 화주가 직접 하기보다 통관전문가인 관세사에게 위탁하여 처리되고 있다. 이는 비용과 시간절감 등 여러 면에서 관세사에게 위탁하는 것이 직접 수행하는 것보다 유리하기 때문인데, 일종의 아웃소싱(outsourcing)이라 할 수 있다.

(5) 수입신고의 내용

일반적으로 수입신고라 할 때는 물품을 수입하겠다는 의사의 표시인 '수입신고' 외에 관세의 납부와 관련한 '납세신고'를 포함하여 지칭하는 것이다. 크게 거래당사자에 관한 내용, 수입물품에 관한 내용, 납부하여야 할 조세에 관한 내용, 기타 통계목적상 필요한 내용 등을 담고 있다. 그 외에 수입신고를 할 때는 '가격신고'도 함께 한다.

(6) 신고의 방법

수입신고는 원칙적으로 EDI방식에 의한다. 현재는 4세대 국가관세종합정보망 서비스를 통해 UNI-PASS(www.unipass.customs.go.kr) 사이트에서 온라인으로 신고가 가능하다.

3.3 물품검사와 심사

수입신고인이 수입신고서를 EDI로 전송하면 세관의 처리담당자는 단말기를 통하여 당해 수입신고 건에 대한 C/S(Cargo Selectivity) 조회 등을 참고하여 물품의 검사 여부를 판단한다. C/S란 '검사대상 선별제도'로 관세청이 미리 수집하여 입력해 둔 정보에 따라 당해 물품의 검사 여부를 가리는 것이다. 물품검사란 수입신고한 사항이 현품과 일치하는지 또는 수입과 관련한 각종 법령의 규정에 적합한지 여부를 세관공무원이 확인하는 것을 말한다.[11]

심사는 과세가격의 적정 여부, 세번분류와 세율적용의 정확 여부, 감면 또는 분할납부요건의 적합 여부 등을 세관공무원이 확인하는 것이다. 심사는 신속한 업무처리를 위해 원칙적으로 수입통관이 종료된 후 '사후심사'로서 행한다. 그러나 감면

11 수입의 경우 물품검사의 비중은 수입신고 건수를 기준으로 할 때 해상을 통한 일반수입물품의 경우 대개 10% 이내이다. 나머지는 검사를 생략한다. 그러나 항공으로 수입하는 탁송물품 등의 경우에는 거의 전량을 검사하고 있다.

이나 분할납부신청물품, 관세체납자가 수입한 물품 등에 대해서는 수입신고를 수리하기 전에 사전심사를 행한다.

3.4 관세 등의 납부

부과고지방법에 의하여 세관장이 세액을 확정하여 고지하거나 신고납부방법에 의하여 납세신고를 하여 확정된 세액은 국고수납은행 또는 체신관서에 납부하여야 한다. 납부기한은 신고납부의 경우에는 수입신고수리일로부터 15일, 부과고지의 경우에는 납부고지를 받은 날로부터 15일이다. 이 기간 내에 납부하지 아니할 경우에는 가산금이 추가된다.[12]

관세는 수입신고가 수리되기 전에 납부할 수도 있고 수입신고가 수리된 후에 납부할 수도 있다. 만일 수입신고가 수리된 후에 납부하고자 할 때는 납부하여야 할 관세 등에 상당하는 담보를 제공하여야 한다. 이때 제공할 수 있는 담보물은 다음과 같은 것들이 있다.

① 금전
② 국채 또는 지방채
③ 세관장이 인정하는 유가증권
④ 납세보증보험증권
⑤ 토지
⑥ 보험에 가입된 등기 또는 등록된 건물 · 공장재단 · 광업재단 · 선박 · 항공기 또는 건설기계
⑦ 세관장이 인정하는 보증인의 납세보증서

그러나 신용 있는 무역업체로서 세관장으로부터 '신용담보업체'로 지정을 받으면

12 가산금은 납부기한이 경과한 날부터 납부할 관세의 5%를 추가하고, 매 1월이 경과할 때마다 2%씩을 추가하여 최고 25%까지 가산한다.

'신용' 자체를 담보로 할 수도 있다.[13]

수입신고가 수리되면 내국물품으로서 언제든지 보세구역 밖으로 반출하여 사용 · 소비할 수 있기 때문에 관세징수권의 확보를 위하여 세관장은 담보를 요구하고 있다.

3.5 수입신고필증의 교부

세관장이 수입신고서를 수리한 때에는 수입신고서에 신고서 수입신고수리인과 처리담당 세관공무원의 인장을 날인한 수입신고필증을 교부한다([표 8-2] 참조). 관세사가 수입통관을 위탁받아 EDI방식으로 신고한 때에는 관세사가 신고수리 여부를 전산으로 조회한 다음 수입신고필증을 발급한다. 이때는 신고필증의 세관기재란에 "본 수입신고필증은 수입통관사무처리에 관한 고시 제2-1-8조 규정에 의거 수입 P/L[14]신고에 의하여 수리된 것임"이란 고무인을 날인하고, 수입신고 수리인란에 관세사 인장을 날인한 후 수입자에게 교부한다.

수입신고필증이 교부됨으로써 일련의 수입통관절차는 종료되고, 수입상은 해당 수입신고필증을 보세구역 설영인에게 제시하고 물품을 반출하여 사용 · 소비할 수 있게 된다.

4 수출통관 개요

수출통관절차도 수입통관의 경우와 마찬가지로 물품의 장치 → 수출신고 → 물품의 검사(또는 검사생략) → 심사 → 신고수리라는 일련의 흐름으로 이루어진다. 그러나 수출통관절차는 과세의 문제가 없기 때문에 수입통관절차에 비해 매우 간

13 신용담보업의 지정과 관리에 대하여는 관세청훈령 '관세 등에 대한 담보제공과 정산제도 운영에 관한 고시'를 참조한다.

14 Paperless의 약자이다. 이는 EDI방식으로 통관업무가 처리되었음을 의미한다.

편하다.[15] 수출통관절차의 개요는 [그림 8-5]와 같다.

| 그림 8-5 | 수출통관절차의 흐름

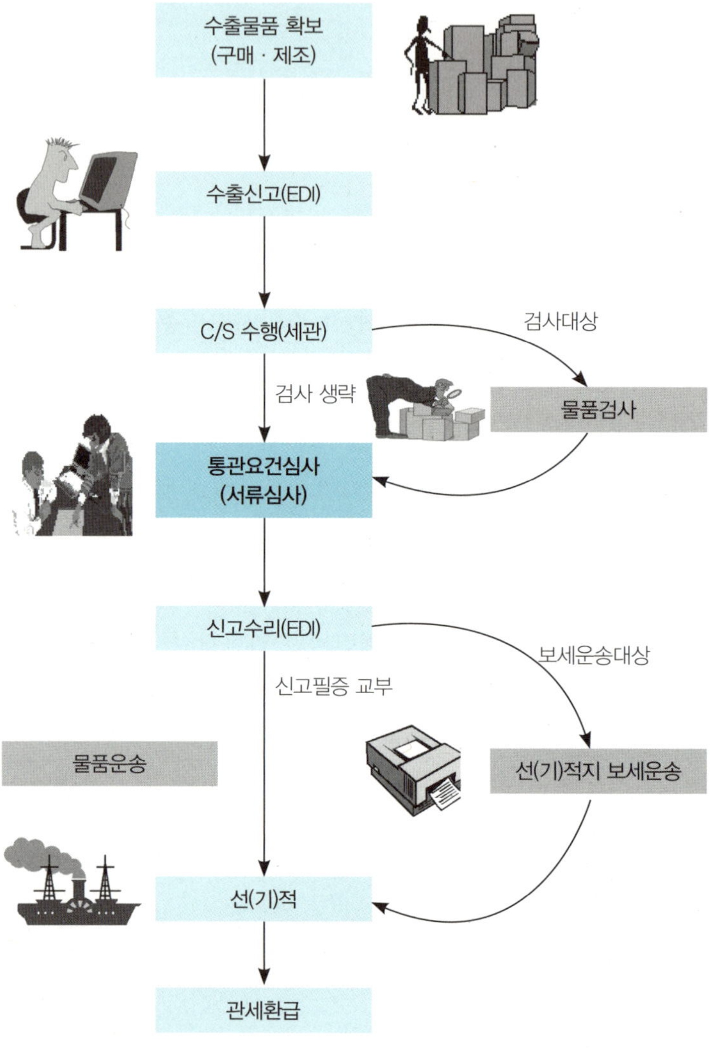

15 2000년 현재 수출신고건의 약 50%가 신고를 한 즉시 통관시스템에서 자동으로 수리되고 있으며, 전체 수출통관에 소요되는 시간도 평균 3분으로 집계되고 있다.

4.1 수출신고의 준비

(1) 상품의 세번(稅番)분류

수출물품의 경우에도 수출신고에 앞서 HS에 의한 수출품의 품목분류가 필요하다. 이러한 품목분류는 수입의 경우와는 달리 과세의 문제는 없으나 수출제한 여부의 확정, 수출 후 환급(정액환급의 경우)에 있어 환급금액의 확정과 관련된다.

(2) 수출신고에 필요한 서류의 준비

수출신고를 할 때 세관에 제출하여야 하는 서류는 다음과 같다. 이러한 서류는 수출신고인(또는 수출상)이 직접 작성하거나 관련 기관에서 미리 발급받아야 한다.

① 수출신고서([표 8-4] 참조)

② 통합공고에 의한 요건확인서

③ 수출승인서 또는 전략물자수출허가서, 단 해당 물품에 한한다.

④ 위약(違約)수출 및 재수출조건 이행사실 입증서류, 단 위약수출 및 재수출 물품의 경우에 한한다.

4.2 수출신고

수출신고는 내국물품을 외국으로 반출하겠다는 의사의 표시이다. 수출신고의 주요 내용은 다음과 같다.

| 표 8-4 | 수출신고서 양식

(□ 수출 □ 반송)신고서

*처리기간 : 즉시　　　(3쪽 중 제1쪽)

① 신고자	⑤ 신고번호	⑥ 세관, 과	⑦ 신고일자	⑧ 신고구분	C/S 구분

② 수대행자 (통관고유부호) 수출화주 (통관고유부호) (주소) (대표자) (사업자등록번호)	⑨ 거래구분	⑩ 종류	⑪ 결제방법
	⑫ 목적국	⑬ 적재항	⑭ 선박회사(항공사)
	⑮ 선박명(항공편명)	⑯ 출항예정일자	⑰ 적재예정보세구역
	⑱ 운송형태	⑲ 검사희망일	
	⑳ 물품소재지		

③ 제조자 (통관고유부호) 제조장소　　산업단지부호	㉑ 신용장(L/C)번호	㉒ 물품상태
	㉓ 사전임시개청통보 여부	㉔ 반송사유
④ 구매자 (구매자부호)	㉕ 환급신청인(　) 자동 간이정액환급(　)	

● 품명 · 규격

㉖ 품명 ㉗ 거래품명	㉘ 상표명

㉙ 모델 · 규격	㉚ 성분	㉛ 수량	㉜ 단가	㉝ 금액

㉞ 품목번호	㉟ 순중량	㊱ 수량	㊲ 신고가격(FOB)
㊳ 송품장번호	㊴ 수입신고번호	㊵ 원산지	㊶ 포장개수(종류)

㊷ 수출요건확인 (발급서류명)				

㊸ 총중량	㊹ 총포장개수	㊺ 총신고가격(FOB)
㊻ 운임(₩)	㊼ 보험료(₩)	㊽ 결제금액

㊾ 수입화물관리번호	㊿ 컨테이너번호

※신고인기재란 「관세법」 제241조에 따라 위와 같이 신고합니다. 년 월 일 신고인 :　　(서명/인) ○○**세관장** 귀하	세관기재란

(51) 운송(신고)인 (52) 기간　～	적재의무기한	담당자	신고수리일자

210mm×mm[백상지(80g/㎡) 또는 중질지(80g/㎡)]

(1) 수출신고의 시기

수출신고는 당해 물품을 적재할 선박 또는 항공기의 선(기)적 스케줄 등을 감안하여 선(기)적하기 전까지 어느 때라도 할 수 있다. 수출의 경우 수출신고를 하고자 하는 물품이 보세구역에 장치되어야 하는 것은 아니므로 수출상이 직접 생산하거나 구매 등을 통해 물품이 확보되면 편리한 장소에 물품을 장치해 두고 신고할 수 있다. 그러나 수출신고시점에 물품은 반드시 장치되어 있어야 한다.

수출신고는 24시간 어느 때라도 가능하다. 다만 세관의 근무시간이 아닌 야간이나 휴일에 수출통관을 하고자 할 때는 세관의 근무시간 중에 미리 '임시개청'을 신청하여야 한다.[16] 임시개청의 신청은 EDI방식이나 전화, 구두, FAX 등 어느 것이라도 편리한 것을 이용할 수 있다.

(2) 수출신고인

수출신고는 물품을 수출하는 화주 또는 완제품공급자가 직접 하거나 관세사(관세사법인, 통관취급법인 포함)에게 일정한 수수료를 지급하고 위탁하여 할 수 있다. 완제품공급자란 당해 수출물품을 제조·가공하여 화주에게 판매한 자를 말한다. 수입의 경우와는 달리 완제품공급자도 수출신고인이 될 수 있도록 하고 있는 것은 관세 등의 환급에 있어 완제품공급자가 직접 환급을 받을 수 있도록 하기 위한 것이다.

(3) 수출신고 세관

수출신고는 수출신고를 하고자 하는 물품이 장치되어 있는 소재지를 관할하는 세관장에게 하여야 한다.

16 세관이 근무하는 시간(3월에서 10월은 09:00에서 18:00, 기타 기간은 09:00에서 17:00, 단 토요일은 09:00에서 13:00) 이외의 시간이나 휴일에 통관절차 등을 위해 임시로 세관업무를 수행하는 것을 임시개청이라 한다.

(4) 수출신고의 단위

수출신고는 원칙적으로 당해 물품을 외국으로 반출하고자 하는 선박 또는 항공기의 적재단위(S/R 또는 S/O, B/L, AWB)별로 하여야 한다.

(5) 수출신고의 내용

수출신고는 총 46개의 기재란으로 되어 있다. 그 내용은 크게 보아 수출자 및 환급신청인에 관한 내용, 수출물품에 관한 내용, 기타 통계목적상 필요한 내용 등이다.

(6) 신고의 방법

수출신고는 원칙적으로 EDI방식에 의한다. 수출통관에 있어 EDI방식이 적용된 것은 1994년 11월부터로 현재 90% 이상이 종이문서가 사용됨이 없이 전자문서로 처리되고 있다.

4.3 물품검사와 심사

수출신고의 경우에도 C/S 조회 등을 통해 검사대상으로 분류되면 세관공무원이 당해 물품이 장치되어 있는 곳으로 출장하여 물품검사를 행한다.[17] 수출신고에서 종이문서 제출대상과 검사대상으로 분류된 것을 제외한 수출신고금액이 미화 1만 달러 이하는 EDI방식으로 자동수리된다. 기타의 경우도 실질적인 심사의 대상이 아닌 것은 세관의 담당공무원이 형식적인 요건만 간단히 확인하고 즉시 신고를 수리한다.

17 수출의 경우 물품을 검사하는 비중은 수출신고 건수를 기준으로 할 때 0.3% 이하로 극히 일부에 불과하다.

4.4 수출신고필증의 교부

세관장은 종이문서를 제출한 수출신고를 수리한 때에는 수출신고필증에 수출신고수리인과 처리담당 공무원의 인장을 날인하여 교부한다. 관세사 또는 수출물품의 화주(완제품공급자 포함)가 EDI방식으로 신고한 때에는 신고수리 여부를 전산으로 조회한 다음 "본 신고필증은 수출통관사무처리에 관한 고시의 규정에 의하여 P/L 신고를 하여 세관장으로부터 신고수리된 것을 확인하여 교부한 것"이란 고무인과 관세사 또는 화주(완제품공급자 포함)의 인장을 날인한다.

4.5 수출물품의 선(기)적관리

수출신고가 수리된 물품은 수출신고가 수리된 날부터 30일 내에 외국무역선(기)에 적재하여야 한다. 수출신고를 수리한 세관장은 이 선(기)적기간이 경과할 때까지 적재되지 아니한 물품에 대하여는 수출신고인에게 '수출신고수리 취소예정통보'를 한다. 수출신고수리 취소예정통보를 받은 신고인은 통보일로부터 14일 이내에 세관장에게 그 원인을 규명하여야 한다. 세관장은 원인 규명결과 물품이 외국무역선(기)에 적재되지 아니하였거나 원인을 규명할 수 없는 물품에 대하여는 수출신고의 수리를 취소하고 과태료를 부과한다.

5 반송통관

반송(返送)이란 외국으로부터 우리나라에 도착된 물품을 외국물품상태에서 다시 외국으로 돌려보내는 것을 말한다. 반송을 하는 경우로는 다음과 같은 것들이 있다.[18]

18 반송은 흔히 '수출'이라고 포괄적으로 불려지기도 하지만, 외국물품상태에서 외국으로 반출된다는 점에서 차이가 있다.

① 수입한 물품이 무역계약과 달라 외국의 수출상과 합의하에 반출하는 경우
② 수입하고자 하는 물품이 수입제한요건에 해당되어 수입이 불가능하여 반출하는 경우
③ 보세전시장에서 전시가 끝난 물품을 다시 반출하는 경우
④ 외국무역선(기)에서 판매하기 위한 물품(양주, 담배 등)을 보세구역에 반입 · 장치하였다가 외국무역선(기)에 적재하는 경우
⑤ 보세공장에 반입한 외국물품을 제조 · 가공하여 외국에 판매하는 경우

반송통관의 절차는 수출통관의 경우와 큰 차이가 없으나 반송 신고 시 당해 물품이 반드시 보세구역에 장치되어 있어야 한다는 점, 세관공무원이 반드시 물품검사를 한다는 점, 그리고 보세운송을 통해서만 국내를 이동할 수 있다는 점 등에서 차이가 난다.

기출문제 3 수출입반송통관

01 다음은 수출 또는 수입물품의 품목분류에 적용되는 HS(Harmonized System) CODE에 대한 설명이다. 잘못된 것은?

① HS CODE는 호(heading)보다 소호(sub-heading)의 수가 훨씬 많다.
② HS는 UN조약으로 체결되어 모든 UN 회원국에서 발효되고 있다.
③ 둘 이상의 호에 분류되는 물품의 경우 협의로 표현한 호를 우선 적용한다.
④ 호가 구분되지 아니할 경우 소호를 구분할 수 없다.

국제무역사 35회 1교시 18번

02 A는 해외직구를 통해 미국에서 쌍안경을 구입하였다. 이 물품의 품목분류는 다음과 같다. 이에 대한 설명으로 올바른 것은?

HS 9005.10-1000

① A가 구입한 쌍안경의 HS는 제9005류에 해당한다.
② 법적인 목적상 품목분류는 호의 용어 및 주에 따라 분류함이 원칙이다. 이 물품의 호는 9005.10이다.
③ 제시문과 같이 쌍안경의 10단위의 세번 모두를 알지 못하고 소호까지의 세번만 알 경우에도 기본관세율이 얼마인지를 알 수 있다.
④ A가 구입한 쌍안경에 대한 국제협약상 유효한 분류범위는 9005까지이다.

국제무역사 35회 1교시 19번

03 다음은 HS CODE 분류기준인 통칙에 대한 설명이다. 이 중 가장 우선적으로 적용되는 통칙은?

① 동일하게 분류가 가능한 호 중에서 그 순서상 가장 마지막 호(heading)로 분류한다.
② 불완전물품이 제시된 상태에서 완전한 물품의 본질적인 특성을 지니고 있으면 그 불완전물품이 포함된 것으로 본다.
③ 법적인 목적상 품목분류는 각 호(heading)의 용어와 관련 부나 류의 주(legal note)에 따라 결정한다.

④ 그 물품과 가장 유사한 물품이 해당되는 호로 분류한다.

국제무역사 36회 1교시 37번

04 다음은 관세법상 품목분류제도에 관한 설명이다. 가잘 옳은 것은?

① 미조립 분해된 물품의 분류기준(통칙 2호)에서 미조립 분해된 물품의 적용 범위는 단순한 조립만으로 완성품이 되는 것으로 연마 · 천공 · 절단 · 용접 등의 공정을 포함한다.

② 둘 이상의 호에 분류가 가능한 물품인 경우에는 관세율이 높은 호에 분류하는 것이 관례이다.

③ 플라스틱 비누상자에 담긴 비누는 플라스틱 상자와 비누를 각각 분리하여 품목분류한다.

④ 관세율표 해석에 관한 통칙은 관세율표 전반에 걸쳐 품목분류 결정 시 적용하여야 할 일반원칙이다. 이 원칙에 따라 모든 물품은 반드시 하나의 호에 분류되어야 한다는 일물일처의 원칙을 유지하고 있다.

국제무역사 37회 1교시 27번

05 다음은 관세법상 보세규역에 관한 설명이다. 잘못된 것은?

① 수입물품을 수입통관하기 전에 보세구역에서 세관장의 허가를 받아 견본품을 반출할 수 있다.

② 자율관리보세구역으로 지정을 받고자 하는 경우 보세사를 채용하여야 한다.

③ 보세구역에 보관 중인 물품이 도난된 경우 관세 등의 납세의무자는 수입 화주이다.

④ 관세법상 수출신고수리된 물품은 외국물품임에도 보세구역에 장치하지 않을 수 있다.

국제무역사 38회 1교시 29번

06 다음 중 관세법상 보세판매장에 대한 설명으로 잘못된 것은?

① 보세판매장은 외국으로 반출할 조건으로 외국물품을 판매할 수 있는 장소이다.

② 보세판매장은 세관장으로부터 특허를 받아야 하는 특허보세구역의 일종으로 특허기간은 5년 이내로 한다.

③ 출국하는 내국인의 구매한도는 물품총액 미화 3,000달러 이하이며 외국인의 경

우 제한이 없다.

④ 내국인이 보세판매장에서 구매한 물품을 다시 국내로 반입하는 경우에는 세관에 신고하여야 하며 신고하지 아니하여 과세하는 경우에는 납부할 세액(관세 및 내국세 포함)의 100분의 20에 상당하는 금액을 가산세로 징수한다.

국제무역사 38회 1교시 30번

07 다음 중 관세법상 HS(Harmonized System)의 통칙 및 CODE에 대한 설명으로 올바른 것은?

① HS 구성요소 중 품목분류 시 법적인 효력을 가지는 것은 류(類)의 용어와 관련되는 부 또는 류의 주(註)이다.

② 우리나라의 경우 HSK(HS of Korea) 10단위 체계를 사용하고 있는데, 8단위까지는 세계 공통으로 사용하고 있다.

③ HS 품목분류표의 [통칙 3]은 협의품명 우선 분류원칙, 주요 특성 분류원칙, 최종호 분류원칙 등으로 구성되어 있다.

④ 호(號)란 류(類)를 품목에 따라 세분한 것으로 HS 코드 앞 부분 6자리를 말한다.

국제무역사 39회 1교시 15번

08 관세법상 보세구역에 장치된 물품의 관리 등과 관련한 다음 설명 중 올바른 것은?

① 보세창고에는 외국물품을 장치할 수 있는 기간이 정해져 있다. 이 기간을 경과한 경우 세관장은 화주의 동의를 받지 않고도 반출통보를 거쳐 공고를 한 다음 매각처리가 가능하다.

② 보세구역장치물품은 세관장 허가를 받아 보수작업을 할 수 있다. 이때 외국물품에 부가된 내국물품은 수입통관 시 과세대상에서 제외된다.

③ 보세구역에 장치된 물품을 부패 · 손상의 이유로 세관장의 승인을 받아 폐기하는 경우에는 잔존물이 남더라도 별도의 관세를 부과하지 않는다.

④ 보세구역에 장치된 외국물품의 일부를 견품으로 반출하여 사용 · 소비하고자 할 경우 물품의 반출자가 통관절차를 이행하고 수입신고를 하여야 한다.

국제무역사 39회 1교시 17번

09 다음은 관세법상 보세구역에 대한 설명이다. 틀린 것은?

① 보세구역은 지정보세구역 · 특허보세구역 및 종합보세구역으로 구분하고, 지정보세구역은 지정장치장 및 세관검사장으로 구분하며, 특허보세구역은 보세창고 · 보세공장 · 보세전시장 · 보세건설장 및 보세판매장으로 구분한다.

② 보세구역에 물품을 반입하거나 반출하려는 자는 대통령령으로 정하는 바에 따라 세관장에게 신고하여야 하며, 관련 자료는 신고에 대한 수리일로부터 2년 동안 보관하여야 한다.

③ 보세구역에 장치된 물품은 세관장의 승인을 받아 그 성질이 변하지 않는 범위에서 포장을 바꾸거나 구분 · 분할 · 합병을 하거나 그 밖의 비슷한 보수작업을 할 수 있다.

④ 보세구역에 장치된 외국물품이 멸실되거나 폐기되어 관세를 징수하는 물품인 경우 납세의무자는 물품의 실제 화주가 된다. 다만 재해로 멸실된 때와 미리 세관장의 승인을 받아 폐기한 때에는 예외로 한다.

국제무역사 39회 1교시 31번

CHAPTER

09 무역상품의 운송

1 해상운송

무역에서 화물운송은 장거리 운송이 대부분이므로 운송에 주어지는 시간, 사용 가능한 운송수단, 운송에 수반되는 비용, 운송 후 상품의 상태 등을 고려하여 운송 방법을 결정해야 한다. 무역 운송수단은 도로운송, 철도운송, 항공운송, 해상운송, 그리고 파이프라인에 의한 운송 등 다섯 가지이다. 이 중 해상운송(해운)은 무역화물운송의 거의 대부분을 이루는 것으로 상업적 목적에서 선박 또는 기타의 운송수단을 사용하여 여객이나 화물을 운송하는 것을 말한다. 따라서 상업을 목적으로 하지 않는 군함, 전시선, 유람선 등은 일반 해운(海運) 개념에서 제외되며, 하천 · 호수 등 내수면(內水面)에서 이루어지는 선박운송은 수운(水運) 또는 내수로 운송이라 하여 역시 해운과 구별된다. 또 해상에서의 운송일지라도 다른 업무에 부수되어 이루어지는 경우는 해운으로 보지 않는다. 예를 들어 어선이 원양어로에서 획득한 어획물을 싣고 돌아오는 것은 해운이 아니라 어업에 속하는 것이고, 구조선(salvage boat)이 침몰선박을 인양하여 조선소로 예인하는 것은 해난(海難)구조업의 일부이다.

무역화물 운송수단으로서 해상운송은 주로 항공운송과 대체적 관계에서 그 장단점이 논의된다. 장점으로는 ① 부피 또는 중량이 대규모인 화물의 운송에 적합하다

❙ 그림 9-1 ❙ 양하 준비 중인 컨테이너선

는 점, ② 운송비가 상대적으로 저렴하다는 점, ③ 화물의 성격에 맞는 다양한 형태의 선박 건조가 가능하다는 점 등이 지적된다. 반면 ① 운송에 시간이 많이 걸린다는 점, ② 일기(日氣) 등에 민감하다는 점, ③ 안전성과 보안성이 떨어진다는 점 등은 단점으로 지적된다.

해운업은 본질적으로 고도의 국제적 경쟁산업이다. 선박만 있으면 세계 대부분 나라의 영해와 항만을 자유로이 입출항하면서 해운경쟁을 할 수 있기 때문이다. 최근 선진 각국의 기업물류관리전략은 원재료의 조달에서 완제품 인도에 이르기까지 물류의 전 과정을 국내외를 막론하고 일관하여 이에 소요되는 시간을 최대한 단축하고 재고를 축소하는 데 초점을 두고 있다. 해상운송을 포함하는 국제화물운송과정 전체가 기업의 전반적인 경영활동전략과 더욱 깊은 연관을 가지고 조정되고 있는 것이다. 이러한 현상은 기업의 국제화가 고도화됨에 따라 더욱 두드러지게 나타나고 있다. 해상운송은 항만에서 항만으로 화물을 운송하는 것이지만 국제화물운송의 주류는 이미 내륙과 해상을 따로 구분함이 없이 여러 운송수단을 연계하여 하나로서 최적화를 추구하는 복합운송시스템으로 발전하고 있다. 현재 복합운송은 기업의 종합적인 물류관리전략의 일환으로의 흐름 속에서 해상운송을 이해하는 것이 바람직하다.

1.1 해상운송의 형태

해상운송은 정기선(liner)운송과 부정기선(tramper)운송으로 나누어진다. 정기선운송은 해상의 특정항로에서 정해진 운항계획(schedule)에 따라 예정된 항구 사이를 규칙적으로 반복 운항하며, 운항화물에는 사전에 공시된 운임률표(freight tariff)상의 운임을 적용하는 것이다. 정기선의 특징은 다음과 같다.

① 사전공표된 일정에 따라 특정한 기항지를 순차적으로 기항하고 주기적으로 항해한다.

② 불특정 다수 화주가 의뢰한 화물을 운송하는 대중(大衆)운송이다.

③ 화물의 운송비가 비(非)정기선에 비하여 높다.[01]

④ 선박회사 간 운임경쟁을 막기 위해 운임동맹(freight conference)이 제정한 공동운임표(tariff)를 적용하는 것이 일반적이다.

⑤ 화물의 종류, 수량에 관계없이 표준화된 계약인 선하증권(B/L)에 의해 운송된다.

정기선에는 개별포장된 일반적인 상품을 운송하는 일반잡화선(general cargo ship 또는 '재래선'이라도도 한다)과 컨테이너 전용선(container ship)이 있으며 일반잡화와 컨테이너를 혼재(混載)하는 선박도 있다.

한편 부정기선(tramper)에 의한 운송은 정기선에 의한 운송과 달리 일정한 항로나 규칙적인 운항을 하지 않고 화주와의 계약에 따라(자기 소유의 선박인 경우에는 계획에 따라) 항로와 항해일정이 결정되는 선박을 말한다. 부정기선의 특징은 다음과 같다.

① 항로와 운항일정의 자유로운 선택이 가능하다.

② 곡물, 광석, 유류 등과 같은 산물(bulk cargo)이나 자동차 등의 대량 수송을

01 정기선화물의 운송비가 비정기선보다 높은 이유는 ① 정기선 선박이 일반적으로 부정기선 선박에 비해 신형의 고가선(高價船)라는 점, ② 운송화물이 완제품 또는 반제품으로 원자재 또는 농 · 광산물이 주종인 부정기선화물에 비해 고가품이라는 점, ③ 화물의 만선(滿船) 여부와 관계없이 운항함에 따라 상당한 고정비용이 소요된다는 점, ④ 운임경쟁에 있어 제약이 있다는 점 등 때문이다.

주로 한다.

③ 정기선운송에서와 같은 해운동맹의 형성이 어렵기 때문에 운임은 화주와 선박회사 간 협의에 따라 수시로 변동되는데 정기선보다는 낮은 것이 일반적이다.

부정기선은 대개 화주가 선박회사로부터 화물을 적재할 수 있는 선박의 지정장소인 선복(船腹, ship's space)의 일부 또는 전부를 빌리는 용선형태로 운항된다. 그러나 특정산업의 생산활동을 하는 기업이 직접 선박을 소유하고(private fleets) 자신들의 화물을 운송하는 경우도 있다. 정유, 철강, 시멘트, 자동차산업 등에서 이와 같은 사례를 찾아볼 수 있다. 부정기선의 선박 가운데는 특수화물만을 운송하도록 설계된 선박이 많다. 이를 전용선이라 하는데 이에는 유조선(oil tanker), 자동차 수송전용선(car carrier), 광석전용선(ore carrier), 석탄전용선(coal carrier), 곡물전용선(grain carrier), 목재전용선(lumber or log carrier), 냉동전용선(refrigerated carrier), 가스전용선(gas carrier) 등이 있다.

(1) 정기선에 의한 해상운송

수출의 경우를 예로서 재래선인 정기선에 의한 일반적인 형태의 해상운송과정을 [그림 9-2]를 통해 보기로 한다. 물론 이와 같은 절차는 상황에 따라 일부가 생략되거나 다른 절차가 추가될 수 있다(컨테이너화물의 적입 · 인도에 대해서는 제5절 참조).

① 화주(또는 선적업자, 이하 같다)는 각 선박의 운항스케줄에서 항로별 운항선박과 입항예정일(ETA : Expected Time of Arrival) 및 출항예정일(ETD : Expected Time of Departure)을 보고 적당한 선박을 선택하여 선박회사와 협의를 한 다음 선복신청서(S/R : Shipping Request)를 제출한다. 이 절차는 재래선이나 컨테이너선 모두가 마찬가지이다([그림 9-3] 참조).

② 선박회사(또는 선박대리점, 이하 같다)는 화주의 선복(船腹)신청을 승인하고 선복원부(space book)에 기입한다. 이것을 booking이라 한다. booking이

| 그림 9-2 | 정기선에 의한 수출물품의 해상운송절차

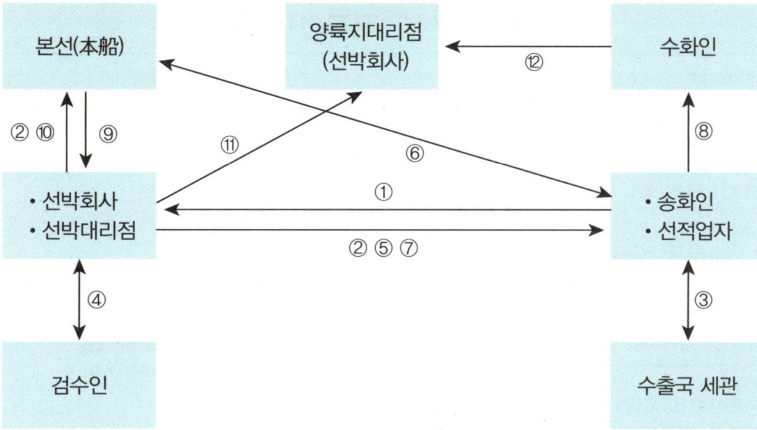

이루어지면 선박회사는 화주에게 운송확약서(FBN : Freight Booking Note) 또는 적하예약목록(booking list)을 교부하고, 이를 본선에 통지한다. 이러한 선복의 신청과 그 승낙으로 확약서를 교부하면 운송계약이 성립한다. 개품(個品)운송에서는 통상 개별운송계약서가 작성되지 않으며, 선하증권이 발행되면 이것이 운송계약 성립의 추정적 증빙(prima facie proof)이 된다.

③ 송화인은 세관에 수출신고를 하여 수출신고필증을 획득한 다음(수출통관), 선박회사와 약정한 장소에 화물을 반입한다.

④ 선사와 화주 측의 입회하에 검수인(tally man)이 검수하고 검수표(tally sheet)를 작성한다.

⑤ 송화인에 대해 선박회사는 선적지시서(S/O : Shipping Order)를 교부한다.[02]

⑥ 선내로의 적재는 이것을 전업(專業)으로 하는 선내 하역인부(stevedore)에 의하여 행해진다. 본선에서는 검수표와 선적지시서를 대조하면서 적재한 다음 선적이 완료되면 일등항해사가 송화인에게 본선수취증(M/R : Mate's

---

02 선적지시서는 화주의 선적신청에 따라 선박회사가 현품을 확인한 후 운송할 선박의 선적책임자(일등항해사) 앞으로 발행하는 화물적재지시서이다. 직접 선적의 경우에는 통상 화주에게 교부된다. 장치장집화인 경우에는 화주 또는 선박대리업자에게 선적지시서가 교부되면 이를 본선에 제출하여 일등항해사의 서명을 받은 후 선적을 실시한다.

| 그림 9-3 | Shipping Request 양식

SHIPPING REQUEST

① Shipper/Exporter ENDAM ENG. & TRADING CO., LTD. #1722 21C CITY O/T, DAEYEON-3DONG, NAMGU, BUSAN, KOREA TEL : +82-51-610-1400 FAX : +82-51-610-1401	⑧ B/L No. and date
② Consignee SASAGAWA AUTO GALLERY CO., LTD. 1-1-29 GAKUEN, SETTU-CITY, OSAKA, JAPAN TEL : +81-726-38-1234 FAX : +81-726-37-5678	⑨ S/O No.
③ Notify Party AS SAME AS THE CONSIGNEE	10 Other references SETTLEMENT BY T/T TEXU 5217620(88390)
④ Sailing on/or About July 07, 2004 / ⑤ Vessel/flight GLOBAL SUCCESS/926E	
⑥ From BUSAN, KOREA / ⑦ Final Destination OSAKA, JAPAN	

(11) Shipping Marks	⑫ No.&kind of PKGS	⑬ Goods description	⑭ Qtty	(15) N.Weight	(16) G.Weight	(17) Measurement
N/M	40FT HQ ONE CNTR					
		Matiz(General) *Frame No : KN15P23E2-223330 KN15P23E2-223287	2units	760kg	1,520kg	10CBM
		Matiz(Decorated) *Frame No : KN15P23E2-223258 KN15P23E2-223322	2units	804kg	1,608kg	10CBM
		New Wheel				
		IC1C	4units	15kg	60kg	8CBM
		IC4C	4units	15kg	60kg	4CBM
		New Parts				
		New Car Aero Parts	4units		48kg	3CBM
		TOTAL			3,296kg	35CBM

(18) Freight & Charge	(19) Rate	(20) Prepaid/Collect
USD 550.000		PREPAID

Accepted Hanjin Shipping Co.

Signed by Y. H. Jang

Receipt)을 교부한다.[03]

⑦ 선박회사는 본선수취증과 교환으로 선하증권(B/L : Bill of Lading)을 발행한다.

⑧ 송화인은 선하증권 기타 선적서류를 수화인에게 송부한다.

⑨ 본선은 선적완료 후 창구(艙口)별 화물명세서(hatch list),[04] 적부도(stowage plan),[05] 선복(船腹)보고서, 적하감정보고서, 선적사고화물목록(condition report exception list)[06] 등을 선박회사에 제출한다.

⑩ 선박회사는 적하목록(M/F : Manifest)을 작성하여 본선에 인도한다. 적하목록은 수입국 도착항에서 선장이 제출하는 입항보고서와 함께 세관당국에 제출되어 세관의 화물관리에 활용된다.

⑪ 선박회사는 적하목록과 운임표, 선적사고화물목록 등을 양륙지 대리점(또는 선박회사)에 송부한다.

⑫ 수화인은 송화인으로부터 송부받은 선하증권을 양륙지의 선박대리점(또는 선박회사)에 제시하고 화물인도지시서(D/O : Delivery Order)를 교부받아 화물을 인수한다.

정기선에 의한 해상운송은 선박회사와 송화인 사이에 개개의 화물을 대상으로 화물의 성질 및 수량에 따라 운임을 결정하고 체결하는 개품운송(個品運送)방식에 의한다. 우리나라를 중심으로 형성되어 있는 정기선항로는 한 · 일항로, 한 · 중항로(북중국, 남중국), 동남아항로, 북미항로(西岸, 東岸), 호주항로, 중동항로, 유럽

03 이때 외장(外裝)이 파손되거나 수량이 부족한 것과 같은 이상이 있으면 그 내용이 M/R의 적요(remark)란에 기재된다. 이러한 M/R을 Foul Receipt 또는 Dirty Receipt라 하고, remark란에 기재사항이 없는 M/R을 Clean Receipt라 한다.

04 창구별 화물명세서는 각 선창(船艙)마다 그곳에 적재한 화물의 종류, 수량을 기재한 일람표로서 선적지시서와 검수표를 기초로 작성된다.

05 적부도는 선적할 화물의 목록을 두고 작업에 앞서 적부(積付)계획을 수립하고, 양하 시 선창 내 화물의 상황을 파악함과 동시에 현재 사용가능한 공간을 파악할 수 있도록 하기 위해 본선에서 작성되는 설계도이다. 적부도는 양하항별로 화물의 품명, 수량 등을 기입하고 구별이 용이하도록 색깔로 표시한다.

06 선적사고화물목록은 선적화물이 본선에 인도될 때 본선수취증의 remark란에 기록된 내용을 검수인이 집계하여 작성한 표이다.

항로, 남미항로 등이다. 정기선에 의한 화물운송은 선적항에서 목적항까지 본선이 직행하는 단일운송이 대부분이다. 그러나 단일운송 중에는 목적항까지 직항로가 없어 운송도중에 다른 선박에 환적(換積)하여 목적항까지 운송하는 경우가 있다. 이를 전통운송(through transport)이라 한다. 이 경우 최초에 선적한 선박회사, 즉 제1의 운송인이 발급하는 통과선하증권(through B/L)[07]으로 최종 목적항까지 운송될 수 있다. 오늘날 일반화물의 운송에서 많이 사용되는 컨테이너운송의 경우는 단순히 해상운송뿐 아니라 목적항에서 양륙된 컨테이너를 열차, 트럭 등 내륙운송수단 또는 항공운송에 한 차례 이상 환적하여 최종 목적지까지 일관운송하는 경우가 대부분이다. 이와 같이 서로 다른 운송수단에 의해 운송되는 것을 단일운송에 대비하여 복합운송이라 한다.

(2) 용선(傭船)에 의한 해상운송

1) 용선계약의 종류

용선운송은 대량화물이나 특수화물의 운송에 주로 이용되는 것으로 부정기선에 의하는 것이 보통이다. 그러나 드물게는 정기선의 경우에도 선박의 일부를 용선(일부용선)하여 일반화물과 함께 적재하기도 한다. 용선운송계약의 종류는 [그림 9-4]와 같다.

그림 9-4 용선계약의 종류

07 이를 전항(全航)선하증권 또는 통(通)선하증권이라고도 한다.

용선운송계약은 용선의 방법에 따라 전부용선계약(whole charter)과 일부용선계약(partial charter)으로 나누어진다. 전부용선은 다시 항해용선계약(voyage charter, trip charter)과 기간(또는 정기)용선계약(time charter), 그리고 나용선계약(bare boat charter)으로 나누어진다. 항해용선계약은 어느 항만(1개 또는 수개)에서 다른 어느 항만(1개 또는 수개)까지 화물의 운송을 의뢰하는 화주(용선자)와 선박회사 간에 체결되는 계약이다. 항해용선계약은 그 내용이 한 번 또는 여러 번의 '항해'를 기초로 한다. 이를 운임계산방법에 따라 분류하면 선적되는 화물의 중량에 따라 계산하는 운임용선계약(freight charter)과 선적화물의 중량과는 관계없이 한 항해당 얼마로 계산하는 선복운송계약(lump sum charter), 그리고 본선이 계약상에 지정된 선적항에서 화물을 적재한 날부터 기산하여 지정된 양륙항까지 운송하여 화물을 인도할 때까지 일(日)당 얼마로 운임을 정하는 일대(日貸)용선계약(daily charter) 등으로 나누어진다.

기간용선계약은 선박을 1년 또는 3년과 같이 일정기간 동안 용선하는 계약이다. 선박회사는 선박운행에 필요한 일체의 용구(用具)와 선원까지 승선시킨 선박을 제공하고 선박의 감가상각비, 보험료, 금리 등의 간접비와 선원의 임금, 선박에 대한 제세(諸稅), 수리비, 식료품비 등의 직접비를 부담한다. 용선자는 용선료(charterage)를 선박회사에 지불하고 직접운항에 따른 연료비, 입항비 등을 부담하여야 한다.

한편 용선자가 선박 외에 선원의 수배는 물론 선박운항에 필요한 선용품 등에 대한 일체의 책임을 지는 용선계약을 나용선(裸傭船)계약이라 한다. 기간용선은 용선자 자신의 화물을 운송하기 위해 정기용선하는 경우도 있으나, 용선자가 해운업자로서 선박을 정기선 또는 부정기선으로 운영함으로써 타인의 화물운송에서 얻는 운임과 용선비의 차액을 노리는 전문용선업자도 있다. 또 나용선을 계약하여 선원과 장비를 갖춘 다음 재용선하는 경우도 있다. 용선계약 종류와 정의, 용선자와 선주의 비용부담은 [표 9-1]와 같이 요약해볼 수 있다.

| 표 9-1 | 용선계약의 종류, 정의 및 용선자와 선주의 비용부담

<table>
<tr><th>분류</th><th colspan="2">기간용선계약
(time charter, 期間傭船契約)</th><th colspan="2">항해용선계약
(voyage charter, 航海傭船契約)</th></tr>
<tr><td>정의</td><td colspan="2">일정한 기간을 조건으로 용선을 계약하는 것</td><td colspan="2">특정 항해구간을 정하여 선박을 대여 또는 차용하는 계약. 항로용선계약(trip charter)이라고도 함</td></tr>
<tr><td>용선자
(charterer)
비용부담</td><td colspan="2">용선료, 연료비와 입항세 · 운항비 등을 부담</td><td colspan="2">원칙적으로 1회의 항해를 단위로 하며 운임은 화물 1톤당 운임 부담</td></tr>
<tr><td>선주(ship's owner)
비용부담</td><td colspan="2">선박의 감가상각비와 보험료 · 금리 등의 간접비 ; 선원비 · 수리비 · 선용품비 등의 직접비를 부담</td><td colspan="2">선주는 화주에게 운임조건만을 수취하고 그 외 항해비 일체를 부담</td></tr>
<tr><td rowspan="2">종류</td><td>정기용선계약</td><td>단순히 일정기간을 정하는 용선계약</td><td>선복용선계약
(lump-sum charter)</td><td>적하량에 관계없이 일정한 선복을 계약하고 운임도 포괄적으로 약정하는 선복운임(lump sum freight)을 적용</td></tr>
<tr><td>나용선계약
(bareboat charter)</td><td>용선자가 선박 이외의 선장과 선원 · 장비 및 소모품에 대해서도 모든 책임을 부담</td><td>일대용선계약
(daily charter)</td><td>화물을 선적한 날부터 양륙할 때까지의 날짜를 하루당 얼마로 선복을 임대하는 계약</td></tr>
</table>

2) 용선계약서

용선운송은 개품운송의 경우와 달리 용선계약서(C/P : Charter Party)가 작성된다. 물론 용선계약서에 의거하여 선하증권이 별도로 발행될 수도 있다.[08] 용선계약을 위해서는 용선자가 희망하는 선복(船腹) 등을 용선중개인이나 직접 선사에 조회(inquiry)를 하고, 협의에 따라 선사와 화주 간 용선이 합의되면 성약서(fixture note)를 교환한 다음, 성약서에 근거한 용선계약서를 작성하는 것으로 용선계약이 이루어진다.

08 C/P하에서의 용선주 발행 B/L은 C/P가 지배증서이기 때문에 C/P와 상치(相馳)되어서는 안 된다. 따라서 통상 "Freight and all other conditions as per Charter Party" 등의 문언을 명시하게 된다. 만일 용선주 외에 제3자가 선사가 발행한 B/L을 소지했을 때는 그 제3자는 C/P와 무관하므로 B/L은 원래의 기능을 회복하여 발행자인 선사와 소지인인 제3자를 구속하게 된다.

용선계약서의 서식은 상당히 다양하다. 이 가운데 화물과 항로를 한정하지 않는 일반용 서식으로 많이 사용하고 있는 것은 Gencon(Uniform General Charter) 또는 Warshipvoy(Voyage Charter Party) 서식이다. 그 외에 석탄수송을 위한 용선에는 Balcon(Balcon Charter Party) 또는 Americanized Welsh Coal Charter 서식이, 목재수송을 위한 용선에는 Benacon(Chamber of Shipping British North American-Atlantic Wood C/P)과 Genlum(Inter-Coastal Lumber C/P) 서식이, 곡물수송을 위한 용선에는 Centrocon(Chamber of Shipping River Plate C/P) 또는 Noram(North American Berth Grain C/P) 서식이, 그리고 광석수송을 위한 용선에는 Meditore Necore 또는 Sovietore(The Soviet Black Sea Ore Charter) 서식이 많이 사용되고 있다. 그러나 용선계약은 용선계약서라는 일정서식으로 작성되어 있지 않을지라도 일반계약법상의 통상적 규칙에 따라 당사자들 간 구속력 있는 계약체결이 가능하다.

3) 용선계약서의 주요 내용

가. 계약당사자

용선계약서에는 용선자를 'Charterer'로 표시하고, 선주는 'Owner'로 표시한다. 또한 선박을 경영하는 자(operator)가 다른 선주로부터 용선한 선박을 운용할 경우에는 'Chartered Owner'라 표시한다.

나. 화물명세

항해용선에서는 화물의 종류와 수량을 명시하나 정기용선에서는 성격상 화물의 명세를 구체적으로 기재하지 않고 '합법적 상품(lawful merchandise)'과 같이 추상적으로 기재한다. 선박의 항행 범위도 흔히 '세계항로, 단 결빙항은 제외(worldwide radius, icebound ports excepted)'라는 문구를 많이 사용한다.

다. 용선료와 운임

정기용선의 경우는 용선료(hire)를 계약기간에 따라 지급한다. 그러나 항해용선의 경우에는 적재량을 기준으로 운임이 산정된다. 따라서 운임의 기준을 용적, 중량, 가격, 개수 등에서 무엇으로 할 것인가 하는 점과 어떤 금액 또는 요율을 적용할 것인가 하는 점, 그리고 적용할 화폐와 지불의 시기, 할증운임의 적용조건 등을 약정한다.

라. 선내 하역비 부담조건

선내 하역비 부담조건은 선적 및 양하(揚荷)에 따른 비용, 즉 선내 하역인부임(stevedorage)을 선주와 화주 가운데 누가 부담할 것인가를 규정하는 것이다. 이에는 다음 네 가지 방법이 있다.

① Berth Terms : 선적 및 양하에 따른 비용을 모두 선주가 부담하는 조건[09]

② FIO(Free In & Out) : 선적 · 양하에 따른 비용을 모두 화주가 부담하는 조건

③ FO(Free Out) : 선적비용은 선주가 부담하되 양륙비용은 화주가 부담하는 조건

④ FI(Free In) : 선적비용은 화주가 부담하되 양륙비용은 선주가 부담하는 조건

선내 하역비조건은 이를 확대하여 선박회사가 지정한 장소에 화주가 화물을 반입하면 그 후의 책임 및 비용을 모두 선박회사가 부담하는 TRS(Terminal Receiving System)로도 사용되고 있다.

한편 화주와 선박경영자(operator)와의 경비부담조건에 관한 미국식 용어로 Gross term과 Net term이 있다. Gross terms은 항비와 선적, 적부, 양화비 등 모든 경비를 선박경영자가 부담하는 것이고, Net term은 화주가 모두 부담하는 것을 말한다.

마. Not Before Clause

본선이 선적준비 완료예정일 이전에 도착하여도 하역(荷役)하지 않는다고 규정한 문언이다. 선박이 당초 예정되었던 도착일보다 일찍 도착한 경우 준비가 되지

09 정기선의 운임조건은 대부분 이 조건으로 운임이 책정되기 때문에 Berth Terms를 Liner Terms라고도 한다.

아니한 상태에서 하역하게 되면 부선료나 창고료 등 화주에게 추가적인 손실이 발생할 우려가 있기 때문이다.

바. 정박기간

정박기간(laydays 또는 laytime)에 대한 조건은 체선료(demurrage) 및 조출료(despatch)의 부담과 관련된다. 용선계약서에는 화주가 계약화물의 전량을 완전히 선적 또는 양륙하기 위하여 선박을 항만에 정박시킬 수 있는 정박기간을 정하고 있다. 정박기간은 화물의 종류, 양륙지의 상황 및 관습을 고려하여 약정되는데 다음 세 가지가 있다.

① **관습적 조속하역(CQD : Customary Quick Dispatch)조건** : 이 조건은 당해 항구의 관습적 하역방법 또는 하역능력에 따라 가능한 한 조속한 하역을 하기로 약정하는 것이다. 따라서 정박기간을 한정하지 않는 조건이다. 불가항력에 의한 하역 불능일은 정박기간 계산에서 제외되나 일요일과 공휴일을 하역일로 계산할 것인가 여부와 야간작업 등은 특약이 없는 한 그 항구의 관습에 따른다.

② **경과일수(RL : Running Laydays)조건** : 이 조건은 하역기간 개시일부터 종료시까지 계속된 모든 날짜로서 정박기간을 계산하는 방법이다. 우천(雨天), 파업, 기타 불가항력 등에도 불구하고 경과일수는 모두 정박기간에 포함된다. 일요일과 공휴일도 특약이 없는 한 정박기간에 계산된다.

③ **하역가능일(WWD : Weather Working Day)조건** : 이 조건은 하역이 가능한 작업일수만을 정박기간으로 계산하는 방법이다. 현재 가장 많이 사용되고 있다. 일요일과 공휴일은 작업일이 아니므로 정박기간에서 제외된다. 만일 "Sunday and Holiday excepted(even if used)"라 약정한 때에는 일요일 및 공휴일에 작업을 할지라도 정박기간의 계산에서 제외된다. 이를 SHEX라 한다. 그러나 "Sunday and Holiday excepted unless used"로 약정한 때에는 일요일 또는 공휴일에 하역을 하였다면 정박기간에 포함된다.

사. 체선료와 조출료

용선계약서에 명시된 정박기간 내에 하역이 끝나지 않으면 용선자 또는 화주는 초과기간에 대한 체선료(demurrage)를 선주에게 지급하여야 한다. 반대로 지정된 기간보다 일찍 하역한 경우에는 용선자 또는 화주가 선주로부터 조출료(despatch money)를 지급받는다. 조출료는 통상 체선료의 1/2 수준이다.

아. 중개료

Gencon Form에서는 운임수입의 일정률을 중개료(brokerage, commission)로 지급하도록 규정하고 있다. 지급시기는 운임을 징수할 때가 원칙이나 약정에 따라 용선계약에 서명할 때나 선적 완료 시에 지급하도록 할 수도 있다.

자. 위약금(penalty indemnity)조항

불가항력 이외의 사유로 용선계약을 위반하였을 때 위약당사자가 상대방에게 지급하는 배상금(indemnity)에 관한 규정이다. 배상금의 액수는 운임 총액을 초과하지 않는 범위로 제한하는 것이 일반적이다.

1.2 정기선운송과 해운동맹

(1) 해운동맹의 의의

해운동맹이란 특정항로에 취항하고 있는 두 개 이상의 정기선 운항업자가 기업자체의 독립성을 유지하면서 지나친 경쟁을 피하고 상호 간에 이익을 유지, 증진하기 위해 운임, 화물, 배선(配船), 기타 운송조건에 관하여 협정 또는 계약을 체결한 국제카르텔(cartel)을 말한다. 해운동맹은 내부 규약상 가입과 탈퇴의 자유 유무에 따라 개방동맹(open conference)과 폐쇄동맹(closed conference)으로 구분된다.

개방동맹은 북미항로의 여러 동맹과 같이 참여의사와 능력이 있는 선주는 누구나 신규가입 및 탈퇴가 자유롭게 개방된 동맹을 말한다. 이에 비해 폐쇄동맹은 유럽항로의 여러 동맹과 같이 신규가입하려는 경우 기존 질서의 유지를 위해 동맹계약준수의 신뢰성, 선주의 능력과 과거 실적, 항로의 선복 과잉 여부 등을 엄격하게 검토함으로써 가입이 까다로운 동맹을 말한다. 해운동맹의 긍정적 효과는 항로 내 운임질서의 유지, 화주들에 대한 안정된 서비스의 제공, 동맹선사 간의 과당경쟁 방지, 화주들에 대한 균등운임의 적용 등을 들 수 있다. 반면 담합행위를 통한 독점적 이윤의 추구, 비동맹선 이용 화주들에 대한 차별대우 등은 해운동맹의 부정적 측면이라고 볼 수 있다.

(2) 해운동맹의 운영형태

해운동맹은 동맹선사 간의 경쟁을 막기 위해 다음과 같이 대내적 또는 대외적으로 여러 가지 방법을 사용하여 규제를 하고 있다.

1) 대내적 운영방법

동맹선사 간의 경쟁을 막기 위한 규제방법에는 운임협정(rate agreement), 배선협정(sailing agreement), 공동계산제(pooling agreement), 중립감시기구(neutral body)의 설치 등이 있다. 운임협정은 해운동맹의 가장 기본적인 협정으로 공동운임표(common tariff)를 제정하고 회원사에게 이를 준수하도록 요구하는 것이다.

운임의 결정방법에는 운임수준을 고정적으로 정하는 방법(fixed rate agreement), 운임의 최저수준만 정하는 방법(minimum rate agreement), 항로사정에 따라 운임을 정하지 않는 방법(open rate)이 있는데 협정 위반 시 위약금을 부담시키는 것으로 회원사를 규제한다.

배선협정(또는 '항로협정'이라고도 한다)은 운임협정보다 더욱 강화된 경쟁 억제수단으로 항로 내의 배선 선박량을 동맹선사별로 할당하고, 선박의 발착일시와 항해빈도수의 사전조정, 기항지, 적취(積聚)화물의 종류 및 수량에 대해서도 제한을 가하는 것이다.

공동계산제는 동맹선사가 특정항로에서 일정기간 취득한 운임수입 중 소정의 운항비를 공제한 잔여 운임수입을 공동기금으로 배분하며, 일정한 기간이 경과하면

이 동맹선사 간 경력, 실적에 의거하여 미리 정해 둔 비율에 따라 운임수입을 배분함으로써 동맹선사 간 이해를 조정하고 동맹에 대한 구속력을 강화하는 방법이다.

중립감시기구는 동맹선사가 협정을 위반하는지의 여부를 감독하기 위한 기구로 위반선사가 적발되면 범칙금(penalties)을 부과하는 것으로 관리한다. 이러한 감시기구는 활동의 공정성을 위해 동맹 외부의 전문용역회사를 활용한다.

2) 대외적 운영방법

해운동맹에 가입하지 않고 취항 중인 비동맹선사에 대항하고 계약화주를 동맹에 구속하여 두기 위한 방법에는 이중운임제(dual rate system), 충실보상제(fidelity rebate system), 거치환급제(deferred rebate system) 등이 있다.[10]

이중운임제는 계약운임제(contract rate system)라고도 한다. 동맹선만 이용한다는 계약(merchant agreement)을 체결한 화주에게는 비계약 화주에게 부과하는 운임보다 낮은 운임을 적용하는 것이다.

충실보상제는 일정기간에 걸쳐 동맹선에만 선적하여 왔음이 인정되면 기간 중 화주로부터 받은 운임 중 약 10%를 환불해 주는 제도이다. 이 제도는 계약에 의해서가 아니라 동맹선사의 일방적인 조치에 의해 행해진다는 점에서 이중운임제의 경우와 차이가 있고, 거치기간이 없다는 점에서 거치환급제와 차이가 있다.

거치환급제는 보통 6개월의 기간(이를 '계산기간(account period)'이라 한다) 중 비동맹선사를 전혀 이용하지 않고 동맹선만 이용할 경우 그 기간 내에 지불한 운임 중 약 10%를 환불받을 자격을 부여한다. 그 후 계속하여 다음 일정기간(이를 '유보기간(deferred period)'이라 한다)에도 동맹선사만 성실하게 이용하면 화주에게 운임을 환불해 주는 제도이다.

한편 항로 내에 비동맹선사가 운항할 경우 동맹의 이익보호를 위해 비동맹선을 배제조치할 목적으로 대항선(fighting ship)이 운행되기도 한다. 대항선은 동맹선사의 선박 중에서 특정선박을 선정하여 비동맹선사가 영업하는 동일지역에서 저운임으로 운항하는 선박을 말한다. 이때 저운임을 통한 집화(集貨)활동으로 발생한

10 거치환급제를 '운임연환제도' 또는 '운임거치환급제도'라고도 한다.

손해는 동맹 전체의 공동부담으로 한다.

2 항공운송

2.1 항공운송의 의의

항공운송(air transportation)이란 항공기에 의해 승객, 화물을 탑재하고 국내외의 다른 공항까지 운송하는 시스템을 말한다. 항공화물은 전반적인 세계 교역량의 증가와 소비구조 고도화에 따른 고급상품의 거래, 기술의 발달에 따른 화물의 경량 · 소규모화, 인터넷거래 등에 따른 소규모 거래의 증가 등 여러 요인으로 인해 그 역할이 크게 증대되고 있으며, 항공운송은 해상 및 육상운송과 비교했을 때 다음과 같은 세 가지 특징이 있다.

(1) 신속 · 정시성

항공운송의 가장 큰 특징은 신속성과 정시성(on-time operation)이다. 항공운송은 다른 운송수단에 의하는 경우보다 운송기간이 크게 짧고, 정시 발착을 엄격하게 준수하는 정시성을 최우선으로 하고 있다.

(2) 안전성

항공운송은 특히 안전성 확보를 중시하며, 최근 항공기술의 발달에 따라 그 안전성이 매우 높게 나타나고 있다. 이는 항공기 자체의 안전성 향상과 운항, 정비 및 점검기술의 발전과 통신수단의 발달 등에 기인한다.

(3) 경제성

항공운임은 단순한 운임으로는 해상운송에 비해 높으나 포장비, 보험료, 창고료 등의 직접비와 재고품에 대한 투자자본, 관리비 등의 간접비, 그리고 배달시간, 신뢰성 등 보이지 않는 비용을 감안한 종합비용(total cost) 면에서는 충분한 경제성을 갖춘 것으로 평가되고 있다.

2.2 항공화물의 대상품목과 적재방식

(1) 항공화물의 대상품목

① 긴급수요 품목 : 납품기일이 임박한 화물, 계절 유행상품, 투기상품 등

② 장기간 운송을 할 때 가치가 상실되는 품목 : 생화(生花), 생선, 동물, 신문, 잡지, 필름, 원고, 긴급서류 등

③ 부가가치가 높은 품목 : 전자기기, 정밀과학기기, 컴퓨터기기, 통신기기 등

④ 여객과 함께 이동되는 품목 : 휴대품, 상품의 견본, 애완동물 등

⑤ 고가품목이나 화폐 등 : 귀금속, 미술품, 골동품, 화폐, 증권 등

⑥ 다른 운송수단의 대체 : 항만 또는 해운, 육상운송에 있어서의 파업, 벽지운송 등

⑦ 물류관리나 마케팅의 전략적 대상품목 : 경쟁상품보다 신속한 서비스체제 확립의 필요성이 있는 품목, 재고 투자절감을 위한 물류시스템의 합리화 등

(2) 항공화물의 적재방식

초기 항공화물의 운송은 인력에 의한 bulk 탑재가 이루어졌으나 오늘날 전문적인 항공화물의 운송에는 화물의 보호, 신속한 작업 및 취급, 항공사 간의 연계운송, 지상하역작업의 기계화를 통한 합리화, 조업시간 단축에 따른 항공기 가동률 제고 등을 위하여 단위적재용기(ULD : Unit Load Device)가 널리 사용되고 있다.

단위적재용기에는 항공운송에만 사용되는 항공화물용 컨테이너와 팔레트(pallet), 그리고 이글루(igloo)가 있다.

1) Bulk Loading

화물전용기를 제외한 대부분의 항공기는 객실 아래쪽이 화물칸으로 되어 있다. 이와 같은 화물칸에는 대개 개별화물을 인력에 의해 직접 적재한다. Bulk Loading은 제한된 공간에 보다 효율적으로 적재할 수 있는 장점을 가지고 있다.

2) ULD Loading

① **항공화물용 컨테이너(container)** : 별도의 보조장치 없이 항공기 내의 화물칸에 적재 및 고정이 가능하도록 제작된 용기이다. 재질은 주로 알루미늄을 이용하여 컨테이너 자체의 중량은 최소화하되 탑재된 화물의 무게를 견딜 수 있는 강도로 제작되고, 항공기 기체에 손상을 주지 않도록 하고 있다.

② **팔레트(pallet)** : 팔레트는 1인치 이하의 알루미늄 합금으로 만들어진 평판으로, 팔레트 위의 화물을 항공기의 내부 모양과 일치하도록 적재작업한 후 망(net)이나 띠(strap)로 묶을 수 있도록 고안된 장비이다. 대부분의 팔레트는 국제항공운수협회가 제정한 표준규격에 의거하여 제작되고 있으며, 표준사이즈는 88″×108″와 88″×125″이다.

③ **이글루(igloo)** : 유리섬유 또는 알루미늄 등의 재질로 비행기의 동체 모양에 따라 만들어진 항공화물을 넣는 특수한 덮개로서 팔레트와 함께 사용되어 공간을 최대한 활용하도록 고안된 것이다. 이글루를 이용하여 작업을 하게 되면 화물의 출입구를 제외하고 미리 네트가 설치되어 있기 때문에 적재 후의 완성된 윤곽(contour)에 대해 염려하지 않아도 되며 작업도 대폭 개선될 수 있다. 이글루의 규격은 팔레트와 마찬가지로 88″×108″와 88″×125″ 등이 있다.

3 복합운송과 복합운송인

3.1 복합운송의 개념

복합운송이란 출발지에서부터 최종 목적지까지 운송될 때 해상과 육상, 항공운송 중 두 가지 이상의 방식에 의하여 이루어지는 물품운송을 말하며, 실무적으로 복합운송은 컨테이너운송을 의미하는 것으로 사용되기도 한다.

복합운송은 문전(門前)에서 문전(門前)까지(door to door) 서비스를 목적으로 하며 복합운송인이 전체 운송구간에 대하여 책임을 지게 된다. 복합운송의 형태에는 해상운송과 육상운송이 결합된 해 · 륙(海 · 陸)복합운송과 해상운송과 항공운송이 결합된 해 · 공(海 · 空)복합운송이 있다.

3.2 복합운송인

복합운송인은 복합운송계약에 의해 동종 또는 이종(異種)의 운송수단을 조합하여 일관된 운송시스템을 조직하여 화주에 대해 운송계약의 당사자로 행동하는 사람이다. 복합운송인은 화주에 대해 단일책임을 지고 복합운송증권을 발행하는 한 선사, 항공사, 철도회사, 트럭회사, 창고업자, 운송주선인(freight forwarder), 무선박운송인(NVOCC) 등[11] 누구도 될 수 있다. 일반적으로 국제복합운송서비스를 주관하는 복합운송인은 실제운송인(actual carrier)형과 계약운송인(contractual carrier)형의 두 가지로 구별된다.

(1) 실제운송인형 복합운송인

실제운송인형 복합운송인은 선사, 항공사, 철도회사, 트럭회사 등의 운송 실행

11 Non Vessel Operating Common Carrier by Water의 약자로 무선박운송인을 말한다. 이 개념은 1963년 미국의 General Order 4(510−21(b))에 의하여 최초로 법제화되었다.

에 관여하면서 아울러 복합운송인이 되는 운송인이다. 현실적으로 국제화물운송에서 해상운송 부문이 가장 큰 비중을 차지하고 있으므로 해상 컨테이너운송을 하는 선사가 주도적 역할을 수행하고 있다. 최근 컨테이너선이 늘어나면서 선사의 운송 책임도 종래의 Tackle to Tackle(선측에서 선측)에서 Terminal To Terminal로 확대되고, 더 나아가 내륙운송까지 확대하여 국제 간의 Door to Door운송을 일관하여 인수하는 복합운송업자로 바뀌고 있다.

(2) 계약운송인형 복합운송인

계약운송인형 복합운송인은 자기 스스로 선박, 항공기, 철도, 트럭 등의 운송수단을 보유하고 있지 않지만 실제 운송인처럼 운송의 주체(principal)가 되는 운송인이다. 계약운송인은 화물의 인수에서 인도까지 각 단계를 유기적으로 조직함으로써 복합운송인의 기능과 책임을 다한다. 따라서 실제 운송인에 대해서는 화주의 입장에서, 화주에게는 운송인의 입장에서 책임과 의무를 수행한다. 이러한 유형의 복합운송인으로는 해상운송주선인(ocean freight forwarder), 항공운송주선인(air freight forwarder), 통관업자 등이 있다. 이 중 대표적인 것은 해상 및 항공운송주선인이다. 현행 국내법상 운송주선인 중 일부가 여기에 해당한다. 운송주선인형 복합운송인을 법적으로 실체화시킨 것이 미국의 NVOCC이다.

계약운송인형 복합운송인의 하나가 되기도 하는 운송주선인(freight forwarder, 흔히 '포워더'라 부른다)은 Forwarding Agent, Shipping Agent, Shipping & Forwarding Agent, Air Freight Agent를 총칭하는 개념이다. 이들은 두 가지 기능을 수행하고 있다. 하나는 전통적인 운송주선인의 기능이고, 다른 하나는 운송주체자로서의 기능이다.

전통적인 운송주선은 운송을 위탁한 고객의 대리인으로서 송화인의 화물을 인수하여 수화인에게 인도할 때까지의 집화(集貨), 입출고, 선적, 운송, 보험, 보관, 배달 또는 통관 등 일체의 업무를 부분적 또는 전체적으로 '주선'하는 것이다. 운송주체자로서의 기능은 스스로가 운송계약의 주체자인 복합운송인으로서 운송의 전 과정을 주선할 뿐 아니라 복합운송증권을 발행하여 전 구간에 대한 운송의 책임을

'부담'하는 것이다.

운송주선인이 하는 업무를 단위별로 보면 ① 운송의 수배, ② 보험의 수배, ③ 포장, ④ 창고보관, ⑤ 관계서류의 작성과 전달, ⑥ 화물의 통합, 분배, 혼재, ⑦ 본선과의 화물 인·수도, ⑧ 운송관련 상담 등 상당히 다양하다.

(3) 운송주선인과 혼재서비스

혼재서비스(consolidation service)는 운송주선인들이 가장 많이 하는 업무이다. 혼재(consolidation)란 소량 컨테이너화물(LCL화물)을 집화하여 컨테이너 단위화물, 즉 FCL화물로 단위화하는 것을 말한다.

① Buyer's Consolidation : 운송주선인이 한 사람의 수입상으로부터 위탁을 받아 다수의 수출상으로부터 화물을 집화하여 컨테이너에 혼재한 후 그대로 수입상에게 운송하는 형태이며, CFS(LCL)−CY(FCL)형태로 운송된다.

② Forwarder's Consolidation : 운송주선인이 여러 화주의 소량 컨테이너화물을 CFS에서 혼재한다. 혼재된 화물은 목적항의 CFS에서 화주별로 분류되어 해당 수입상에게 인도된다. 이 운송형태는 운송주선인이 하는 업무 중 가장 보편적인 형태이며, 이때 운송주선인의 수입은 LCL을 혼재하여 FCL로 단위화함에 따라 발생하는 운임차액과 창고료 등이 있다.

③ Shipper's Consolidation : 이는 수출상이 여러 수입상에게 송부될 화물을 혼재하는 것이다. 수출상은 한 사람이고 수입상은 다수일 때 운송되는 방법이다. 현실적으로는 각 화물의 행선지와 인도시기 등 여러 가지 복잡한 문제로 인해 거의 이루어지지 않는다.

한편 운송주선인이 자체적으로 집화한 소량 화물을 FCL로 단위화하기에 부족한 경우 또는 소량 초과하는 경우 동일목적지의 LCL을 많이 확보하고 있는 타 운송주선인에게 공동혼재(joint consolidation)를 의뢰하여 FCL로 만들어 선적하기도 한다. 이는 소량화물의 신속·경제적인 선적을 도모하기 위한 혼재업자 간의 업무를 협조하기 위함이다.

(4) 운송주선인이 발행하는 운송서류의 효력

신용장통일규칙에는 운송주선인이 발행하는 운송서류의 효력과 관련된 규정이 있다.[12] 이에는 신용장에 별도로 수권되어 있지 않는 한, 서류에 다음과 같은 사항이 표시되어 있을 경우 운송주선인이 발행한 서류를 은행이 수리하도록 규정하고 있다.

① 운송주선인의 명의가 운송인 또는 복합운송인으로 표시되어 있으며, 운송주선인이 운송인 또는 복합운송인으로서 서명하였거나 기타의 방법으로 인증한 서류

② 운송인 또는 복합운송인의 명의를 표시하고 있으며, 운송주선인이 운송인 또는 복합운송인의 지명된 대리인 또는 대행자로 서명하였거나 기타의 방법으로 인증한 서류

이 규정은 운송주선인이 운송인, 복합운송인 또는 이들의 대리인으로서 자격을 갖추지 않고 다만 운송주선인의 자격으로 발행한 운송서류는 수리가 거절된다는 것을 의미하며, 이는 FIATA 복합운송서류와 같이 국제적으로 공인된 기구의 운송서류 양식을 사용하였다 해도 마찬가지이다. 물론 운송주선인이 운송인 또는 복합운송인의 자격으로 발행한 서류일지라도 증권이 수리되기 위해서는 화물이 발송, 탁송 또는 본선에 적재되었다는 사실이 표시되어야 한다. 이때 신용장에서 해상선하증권을 요구하는 경우에는 별도의 명시가 없으면 본선적재를 표시하고 있어야 하고, 복합운송증권을 요구하는 경우에는 본선적재, 발송 또는 수탁의 표시가 있어야 한다.

12 UCP 600 제20조

4 복합운송의 경로

4.1 복합운송경로의 개관

오늘날 세계 무역시장은 한 · 중 · 일의 극동과 북미, 유럽으로 크게 세 가지로 나뉜다. 따라서 무역화물도 이 세 개의 시장을 중심으로 동 · 서로 대량 운송되고 있다. 이때 화물의 운송은 전 구간을 해상으로 운송하거나 항공으로 운송하는 경우도 있지만 해상과 육상운송이 결합되는 해 · 륙(海 · 陸)복합운송과 해상과 항공운송이 결합되는 해 · 공(海 · 空)복합운송 등 두 개 이상의 운송수단을 결합하는 복합운송도 널리 이용되고 있다. 대부분의 화물이 운송되는 해상 또는 이와 연계되는 복합운송으로서 우리나라와 유럽 및 북미지역과의 주요 운송경로는 다음과 같다.

(1) 우리나라 – 유럽

① 우리나라 – 보스토치니 – SLB(Siberian Landbridge) – 유럽 ⇒ 복합운송

② 우리나라 – 북미 서안(西岸)항만 – ALB(American Landbridge) 또는 CLB(Canadian Landbridge) – 유럽 ⇒ 복합운송

③ 우리나라 – 수에즈(Suez)운하 경유 – 유럽 ⇒ 전 구간 해상운송

④ 우리나라 – 파나마(Panama)운하 경유 – 유럽 ⇒ 전 구간 해상운송

⑤ 우리나라 – 케이프타운(Cape Town) 경유 – 유럽 ⇒ 전 구간 해상운송

(2) 우리나라 – 북미

① 우리나라 – 북미 서안(西岸)항만 ⇒ 전 구간 해상운송

② 우리나라 – 파나마운하 경유 – 북미 동안(東岸) 항만 ⇒ 전 구간 해상운송

③ 우리나라 – 북미 서안(西岸)항만 – MLB(Mini Landbridge) – 북미 동안(東岸) 항만 ⇒ 복합운송

④ 우리나라 – 북미 서안(西岸)항만 – Micro Landbridge(IPI service) – 북미내륙

⇒ 복합운송

⑤ 우리나라 – 북미 동안(東岸)항만 – Reversed Micro Landbridge(Reversed IPI service) – 북미내륙 ⇒ 복합운송

⑥ 우리나라 – 북미 서안(西岸)항만 – OCP(Overland Common Point) – 북미내륙 ⇒ 복합운송

이와 같은 운송경로는 거리에서 차이가 있고 이용에 따른 장단점도 다르기 때문에 무역특성에 맞는 적정한 운송경로의 선택이 필요하다.[13] 여기에서는 복합운송경로에 대하여 살펴보기로 한다.

4.2 해 · 륙(sea–land)복합운송

복합운송에서 흔히 사용되는 용어인 랜드브리지(landbridge)란 해상과 육상운송이 연결되는 복합운송이 실현됨에 따라 해상–육상–해상으로 이어지는 운송구간 중 중간구간인 육상운송구간을 의미한다. 이것은 이 구간이 마치 교량과 같은 역할을 한다는 의미에서 부르는 것이다. 랜드브리지구간에서의 운송은 철도 또는 도로운송방식이 주로 이용된다.

랜드브리지의 목적은 운송비용의 절감과 운송시간의 단축에 있으며, 랜드브리지로 연결되는 항만은 내륙운송, 특히 철도망과 접근이 용이한 소수의 항만이다. 랜드브리지는 [그림 9–5]와 같이 2구간 랜드브리지와 3구간 랜드브리지의 두 가지가 있다.

13 부산과 유럽의 대표적 무역항인 네덜란드 로테르담과의 거리는 운송경로에 따라 다음과 같은 차이가 있다. ① SLB : 약 13,000km, ② ALB : 약 19,000km, ③ 수에즈운하 경유 전 구간 해상운송 : 약 20,700km, ④ 파나마운하 경유 전 구간 해상운송 : 약 24,000km, ⑤ 케이프타운 경유 전 구간 해상운송 : 약 27,000km

| 그림 9-5 | 랜드브리지의 형태

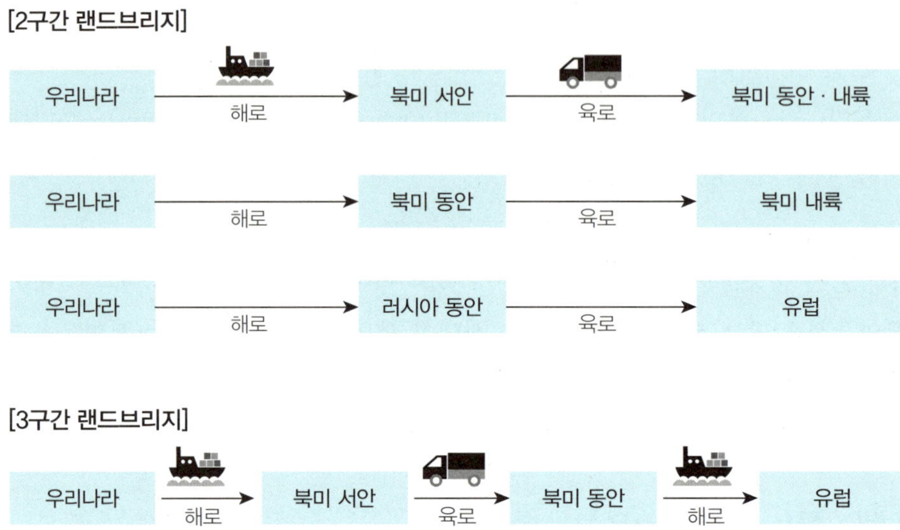

2구간 랜드브리지에서 부산에서 북미 쪽으로의 운송은 북미 랜드브리지의 일종인 MLB와 Micro Landbridge, OCP, 그리고 Reversed Micro Landbridge를 의미한다. 같은 2구간 랜드브리지에서 부산에서 유럽으로 운송되는 경로는 SLB이며, 3구간 랜드브리지는 북미 랜드브리지의 일종인 ALB 또는 CLB를 의미한다.

(1) 북미 랜드브리지

1) ALB(American Landbridge)

ALB는 북미 랜드브리지에서 가장 대표적인 랜드브리지이다. ALB는 우리나라, 일본 등 극동의 항만에서 출발한 화물을 미국 서안(西岸)의 주요 항만[14]까지 해상운

14 부산을 출발한 선박이 기항하는 미국 서안의 주요 항만으로는 Seattle, Tacoma, Longview, Oakland, San Diego, San Francisco, Los Angeles, Long Beach 등이 있고, 캐나다 서안의 항만으로는 Vancouver가 있다. 2000년 7월 현재 이 항로에는 16개 선사가 취항하고 있다. 한편 미국 동안 또는 걸프만의 주요 항만으로는 Halifax, New York, Philadelphia, Baltimore, Norfolk, Wilmington, Charleston, Savannah, Jacksonville, Miami, Houston 등이 있고, 캐나다 동안에는 Tronto와 Montreal항이 있다. 이 항로에는 14개 선사가 취항하고 있다.

송한 뒤, 철도를 이용하여 미국 동안(東岸) 또는 걸프만 연안의 항만으로 운송하고 다시 해상운송으로 유럽지역 항만까지 운송하는 일관운송서비스이다. ALB는 1972년 Seatrain사가 처음으로 랜드브리지의 운임을 공표하고 영업을 개시함으로써 시작되었으며, 그 후 중동전쟁 등으로 수에즈운하를 경유하는 극동–유럽항로가 원활치 못하자 이후 큰 각광을 받기도 하였다.

2) CLB(Canadian Landbridge)

CLB는 1979년 시작되었으며, 극동의 항만에서 캐나다 서안의 항만(밴쿠버 또는 미국의 시애틀)까지 해상운송한 다음 그곳에서 철도를 이용 캐나다 동안의 항만(몬트리올 또는 핼리팩스)까지 운송하고, 다시 해상운송으로 유럽의 각 항만까지 운송하는 일관운송서비스이다.

ALB와 CLB는 극동–유럽의 전 구간 해상운송에 해운동맹이 지배하는 정기항로에 끼여드는 동맹 외 회사의 선박 등이 양질의 저렴한 서비스를 제공함에 따라 운송기간이나 운임 면에서 전 구간 해상운송보다 우위성이 약해졌다. 또한 SLB도 활성화됨에 따라 상대적으로 경쟁력이 크게 떨어져 전반적으로 이용이 부진한 상태이다.

3) MLB(Mini Landbridge)

MLB는 극동에서 북미의 뉴욕항로, 걸프만항로 등의 전 구간 해상운송에 대한 경쟁항로이다. MLB는 Seatrain사에 의해 개발되어 ALB와 함께 1972년부터 개시된 복합운송서비스이며, 미국 서안의 항만에서 미국 동안의 항만으로 화물을 Port to Port운송을 함으로써 극동에서 파나마운하를 경유하여 미국 동안 항만으로 운송되는 전 구간 해상화물운송을 대체하는 서비스로 활용된다.[15] 또한 랜드브리지와 MLB의 차이점은 랜드브리지가 해상운송–육상운송–해상운송의 과정인 데 비해 MLB는 해상운송–육상운송의 과정만을 포함한다는 것이다.

15 극동–뉴욕 간의 화물운송에 있어 MLB를 이용하는 것이 전 구간 해상운송보다 약 일주일 정도 운송기간이 단축되고 있다.

4) Micro Landbridge

이것은 통상 IPI(Interior Point Intermodal)서비스로 불려진다. IPI는 미국 서안 항만으로부터 미국 내 주요 내륙지점의 철도터미널 또는 선박회사의 CY나 CFS까지 화물을 운송하여 인도하는 복합운송서비스이며, 1980년부터 Sea Land사가 제공하기 시작하였다. IPI서비스는 MLB와 같이 선사가 통과선하증권(through B/L)을 발행하여 내륙지점까지 운송하고, 그 이후의 운송은 통상 수화주가 책임을 진다.

| 그림 9-6 | IPI 운송경로

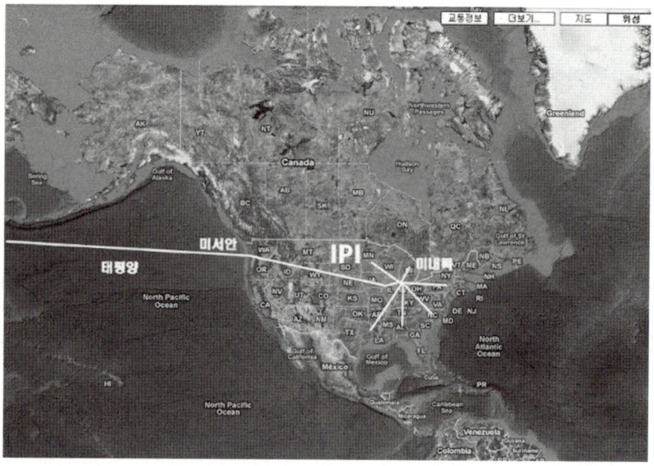

5) Reversed Micro Landbridge

이것은 RIPI(Reversed Interior Point Intermodal)서비스로도 불려지며, 극동에서 파나마운하를 경유하여 미국 동안 항만까지 해상으로 화물을 운송한 다음, 그곳에서 철도, 트럭 등에 환적하여 미국 내륙지방의 목적지로 운송하는 복합운송서비스이다. RIPI는 IPI서비스에 대항하기 위해 1980년부터 미 동안의 기항선사인 U.S Line과 Mas Line 등에 의해 시작되었으며 IPI서비스보다 운임은 싼 편이나 운송기간은 더 많이 소요된다. 이 서비스는 주로 미국 동안에 가까운 내륙 도시행 화물운송에 사용되고 있다.

| 그림 9-7 | RIPI 운송경로

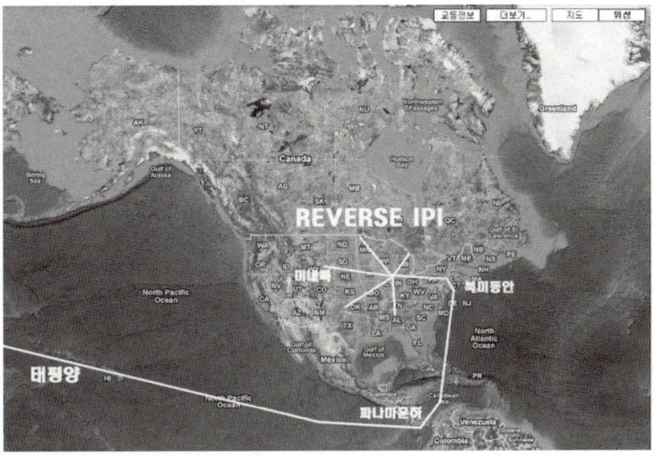

6) OCP(Overland Common Point)

이것은 미국 로키산맥 동쪽의 내륙, 동안 및 걸프만 연안을 최종 목적지로 운송되는 서비스이다. OCP서비스는 선박회사가 미국 서안 항만까지의 선하증권을 발급하는데, 선하증권에는 화물의 양하항과 함께 OCP지역의 지명이 최종 목적지란에 기재된다. 그러나 전통선하증권이 아니므로 선사가 최종 목적지까지 운송책임을 지는 것은 아니다. 이 서비스는 양하항에서 OCP 목적지까지의 운송은 운임이 별도로 되어 있으며, 보통 화주의 부담으로 선사가 수배하는 형식으로 이루어져 있으며 MLB나 IPI와 달리 운송수단에 따라 운임요율표(tariff)가 구분되어 각 운송편의 독자적인 요율표에 따르며 품목별로 세분되어 운임률에 차등이 있는 특색이 있다.

7) Mexican Landbridge

멕시코 태평양 연안의 살리나쿠르스(Salina Cruz)항과 멕시코만의 코아트사코알코스(Coatzacoalcos)항 간의 182마일을 연결하는 랜드브리지를 의미하며 이용 실적은 저조한 편이다.

(2) 시베리아 랜드브리지(Siberian Landbridge)

SLB는 TSR(Trans Siberian Railroad), 즉 시베리아 횡단철도를 이용하여 극동지역의 우리나라와 일본을 비롯하여 동남아, 호주 등과 유럽대륙, 스칸디나비아반도 및 중동 간을 연결하는 복합운송시스템이다. 이때 화물은 우리나라, 일본 등의 항만으로부터 러시아 극동의 보스토치니(Vostochny)항과 나홋카(Nakhodka)항으로 해상운송한 다음 철도로 시베리아를 횡단하며, 러시아 서부의 동구제국 국경이나 중동에 근접한 국경에 이른 화물은 다시 철도, 선박 또는 트럭을 이용하여 동 · 서구, 스칸디나비아반도, 지중해 연안국, 이란 등 최종 목적지로 이송된다.

SLB는 1971년 처음으로 서비스를 개시하였으며, 우리나라는 1973년부터 일본항구를 경유하여 이 서비스를 이용하기 시작하였다. 그 후 러시아와 국교가 수립되면서 부산과 보스토치니를 잇는 직항로가 개설되어 운용되고 있다.

또한 SLB의 경로는 상당히 다양하다. 먼저 러시아 동부의 보스토치니나 나홋카로부터 러시아 서부의 국경까지 철도에 의해 운송된 화물이 어떤 운송수단과 결합하여 최종 목적지까지 운송되느냐에 따라 Trains Rail과 Trains Sea, Tracons의 세 가지 형태로 나누어지고 그 외에 중국대륙을 관통하는 TCR(Trans China Railway)을 이용하여 TSR과 연결되는 복합운송경로도 넓게 보아 SLB에 속한다고 볼 수 있다.

SLB는 극동과 유럽 간 운송거리가 해상운송에 비해 짧기 때문에 운송일수가 상대적으로 짧고 운임도 저렴한 편이다. 또한 유럽 내륙지점까지 접근이 양호하여 효율적인 Door to Door서비스가 가능한 장점이 있다. 그러나 극동과 유럽과의 교역은 대체로 극동에서의 유럽으로의 수출물량이 많아 공(空) 컨테이너의 수급불균형 문제가 발생하기도 하고, 혹한지역인 시베리아를 통과함에 따라 동절기에는 화물의 동파(凍破) 등의 문제가 발생하기도 하는 단점이 있다. 그 외에도 러시아의 사회 · 경제적인 여건으로 화물운송의 안전성 · 확실성 · 신속성이 저해되는 경우가 있고, 화물운송정보의 원활한 교류에 문제가 발생하는 경우도 있다.

TCR은 아시아 대륙과 유럽을 연결하는 랜드브리지의 하나로, 중국대륙을 통과하여 TSR과 접속하여 유럽과 연결되는 운송시스템을 말한다. TCR에 연결되는 중국 내 항만으로는 대련항, 청도항, 천진항, 연운항 등이 있다. 이 중 가장 많은 관심을 끄는 운송경로는 연운(連雲)항을 출발하여 우루무치를 경유하는 것이다. 이는 중국 서북단의 국경역인 아라산커우까지 철도로 운송한 후 여기서 컨테이너 환적 시설을 이용하여 카자흐스탄을 경유, TSR과 접속하여 유럽 또는 중동과 연결되는 운송시스템이다.

TCR은 운송거리상 극동과 유럽을 연결하는 최단 코스로 TSR의 경우보다도 약 2,000km의 거리가 단축된다. 따라서 운송기간 단축과 운송비 면에서 상당히 유리

| 그림 9-8 | SLB의 경로

한 점이 있다. 또한 위도상으로 TSR보다 낮은 지역에 위치하기 때문에 동절기의 혹한에도 상품 손상의 위험이 적다는 점이 장점이다. 그러나 TCR은 TSR과 반드시 연계되어야 하므로 경쟁관계가 되는 TSR의 협조를 받아야 하는 문제가 있다. 이 때문에 TCR의 운임이 TSR보다 현저하게 낮기 어렵다. 또한 TCR은 TSR과 철도 폭의 차이(TSR은 광궤 1,520mm, TCR은 표준궤 1,435mm)로 인해 중국 국경에서 반드시 환적되어야 하는 단점이 있다. 아울러 운송서비스에 대한 관계국 간 운영상의 협조문제, 컨테이너 환적 및 창고시설의 미비 등으로 인해 원활한 운송서비스에는 다소 시간이 걸릴 것으로 예상되고 있다.[16] SLB의 구체적 경로는 [그림 9-8]과 같다.

4.3 해 · 공(sea-air)복합운송

(1) 해 · 공복합운송의 의의

해 · 공복합운송은 해상운송의 저렴함과 항공운송의 신속성을 결합함으로써 비용과 운송시간의 경제성을 최대화하려는 제3의 복합운송방식이다. 즉 전 구간에 항공운송을 이용하는 경우 운임이 너무 높고, 전 구간 해상운송을 이용하는 경우 운송일수가 너무 걸린다는 문제점을 효과적으로 극복하기 위해 활용되는 운송방식이다.[17] 그러나 해 · 공복합운송은 해 · 륙복합운송과 같이 일관성 있는 형태로 화물운송이 이루어지지 못하고, 중계지에서의 환적을 기본요건으로 한다. 따라서 중계지에서 화물처리의 신속성 · 정확성 · 경제성 · 안전성의 확보 여부가 이 형태에 의한 운송의 결과를 좌우하게 된다.

해 · 공복합운송이 시작된 것은 1956년 미국의 Flying Tigers사가 일본으로부터 수입상품을 미국 중서부나 동부 연안으로 운송하기 위해 최초로 시도하면서부터였

16 전일수, 국제복합운송시스템, 21세기 한국연구재단, 1997, pp.288~292.

17 부산-북유럽 간 운송을 가정할 때 Sea-Air운송은 전 구간 해상운송에 의할 경우보다 운송시간의 약 2/3를 단축하고, 전 구간 항공운송에 의할 경우보다 운송비용은 60% 이상 절감할 수 있는 것으로 조사되고 있다. 전일수, *Ibid.*, p.297.

다. 1970년대 들어 외항 컨테이너선의 운송이 본격화됨에 따라 해 · 공복합운송도 기술 · 서비스 · 운임 면에서 경쟁력을 갖춘 운송시스템으로 점차 정비되었다. 특히 1980년대 후반부터 해 · 공운송을 전문으로 하는 운송주선업자(freight forwarder)들이 본격적으로 등장하고, 운송경로와 소요일수가 다종(多種) · 다양화(多樣化)되었을 뿐 아니라 운임이 하락하면서 해상운송, 항공운송과 마찬가지로 하나의 정형화된 운송방법으로 정착하게 되었다. 해 · 공복합운송은 최종 목적지에서는 항공화물로 취급되므로 항공운송으로서의 특성이 비교적 강하다.

오늘날 해 · 공운송은 다음과 같은 요인이 작용하고 있기 때문에 많은 주목을 받고 있다.

① 범세계적 생산 · 판매의 국제경영활동이 증가함에 따라 국제물류활동의 중요성이 강조되면서 적시(適時)운송(JIT : Just In Time)의 채택이 필수화되고 있다는 점이다. 특히 인터넷에 의한 중간재 구매(B2B)의 확대는 배송의 정확성을 더욱 크게 요구하므로 향후 물류의 중요성도 더욱 높아질 것으로 예상된다. 따라서 이에 대한 강점을 가진 해 · 공 복합운송이 운송의 주요 대안으로 등장하고 있다.

② 인터넷에 의한 B2C, C2C거래를 포함하여 부피와 무게는 적으나 고가의 상품거래가 증가하고 있다는 점이다. 이러한 거래는 항공 또는 해 · 공복합운송을 이용한 운송을 증가시키는 요인이 된다.

③ 적절하고 효과적인 항공기의 이용이 가능해졌다는 점이다. 해 · 공복합운송의 스케줄 조정을 강화시키는 기술 및 화주에 대한 다양한 정보제공기술이 증진되었기 때문이다.

④ JIT 및 범세계적인 분배시스템과 연계되어 경제성 측면에서 전 구간 해상운송이나 항공운송에 대한 대안으로서 가능성이 증대되었다는 점이다.

해 · 공복합운송의 특성은 그 운송거리가 길수록 해상운송에 비하여 운송일수의 단축률이 높아지고, 또한 항공운송에 비하여 운송비도 낮아진다는 점이다. 무역상품의 운송에 있어 물품의 화주는 저렴한 운송비율을 중시하면 해상운송을, 운송의 긴급성을 중시하면 항공운송을 선택할 것이다. 또한 해 · 공복합운송의 장점은 해상운송의 저운임과 항공운송의 신속성이라는 장점을 교묘하게 조화시킬 때 가능하다. 현실적으로 원래 해상운송을 예정하였으나 납기가 지연되고, 또 전체 구간을 항공으로 운송하기에는 약간의 여유가 있을 때도 유용하게 이용될 수 있다.

(2) 해 · 공복합운송의 주요 경로

해 · 공복합운송은 극동지역에서 미국 서안을 거쳐 유럽으로 향하는 장거리 운송경로를 중심으로 발전해 왔다. 우리나라를 출발한 화물에 적용되는 운송경로에는 [그림 9-9]와 같은 것이 있다.

❙ 그림 9-9 ❙ 해 · 공복합운송의 경로

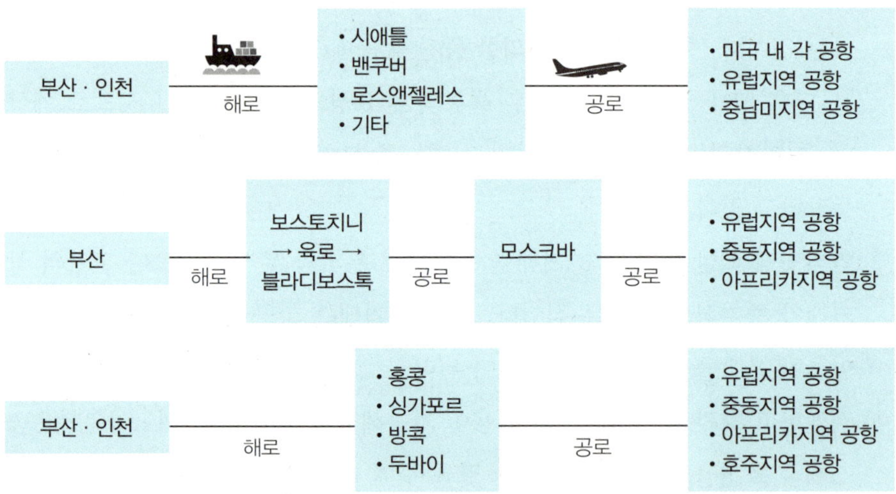

(3) 해 · 공복합운송 서비스방식

해 · 공복합운송서비스는 당초 항공사에 의해 시작되었다. 오늘날 서비스를 주도하는 것은 항공사, 운송주선인(포워더), 브로커(space broker) 등 세 주체이다. 이 중 두드러진 활동을 보이고 있는 것은 바로 운송주선인이다.

항공회사가 주도하는 서비스는 항공사가 자사의 항공노선을 기반으로 하여 해상운송과 결합한 운송경로를 설정하여 서비스를 판매하는 방식이다. 일반적으로 항공사가 선사 또는 운송주선인과 계약을 해서 화물의 취급을 의뢰하고, 선사의 선복(space)을 예약하여 스케줄을 세운 다음 그 스케줄에 의해서 항공화물대리점을 통해 집하(集荷)하고 운송한다.

운송주선인이 주도하는 서비스는 운송주선인(항공화물대리점, 혼재업자, 해 · 공운송전문업자 등)이 복합운송인으로서 선사와 항공사를 하청운송인으로 이용하는 방식이다. 운송주선인은 화주와는 단일 운송계약하에 통과운송장(through consignment note) 또는 통과선하증권을 발행하고, Door to Door 복합운송서비스를 제공한다.

이때 브로커가 주도하는 서비스는 브로커가 해 · 공운송경로를 설정하여 운송주선인에게 도매를 하는 것으로, 원칙적으로는 화주에게 직접 판매하지는 않는다. 즉 브로커는 선사와 항공사로부터 스페이스를 확보하고 일관운임과 서비스를 설정한 상품을 운송주선인에게 도매로 판매하고, 운송주선인이 화주에게 직접 판매하는 방식이다. 운송주선인은 브로커의 도매가격에 자신의 수수료 등 이익을 가산하여 자기 명의의 복합운송증권을 발행한다.

5 컨테이너운송

5.1 컨테이너에 의한 화물운송의 의의

컨테이너가 전 세계적으로 널리 쓰이기 시작한 것은 1960년대 이후의 일이다. 우리나라의 경우는 1970년대부터 사용이 본격화되기 시작하여 오늘날 대부분의 국제화물운송이 컨테이너에 의존하고 있다.

컨테이너가 이와 같이 널리 사용되게 된 것은 화물운송에 있어서의 경제성과 안전성, 그리고 신속성이 재래적인 운송방법에 비해 매우 뛰어나 화주(貨主), 선박운송업자, 도로(철도)운송업자, 항공운송업자 등 여러 부문의 이용자에게 유익하기 때문이다. 컨테이너화물운송이 경제성을 갖게 되는 것은 상품의 포장비용, 하역(荷

役)비용, 보관비용, 인건비용, 운임 등이 절감될 수 있고, 안전성은 컨테이너 용기 자체가 온·습도 등 자연현상에 의한 손실을 방지할 수 있다. 또 신속성은 하역시간의 단축, 운송서류의 간소화, 해상운송과 육상 또는 항공운송이 연결되는 복합운송 등에 의하여 전체 배송(配送)시간이 크게 단축될 수 있다.

5.2 컨테이너와 화물의 취급

(1) 컨테이너의 규격과 재질

어떤 운송기구를 컨테이너로 볼 것인가에 대하여는 명확한 정의가 없으나, 관세청은 리프트 밴(lift van), 가반탱크 및 이와 유사한 일종의 운송기기로 다음 요건을 갖춘 것을 컨테이너로 규정하고 있다.[18]

① 물품보관을 위한 격실이 형성되도록 완전히 또는 부분적으로 둘러싸여 있어야 한다.

② 항구적인 성질을 가지며 따라서 반복 사용에 적합할 정도로 견고하여야 한다.

③ 도중에 재적재(再積載)함이 없이 하나 또는 그 이상의 운송수단에 의하여 물품의 수송을 용이하게 하도록 특별히 설계되어 있어야 한다.

④ 하나의 운송수단에서 타 운송수단으로 환적될 때 용이하게 취급되도록 설계되어 있어야 한다.

⑤ 물품의 적입 및 적출이 용이하도록 설계되어 있어야 한다.

⑥ 1㎥ 이상의 내부용적을 가지고 있어야 한다.

⑦ 컨테이너협약 부속서 4에 게기된 컨테이너의 기술적 조건을 충족하여야 한다.

컨테이너는 일정한 규격으로 만들어져 있다. 현재 해상운송에서 사용되고 있는 컨테이너는 폭과 높이는 모두 8ft(약 2.5m)이나 길이는 20ft(약 6m), 40ft, 45ft 등으로 나누어진다. 이는 국제표준화기구(ISO : International Standardization

18 컨테이너관리에 관한 고시(관세청고시 98-47)

Organization)의 권고에 의한 것이며, 이와 같은 다양한 규격의 컨테이너 중에서 길이가 20ft인 컨테이너를 TEU(Twenty foot Equivalent Unit), 40ft인 컨테이너를 FEU(Forty foot Equivalent Unit)라 하여 물동량 산출의 표준적 단위로 삼고 있다.[19]

컨테이너의 재질은 철강(steel), 알루미늄(aluminium), FRP(Fiberglass Reinforced Plastics) 등으로 이루어진다. 철강은 제조원가가 싸지만 녹이 잘 쓸고 무거운 것이 단점이다. 또한 알루미늄은 가볍고 외관이 보기 좋은 반면 쉽게 손상되고 가격이 비싼 것이 단점으로 지적된다. FRP는 철강 프레임과 합판의 양면에 FRP를 부착하여 만든 컨테이너로 얇고 열전도율이 낮은 것이 장점이나, 다소 무겁고 재료가 비싸다는 점이 단점이다.

(2) 컨테이너의 종류

① **일반건화물 컨테이너(general cargo container or dry container)** : 가장 많이 사용되는 컨테이너로 일반잡화의 운송에 사용된다.

② **냉동 컨테이너(reefer or refrigerated container)** : 채소, 육류, 어류, 과일 등의 냉장식품운송에 사용되는 컨테이너이며, 내부온도는 보통 −26℃에서 −28℃까지 유지된다.

③ **보냉 컨테이너(insulated container)** : 과일, 야채 등을 적재할 때 화물의 온도상승을 방지하기 위해 드라이아이스를 넣어 일정한 온도를 유지하는 컨테이너이다.

④ **통풍 컨테이너(ventilated or pen container)** : 살아있는 동 · 식물이나 과일, 야채 등을 운송할 때 이들의 호흡작용을 돕기 위해 통풍구를 낸 컨테이너이다.

⑤ **bulk container** : 곡물 등의 산물(散物)을 담는 컨테이너이며, 3개의 출입구가 컨테이너 지붕에 있고 전면 하부에 출구가 있다.

19 1999년의 경우 컨테이너를 통해 수출입된 물동량은 767만 TEU였다. 이 중 644만 TEU(전체의 84%)가 부산항을 통하여 수출입되었다. 20ft와 40ft 컨테이너의 적재물량은 용적이 각각 32.9cbm과 67.0cbm이고, 중량은 각각 24ton과 30ton이다.

⑥ tank container : 액체상태의 식품, 유류, 주류 등을 수송하기 위한 컨테이너이며 유조선이 대표적이다.

⑦ open top container : 파이프, 철근 등의 장척(長尺)물 또는 중량물 등의 운송에 주로 이용된다. 오픈 탑 컨테이너는 컨테이너 상부로 화물을 적출입할 수 있도록 윗부분이 개방식으로 되어 있다.

⑧ flat rack container : 승용차, 기계류, 목재 등의 화물운송 시에 이용되는 컨테이너이며, 지붕, 측면, 단벽을 제거하고 네 개의 기둥만 가지고 있다. 또한 밑부분은 견고하고, 화물을 고정시키는 장치가 있다. 이는 분해결합형 컨테이너의 일종이다.

⑨ platform container : 중량화물이나 부피가 큰 화물을 운송하기 위한 상면(床面)구조의 컨테이너이다.

⑩ car container : 자동차의 운송을 목적으로 자동차의 크기와 높이로 구조물만 설치된 컨테이너이다. 2단 적재도 가능하게 되어 있다.

⑪ garment container, hanger container : 양복, 숙녀복 등의 의류를 옷걸이에 걸린 상태로 적입할 수 있도록 만들어진 컨테이너이다. 이 컨테이너는 의류를 보호하고 다림질 없이 즉시 전시 판매할 수 있도록 하기 위하여 사용한다.

(3) 컨테이너화물의 인도와 선적

컨테이너 규격과는 관계없이, 그리고 화물이 컨테이너에 가득 채워졌는지에 관계없이 한 컨테이너에 단일 화주의 화물이 실리는 것을 FCL(Full Container Load)화물이라 한다. 반면 여러 화주의 화물이 하나의 컨테이너에 혼적(混積)되는 경우를 LCL(Less than Container Load)화물이라 한다. LCL화물은 대개 목적항이 같은 다른 LCL화물과 혼재되어 운송된다. 이와 같이 외국으로 운송해 갈 LCL화물을 조작하여 컨테이너에 적입(積入)하거나 외국에서 운송되어 온 LCL화물을 화주에 따라 분류하는 장소를 CFS(Container Freight Station)라 한다. CFS는 대개 항구 내, 항구에 인접한 지역 또는 ICD에 있으며 보세구역으로 지정되어 있다.[20]

20 ICD는 Inland Clearance Depot, Inland Container Depot 또는 Inland Dry Depot를 의미한다.

FCL화물은 매도인에 의해 직접 적입이 이루어지며, 일반적인 컨테이너화물의 적재 · 인도 · 선적과정은 다음과 같다.

먼저 선박회사와의 합의하에 화주가 공(空)컨테이너를 컨테이너의 인도, 인수 또는 보관이 이루어지는 장소인 CY(Container Yard)에서 자신의 공장이나 창고까지 운반한 다음, 수출통관된 화물을 자신의 책임하에 컨테이너에 적입한다. 화물을 적입할 때 화주는 컨테이너 적치표(CLP : Container Load Plan)를 컨테이너별로 작성하여야 한다. 적입이 완료되면 선사가 지정한 CY까지 운반하여 CY Operator에게 인도한다. 이때 화주는 CLP와 수출신고필증, 그리고 자신이 서명한 기기인수도증(EIR : Equipment Interchange Receipt)을 함께 제출하여야 한다. 화주가 적재된 컨테이너를 CY에서 CY Operator에게 인도하면 선박회사의 대리인인 CY Operator가 부두수취증(D/R : Dock Receipt)을 발행하여 화주에게 교부한다. 부두수취증을 발급받은 화주는 이 D/R과 상환으로 선박회사로부터 수취선하증권인 컨테이너 선하증권(Container B/L)을 발급받는다. 선박회사는 화주에 의하여 봉인된 컨테이너를 CY에서 인수, 보관하였다가 자신의 책임하에 본선에 적재한다.

LCL화물은 화주가 자신의 공장이나 창고에서 수출통관한 다음 자신의 책임과 비용으로 화물을 CFS까지 운송하여 수출신고필증과 함께 CFS Operator에게 인도한다. 물품을 인수하는 CFS Operator는 화주에게 D/R을 교부하여야 하나 통상 D/R은 화주에게 발급되지 않고 선박회사의 본사로 이송되어 이에 따라 선하증권이 발행된다. 이때 반드시 화주는 선하증권을 교부받기 전에 Container Service Charge를 선박회사에 지급하여야 한다. 화물을 집화한 CFS Operator는 여러 화주의 화물을 운송목적지, 화물의 종류 등을 고려하여 혼재한 다음 이 컨테이너를 CY Operator에게 인도한다. 이때 CFS Operator는 CLP를 작성하여 컨테이너와 함께 인도하여야 하며 CY Operator에게 인도된 컨테이너는 FCL화물의 경우와 마찬가지 과정을 거쳐 본선에 적재된다.[21]

ICD는 항만 또는 공항이 아닌 공용의 내륙시설로 이 곳에서는 미통관된 상태의 화물과 컨테이너의 일시저장과 취급서비스, 통관절차의 이행, 연계수송을 위한 일시장치 · 보관 · 양륙 · 재수출 등이 행해진다. 현재 우리나라에는 의왕과 양산에 ICD가 설치되어 있다.

21 컨테이너에 의한 화물운송과 관련하여 일반적인 해상보험과는 다른 컨테이너보험제도가 활용된다. 컨테이너보험에는 ① 컨테이너 자체의 보험(container itself insurance 또는 basic container

(4) 컨테이너선의 종류

1) 하역(荷役)설비 유무에 따른 분류

본선 갑판에 하역용 갠트리크레인(gantry crane, 高架 이동기중기)을 장비하고 있는 컨테이너선을 Geared container ship이라 하고, 본선 자체의 크레인 없이 부두 안벽에 설치된 갠트리크레인을 이용하여 하역하는 컨테이너선을 Gearless container ship이라 한다.

2) 적재 선박의 형태에 따른 분류

재래선에 일반잡화와 컨테이너를 혼재하는 선박을 혼재형 선박(conventional ship), 재래선이지만 선창의 중앙 또는 갑판에 컨테이너 전용장치를 설치한 선박을 분재형 선박(semi-container ship), 컨테이너만을 적재하도록 설계된 선박을 컨테이너 전용선(full-container ship)이라 한다.

3) 적재방식에 따른 분류

컨테이너 전용선에 컨테이너를 적재하는 방식에는 다음 세 가지가 있다.

① Lift on/Lift off(Lo-Lo)방식 : 본선 또는 부두에 설치되어 있는 갠트리크레인으로 컨테이너를 수직으로 적재 또는 양하하는 방식이다. 대부분의 컨테이너가 이 방법으로 하역된다.

② Roll on/Roll off(Ro-Ro)방식 : 선박의 선미 또는 현측에 램프(ramp)가 설치되어 이곳을 통해 포크리프트나 트레일러에 컨테이너를 적재한 채로 선내에 반출입하는 방식이다.

③ Float on/Float off(LASH)방식 : LASH(Light Aboard Ship)방식은 압항식(pusher barge)에 의해 부선(艀船)을 항내의 적정한 장소에 이동시켜 대형 부

---

insurance), ② 컨테이너 소유자 또는 임차인의 제3자에 대한 배상책임보험(container owner's third party liability insurance), ③ 컨테이너 운영자의 화물손해배상책임보험(container operator's cargo indemnity 또는 insurance indemnity)의 세 가지가 있다. 이들 세 가지 보험은 대개 일괄하여 한 개의 증권으로 인수된다.

선의 갠트리크레인으로 선미(船尾)에서 들어 올려 선상에 적재하는 방식이다.

5.3 컨테이너화물의 운송형태

(1) CY/CY(FCL/FCL)운송

이 운송은 매도인의 공장 또는 창고에서 컨테이너에 화물이 적입되어 매수인에게 전달될 때까지 동일한 상태로 일괄 수송되는 운송형태이다. FCL화물의 경우에만 가능하며 대개 다량의 상품이 거래될 때 이용된다. FCL화물은 매도인이 자신의 비용과 책임으로 화물을 컨테이너에 적입(shipper's pack)하여 선적항 및 양륙항을 통과하여 최종 목적지의 수화주 창고 또는 공장까지 컨테이너의 개폐 없이 운송이 이루어진다. 따라서 컨테이너화물운송의 장점인 경제성, 안전성, 신속성을 최대한 달성할 수 있고, Door to Door서비스가 가능하게 된다.

(2) CY/CFS(FCL/LCL)운송

이 운송은 매도인은 한 사람이지만 매수인이 다수인일 경우에 이용되는 운송형태이다. 매도인이 자신의 비용과 책임으로 화물을 적입한 컨테이너는 선적항을 통과하여 양륙항의 CFS에서 각각의 매수인에게 인도된다. 이 운송형태는 단일 수출업자가 수입국의 여러 수입업자에게 일시에 화물을 운송하고자 할 때 이용된다.

(3) CFS/CY(LCL/FCL)운송

이 운송은 매도인은 여러 명이지만 매수인이 단일한 경우에 이용되는 운송형태이다. 운송인 또는 운송주선업자가 CFS에서 여러 송화주들로부터 화물을 집하하여 컨테이너에 적입한 다음 최종 목적지의 매수인의 창고 또는 공장까지 화물을 운송한다. 이 운송형태는 일반적으로 대규모 수입상이 여러 사람의 매도인들로부터 각각의 LCL화물을 매입하여 일시에 자신의 지정창고까지 운송하고자 하는 경우에 이용된다.

(4) CFS/CFS(LCL/LCL)운송

이 운송은 선적항의 CFS로부터 목적항의 CFS까지를 컨테이너에 의하는 화물운송형태로 재래선에 의한 화물의 해상운송구간을 컨테이너에 의해 수송한다는 의미를 가진다. 여러 명의 송화주들로부터 모은 LCL화물을 CFS에서 혼재하여 역시 여러 명의 수화주에게 인도하는 방법으로 주로 운송주선인들에 의해 이용된다.

6 운임

6.1 무역화물운송에서 운임의 의의

운임은 화물운송에 있어 운송인이 계약에 따라 화물을 운송한 것에 대한 보수를 의미한다. 운송인은 운송의 완료와 함께 화주에 대한 운임청구권이 생기며, 운송화물의 인도는 운임지급을 조건으로 한다.

운송업에서 수입은 운송에 의한 운임수입으로부터 운송에 소요되는 제 경비를 공제한 차액이 되기 때문에 운임은 운송업경영의 성패를 결정하는 근본적인 요인이다. 무역을 하는 수출상 또는 수입상에게는 상품의 거래가격 중 운임이 차지하는 비중이 상당히 높기 때문에 관심의 대상이 된다. 또한 우리나라와 같이 수입물품에 대한 과세가격의 결정에서 운임 또는 운송과 관련되는 비용이 과세가격에 포함될 경우 세관당국도 운송과 관련하여 지급되었거나 지불될 비용에 대하여 관심을 갖게 된다.

운임은 운송에 소요되는 제 경비, 즉 운송원가를 최저로 하고, 화주의 운임부담능력을 최고로 하여 그 사이에서 물동량(物動量)에 대한 선복(船腹)의 수요에 따라 변동하는 것이 원칙이지만 항상 이 원칙이 지켜지는 것은 아니다.

6.2 해상화물운임

해상운임은 정기선과 부정기선의 해상운송형태에 따라 다르게 결정된다. 정기선은 고정된 운임률표(freight tariff)가 적용되나, 부정기선은 운송계약 당시의 수요와 공급에 의하여 화주와 선주 간 협의로 결정된다. 정기선의 해상운임은 기본운임(basic rates)에 할증료(surcharges), 추가요금(additional charges) 등으로 구성되며, 기본운임은 품목별로 상이한 요율을 정해 두고 이를 적용하는데[22] 일정기준에 따라 분류하면 다음과 같다.

6.3 해상화물운임의 종류

(1) 화물가치에 의한 분류

① **품목별 운임(commodity rates)** : 운임을 수록한 운임률표(tariff)에서 화물의 유형별로 명시한 품목에 적용되는 운임을 말한다.

② **보통운임(common rates)** : 운임동맹이 공동운임표(common tariff)에 수록하여 동일품목을 가진 모든 화주에게 동일한 수준으로 부과하는 운임을 말한다. 이에 비해 일반운임과는 별도로 특정목적을 위해 설정한 운임을 특별운임(special rate)이라 한다.

③ **등급별 운임(class rates)** : 운임표에서 화물을 그룹 또는 등급별로 분류하여 적용하는 운임을 말한다.

④ **품목별 무차별운임(FAK(freight all kinds) rates)** : 박스운임(box rate)이라고도 하며 품목에 관계없이 컨테이너 한 개당 동일하게 적용하는 운임이다. 흔

22 예를 들어 한-일항로의 운임률표에는 FCL화물의 경우 ① 일반건화물(dry cargo), ② 위험물, ③ 생사(生絲) · 견직물 · 인삼 및 그 제품, ④ 냉동화물로 나누어 요금을 달리 규정하고 있다. LCL화물의 경우도 ① 일반포장화물, ② 취급에 주의를 요하는 포장화물, ③ 의약품, ④ 위험물, ④ 가죽 · 모피제품, ⑤ 목제품, ⑤ 가정용품 · 전시용품, ⑥ 생사(生絲) · 견직물 · 인삼 및 그 제품 등으로 나누어 서로 다른 운임을 규정하고 있다.

히 선사가 소량화물(LCL cargo)의 혼재업(consolidation)을 주로 하는 무선박운송인(NVOCC) 또는 해상화물주선업자(ocean freight forwarder)의 화물을 위해 설정한 운임을 말한다.

⑤ 종가운임(ad-valorem rates) : 운송 시 특별한 관리와 주의를 필요로 하는 귀금속 등의 고가품에 대하여 송장가격(invoice value)에 일정률의 운임을 부과하는 것을 말한다.

(2) 운송구간에 의한 분류

① 전통운임(through rate) : 2개 이상의 운송기관에 의해 운송되는 복합운송화물에 일괄적으로 적용하는 운임을 말한다.

② 공동운임(joint rates) : 2개 이상의 운송업자가 공동구간에서 해상운송을 위해 설정한 운임을 말한다.

③ 구간운임(local rates) : 선사가 단일운송업자로서 직접 서비스하는 구간운송을 위한 운임을 말한다.

④ 접속운임(OCP rates) : OCP(Overland Common Point)운임은 북미 태평양 연안(西岸)에서 캐나다의 모니토바주의 동쪽이나 미국 로키산맥 동쪽지역인 노스다코타, 사우스다코타, 콜로라도, 뉴멕시코 등 OCP지역으로 운송되는 화물에 대해 적용하는 특별운임이다. OCP에 해당하지 않는 태평양 연안의 지역을 로컬 포인트(local point)라 부르는데, OCP운임은 로컬 포인트지역에 적용되는 운임보다 낮게 설정되어 있다.

(3) 물량에 의한 분류

① 우대운송계약운임(service contract rates) : 선사가 계약기간에 일정량의 화물선적을 약속한 화주에게 운임표상의 일반운임보다 저렴한 수준으로 적용하는 운임을 말한다.

② 기간/물동량운임(time/volume rates) : 일정기간 화주가 제공한 물량의 다소

에 따라 차등제로 적용하는 운임을 말한다.

③ 이중운임(dual rates) : 운임동맹이 저운임의 비동맹선사와 경쟁하기 위해 운임동맹과 계약을 체결한 화주에게는 비계약 화주에게 적용하는 일반운임보다 낮은 운임을 적용하는 것을 말한다.

④ 특별견적운임(special quotation rates) : 화주와의 유대관계를 고려하여 대형 화주에게 일반운임보다 낮은 운임을 적용하는 것을 말한다.

⑤ 최저운임(minimum charges)과 소포운임(partial freight) : 둘 다 특수운임에 속한다. 최저운임은 고가품에 속하지 않는 일반화물의 경우 운임 산정에 기초가 되는 중량 또는 용적의 운임톤(revenue ton)에 미치지 않는 화물에 대하여 선하증권(B/L)이 발행되는 경우 화물종류에 불구하고 선하증권 1건을 단위로 설정되는 특정운임이다. 소포운임은 최저운임도 부과할 수 없는 소포에 대하여 적용하는 운임을 의미하며, 이 경우 선하증권 대신 화물운송증(parcel receipt)을 발행한다.

(4) 비동맹선사와의 경쟁 여부에 의한 분류

① 자유운임(open rates) : 운임동맹이 비동맹선사와 집화 경쟁을 위해 특정품목에 대한 운임결정권의 전부 또는 일부를 포기하거나 중지하여 동맹 내의 각 개별선사에 해당 품목에 대한 독자적인 운임결정권을 허용한 운임을 말한다.

② 특별운임(special rates) : 운임동맹이 비동맹선사와 집화 경쟁을 위해 특정품목에 대해 공통운임(common rate 또는 '보통운임'이라 한다)보다 낮게 책정한 운임을 말한다.

③ 독자운임(independent action rates) : 북미항로에서 운임동맹선사가 공동운임표(common tariff)상의 운임 이외에 특별한 이유로 독자적으로 적용하는 운임을 말한다.

(5) 지급내용에 따른 분류

① 외항운임(ocean freight)과 내항운임(local freight) : 이는 항로구역에 따라 구분되며, 외항운임은 국제적 성격을 가지나 내항운임은 국내연안항로에 있어서의 운송에 지급되는 운임이다.

② 전액운임(full freight)과 비례운임(prorata freight) : 전액운임은 운송이 계약대로 완전히 이행된 경우 지불되는 운임을 의미하고, 비례운임은 선박이 항해 중 불가항력, 기타 원인으로 항해의 계속이 불가능하여 계약의 일부만 이행하고 화물을 인도한 경우, 그때까지 행한 운송의 비율에 따라 선주가 취득하는 운임이다. 비례운임은 항로상당운임 또는 거리운임이라고도 한다.

③ 공적운임(dead freight) : 화물의 실제 적재량이 계약 수량보다 부족한 경우 그 부족분에 대하여 지불되는 운임을 공적운임이라 한다. 용선자 또는 화주는 계약물량보다 적하의 일부가 부족한 경우라도 계약 수량에 대한 운임을 지불하여야 한다. 그러나 만일 적하가 전혀 없어 계약이 해제된 경우에는 계약위반으로 선주는 손해배상을 청구할 수 있다.

④ 반송운임(back freight) : 양륙항에서 수화인이 수취를 거절하는 화물의 반송에 대하여 송화인이 지불하는 운임 혹은 송화인의 과오로 화물이 오송되어 그의 회송(回送)에 소요되는 운임이다.

(6) 지급시기에 따른 분류

① 선불운임(prepaid freight, freight in advance) : 계약체결과 동시 또는 선적완료와 동시에 운임을 지불하는 것을 말한다. 통상 선적이 완료된 후 선하 증권을 발행할 때 그날의 환율을 적용하여 지불한다. 매도인이 운송비를 부담하는 cif나 cip조건의 거래에서 주로 적용된다.

② 착불운임(collect freight, freight to collect) : 운송이 완료되었을 때 지불되는 운임이다.[23] 통상 양륙지에서 선사의 화물인도지시서(D/O)가 발급될 때 그날

23 운임은 화물의 운송이라는 서비스에 대한 보수이므로 이론적으로는 운송품이 목적지까지 실제 운

의 환율을 적용하여 지불된다. 매수인이 운송비를 부담하는 FOB조건 등의 거래에서 주로 적용된다.

6.4 할증료

할증료(surcharges)는 기본요율에 의한 운임 외에 다른 사정을 고려하여 운임에 추가로 부과하는 비용을 말한다. 할증료에는 다음과 같은 것들이 있다.

(1) 유류할증료(BAF : Bunker Adjustment Factor)

선박의 주 연료인 벙커유의 가격인상에 따른 선사의 추가적인 비용을 보전하기 위해 부과하는 할증료이다.

(2) 통화할증료(CAF : Currency Adjustment Factor)

운임률표가 적용되는 통화가 환율변동으로 약세가 될 경우 선사의 손실을 보전하기 위해 부과하는 할증료이다.

(3) 체항료(congestion surcharge)

항만의 처리능력 부족으로 인해 항구에서 선박이 장기간 대기할 경우 부과하는 할증료이다.

송되었을 때 운송인에게 운임청구권이 발생한다. 그러나 대개의 선하증권에는 운송 중 화물이 상실되어도 운임은 전액 받을 수 있는 것으로 간주한다는 규정(freight to be considered as earned whether the ship or the goods be lost or not)을 두고 있기 때문에 선지급성운임(prepayable freight)의 성격을 갖는다.

(4) 수에즈운하할증료(suez canal surcharge)

유럽행 선박이 전쟁 등으로 수에즈운하가 막힐 경우 아프리카 남단의 희망봉을 경유하게 됨에 따라 추가로 발생하는 비용을 보전하기 위해 부과하는 할증료이다.

(5) 전쟁위험할증료(war risk surcharge)

전쟁 중인 국가 또는 지역으로 운송되는 화물에 대하여 추가되는 할증료이다.

6.5 추가요금(additional charges)

(1) 외항추가운임(outport arbitrary)

선박이 정상적으로 기항하는 항구(base port) 이외의 지역에서 적재 또는 양하되는 화물에 부과하는 요금을 말한다.

(2) 환적료(transshipment charges)

선박이 최종 목적항에 직접 기항하지 않기 때문에 화물의 환적으로 인해 추가로 발생하는 비용을 보전하기 위해 부과하는 요금을 말한다.

(3) 선택항료(optional charges)

화주가 선적 당시 최종 목적항을 둘 이상 정하여 최초항 도착 전에 화주가 양하항을 지정하는 경우 부과하는 요금을 말한다.

(4) 항구변경료(diversion charges)

화주가 선적 시에 지정했던 항구를 본선 선적 완료 후 변경할 경우 부과하는 요금을 말한다.

(5) 초과중량/용적료(heavy/bulky cargo charges)

화물의 단위당 중량 또는 용적과다로 특수장비를 이용할 경우 부과하는 요금을 말한다. 대개 단위당 화물의 중량이 3,000kg 또는 3CBM을 초과하는 화물이 그 대상이 된다.

(6) 장척화물료(long length charges)

화물의 단위당 길이가 너무 길거나 커서 특수장비를 이용할 경우 부과하는 요금을 말한다.

(7) 위험물할증료(dangerous cargo premium)

화물에 내재한 위험성으로 선적 시 특별한 주의를 요하는 화물에 부과하는 요금을 말한다.

(8) 특별운항료(special operating service charges)

항만 내 쟁의(strike)발생으로 선박이 예정된 항구에 기항하지 못하고 인접항에서 화물을 양하할 경우 추가로 소요되는 육상운송료 등을 보전하기 위하여 부과하는 요금을 말한다.

(9) 터미널화물처리비(THC : Terminal Handling Charges)

수출 시는 컨테이너화물이 CY(또는 CFS)에 입고된 순간부터 선측까지, 수입 시는 본선의 선측에서 CY(또는 CFS)의 게이트를 통과하기까지 화물의 이동에 따르는 비용으로 부과하는 요금을 말한다. 종전에는 해상운임에 포함하여 징수하였으나 1990년대 들어 대부분의 항로에서 운임과 분리하여 징수하고 있으며, 터미널화물처리비는 나라에 따라 THC 외에도 컨테이너 화물처리비(CHC : Container Handling Charges) 또는 도착지인도료(DDC : Destination Delivery Charges) 등으로 불리고, 그 개념과 원가구성에 있어 다소 차이가 있다.

(10) 컨테이너세(container tax)

1992년 1월부터 부산항을 이용하는 컨테이너화물에 대해 teu당 2만 원씩 징수하는 지방세이다.

(11) 서류발급비(documentation fee)

선사가 일반관리비 보전을 목적으로 수출 시는 선하증권을 발급할 때, 수입 시는 화물인도지시서(D/O)를 발급할 때 징수하는 비용이다.

(12) CFS비용(CFS charges 또는 container charges)

소량화물(LCL) 취급 시 발생하는 비용과 수수료로서 부과되는 요금을 말한다.

(13) 부두사용료(wharfage)

안벽, 잔교, 부두를 통과하는 화물톤수를 근거로 부과되는 항만사용료를 말한다.

(14) 일수초과료(demurrage)

무료기간(free time) 이내에 화물을 CY에서 반출하지 않을 경우 부과되는 요금을 말한다.

(15) 지체료(detention)

무료기간 이내에 반출해 간 컨테이너를 지정된 선박회사의 CY에 반송하지 않을 경우에 부과하는 요금을 말한다.

6.6 해상화물의 운임 계산

해상운임은 기본운임에 할증료와 추가요금을 더하여 결정된다. 기본운임은 화물의 무게, 부피 또는 가격을 기준으로 산정한다. 화물의 무게를 기준으로 하는 것을 중량톤(Weight Ton : W/T)이라 한다. 중량화물의 운임산정을 위한 톤수[24]의 경우 국제적으로 다음과 같은 세 가지 기준이 사용된다.

① Kilo Ton(Metric Ton) : 1,000kg(2,204lbs)

② Long Ton(Gross Ton) : 1,016kg(2,240lbs)

③ Short Ton(Net Ton) : 907.18kg(2,000lbs)

중량을 기준으로 운임을 산정할 때 적용하는 중량기준치는 항로, 지역에 따라 차이가 있다. 우리나라에서는 주로 Kilo Ton을 사용하지만, 영국연방을 비롯해 국제적으로는 Long Ton이 많이 사용되고, 미국 등에서는 Short Ton도 사용되고 있다.

용적톤에도 여러 종류가 있다. 일반적으로 많이 사용하는 것은 CBM(Cubic Meter)으로 1톤은 1㎥이다. 이는 가로, 세로, 높이가 각각 1m인 입방체를 말한다.

24 선박의 크기를 표시할 때도 중량기준으로 하는 경우와 용적기준으로 하는 경우가 있다. 중량으로 표시하는 방법은 배수(排水)톤수, 재화(載貨)중량톤수, 운하(運河)톤수 등으로 하고, 용적으로 표시하는 방법은 총톤수, 순톤수, 재화용적톤수 등으로 한다.

① 배수톤수(displacement tonnage) : 선박의 중량은 선체의 수면하 부분의 용적에 상당하는 물의 중량과 같다는 원리에서 나온 톤으로 상선보다는 군함의 톤수 표시에 주로 사용된다.

② 재화중량톤(Dead Weight Tonnage : DWT) : 선박이 적재할 수 있는 화물의 최대 중량을 말한다. 재화중량톤은 선박의 매매나 용선료 적용의 기준이 된다.

③ 운하톤수(canal tonnage) : 수에즈운하와 파나마운하에서 통행료 산정을 위해 사용하는 특별한 측정규정에 의해 계측한 톤수이다.

④ 총톤수(Gross Tonnage : G/T) : 선박의 밀폐된 내부공간을 측정하여 톤수를 정하는 톤으로 선박의 수익능력을 표시한다. 총톤은 관세, 등록세, 도선료(pilotage) 등의 기준이 된다.

⑤ 순톤수(Net Tonnage : N/T) : 선박 내에서 직접 상행위에 사용되는 장소를 합한 톤으로 톤세, 항만시설 사용료, 운하통과료 등의 부과기준이 된다.

⑥ 재화용적톤수(measurement tonnage) : 1㎥(또는 40cft)를 1톤으로 하여 선박의 화물적재능력을 용적으로 표시한 것이다.

20ft 크기의 컨테이너(TEU)에는 보통 25CBM이 적재된다. CBM 외에 Cubic Feet(CFT)도 있다. 이때 1톤은 40Cubic feet이다. 화물용적의 단위로는 그 외에도 화물의 종류에 따라 여러 가지가 사용된다.

가격을 기준으로 운임을 계산하는 경우는 운송화물이 귀금속 등 고가화물로 보관방법이나 적재장소 등에 있어 특별한 취급이 필요하고, 손해발생 시 고가의 보상이 필요한 경우이다. 이때는 용적 또는 중량에 관계없이 그 가격에 대하여 일정률(예를 들어 가격의 1%)을 적용하는 종가운임(ad valorem freight)이 적용된다.

해상화물 기본운임의 계산은 산출된 가격기준을 적용하는 경우를 제외하고는 중량톤수와 용적톤수 중 큰 쪽을 적용하는 것이 일반적이며, 이를 운임톤(Revenue Ton : R/T)이라 한다. 그러나 단일 적재 물량이 1중량톤이나 용적톤에 미달할 때는 최소운임톤(minimum revenue ton)이라 하여 1운임톤의 운임을 부과한다. 또한 총적재물량이 3R/T 이하일 때는 최소선하증권료(minimum B/L charges)를 운임에 추가하여 징수하기도 한다.[25] 기본운임에 추가되는 할증료와 추가요금은 통상 기본운임의 몇 %로 정하거나 컨테이너당 또는 톤당 일정액을 정하여 공시하는 형태를 취한다. 그러므로 선사와의 선복(船腹)계약을 할 때 선사가 밝히는 운임이 기본운임을 의미하는 것인지 아니면 할증료와 추가요금을 포함하는 것인지를 미리 확인해 둘 필요가 있다.

한편 화물의 해상운송과 관련하여 선사와의 계약에 의해 화주가 지불하여야 하는 비용에는 해상위험의 발생 또는 위험의 예방을 위한 활동으로 인한 비용도 있다. 공동해손비용과 구조비 · 특별비 · 손해방지비 등의 비용이 그것이다. 이러한 비용은 화주가 운송되는 화물에 대하여 해상보험에 부보(附保)하고 있는 경우에는 보험자가 부담하게 된다. 그러나 보험에 부보하고 있지 아니하거나, 부보의 범위가 이러한 비용의 부담에까지 미치지 않을 경우 그 비용은 운임과는 별도로 화주가 지불하여야 한다.

25 예를 들어 한-일항로의 운임률표에서는 적재물량이 1R/T 이하일 때 B/L당 US$20, 2R/T 이하일 때 US$15, 3R/T 이하일 때 US$10을 최저 B/L요금으로 규정하고 있다. KOREA NEAR-SEA FREIGHT CONFERENCE, FREIGHT TARIFF for KOREA/JAPAN/KOREA CONTAINER SERVICE, SECTION Ⅱ. 2B

우리나라에서는 수입물품과 관련하여 지불되는 운임 또는 운송관련 비용은 원칙적으로 과세의 대상이 되므로 운임과 별도로 할증료나 추가요금 또는 기타 비용이 지급되었다면, 수입통관과정에서 과세가격으로 신고하여야 한다.

6.7 항공화물운임

항공화물운임은 항공사가 독자적으로 결정하는 것이 아니라 대개 국제항공운송협회(IATA : International Air Transport Association)에서 결정된 운임을 각 항공사들이 자국의 국내법에 따라 정부의 허가를 받아 적용하고 있다.

항공화물운임의 계산은 해상운송에서와 유사하게 중량에 의한 방법과 용적에 의한 방법, 그리고 화물가격에 의한 방법이 사용된다. 중량에 의한 방법은 화물 전체 중량에 해당 구간 kg당 요율을 적용하는 것이다. 용적에 의한 방법은 총이륙중량과 항공기 space 측면을 고려하여 항공사가 유리한 쪽을 선택하는데, 6,000㎤를 1kg으로 환산한다. 그 밖에 고가품의 경우에는 종가요율(valuation charge)이 추가로 적용되며, 각 운항구간별로 최저운임이 설정되어 있다. 항공운임률의 종류에는 다음과 같은 것이 있다.

(1) 일반화물요율(GCR : General Commodity Rate)

화물의 품목에 따라 실화물에 적용되는 운임으로 화물중량에 따라 구분된 중량 단계별 운임률이며, 중량이 무거울수록 더 싸진다. 이를 품목별 무차별운임(Freight All Kinds rate : FAK rate)이라고도 한다.

(2) 특정품목할인요율(SCR : Specific Commodity Rate)

특정구간에서의 동종 품목의 반복적 운송이나 해상운송화물을 항공운송으로 유치하기 위해 일반화물요율보다 낮게 설정한 요율을 의미하며 원칙적으로 최저중량과 유효기간이 정해진다.

(3) 품목분류요율(class rate, commodity classification rate)

몇 가지 특정품목에만 적용되는 운임이다. 특정지역 간 또는 특정지역 내에서만 적용되는 경우도 있다. 품목분류요율이 적용되는 품목은 6가지가 있으며 그 중 화물로 수송되는 수하물 및 신문, 잡지 등은 기본요율에서 할인된 요율이 적용되고 귀중품, 산동물, 사체(死體) 등은 일반화물요율에 할증된 요율을 적용한다.

(4) 단위탑재운임(BUC : Bulk Unitization Charge)

항공용 단위탑재용기(ULD)별로 중량을 기준으로 요금을 미리 정해 놓고 판매하는 방식이다. ULD 타입별로 한계중량(pivot weight)을 설정해 놓고 그에 따라 요금을 책정하고 있다. 또한 적재한 화물이 한계중량 이하일 때는 정해진 운임을 적용하고 한계중량이 초과되면 Over Pivot Rate가 적용된다.

(5) 최저운임(minimum rate)

일반화물운임률, 특정품목할인운임률, 품목분류운임률 등에서 화물의 중량에 곱해서 산출된 금액이 일정액에 미치지 못할 경우 운임률을 일정액까지 절상한다. 이때 그 하한액을 최저운임률이라 한다. 이는 지역 내 또는 지역 간이나 구간마다 정하고 있다.

(6) 종합구간운임(through rate)

이는 화물의 실제 운송경로와는 관계없이 목적지까지 적용되는 운임률이다. 예를 들어, 서울 · 파리 · 리옹이나 서울 · 뉴욕 · 리옹이 같은 운임률을 적용하는 경우이다.

(7) 종가운임(valuation charges)

위의 (1)에서 (6)은 중량과 용적에 의해 일정한 운임률을 합해서 적용하는 것이지만 종가운임은 운송화물의 가격에 따라 운임을 책정하는 것을 말하며, 종가요금은 송화인이 운송인에게 신고한 화물의 가격이 1kg당 US$18.00을 초과할 때는 일정 요율을 신고가격에 곱해서 산출하지만, 신고가격이 그 이하일 때는 송화인이 가격을 따로 신고하지 않는 한(no value declared) 종가요금이 적용되지 않는다.

7 운송서류

7.1 운송서류의 의의

운송서류(transport documents)는 무역거래에 따라 운송되는 화물과 관련되는 여러 가지 사실을 증명하는 서류이다. 운송서류에 관하여 신용장통일규칙(UCP 600)에는 운송방식에 따라 해상운송서류, 항공운송서류, 복합운송서류, 기타 운송방식에 따른 운송서류로 구분하고 그 각각의 경우에 대한 수리의 요건을 자세하게 규정하고 있다.[26]

현실적으로 운송과 관련되는 서류는 그 종류가 상당히 다양하다. 상호 간에 이루어지는 무역거래에서는 그동안 운송서류의 인도를 계약상품의 인도로 간주하는 간접인도계약이 발달해 왔다. CIF계약이 그 대표적인 예이다. 무역거래에서 수입상은 운송인으로부터 상품을 수령할 때 당해 운송서류를 필요로 한다. 또한 운송서류는 수입통관 시 세관제출용으로도 필요하다.

전통적으로 선적(shipment)이란 해상운송에서 본선적재(loading on board)를 의미하였으나, 오늘날 항공운송이나 복합운송에서는 운송수단에 화물을 적재하기 전에 운송인에게 인도하기 때문에 선적이라는 개념은 다양화되었다. 따라서 신용장통일규칙에서는 선적을 본선적재뿐 아니라 발송(dispatch), 운송을 위한 인수(accepted for carriage), 우편수령일(date of post receipt), 접수일(date of pick up) 또는 이와 유사한 표현, 그리고 복합운송서류를 요구하는 경우는 수탁(taking

26 UCP 600 제19조 내지 제25조

in charge)이란 표현을 포함하는 것으로 해석한다. 그러므로 운송서류는 무역화물의 운송수단과 그 방법에 관계없이 선적, 발송 또는 수령 등을 표시하는 서류라 할 수 있을 것이다.

운송서류는 운송수단에 따라 그 명칭이 다르다. 우선 해상운송과 관련해서는 선하증권과 해상화물운송장, 용선계약부선하증권 등이 있고, 항공운송과 관련해서는 항공화물운송장, 항공화물탁송장 등이 있다. 또한 육상운송과 관련해서는 철도화물탁송장, 도로화물탁송장 등이 있으며, 기타 복합운송서류와 우편물수령증, 특사배달수령증 등이 있다.

7.2 선하증권

선하증권[27](B/L : Bill of Lading)은 선박회사가 화주로부터 화물을 수령 또는 선적하였음을 확인하고 그 화물을 도착지까지 운송하여 일정한 조건하에 그 증권의 정당한 소지인에게 화물을 인도할 것을 약속하는 유가증권이다. 선하증권은 호칭도 다양하고 분류기준에 따라 종류도 다음과 같이 여러 가지로 나누어진다.

(1) 선적선하증권과 수취선하증권

선적선하증권(shipped B/L)은 'shipped on board vessel' 또는 'loaded on board vessel'과 같이 화물이 특정선박에 적재되었음이 기재된 것으로 'on board B/L'이라고도 한다. 비록 시간적으로 적재 전에 발행되어도 선적 후 적재 완료되었다는 문언과 일자를 기재하고 서명하면 선적선하증권이 된다.[28] 수취선하증권

27 선하증권의 명칭은 maritime B/L, ocean B/L, through B/L, multimodal(combined, intermodal) transport B/L, port to port B/L, RIATA combined transport B/L 등 다양하다. UCP 600에서는 그 명칭에 관계없이 실제 성질에 따라 유효한 운송서류 여부를 확정하도록 하고 있다.

28 선하증권의 발행일(B/L date)은 선적완료일로 하는 것이 원칙이다. 그러나 화주가 신용장상의 선적기한을 지키기 위해 '선적완료일 이전의 일부(日附)'로 선하증권의 발급을 요청하는 경우가 있다. 이에 따라 선박회사가 당해 선적항의 하역개시일(the first day of the loading commenced in that port) 또는 그 이후의 날짜로 B/L을 발행할 경우 이러한 선하증권을 Back dated B/L 또는

(Received B/L)은 'received … for shipment'와 같이 선적을 위하여 물품을 수령하였다는 취지가 기재되어 있는 선하증권이다.[29] 이것은 일종의 부두수령증(dock receipt)으로 우리나라 상법(제813조)에서도 이의 발급이 인정된다. 신용장통일규칙에서는 선적선하증권을 요구하고 있는 경우에 별도의 명시가 없는 한 수취선하증권은 증권상에 물품의 본선적재일 표시(on board notation)가 있으면 그 본선적재 표시일자를 선적일로 간주하여 수리한다고 규정하여 수취선하증권의 일반화를 인정하고 있다.

(2) 무고장선하증권과 고장부선하증권

이는 증권상 적요(remarks)란의 기재 여부에 따른 구분이다. 무고장선하증권(clean B/L)은 B/L상에 포장이나 수량 등에 대하여 특정단서, 부가조항 또는 유보사항 등에 관한 remark가 기재되지 않은 B/L을 말한다. 신용장통일규칙에는 무고장운송서류를 '물품 및/또는 포장상태에 결함이 있다는 내용이 명백하게 표시된 조항이나 단서의 기재가 없는 운송서류'로 규정하고 있다.[30] 한편 컨테이너운송화물의 경우 내용표시가 없이 'shipper's load and count'나 'said by shipper to contain'과 같은 부지(不知)약관(unknown clauses)이 있어도 이는 무고장선하증권으로 간주된다.[31]

고장부선하증권(foul B/L 또는 dirty B/L, '사고선하증권' 또는 '유보선하증권'이라고도 한다)은 포장상태의 불완전이나 수량부족 등이 증권의 remarks란에 기재된 선하증권이다. 통상 신용장에서는 clean B/L을 요구하고 있기 때문에 이와 같은 고장부선하증권으로는 수출대금의 회수가 불가능하다. 따라서 고장화물을 대체하거나 재포장하여야 하며, 그것이 시간적으로 불가능할 때는 수출상이 선박회사에 파

Back dating B/L이라 한다.

29 미국에서 원면 수출 시 사용하는 port B/L과 custody B/L도 일종의 수취선하증권이다. port B/L은 화물이 부두에서 운송인의 보관하에 있고 선박도 입항하였으나 적재되기 전에 발행되는 것이고, 아직 선박이 입항하지 않아서 운송인이 화물을 보관하고 있는 상태에서 발행되는 것이 custody B/L이다.

30 UCP 600 제27조 a.

31 UCP 600 제26조

손화물보상장(L/I : Letter of Indemnity)을 제공하고 무고장선하증권을 교부받을 수 있다. 이때 수출상은 차후에 파손화물에 대해 문제가 제기되었을 때 L/I에 근거하여 선박회사에 보상책임을 지게 된다. L/I는 선박회사와 송화인 간의 보상약속이므로 선박회사는 수출상으로부터 받은 L/I로 수화인 또는 B/L 소지인에게 대항할 수 없다. 실무적으로 수출상이 수출대금 회수를 위하여 L/I를 제출하고 clean B/L을 교부받았다면 이를 수입상에게 통보하고 파손화물에 대해서는 추가선적이나 가격조정 등의 양해를 구해야 한다. 한편 보험회사도 L/I에 대해 보상책임이 없기 때문에 L/I를 제출하고 clean B/L을 교부받았다면 이를 수입상에게 통보하고 파손화물에 대해서는 추가선적이나 가격조정 등의 양해를 구해야 한다.

(3) 기명식 선하증권과 지시식 선하증권

이는 화물 수령인의 표시방법에 따른 구분이다. 기명식 선하증권(straight B/L)은 증권의 수화인(consignee)란에 특정인이 기입된 것을 말한다. 이 경우 선적된 화물이 목적지에 도착했어도 선하증권상에 기명된 특정인만이 그 화물을 인수할 수 있기 때문에 운송 중 화물의 전매나 유통이 제한된다.[32]

지시식 선하증권(order B/L)은 수화인란에 특정인을 기입하지 않고 'order of ○○○', 'order', 또는 'order of ○○ bank' 등으로 기입된다. 지시식으로 발행된 선하증권은 화환취결 시 백지배서(blank endorsement)로 은행에 인도되며, 이 증권의 정당한 소지자는 화물에 대한 청구권을 갖게 된다.

(4) 해양선하증권과 내국선하증권

이는 화물의 운송지역에 따른 구분이다. 해양선하증권(ocean B/L)은 한 나라의 영해를 벗어나는 해외운송에 대하여 발행되는 선하증권이다. 내국선하증권(local B/L)은 국내해상운송의 경우에 발행되는 선하증권으로 해외운송에 접속되는 국내

32 그러나 우리나라 상법은 기명식 선하증권도 발행인이 선하증권의 양도를 특별히 금지하지 않는 한 배서에 의하여 양도할 수 있도록 규정하고 있다. 상법 제820조, 제130조

운송에서 사용한다.

(5) House B/L과 Groupage B/L

이는 컨테이너화물운송에서 혼재화물(LCL화물)의 경우에 사용된다. House B/L('Forwarder B/L' 또는 'Forwarding agent B/L'이라고도 한다)은 각기 다른 화주의 화물을 혼재하는 운송주선인(freight forwarder)이 개별화주 앞으로 발행하는 것이며, 운송인이 전체 화물에 대하여 운송주선인 앞으로 발행하는 운송서류가 Groupage B/L이다. 운송주선인이 발행하는 운송서류가 대금결제를 위해 은행에 수리되기 위해서는 신용장상에 특별히 수권되지 않는한 운송주선인이 운송인, 복합운송인 또는 그 대리인 자격으로 발행한 것이어야 한다.[33]

(6) 기타 특수선하증권

1) 통(通)선하증권

통선하증권(through B/L)은 화물을 목적지까지 운송하는 데 있어 도중에 다른 선박에 환적하거나 육상운송과 연결하여 운송할 경우 최초의 운송업자가 전 구간에 대하여 책임을 지고 서명하여 발행한 선하증권을 말한다. 이를 연락(통과)선하증권, 전통(전항)선하증권, 또는 overland B/L이라고도 한다.

2) 약식(간이)선하증권

약식(간이)선하증권(short form B/L)은 선하증권으로서 필요기재사항은 갖추고 있지만 보통 선하증권의 이면약관이 생략된 것을 말한다. 그러나 분쟁이 발생하면 long form B/L상의 약관을 따르도록 명기하고 있다. 용선계약선하증권(charter party B/L)은 보통 약식선하증권이지만 정기선에 의한 개품운송의 경우도 약식선하증권이 많이 사용되고 있다.

---

33 UCP 600 제19조

3) 적색선하증권

적색선하증권(red B/L)이란 보통의 선하증권과 보험증권을 결합시킨 선하증권이다. Red B/L에 기재된 화물이 항해 중에 사고가 발생하면 선박회사가 피해금액을 보상해 주게 된다. 선박회사는 보험회사에 모든 red B/L 발행분에 대하여 일괄부보하게 되며, 선박회사는 보험료를 운임에 추가하여 화주에게 부담시킨다.

4) 기간경과 선하증권

기간경과 선하증권(stale B/L)이란 화물의 선적 후 일정한 기간이 경과한 뒤에 은행에 제시된 선하증권을 말한다. 신용장통일규칙에는 신용장에 별도로 서류제시기간이 약정되어 있지 않으면 선적일 이후 21일까지를 서류제시기간으로 간주하도록 규정하고 있다

5) 환적선하증권

환적선하증권(transhipment B/L)이란 운송경로의 표시에 있어 운송도중에 환적이 되었음을 증권상에 기재하고 있는 선하증권을 말한다.

6) 부서부(副書附) 선하증권

운임이 도착지지급(freight collect)으로 되어 있거나 그 밖의 다른 채무가 부수되어 있는 경우 수화인은 운임과 채무액을 선박회사에 지급하고 화물을 인수한다. 이때 선박회사는 결제가 완료되었음을 증명하기 위해 선하증권에 부서하게 되는데, 이와 같이 부서되어 있는 선하증권을 부서부 선하증권(counter-sign B/L)이라 한다.

7) 용선계약부 선하증권

용선계약은 송화주가 선박회사로부터 선복(ship's space)의 전부 또는 일부를 빌려 화물을 운송하는 경우에 체결하는 계약이다. 용선계약은 직접 B/L이 발행되는 개품운송계약과는 달리 계약서의 형식을 취하고 이에 의해 용선계약부선하증권(charter party B/L)이 발행된다. 신용장통일규칙에는 용선계약부 선하증권이 ①

용선계약에 따른다는 표시를 하고 있을 것, ② 선장이나 선주 또는 그 대리인의 서명이 있거나 별도의 확인이 있을 것, ③ 물품이 지정된 선박에 선적되었음을 명시할 것, ④ 신용장에 명시된 선적항과 양륙항을 표시하고 있을 것 등을 유효요건으로 규정하고 있다.[34]

7.3 선하증권의 법적 성격

선하증권은 선적화물을 대표하는 증서로 수출상과 수입상 또는 수입상 간에 인도(delivery)나 배서(endorsement)에 의해 전매가 이루어지고, 최종적으로 선하증권을 소지하고 있는 자가 선박회사로부터 화물을 인도받을 수 있으므로 다음과 같은 법적 성질을 가지고 있다.

(1) 요인(要因)증권의 성격

선하증권은 운송인 또는 그 대리인이 매도인의 화물을 선적하거나 선적을 위하여 수취(收取)하였다는 요인이 있어야 발행될 수 있다. 화물을 선적 또는 수취하지 않은 상태에서의 선하증권의 발행은 위법행위이고 당해 선하증권은 효력을 갖지 못한다.

(2) 요식(要式)증권의 성격

선하증권은 유통을 전제(前提)로 하기 때문에 제3자가 운송계약의 핵심내용을 알 수 있도록 주요 기재사항을 헤이그비스비규칙(Hague-Visby Rules) 등 국제규칙과 상법(商法) 등에서 명시하고 있다. 그러나 선하증권의 요식성은 수표나 어음처럼 엄격하지는 않아 약간의 기재가 생략되어도 선하증권의 본질을 해치지 않는 한 유효하다. 선하증권에는 법정기재사항과 임의기재사항이 있는데, 요식성을 요

34 UCP 600 제22조. 다만, 운송인의 기재 여부는 불문한다. 용선계약서 작성 시 운송인의 명칭이 기재되고 선하증권상에는 운송인의 명칭을 기재하지 않는 것이 일반적이다.

하는 것은 법적 기재사항이다.

(3) 문언(文言)증권의 성격

선박회사와 선의의 선하증권 소지인 간 운송에 관한 권리와 책임관계는 선하증권에 기재된 문언에 따라 결정된다. 그러므로 선하증권 선의의 소지자는 증권에 기재된 문언에 따라서만 운송인에 대하여 권리를 주장할 수 있다.

(4) 유통(流通)증권의 성격

선하증권은 운송화물을 대표하는 대표증권(代表證券)으로 배서(背書) 또는 양도에 의하여 소유권은 이전되며 이 증권의 소지(所持)는 화물 자체의 소지와 같다. 따라서 운송화물에 대한 처분은 반드시 선하증권에 의해서만 할 수 있으므로 선하증권은 유통증권이고 처분증권의 성질을 갖는다. 선하증권의 인도(引渡)는 해상운송 중인 화물 자체는 인도되지 않더라도 운송품 자체를 인도한 것으로 간주한다.

(5) 채권(債權)증권의 성격

선하증권의 소지인은 선박회사에 선하증권과 상환으로 화물의 인도를 청구할 수 있다. 따라서 선박회사에 대한 채권증권으로서의 성격을 갖는다. 선하증권은 송화인으로부터 매입은행(negotiating bank)에 양도되지만 은행은 별도로 제출받은 화환어음약정서에 의하여 운송화물에 질권(質權)을 설정하기 때문에 실제 매수인이 권리를 행사할 수 있는 것은 환어음대금을 신용장 발행은행에 지급하고 선하증권을 취득하였을 때가 될 것이다.[35]

35 질권이란 채권자가 그 채권을 담보하기 위하여 채무자 또는 제3자(物上 보증인)로부터 수령한 동산(動産) 또는 재산권을 채무의 변제가 있을 때까지 유치함으로써 채무의 변제를 강제하는 동시에 변제가 없을 때는 그 동산 또는 재산권으로부터 우선변제를 받는 담보물권을 말한다.

(6) 면책(免責)증권의 성격

선하증권의 정당한 소지인이 이를 제시하여 화물의 인도를 청구하면 선박회사는 증권과 상환으로 증권에 표시된 화물을 인도하여야 하고, 그 청구자가 진실한 권리자인가를 점검(check)할 의무나 권리는 없다. 한편 수화인(受貨人)이 어떤 다른 방법으로 자기가 운송품의 정당한 인취권자(引取權者)라는 것을 증명하여도 선하증권을 제시하지 않으면 화물을 수취할 수 없다. 또한 선하증권의 회수 없이 화물을 인도하였을 때는 선박회사가 선하증권의 정당한 소지인에 대하여 책임을 면할 수 없다.

(7) 지시증권의 성격

선하증권은 증권상에 지정된 자 또는 지정된 자가 다시 증권상에 지정하는 자를 증권의 정당한 권리행사 주체로 한다. 지정방식은 배서(背書, endorsement)의 형식이 사용되며 배서란 유통증권의 소지인이 그가 가지고 있는 증권상의 권리를 타인에게 이전하는 것을 목적으로 통상 그 증권의 이면(裏面)에 서명하는 것을 말한다.

7.4 선하증권의 주요 기재내용

선하증권은 앞서 설명한 바와 같이 다양한 용도로 활용되고 있으므로 선하증권이 제 역할을 다하기 위해서는 선하증권이 정확하게 기재되어야 할 뿐 아니라, 기재된 사항에 대하여도 당사자들의 보다 깊은 이해가 필요하다.

대개의 국가들이 선하증권에 운송화물의 명세를 비롯하여 운임, 송화인, 수화인 등 중요한 사항의 기재를 법률로서 의무화하고 있다.[36] 이러한 의무적 기재사항 외에 계약자유의 원칙에 따라 당사자 간의 특약에 의하여 여러 가지 사항을 임의 기

36 우리나라에서도 선하증권에 기재할 사항과 운송인의 기명날인 또는 서명의 의무를 법으로 정하고 있다. 상법 제814조 제1항

재하는 것도 인정된다. 법정기재사항은 매 선하증권 발행 시 기입하여야 하는 가변(可變)사항이므로 통상 표면에 란을 설정해 두고 기입한다. 임의 기재사항은 대부분 이면에 인쇄로서 기재되지만 특히 중요하다고 인정되는 사항은 표면에 기재되기도 한다. 선하증권이 발행되면 운송인이 그 증권에 기재된 대로 운송물을 수령 또는 선적한 것으로 추정한다.[37]

(1) 운송화물의 명세

선하증권이 선적한 화물을 목적항에서 인도할 목적으로 작성되기 때문에 그 화물을 식별하는 데 충분한 명세(description)가 선하증권상에 기재되어야 한다. 실무적으로 선박회사는 송화인이 작성하여 선박회사에 제출한 선복(船腹)신청서(S/R : Shipping Request)의 화물명세에 의하여 화물의 종류, 중량, 용적, 포장의 종류와 개수, 기호 등의 명세를 기재한다. 따라서 송화인은 정확하게 화물의 명세를 선박회사에 신고하여야 한다. 부정확한 신고에 기인하여 발생하는 손실 및 비용에 대한 책임은 송화인이 지게 된다.

개품운송(個品運送)계약의 운임산정기준은 중량톤 또는 용적톤 중 큰 쪽을 선택하도록 되어 있기 때문에 선하증권에 중량과 용적이 함께 기재된다. 운송화물의 중량과 용적은 포장물을 포함한 총중량(gross weight)과 총용적(gross measurement)을 기재하는데 선박회사가 지정하는 공인 검정회사가 검측(檢測)한 중량 및 용적을 기입한다. 선하증권상의 중량은 운송화물의 개수와 함께 운송인의 손해배상책임기준이 되고 화물의 입출항, 하역, 보세구역장치 등에서 세관의 보세화물관리에 중요한 의의를 갖는다.

화물의 포장은 bag, barrel, box, bundle, can, carton, case, crate, dozen, drum, van, pallet, piece, roll, set, tank 등 그 종류가 다양하다. 선하증권에 컨테이너에 적입된 물품의 포장단위가 기재되지 않고 컨테이너단위만 있는 경우 각 컨테이너가 포장(package)의 단위로 간주된다. 그러나 선하증권에 컨테이너에 적입된 포장의 개수가 기재되어 있는 경우 컨테이너에 적입된 포장 개수는 하나하나

37 상법 제814조의2. 그러나 운송인은 선하증권을 선의로 취득한 제3자에게 대항하지 못한다.

전부 포장의 수로 취급된다.

(2) 송화인과 수화인

송화인(shipper)은 운송인과 운송계약을 체결하는 당사자이다. 송화인은 신용장상의 수익자와는 다른 경우도 있다. 즉 운송계약자를 송화인으로 하거나 실제의 화주를 송화인으로 하여도 유효한 것이다. 실무적으로 선하증권의 송화인란에는 운송계약자가 제시한 서류에 의해서 그 화물의 생산자, 운송주선인, 신용장상의 수익자, 수입업자의 대리인 또는 운송계약의 당사자가 아닌 제3자 등의 성명 및 주소가 기입된다. 선하증권에 기재된 송화인은 운송인이 서명한 선하증권을 취득할 권리를 가진 자이며, 선박회사는 권리양도증서가 없는 한 선하증권상에 기재된 송화인이 아닌 자에게 선하증권을 교부할 수 없다. 선하증권상의 수화인은 목적지에서 선하증권을 제시하고 운송인에게 증권상에 기재된 화물의 인도를 청구할 수 있는 채권자이다. 그러므로 수화인은 운송계약의 당사자는 아니지만 운송인과 권리, 의무의 관계를 가진다. 선하증권 자체가 화물을 대표하는 증권이고 유가증권이기 때문에 수화인을 누구로 하느냐에 따라 화물에 대한 권리관계가 결정될 것이다.

선하증권은 수화인(consignee)란의 기재내용에 따라 기명식(記名式, straight B/L)과 지시식(指示式, order B/L), 그리고 선택무기명식(또는 지참인식)의 세 가지로 나누어진다. 기명식의 경우에는 특정수화인의 성명 또는 상호가 기입되는데 필요에 따라 송화인의 성명 또는 상호를 수화인란에도 기입하여 송화인과 수화인 동일인이 될 수도 있다. 지시식의 경우는 수화인란에 order(단순지시식), order of ○○○(기명지시식), ○○○ or order(선택지시식)의 세 가지가 있다. 선택 무기명식은 수화인란에 Mr.○○○ or bearer로 표시하고, 지참인식은 bearer 또는 to bearer로 표시한다. 수화인란을 공란으로 하는 경우도 지참인식이다. 지참인식은 그 증권을 가지고 있으면 누구라도 수화인이 될 수 있다.

(3) 운임

운임(freight)에는 기본운임(basic freight) 및 할증료(surcharge), 기타 추가요금(additional charge)이 포함된다. 운임은 지급시기에 따라 선불(freight prepaid 또는 freight paid as arranged)과 후불(freight collect, freight to be collected 또는 freight payable)이 있다. 운임이 포함되는 CIF 등의 거래일 때는 선불이 되어 운임을 지불하지 않으면 선하증권이 발행되지 않는다. 운임 불포함조건인 FOB 등의 거래일 때는 운임이 지불되지 않으면 운송인 또는 대리점이 화물인도지시서(D/O : Delivery order)를 발행하지 않는 것이 일반적이다.

복합운송의 경우 각 구간을 구분하여 그 구간에 해당하는 운임을 각각 계산하여 명백히 표시하는 것이 좋다. 왜냐하면 수입물품에 대한 관세 등의 징수 시 과세가격의 결정에서 수입항 도착 후에 발생하는 당해 수입물품의 운송에 필요한 운임 기타 운송에 관련된 비용은 이를 명백히 구분할 수 있을 경우에 과세가격에서 제외될 수 있기 때문이다.

(4) 기타 선하증권 기재사항

이상에서 선하증권의 법정기재사항 중 관련 당사자에게 특히 의의가 있는 주요사항을 중심으로 설명하였으나 그 외에도 ① 선박의 명칭, 국적, 톤수, ② 선적항, ③ 양륙항, ④ 운송물품의 외관상태, ⑤ 선하증권의 발행일자와 발행장소, ⑥ 선하증권의 발행통수 등이 법정기재사항으로 되어 있다.

임의기재사항은 화주와 선박회사 간의 특약에 따라 달라진다. 임의기재사항 중 선주의 면책약관(negligence clause) 같은 것은 미리 인쇄되어 있거나 고무인 등으로 날인한다. 임의기재사항에는 다음과 같은 것들이 있다. ① 본선항해번호, ② 화물도착 통지처(notify party), ③ 예약번호(booking No.), ④ 운임지급지, ⑤ 선하증권번호, ⑥ 적요(remarks), ⑦ 보통약관과 면책조항 등이다.

| 그림 9-10 | 선하증권 양식

MAERSK

MAERSK LINE

RFC GHE092502HK5

BILL OF LANDING FOR PORT TO PORT SHIPMENT

Shipper (Complete Name And Address) **Shenzhen Ailisheng Trade Co., Ltd. Phoenix Road,Luohu district, Guangdong Shenzhen city,China Telephone and fax: 086-755-36922075**	Packing List No.: **219618043-1**	Bill of Landing No.: **SSOF090406718**
	Freight And Charges Payable By: **Shipper at shen zhen /Guangdong**	Terms Of Sale: **FOB (2010)**
Consignee (Complete Name And Address) **Alejead Pc S.A.S - Aptdo Postal 28059 Carrera 100 5-39 – Cali - Valle - Colombia Telephone and email: 059-032-4491451 - alejead@hotmail.com**	Number of Original Bill of Landing Issued: **Three (3)**	
	Place and date of issue: **15 – August – 2010 Shen zhen / China**	
Notify Party (Complete Name And Address) **Same as consignee**	For Release Of Shipment, Please Contact: **Agencia de Aduanas Siacomex Ltda – Buenaventura Calle 2 No. 2ª-58 – PBX: (052) 242 2798 Fax: (052) 242 4823 - buenaventura@siacomex.com**	

Place of Receipt: **Shen Zhen / China**	Port Of Loading: **Shangai / China**	Total No. Of Container/Package Received By The Carrier: **1 / 0**	
Place of Delivery: **Cali / Colombia**	Port Of Discharge: **Buenaventura / Colombia**	For Transshipment To: **Maersk Line**	Vessel/Voyage: **CSCL LE HAVRE / 0029W**

Marks And Numbers	No. of PKGS	Description of Packages And Goods	Gross Weight	Measurement
20' steel Dry Cargo Container No: CSQU3054383	**500 packages**	**500 units of 15.6 inch laptop with core i7 8GB RAM, In 6 pallets with 80 packages each one with a volume of 1.63 M^3 and 1 pallet with 20 packages with a volume of 0.41 M^3**	**1650 Kg**	**10.2 M^3**

The above particulars are according to the declaration of the shipper. The carrier received the above goods in apparent good order and condition, unless otherwise specified, for carriage to the place as agreed above subject to the terms of this Bill of Landing including those on the back pages. If required by the Carrier, one original of this Bill of Landing must be surrendered duly endorsed in exchange for the goods or delivery order. In witness whereof original Bill of Landing has been signed in the number stated below, one of which being accomplished the other(s) to be void.
IN ACCEPTING THIS BILL OF LANDING, the Shipper, Consignee, Holder hereof, and Owner of the goods, agree to be bound by all of its stipulations, exceptions and conditions, whether written, printed or stamped on the front or back hereof, as well as the provisions above Carrier's published Tariff Rules and Regulations.

	Prepaid	Collect	
Occean freight	**USD 3.300**		Shipped on Board: **20 – August – 2010** Place: **Shangai**
In Witness Whereof **3** original Bills of Lading have been signed, not otherwise stated above, one of which being accomplished the others shall be void			Signature: ____________________ B/No: SSOF090406718 Terms of landing continued on reverse side

The contract evidenced by Bill of Landing is governed by the laws of the Hong Kong Special Administrative Region. Any proceeding against the carrier must be brought in the courts of the Hong Kong Special Administrative Region and no other court.

7.5 선하증권의 용도

선하증권은 무역거래와 관련되는 당사자들에게 다양한 용도로 쓰인다. 이와 같이 다양한 용도에 쓰일 수 있는 것은 선하증권이 무역거래의 대상인 화물을 대표하고 있을 뿐 아니라 무역거래와 관련된 많은 정보를 담고 있기 때문이다.

주요 당사자들을 중심으로 선하증권의 용도를 살펴보기로 한다.

(1) 선박회사와 선하증권

선하증권은 인수(引受)화물의 수량, 화물 외관(外觀)상태의 명시 등이 포함되어 있는 화물수취증으로서의 역할을 한다. 또한 운송조건과 면책약관을 포함하는 운송계약을 나타내는 증거서류가 된다. 선하증권은 운송계약을 나타내는 증거서류는 되지만 운송계약 그 자체는 아니다. 선하증권은 통상 본선수취증(M/R)이나 부두수취증(D/R) 또는 창고수취증(W/R)에 의거하여 발행되는데 그것을 운송계약 자체라고 할 수는 없다. 운송계약은 요식(要式)을 필요로 하지 않으므로 전화로도 체결할 수 있는 것이며, 용선(傭船)계약에 의하여 선하증권이 발행되는 경우에는 운송계약은 용선계약서(charter party)에 기재되고 송화인과 선박회사의 관계는 용선계약서에 구속된다는 점을 상기하면 이점이 보다 분명해진다. 그러나 현실적으로 개품운송(個品運送)의 경우 선하증권 이외에 별도의 운송계약을 증빙하는 서류가 발행되지 않기 때문에 선하증권이 유일한 운송계약의 증거서류가 된다.

(2) 수출상과 선하증권

수출상에게 있어 선하증권은 화환어음을 매도(賣渡)하는 데 있어 화물의 선적사실을 증명하는 서류가 된다. 이때 납기의 준수 여부를 결정하는 판단기준은 선하증권의 발행일이다. 선하증권은 수입상에게 선적통지를 하는 데에도 이용된다.

수출상은 통상 별도의 약정이 없더라도 화환어음에 첨부된 서류와는 별도로 매수인(buyer) 또는 수화인(consignee)에게 선적서류의 사본(寫本)[38]을 직접 송부한

38 선하증권은 원본(original)과 사본(copy)이 필요에 따라 여러 통 발행된다. original B/L은 통상 세

다. 이 경우 사본은 은행을 경유하는 정상적 선적서류보다 빨리 도착되어 매수인이 하역(荷役)이나 통관, 보관, 국내운송 등의 사전(事前)준비를 쉽게 할 수 있도록 하는데 이때 선하증권이 유용하게 사용된다. 또한 선하증권은 운송계약 위반에서 발생하는 보상금이나 손해배상 청구에도 사용된다.

(3) 수입상과 선하증권

선하증권은 운송화물을 대표하고 있으므로 수입상은 입수한 선하증권을 양도함으로써 운송화물을 처분할 수 있다. 또한 선박회사에 대하여 화물인도를 청구할 때 선하증권은 권한 있는 인수당사자임을 입증하는 증빙서류가 된다. 만일 화물이 목적항에 먼저 도착하였으나 선하증권을 입수하지 못한 경우에 수화인은 은행이 연대(連帶)보증하는 수입화물선취보증서(L/G)를 제출하고 화물을 인수할 수 있다.[39]

(4) 은행 · 보험회사와 선하증권

화물선적 후 매도인은 추심(collection)을 위하여 수출지의 외국환은행에 환어음 및 선하증권을 제시하는데, 이때부터 수입지의 매수인이 환어음에 대하여 대금을 지급하고 선하증권을 교부받을 때까지 은행이 선하증권을 보유하게 된다. 그러므

통이 한 세트로 발행된다. 이때 선하증권에는 각각 original, duplicate, triplicate란 문구가 있고 은행과의 거래를 위해 negotiable이란 문구도 표시된다. original B/L의 경우 발행통수에 관계없이 내용이 동일하고 정식 서명도 되어 있어 각 B/L은 동일한 효력을 지닌다. 수출상이 은행에서 결제 시에는 발행된 정본 전부를 제시하여야 하나, 수입지에서 선박회사로부터 수입상이 화물을 인도받을 때는 정본 하나로서 족하다. 이때 한 통이 선박회사에 회수되면 나머지 B/L은 유가증권으로서의 효력이 상실된다. B/L 사본의 경우 copy 및 non-negotiable이란 문구가 기재되며 이는 당초부터 유가증권으로서 효력이 없고 단지 참조적인 서류에 불과하다.

39 수입화물선취보증서(L/G)는 선적서류 도착 전 물품의 인도로부터 발생하는 모든 문제를 책임지고 차후에 선하증권 원본이 도착하면 이를 선박회사에 제출할 것을 보증하는 은행의 보증서이다. 이것의 특징은 은행이란 보증인의 존재가 본질적으로 효력발생요건이라는 점이다. L/G의 내용은 ① 선하증권이 도착하면 지체 없이 선박회사에 제출한다는 것, ② L/G에 의해 인도된 화물에 대하여 발생되는 모든 손해는 화주 및 보증은행이 책임진다는 것, ③ 운임 및 기타 비용 일체를 지급한다는 것 등이 명시된다. L/G 발급은 선적서류 원본을 인도하는 것과 마찬가지이므로 은행은 L/G 금액 100% 이상의 현금을 수입보증금으로 요구하며, 후에 선적서류가 내도(來到)되면 선하증권 원본에 개설은행이 배서하여 선박회사에 제출하고 L/G를 회수한다.

로 추심(推尋) 전 대금지급의 경우 선하증권은 은행의 대금회수를 위한 담보물로서 역할을 한다. 한편 해상운송 중 사고가 발생하여 보험자가 화주인 피보험자에게 보험금을 지급한 경우 보험자는 피보험자를 대신하여 피보험이익에 관한 권리 및 제3자에 대한 권리를 취득하는 대위권(right of subrogation)을 취득한다. 이때 선하증권은 대위구상권(代位求償權)의 증거서류가 된다.

(5) 세관과 선하증권

세관의 외국화물관리와 수입통관에 있어서도 선하증권은 주요한 역할을 한다. 우리나라 관세법상 수입통관과 관련하여 세관에 반드시 제출해야 하는 필수 무역서류는 과세자료로 쓰이는 송품장과 과세 및 화물관리자료로 쓰이는 선하증권이다. 외국으로부터 화물을 적재한 선박이 입항하면 선장은 입항하는 선박에 적재되어 있는 화물에 대한 명세서인 적하목록을 세관장에게 제출해야 하며, 적하목록에는 선하증권이 일련번호로 기재되어 있고 각 선하증권이 대표하고 있는 화물의 품명과 수량(포장개수, 중량 등)도 기재되어 있다. 적하목록에 기재된 선하증권의 단위는 수입화물의 하역, 보세운송, 보세구역 장치 등에 있어 세관의 화물감시 · 관리의 기초가 되고, 원칙적으로 통관을 위한 수입신고의 기본단위가 된다.[40] 또 운임과 보험료도 수입물품의 과세가격에 포함되기 때문에 선하증권은 FOB조건과 같은 무역거래에서 과세가격에 포함될 운임을 확인할 수 있는 자료로도 활용된다.

7.6 선하증권의 유통

선하증권을 유통성을 기준으로 구분하면 유통가능 선하증권(negotiable B/L)과 유통불능 선하증권(non-negotiable B/L)으로 구분할 수 있다. 유통가능 선하증권은 지시식 선하증권과 지참인식 선하증권을 말하고, 유통불능 선하증권은 기명식

40 보세화물 입출항 하선(下船) · 하기(下機) 및 적재에 관한 고시 제2-2-1조, 수입통관 사무처리에 관한 고시 제2-1-9조

선하증권을 말한다. 기명식 선하증권의 경우 선박회사는 화물을 목적지에서 수화인란에 기재된 특정인에게 인도하는 의무를 부담하고 있으므로 원칙적으로 선하증권의 제시와는 관계가 없는 것이다.[41] 우리나라 상법은 기명식 선하증권도 배서양도를 금지하고 있지 않는 한 배서에 의하여 양도할 수 있도록 규정하고 있다.[42]

선하증권의 유통은 두 가지 형태로 이루어진다. 하나는 선하증권의 인도에 의하는 경우이다. 선하증권이 소지인(所持人)식으로 발행되거나 특정인의 지시식으로 발행되어도 그가 백지배서(白紙背書) 또는 소지인식의 배서를 한 경우에는 인도만으로 유통될 수 있다. 다른 하나는 배서(背書)에 의하는 경우이다. 선하증권이 지시식으로 발행된 경우 그의 배서에 따라 유통되는데 배서는 ① 백지배서, ② 소지인식 배서, ③ 특정인에의 배서 등 세 가지가 가능하다. 백지배서(blank endorsement)는 실무상 가장 많이 쓰이는 것으로 인도문언 및 피배서인에 대하여 아무것도 기재하지 않고 배서인만이 서명하는 것이다. ① 또는 ②와 같이 배서된 선하증권은 증권의 인도로 유통되지만 ③은 배서를 받은 특정인이 다시 배서함으로써 유통될 수 있다. 선하증권이 배서인도에 의하여 유통되면 당사자 간에 화물인도 청구권, 화물의 소유권, 화물의 담보권 등이 이전(移轉)된다.

7.7 해상화물운송장

해상화물운송장(SWB : Sea Waybill)은 운송계약의 증빙서류이며 화물에 대한 선박회사의 수령증이라는 점에서 B/L과 공통점이 있다. 그러나 해상화물운송장은 B/L과는 달리 화물에 대한 청구권이 없는, 즉 유가증권이 아니다. 해상화물운송장은 기명식 선하증권(straight B/L)의 일종으로 제3자에게 양도가 불가능하며, 수화인이 도착지에서 화물을 수령할 때 운송인에게 원본을 반드시 제출하여야만 하는 것도 아니다. 그 결과 B/L의 입수가 화물의 도착보다 지연되더라도 수화인은 화물

41 나라에 따라서는 기명식 선하증권의 경우 수화인란에 기재된 특정인이란 신분이 확인되면 선하증권을 제시하지 않아도 화물을 인도한다. 그러나 우리나라 상법은 선하증권은 당연히 법률상 지시식 선하증권이라고 규정하고 있으므로 기명식이라도 수화인은 선하증권을 제시하여야 한다.

42 상법 제820조

을 조속히 인수할 수 있으며, 유가증권이 아니기 때문에 분실하더라도 B/L과 같은 위험은 존재하지 않는다.

해상화물운송장이 사용되기 시작한 것은 1977년 1월 영국의 11개 선사들이 영국선주협회의 권고를 받아들여 이를 사용하기 시작하면서부터이다. 해상화물운송장은 운송기술의 발달로 화물이 운송서류보다 먼저 목적지에 도착하는 경우가 빈번해지면서 필요하게 되었고 점차 그 사용빈도가 늘어나고 있다. 전통적 상관습에 의하면 화물이 운송서류보다 먼저 도착할 경우 B/L 대신 화물선취보증장(L/G : Letter of Guarantee)을 이용할 수 있으나, 이 경우 L/G 발급에 따른 까다로운 절차와 비용, L/G의 위조문제 등 여러 가지 문제가 제기될 수 있다. 이러한 문제점을 해결하기 위해 유통성 선하증권인 B/L 대신 도착지에서 서류의 제시가 필요 없는 비유통성인 해상화물운송장의 사용이 증가하고 있다.

이러한 상관습의 변화를 반영하여 INCOTERMS(2000)에는 매도인의 물품인도 증빙서류로 해상화물운송장을 명시하고 있고,[43] 신용장통일규칙(UCP 500)도 비유통 해상화물운송장을 수리할 수 있는 근거조항을 두고 있다.[44] 또한 국제해사법위원회(CMI)에서도 1990년 해상화물운송장에 관한 CMI통일규칙(CMI Uniform Rules for the Sea Waybill, 1990)을 제정한 바 있다.

7.8 기타 운송서류

(1) 항공운송서류

해상운송의 B/L에 해당하는 항공운송의 기본적인 서류가 항공화물운송장(AWB : Air Waybill) 또는 항공화물탁송장(ACN : Air Consignment Note)이다. 항공운송의 경우 무역거래조건이 FCA일지라도 매도인이 운송계약을 체결하는 것이 일반적이다. 이때 운송계약의 내용은 항공화물운송장의 이면약관에 나타난다. 국제항

43 EXW, DAF조건을 제외한 나머지 11개 거래조건 매도인의 의무 제8항에는 운송서류의 하나로 비유통의 해상화물운송장을 명시하고 있다.

44 UCP 500 제24조

공운송에 관한 바르샤바협약(Warsaw Convention. 정식명칭은 국제항공운송규칙의 통일에 관한 조약, The Convention for the Unification of Certain Rules Relating to International Carriage by Air, 1929) 및 이의 개정인 1955년의 헤이그의정서(Hague Protocol), 1975년의 몬트리올의정서(Montreal Protocol)에는 항공화물운송장의 법률적 성격, 운송인의 책임범위, 배상책임의 한도, 송화인 · 수화인 · 운송인의 권리 및 의무가 규정되어 있다.[45] 이러한 조약이 항공운송계약의 준거법이 된다.

항공사들이 사용하는 AWB[46]에는 국제항공운송협회(IATA : International Air Transport Association)가 제정한 IATA 표준약관이 그대로 적용되거나 약간 수정된 채로 이면에 인쇄되어 있다.[47] AWB는 B/L과 유사한 성격도 있지만 다른 점도 많다. 즉 AWB는 B/L과 같이 송화인과 운송인 사이에 운송계약이 체결되었다는 증거서류이긴 하나, non-negotiable이라 표시되는 비유통서류로 발행되어 유가증권의 성격을 갖지 아니한다. 또한 선하증권이 통상 선적식인 데 비해 AWB는 화물이 창고에 반입되면 발행되는 수취식이다. 한편 AWB는 송화인이 작성하여 항공사에 교부하도록 법률적으로 규정되어 있다.

항공운송은 송화인이 직접 항공회사와 거래하지 않고 항공운송대리업체인 항공화물대리점(cargo agent)이나 혼재업자(consolidator or freight forwarder)에 의해 적재, 운송 및 AWB의 발급이 이루어진다. 혼재업자를 이용할 경우 집화(集貨)한 화물을 항공사에 위탁할 때 항공사로부터 혼재업자가 교부받는 것을 Master Air Waybill이라 하고, 혼재업자가 개별 송화인에게 교부하는 것을 Air Bill(House Air Waybill 또는 House Waybill)이라 부르기도 한다.

---

45 헤이그의정서에는 당사국 간에 있어 1929년의 바르샤바협약과 헤이그의정서를 합하여 단일조약으로 간주하고, 이를 합하여 개정바르샤바협약으로 부르도록 규정하고 있다(의정서 제19조). 우리나라에서는 1967년부터 이 조약의 효력이 발생되었다.

46 바르샤바협약에서 인정하는 항공운송서류는 항공화물탁송장(ACN : Air Consignment Note)이고, 헤이그의정서에서 정한 항공운송서류는 항공화물운송장(AWB : Air Waybill)이다. 여기에서는 ACN과 AWB를 통칭하는 것으로 AWB란 용어를 사용하였다.

47 IATA는 각국 국제항공회사에 의해 1945년 설립되었는데 우리나라 항공사들을 포함하여 세계 각국의 항공사가 거의 모두 가맹하고 있다. IATA는 바르샤바협약 범위 내에서 항공운송에 관한 조건, 즉 운임 · 운송규칙 등의 협정, 항공화물운송장의 양식, 발행방법 등을 규정하고 있다.

| 그림 9-11 | Airway Bill 견본

Shipper's Name and Address | Shipper's Account Number

Not negotiable
Air Waybill
issued by
KOREAN AIR

Copies 1, 2 and 3 of this Air Waybil are originals and have the same validity.

Consignee's Name and Address | Consignee's Account Number

Telephone :

It is agreed that the goods described herein are accepted in apparent good order and condition (except as noted) for carriage SUBJECT TO THE CONDITIONS OF CONTRACT ON THE REVERSE HEREOF. THE SHIPPER'S ATTENTION IS DRAWN TO THE NOTICE CONCERNING CARRIER'S LIMITATION OF LIABILITY. Shipper may increase such limitation of liability by declaring a higher value for carriage and paying a supplemental charge if required.

Issuing Carrier's Agent Name and City

Accounting Information

Agent's IATA Code | Account No.

Airport of Departure(Addr. of First Carrier) and Requested Routing

TO	By First Carrier	Routing and Destination	to	by	to	by	Currency	CHGS Code	WT/VAL PPD COLL	Other PPD COLL	Declared Value for Carriage	Declared Value for Customs

Airport of Destination | Flight/Date | For Carrier Use Only | Flight/Date | Amount of Insurance

INSURANCE-If Carrier offers Insurance, and such insurance is requested in accordance with conditions on reverse hereof, indicate amount to be insured in figures in box marked 'amount of Insurance'.

Handling Information

No. of Pieces RCP	Gross Weight	kg lb	Rate Class / Commodity item No.	Chargeable Weight	Rate / Charge	Total	Nature and Quantity of Goods (incl. Dimensions or Volume)

Prepaid	Weight Charge	Collect	Other Charges
	Valuation Charge		
	Tax		
	Total Other Charges Due Agent		
	Total Other Charges Due Carrier		

Shipper certifies that the particulars on the face hereof are correct and that insofar as any part of the consignment contains dangerous goods, such part is properly described by name and is in proper condition for carriage by air according to the applicable Dangerous Goods Regulations.

Signature of Shipper or his Agent

Total Prepaid | Total Collect

Currency Conversion Rates | CC Charges In Dest. Currency

Executed on(date) at(place) Signature of Issuing Carrier or its Agent

For Carrier's Use Only at Destination | Charges at Destination | Total Collect Charges

ORIGINAL 3(FOR SHIPPER)

(2) 육상운송서류

육상운송은 철도운송과 자동차운송, 그리고 내수로(內水路)운송 등으로 나눌 수 있다. 각각의 경우 운송서류의 명칭은 달라진다.

1) 철도화물탁송장(rail consignment note)

대륙 내에서의 장거리 대량 운송에는 아직도 철도운송이 상당한 경쟁력을 지니고 있다. 철도운송은 유럽제국들 사이에 자주 이용된다. 철도운송의 준거법은 CIM 협약(Convention Internationale Concernant le Transport des Marchandise par Chemin de Fer)이다. 이 협약에는 운송계약의 체결, 계약이행, 운송인의 책임, 당사자 간의 법률관계와 재판관할 법원 등에 대하여 규정하고 있다.

화물의 철도운송과 관련하여 발행되는 철도화물탁송장('철도화물수탁증'이라고도 한다)은 일종의 화물위탁서이다. 즉 송화인의 운송을 위탁받은 운송인이 그것을 수탁하였다는 취지를 표시하고 있는 서류이다. 이에 반해 철도화물상환증(railway B/L)은 형식상의 요건이 선하증권과 유사하고 선하증권이 갖는 채권적 효력, 처분증권성, 물권적 효력을 갖는다.

2) 도로화물탁송장(road consignment note)

도로화물탁송장('도로화물수탁증'이라고도 한다)은 자동차를 이용한 화물운송에서 운송인이 화물을 수탁하였다는 취지를 표시하여 발행하는 것이다. 국제도로운송에서 적용되는 준거법은 CMR협약(Convention Relative au Contract de Transport International de Marchandise par Route)이다. 국제도로운송이란 일정국가의 어느 지점으로부터 다른 국가의 어느 지점까지 육로로 운송되는 경우를 말한다. 거래의 양 당사자 중 어느 한 당사자가 이 협약의 당사자인 경우에는 조약을 적용하도록 규정하고 있으며, 도로화물탁송장의 성격은 철도화물탁송장과 유사하다.

3) 내수로운송서류(inland waterway document)

화물이 내수로를 통하여 운송될 때 발급되는 운송서류이며 철도화물탁송장 또는 도로화물탁송장과 유사한 성격을 갖는다.

(3) 복합운송서류

복합운송이란 "물품이 어느 한 국가의 지점에서 수탁되어 다른 국가의 인도지점까지 적어도 두 가지 이상의 운송방식에 의하여 이루어지는 물품운송"을 의미한다.[48] 복합운송에 관하여는 1971년 국제해사기구(IMO : Inter-Governmental Maritime Consulate Organization)에 의해 TCM(Project de Convention sur le Transport International Combine´ de Marchandise)조약의 제정이 시도되었으나 백지화된뒤 이를 대신하여 민간 차원에서 1973 ICC가 제정한 복합운송증권에 관한 통일규칙(Uniform Rules for a Combinede´ Transport Document, 1975 Revision)이 있고, UN에서 1980년 제정한 UN 국제물품복합운송조약(UN Convention on International Multimodal Transport of Goods)이 있다.[49] 복합운송증권을 발행하는 자를 복합운송인(이를 CTO, MTO 또는 ITO로도 부른다)[50]이라 한다.

복합운송인은 운송수단의 보유와는 직접적인 관계가 없다. 복합운송증권에는 유통성(negotiable)인 것도 있고 비유통성(non negotiable)인 것도 있다. 또한 선하

48 복합운송증권에 관한 통일규칙 제2조 a. 복합운송에 복수의 운송인이 참여한다는 점에서는 통운송과 유사하나 통운송은 한 가지 운송방식에 다수의 운송인이 참여하지만, 복합운송은 적어도 두 가지 이상의 운송방식이 이용된다는 점에서 차이가 있다. 또한 통운송에서의 통선하증권(through B/L)은 운송인의 책임이 운송구간별로 분할되고 2차 운송인에 대한 1차 운송인의 지위는 화주의 단순한 운송대리인에 불과하나 복합운송증권은 운송인이 전 구간 단일책임을 지고 1차 운송인이 원청운송인, 2차 운송인이 하청운송인이 된다.

49 UN 국제물품복합운송조약은 참여국 간 이해의 대립으로 아직까지 발효되지 않고 있다. ICC의 복합운송증권에 관한 통일규칙을 적용하고자 할 때는 그 취지가 증권에 명시되어야 한다. TCM조약안은 아직도 유럽컨테이너 B/L의 준거법이 되고 있다.
오원석, 국제운송론, 박영사, 1999, p.13.

50 CTO(Combined Transport Operator)는 ICC의 복합운송증권에 관한 통일규칙에서, MTO(Multimodal Transport Operator)는 UN 국제물품복합운송조약에서, 그리고 ITO(Intermodal Transport Operator)는 미국에서 각각 사용하는 용어이다.

증권의 명칭을 지니고 있는 것(combined transport B/L 또는 multimodal transport B/L)도 있다. 신용장통일규칙에서는 신용장에 별도의 명시가 없는 한 복합운송증권의 명칭에 구애되지 않고 서류를 수리하도록 규정하고 있다. 그러나 용선계약조건에 따른다는 표시가 있는 용선계약복합운송증권과 운송선박이 돛에 의해서만 운항된다는 표시가 있는 범선선적복합운송서류는 신용장에서 허용하지 않으면 수리될 수 없다.[51]

(4) 기타 특수운송서류

이상에서 설명한 각종 서류 외에도 운송서류에는 우편물수령증(post receipt) 또는 우편증명서(certificate of posting)와 특사배달수령증(courier receipt)이 있다. 우편물수령증 또는 우편증명서란 유료 견본 또는 소화물을 소포우편으로 발송하는 경우에 우체국에서 발급하는 우편물의 수령증이다. 특사배달은 우편배달과 유사한 형태이지만 우체국이 아니라 민간배달회사에 의해 배달이 행해진다는 점에서 차이가 있다. 즉 특사배달수령증은 민간특송업체가 발행하는 배달물품의 수령증이다.

우편수령증과 특사배달수령증이 운송서류로 유효하기 위해서는 ① 물품의 발송지와 발송일자가 스탬프 등으로 명확하게 표시되고, ② 발송을 위해 물품이 해당 기관에서 수령하였다는 사실이 확인되어야 하며, ③ 특사배달의 경우에는 배달인의 성명과 서명이 표기되어야 한다는 요건을 충족하여야 한다.[52]

51 UCP 500 제26조 a.

52 UCP 500 제29조 b.

8 국제화물운송규칙과 운송책임

8.1 운송책임의 의의

무역화물의 운송은 해상운송, 항공운송, 철도운송, 도로운송, 그리고 이들이 조합된 복합운송으로 나뉜다. 어떠한 운송형태이든지 국제화물의 운송에는 위험발생의 가능성이 높으며, 무역의 경우 수송 거리가 국내거래의 경우보다 상대적으로 멀고, 트럭 · 철도 · 선박 · 항공기 등의 여러 운송수단을 이용하게 되며, 항만 · 공항 · 창고 등의 유통시설을 이용함으로써 운송에 따르는 위험은 커질 수밖에 없다. 즉 상품이 수출상에서 수입상에 이르기까지 운송인이나 그 대리인의 인위적인 잘못을 비롯하여 불가항력의 천재지변(act of God), 기타 원인으로 인하여 멸실(loss), 훼손(damage), 지연(delay) 등이 발생하는 것이다.

운송과정에서 위험이 발생하였을 경우 화주와 운송인의 책임관계는 선하증권 등에 약정된 준거법(準據法)에 의하여 판단된다.[53] 이때 운송되는 화물이 보험에 가입하고 있다면 화주는 보험약관에 따라 보험자로부터 손실을 보상받을 수 있다. 손실을 보상한 보험자는 대위(subrogation)로 인해 화주와 운송인의 책임관계에서 보험자가 화주를 대신하는 입장에 서게 된다. 만일 상품이 보험에 가입하고 있지 아니하거나, 부보(附保)의 범위가 아닌 위험이 발생한 경우 화주는 약정된 운송약관에 따라 운송인으로부터 손실을 보상받아야 한다.

무역화물의 운송에는 운송구간마다 적용되어야 할 국내법이 있는 외에 운송의 국제성으로 인해 다음과 같은 국제협약이 체결되어 준거법으로 활용되고 있다. 무역화물운송에서 적용되는 준거법으로서 국제협약은 운송형태에 따라 다르다.

53 준거법(準據法, Applicable Governing or Proper Law)이란 '국제사법(國際私法)에 의하여 어떤 법률관계에 적용하여야 할 법'을 말한다.

8.2 운송책임관련 국제협약

(1) 해상운송관련 국제협약

해상운송에 관한 국제협약으로는 1924년 제정된 '선하증권에 관한 특정규칙의 통일에 관한 국제협약'(이를 '헤이그규칙'이라 한다)[54]과 1968년 개정 의정서인 비스비규칙[55]이 있다. 비스비규칙은 헤이그규칙의 책임체계를 전제로 해석상의 의문을 해소하기 위해 일부를 개정한 것이다. 따라서 비스비규칙에 의해 개정되지 않은 부분은 헤이그규칙이 그대로 적용되므로 '헤이그비스비(Hague-Visby)규칙'으로도 불린다.[56]

헤이그비스비규칙에서는 운송인에게 입증할 책임이 있는 과실책임의 원칙이 적용되므로 운송인이 면책되기 위해서는 충분한 주의를 다하였다는 것을 입증하여야 한다. 화물의 멸실이나 훼손이 발생한 경우 운송인의 책임한도는 선적 전에 화물가액을 신고하여 선하증권에 기재되지 않은 화물에 대해서는 포장당 또는 단위당(package or unit) 666.67SDR과 매 kg당 2SDR 중 많은 금액이다.[57]

한편 개발도상국들은 UNCTAD에서 헤이그비스비규칙이 선박을 소유한 선진국 선주 위주로 되어 있기 때문에 화주에게 불리하다고 주장하고 이를 개정할 것을 요구했고 이에 따라 UNCITRAL(United Nations Commission on International Trade Law)을 중심으로 작업이 진행되어 1978년 해상화물운송에 대한 유엔협약(United Nations Convention on the Carriage of Goods by Sea : 회의 개최지 이름을 따서 '함부르크(Hamburg)규칙'이라 한다)이 채택되었다.[58]

54 정식 명칭은 'International Convention for the Unification of Certain Rules of Law Relating to Bill of Lading'이다.

55 정식명칭은 'As Amended by the Protocol to Amend the International Convention'이다.

56 헤이그비스비규칙은 1977년 6월 발효되었고, 책임한도액의 SDR 표기를 위해 1984년 2월 개정 발효되었다. 2000년 7월 현재 이 규칙을 적용하고 있는 국가는 영국, 독일, 일본 등 약 30여 개국이다. 우리나라는 이 규칙의 주요 내용을 국내법에 수용하고 있다.

57 1SDR은 2000년 7월 현재 미화 1.4달러 수준이다.

58 함부르크규칙은 1992년 11월 1일 정식으로 발효되었다. 그러나 2000년 3월 현재 비준국은 대부분이 개발도상국인 24개국으로 별 영향을 미치지 못하고 있다. 우리나라는 이를 수락하고 있지 않다.

함부르크규칙은 헤이그비스비규칙에 비해 운송인의 책임의무를 크게 강화하고 있으며, 운송과정에서 화물의 멸실이나 훼손이 발생할 경우 운송인의 책임제한은 포장당 또는 단위당 835SDR 또는 중량 1kg당 2.5SDR 중 더 많은 금액이다.

(2) 항공운송관련 국제협약

국제항공운송분야에서는 1929년 바르샤바에서 '국제항공운송규칙의 통일에 관한 조약'(이를 '바르샤바협약(Warsaw Convention)' 또는 '국제항공운송조약'이라 한다)[59]이 채택되었고, 1955년 헤이그에서 동 조약의 개정의정서(이를 '개정바르샤바협약' 또는 '헤이그의정서(Hague Protocol)'라 한다)가 채택되었다. 우리나라는 1963년 헤이그의정서에 가입 · 비준함으로써 1967년 10월부터 조약이 발효되었다. 한편 1975년 몬트리올에서도 헤이그의정서의 개정의정서(이를 '몬트리올의정서(Montreal Protocol)'라 한다)가 채택되었으나 아직까지 발효되지 않고 있다.

헤이그의정서에서 운송인의 책임한도액은 매 kg당 250金프랑으로 하고 있다.[60] 그러나 송화인이 운송인에게 화물을 인도할 당시 시가를 신고하고 또한 필요로 하는 할증요금을 지급한 경우에는 신고액을 기준으로 한다.

항공운송에서 IATA(International Air Transport Association)[61] 회원인 항공사가 하는 운송은 IATA가 제정한 IATA 표준약관에 따라야 한다. 표준약관은 항공화물운송장의 이면에 기재되어 있는데, 항공운송인과 송화인 간의 권리 및 의무가 규정되어 있다. 이 약관은 바르샤바협약에 반하지 않는 범위 내에서만 적용된다. 오늘날 대부분의 항공사가 IATA 표준약관을 그대로 수용하거나 약간의 수정을 가하여 사용하고 있다.

59 정식 명칭은 'Convention for the Unification of Certain Rules Relating to International Carriage by Air'이다.

60 金프랑은 1928년부터 1938년까지 프랑스에서 통용된 법정통화기준이다. 1975년 Montreal Protocol No.4에서는 이를 17SDR로 변경하였다. 이는 250금프랑을 당시 금의 공정가격에 의해 계산한 것으로 미화 20달러와 같은 금액이었다.

61 1945년 각국의 국제항공사에 의해 설립된 단체로 우리나라를 비롯 세계의 항공사는 거의 모두 가맹하고 있다. 항공운송에 관한 조건, 즉 운임, 운송규칙 등의 협정, 항공화물운송장의 양식, 발행방법 등을 규정한다.

(3) 육상운송관련 국제협약

육상운송분야는 지리적인 제약 때문에 해상운송이나 항공운송분야와는 달리 전세계적인 범위의 협약이 마련되지 않고 있다. 다만 유럽지역 국가들 사이에서는 국제도로운송협약(이를 'CMR협약'이라 한다)[62]과 국제철도화물운송협약(이를 'CIM협약'이라 한다)[63]이 성립되어 있다.

CMR협약은 적어도 당사국 중 1개국이 체약국이면 적용되나 CIM협약은 2개국 이상의 체약국에 걸쳐 국제철도중앙사무국(UIC)에 등록되어 있는 철도노선만에 의한 운송으로 통운송장(through consignment note)이 발행되는 경우에 적용된다. CIM협약은 현재 여객운송에 관한 협약과 통합되어 운영되고 있다.[64]

운송책임의 한도액은 CMR협약의 경우 매 kg당 8.33SDR로 제한되나 CIM협약은 매 kg당 17SDR로 제한된다.

8.3 국제복합운송에서의 책임과 관련 국제협약

(1) 복합운송의 책임체계

복합운송은 서로 다른 준거법이 적용되는 운송구간을 관통하여 이루어지기 때문에 운송인의 책임관계가 보다 복잡해진다. 복합운송인은 운송에 따르는 대화주 책임체계를 스스로가 발행하는 국제복합운송증권의 이면약관에 게시할 의무가 있다. 국제복합일관운송이 되기 위해서는 복합운송인의 책임[65]이 전 구간에 미치는 단일

62 정식 명칭은 'Convention Relative au Contract de Transport Internationale de Marchandises par Rout'이다. 이 협약은 1956년 5월 체결되고 1978년 7월 개정되었다.

63 정식 명칭은 'Convention Internationale Concernant le Transport des Marchandises par Chemins de Fer'이다. 이 협약은 1970년 체결되었다.

64 전일수, 국제복합운송시스템, 21세기 한국연구재단, 1997, pp.155-188.

65 책임원칙에는 과실책임(liability for due or reasonable negligence)과 무과실책임(liability without negligence), 그리고 엄격책임(strict liability)원칙이 있다. 과실책임은 선량한 관리자로서 주의의무를 태만히 하여 야기된 손해에 대해 운송인이 책임을 지는 것이다. 무과실책임은 운송인이나 사용인의 과실 유무를 불문하고 배상책임을 지는 것이다. 엄격책임은 운송인이 결과에 대해 절대적으로 책임을 지며 면책을 인정하지 않는 것을 말한다.

운송책임체제(single carrier's liability system)이어야 한다. 이때 복합운송인의 책임이 국내법에 따를 것인가 국제협약에 따를 것인가 하는 것과, 국제협약에 따를 경우 개개의 손해발생구간에 적용되는 법규에 따르는 이종(異種)책임체계(network liability system)에 의할 것인가 아니면 운송구간에 관계없는 동일(同一)책임체계(uniform liability system)에 의할 것인가 하는 것이 국제복합운송에 있어서의 중심과제이다.

이종책임체계는 운송화물의 멸실, 훼손, 지연 손해 등이 발생하였을 경우 각기 다른 운송수단에 대하여 그것이 해당하는 국제규칙이나 국내법이 적용되는 책임체계를 말한다. 즉 손해발생구간이 확인된 경우에 헤이그비스비규칙, CMR협약, 바르샤바협약 등의 규정에 따라 운송인이 책임을 지되, 만일 이러한 규정이 적용되지 않는 장소에서 발생한 사고의 경우에는 그 지역에서 통상적으로 준거하는 책임원칙에 따라 처리하는 것이다. 이종책임체계는 복합운송인의 책임을 기존의 각 운송방법별 책임원칙에 일치시키는 것으로 현재 운송실무에서 사용되는 복합운송증권은 거의 이 책임체계를 따르고 있다.

동일책임체계는 전 운송구간을 통하여 각각 다른 책임원칙이 아닌 동일한 책임체계에 따라 복합운송인의 책임이 정하여지는 것을 말한다. 동일책임체계하에서는 화주와 복합운송인 사이의 책임원칙 여하에 따라 복합운송인이 화주에게 배상하는 금액이 하청운송인으로부터 환불받은 금액보다 많은 경우가 발생할 수 있다. 왜냐하면 복합운송인과 하청운송인 사이의 책임원칙에는 이종책임체계가 적용되기 때문이다.

(2) 국제복합운송규칙

국제복합운송에 관한 국제적 법규를 마련하고자 하는 시도는 1913년부터 국제해사위원회(CMI)를 중심으로 시작되었다. 그러나 아직까지 통일된 국제복합운송규칙은 마련되지 않고 있다. 국제복합운송규칙으로서 현재 주로 사용되고 있는 것은 1992년 UNCTAD가 제정하여 공표한 복합운송증권에 관한 UNCTAD/ICC규칙(UNCTAD/ICC Rules for Multimodal Transport Documents)이다.

UNCTAD/ICC규칙은 1975년 국제상업회의소(ICC)가 제정한 복합운송증권통일규칙(Uniform Rules for Combined Transport Document)과 1980년 UN이 제정 · 공표한 UN국제복합운송조약(UN Convention on International Multimodal Transport of Goods)을 기초로 하여 제정된 것이다.

복합운송증권통일규칙은 국제복합운송과 관련한 규칙 마련에 있어 국제적 합의가 잘 이루어지지 않고 있던 상황에서 ICC가 마련하여 공표한 것이다. 이는 국제운송주선인협회(FIATA)의 복합운송증권 등에 상당히 널리 쓰였다. 한편 UN국제복합운송조약은 1980년 81개국의 합의에 의해 UN에서 채택되었다. 이 조약은 30개국 이상의 승인이 이루어진 날부터 1년 후에 발효하도록 되어 있으나, 2000년 현재까지 동 조약 비준국은 10여 개국에도 미치지 못하여 발효하지 못하고 있다.

UNCTAD/ICC규칙은 ICC의 복합운송증권통일규칙과 UN국제복합운송조약 간 타협의 산물이다. UN국제복합운송조약이 선주에 대한 부담을 지나치게 높게 하고 있다고 보아 대부분의 선진국들이 이를 비준하지 않음에 따라 UNCTAD가 이러한 규정을 완화하고, 또 복합운송업계에서 기왕에 사용하고 있던 ICC의 복합운송증권통일규칙 주요 내용을 수용하여 마련한 것이다.

UNCTAD/ICC규칙은 서면이나 구두 또는 기타의 방법으로 '복합운송계약에 관한 UNCTAD/ICC규칙'을 명시함으로써 운송계약에 합당한 경우에 적용된다.[66] 만일 복합운송계약에 적용할 수 있는 국제협약이나 국내법의 강행 규정이 있다면 그 규정이 이 규칙에 우선한다. 이 규칙은 범세계적인 국제무역거래에 적용될 수 있으며, ICC의 신용장통일규칙의 내용과도 일치하기 때문에 국제무역계 및 금융계에서 널리 받아들여지고 있다. 현재 복합운송업계에서 가장 널리 사용하고 있는 FIATA 선하증권의 이면약관에도 이 규칙을 채택하고 있다.

UNCTAD/ICC규칙에서는 운송인의 책임한도를 포장당 또는 단위당 666.67SDR, 멸실 또는 손상된 물품의 총중량에 대한 매 kg당 2SDR 중 높은 쪽의 금액을 한도로 한다.[67] 이는 헤이그비스비규칙상의 책임한도와 일치한다. 해상운송구간이 포함되지 않는 복합운송의 경우에는 CMR에 의한 책임한도액과 같이 매 kg당 8.33SDR

66 복합운송증권에 관한 UNCTAD/ICC규칙 제1.1조
67 복합운송증권에 관한 UNCTAD/ICC규칙 제6.1조

의 한도액이 적용된다. 만일 컨테이너, 팔레트(pallet), 기타 이와 유사한 운송용구에 한 개 이상의 포장 또는 단위로 물품이 적재된 경우에는 복합운송증권에 기재된 그 포장 또는 단위를 책임한도액의 포장 또는 단위로 본다.

9 운송클레임

9.1 운송클레임의 의의

국제무역상품의 운송도중에 발생하는 하자에 대한 클레임(claim)은 의외로 상당히 많은 편이다. 수많은 상품이 다양한 선박이나 항공기, 트럭, 열차 등에 의해 운송되는 가운데 자연조건이나 인위적인 행위에 의해 상품에 상당한 피해를 주는 경우가 많기 때문이다. 이처럼 상품의 운송과정에서 발생하는 사고와 관련한 손해에 대해 화주의 요구나 청구를 무역계약의 불이행이나 위반행위에 기인하여 발생하는 상사분쟁상의 클레임과 구분하여 운송클레임이라 한다.

운송과정에서 화물이 멸실되거나 훼손되었을 경우 손해가 발생한 구간을 책임지는 운송인이 배상책임을 지는 것은 당연하다. 그러나 손해가 발생한 구간이 명확하지 않거나, 명확하더라도 사고가 천재지변이나 불가항력적인 사유로 발생한 경우, 기타 원인이 불명확한 경우 등이 있기 때문에 화주와 운송인 간 분쟁이 발생하기도 한다.

화물운송과정에서 사고가 발생하면 해당 화물이 적하보험에 가입되어 있을 때는 손해보험사에도 즉시 통지하여야 하며, 운송클레임의 제기와 처리에서 해당 화물이 보험에 가입되어 있을 때 화주는 보험회사로부터 먼저 구상(求償)을 받고, 보험회사가 대위(代位)를 통해 운송인과 클레임을 해결하는 것이 바람직하다. 그 이유는 다음과 같다.

① 국제적으로 운송인의 책임은 CIF가격을 한도로 하는 것이 관습적인 반면, 적하보험은 일반적으로 CIF가격의 110%를 부보한다. 따라서 화주의 입장에서

화물보험으로 전보(塡補)받는 것이 유리하다.

② 보험회사의 지급업무는 운송인으로부터의 지급보다 훨씬 신속하다. 운송인은 자신의 책임이 명백한 경우에도 손해배상금을 지급하기에 앞서 배상금을 줄이기 위해 화주와 협상하는 것이 관행적으로 되어 있기 때문에 경우에 따라서는 소송을 제기하지 않는 한 처리가 지연될 가능성이 있다.

③ 운송서류상의 면책조항이나 포장당, 단위당 또는 중량당 책임한도의 제한 등과 관련하여 화주와 운송인 간 분쟁이 발생할 가능성이 있다.

화물운송과정에서의 사고발생에 따른 운송클레임의 제기와 처리과정을 개관하면 [그림 9-12]와 같다.

그림 9-12 화물운송사고의 처리절차

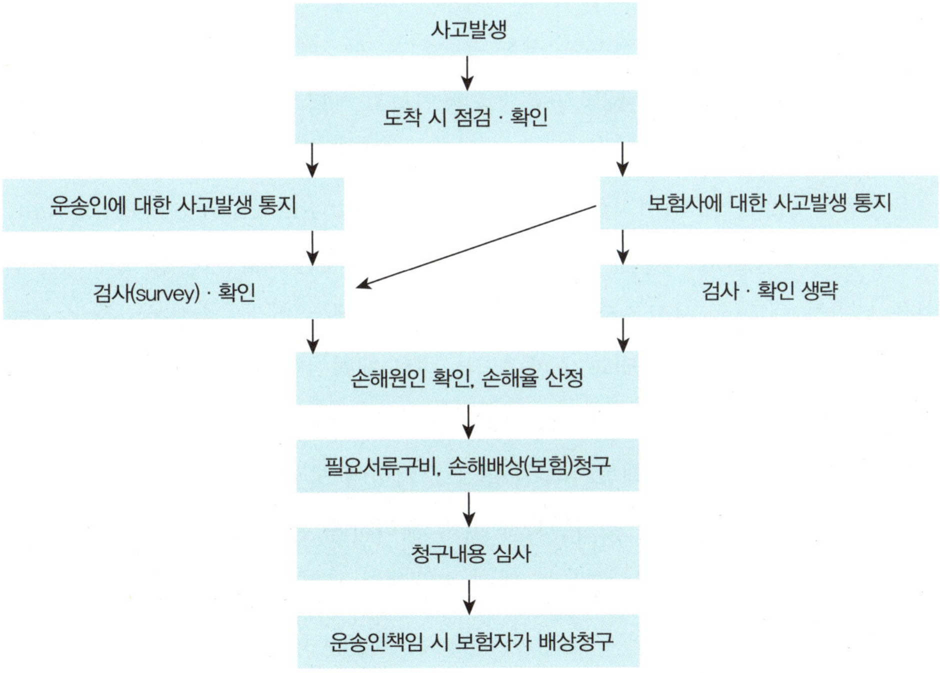

9.2 운송클레임의 제기와 처리

(1) 멸실 · 손상발생의 통지와 확인

화물의 수화인이나 운송서류 소지인은 운송화물의 전부 또는 일부가 멸실되었거나 손상(훼손)되었을 때는 화물을 인수할 때 또는 인수한 후 통지기한 내에 멸실 또는 손상의 개요를 책임 있는 운송인에게 서면으로 통지하여야 한다. 이때 통지는 발신주의가 적용되므로 운송서류에서 정한 기한 내에 우체국의 소인(stamp)이 찍히는 경우가 가장 바람직하다. 만일 일정기일 내에 화주로부터 통지가 없을 경우 운송인은 해당 화물이 이상 없이 인도된 것으로 추정할 수 있는 추정적 증거(prima facie evidence)를 가진다. 여기서 일정기일이라 함은 예를 들어 항공화물운송장(AWB)의 경우 14일, FIATA 복합운송증권의 경우 6일과 같이 약관에 규정되어 있는 기일을 말한다.

화주로부터 사고통지를 접수한 경우 운송인은 사고에 대한 사실관계를 확인한다. 복합운송인의 경우는 손해발생구간을 확인하고 해당 선사, 항공사, 육상운송업체 등에 서면으로 동 사고내용을 재통지하여 사실관계를 확인하도록 조치한다.

운송인은 화물인도 시까지의 관계서류(equipment interchange receipt, tally sheet, survey report[68] 등)에 이상이 없을 경우에는 제반 서류 사본을 첨부하여 책임을 부인하게 된다. 사고조사에 시간이 없을 경우에는 멸실 · 손상통지를 수령하였음을 먼저 확인하고 조사결과가 판명되는 대로 재회신할 것을 통지하기도 한다.

해당 화물이 보험에 부보되어 있을 때는 보험사의 사고조사에 따라 처리하는 것이 보통이다. 보험사는 손해통지의 내용에 근거하여 보험자 해외대리점의 입회조사나 전문 검정기관을 통한 조사결과에 따라 처리하게 된다. 운송클레임에서 전문 검정기관을 통하여 조사하는 경우는 대개 손해액이 크거나, 배상책임의 발생 여부가 불분명한 경우, 그리고 화주가 적하보험을 가입하지 않은 경우 등이다.

68 Equipment Interchange Receipt는 기기수도증(機器受渡證)으로 EIR 또는 E/R이라고도 한다.

(2) 정식 클레임의 제기와 검토

사고발생 통지를 한 다음 확인을 통해 손해의 원인이 규명되고 손해의 수량과 금액이 산출되면 이를 근거로 화주는 보험자에게 보험금 지급을 청구한다. 그러나 해당 화물이 보험에 부보되어 있지 않은 경우에는 운송인에게 정식으로 클레임을 제기한다. 정식 클레임의 제기에 필요한 서류는 일반적으로 다음과 같다.

① 클레임제기서(claim letter) 또는 대금청구서(debit note)

② 운송서류 사본

③ 상업송장(commercial invoice)

④ 포장명세서(packing list)

⑤ 인도지시서(delivery order) 또는 화물수도증(受渡證)(cargo boat note)

⑥ 검정보고서(survey report)

⑦ 대위확인서(letter of subrogation : 화주를 대리하는 경우)

화주로부터 정식 클레임이 제기되면 운송인은 관계 서류의 검토를 통해 다음 사항을 확인한다.

① 청구시한의 만료 여부(time bar)의 확인 : 클레임이 제기된 일자가 화물인도 후 일정기한 이내인지 여부를 확인한다. 청구시한을 경과한 경우 클레임은 거절된다.

② 클레임 제기권자의 확인 : 제출된 서류를 근거로 클레임 제기권(claiment)을 가진 정당한 청구권자인지를 확인한다.

③ 구비서류 요건의 확인 : 청구내용을 뒷받침할 수 있는 각종 구비서류가 유효한 것인지 확인한다.

제출된 서류가 정당하다고 인정되면 운송인은 클레임 청구권자에게 접수확인을 발송한다. 만일 사고의 원인이 해난(海難)이고, 선장의 해난보고서(sea protest)가 제출되어 있으면 운송인은 이를 첨부하여 일단 클레임 거절장을 보내게 된다.

(3) 배상금의 지급

클레임에 관한 제반 서류가 제출되고 운송인의 내부심사가 종료되면 배상금 지급 여부가 결정된다. 즉 해당 사고가 운송인의 관리하에서 발생한 것인지, 사고의 원인이 운송인의 면책사유에 해당하는지 여부를 판단하게 되는 것이다. 그 결과에 따라 클레임에 대한 배상금 지불 여부를 결정하게 된다.

손해의 원인이 규명되지 않는 경우라 하더라도 Clean B/L이 발급되었고, 화물을 수화인에게 인도할 때 손상이 있었다면 해당 손해를 배상할 책임이 있다.

운송인에게 배상책임이 있다고 확인되는 경우 운송인은 상품의 CIF가격과 운송서류의 이면약관에서 규정하고 있는 선적단위나 포장단위 또는 중량당 책임한도액 중 자신에게 유리한 쪽을 적용하여 배상하게 된다. 화주가 상품가액을 신고하여 그 가액이 운송서류에 기재되고, 종가(從價)운임이 지불된 경우를 제외하고는 대개 이면약관상의 책임한도액 내에서 배상을 한다.

즉 화주가 화물인도 시 별도로 화물가액을 신고하지 않은 상황에서 화물의 멸실이나 훼손이 발생한 경우 운송인의 책임한도는 포장당 또는 단위당 666.67SDR이나 중량 매 kg당 2SDR 범위 내에서 배상이 되며, 어떠한 경우에도 배상액은 상품가액을 초과하지 않는다.

기출문제 4 운송

01 컨테이너 해상 수출화물 운송절차에 관한 다음의 내용 중 잘못된 것은?

① 수출화주는 선사의 Shipping Schedule을 확인하고 수출화물 출고계획을 세워야 한다.

② Booking List를 기초로 수출화주의 지시에 따라 CY 오퍼레이터는 수출화주가 필요로 하는 빈 컨테이너를 수출화주에게 대출하고 기기수도증을 접수한다.

③ FCL화물을 수출하는 화주는 해당 빈 컨테이너에 수출화물을 적입한 후 컨테이너의 문을 닫고 Sealing을 한 컨테이너를 관련 선적항 CY에 입고시킨다.

④ 선적절차가 끝나면 수출화주는 수입자에게 지체 없이 선적통지를 하고 관련 선적서류를 은행 또는 수입자에게 제출하거나 송부한다.

국제무역사 35회 2교시 29번

02 다음에 명시된 문장과 가장 관계가 깊은 운임은 무엇인가?

> A charge which is applied for the period in which shipper/consignee laden container is stored over the given free time at carriers terminal facilities before vessel's departure or after vessel's arrival.

① Detention
② Diversion Charge
③ CFS Charge
④ Demurrage

국제무역사 35회 2교시 70번

03 운송클레임에 대한 다음의 설명 중 맞는 것은?

① 해상운송보다는 주로 항공운송구간에서 많이 발생하고 있다.

② 클레임 제기의 주체는 원칙으로 그 화물의 소유자이어야 하므로 다른 관련 당사자가 클레임 제기의 주체가 되는 것은 불가능하다.

③ 항공운송에서 화물의 파손에 대한 클레임은 수입업자의 화물인수일로부터 14일 이내에 제기하여야 한다.

④ 운송 클레임 해결을 위한 필수 제출서류는 매매계약서, 운송서류 원본, 송장 등이 있다.

국제무역사 35회 2교시 34번

04 선하증권의 법적 성격을 잘못 설명하고 있는 것은?

① A formal receipt by the carrier acknowledging that goods alleged to be of the stated species, quantity and condition are shipped to a destination in a certain ship, or at least received in the custody of the carrier for the purpose of transport.

② Evidence of the contract of transport, repeating in detail the terms of the contract which was in Tact concluded prior to the signing of the bill of lading.

③ A document entitling the consignee to dispose of the goods by endorsement and delivery of the bill of lading.

④ A shipping document that must be presented for payment by the holder or by some person authorized to receive payment on his behalf at a reasonable hour on a business day at a proper place.

국제무역사 38회 2교시 61번

05 부정기선운임에 대한 다음의 설명 중 옳지 않은 것은?

① Lump Sum Freight란 화물의 개수, 중량 혹은 용적과 관계없이 1회 항해(trip or voyage) 또는 선복(space)을 기준으로 하여 일괄 계산하는 운임을 말한다.

② Dead Freight란 선적하기로 서면 계약한 물량보다 실제 선적량이 적은 경우 화주가 그 부족분에 대해서도 지불하는 운임을 말한다.

③ 부정기선의 운임에는 연속항해운임, 장기계약운임, 우대운송계약운임, Spot운임 등이 있다.

④ 부정기선운임은 해운 시황에 따라 등락하기 때문에 정기선운임처럼 Tariff가 없고 선적되는 화물의 운임톤(R/T)당 얼마의 형식으로 표시된다.

국제무역사 38회 2교시 33번

06 다음 선하증권의 종류별 내용을 설명한 것 중 올바른 것은?

① 사고부 선하증권의 경우 수출자는 선사에 Letter of Indemnity를 제공하고 정상적인 무사고선하증권을 교부받을 수 있다.

② Third Party B/L은 주로 중계무역에서 이용되는 선하증권으로 출발지에서 발행한 B/L 원본을 반드시 회수해야만 운송인이 새로운 선하증권을 발행할 수 있다.

③ House B/L은 통상 선박회사가 발행하는 선하증권을 의미한다.

④ Surrender or Surrendered B/L은 권리포기 혹은 권리양도라는 의미를 지닌 선하증권으로 선하증권 원본이 이미 발행된 경우에는 발행받을 수 없다.

국제무역사 36회 2교시 29번

07 Surrendered B/L에 대한 다음의 설명 중 올바른 것은?

① 신용장방식에서 수입업자는 개설은행의 승인 없이 운송인으로부터 신속하게 화물을 인도받을 수 있으므로 L/G보다 널리 이용되고 있다.

② 수입업자는 수입국의 선사에 Original B/L의 제시 없이 화물을 먼저 인도받고 추후 Original B/L을 송부받아서 수입국 선사에 제시하여야 한다.

③ 근거리 해상운송에서 수입업자가 original B/L을 입수하는 것보다 화물이 목적지에 먼저 도착하는 경우에 주로 이용된다.

④ 수출업자는 수입업자가 화물을 빨리 인도받는 편의를 제공하기 위해서 수출업자 임의로 수출국 선사에 surrender를 신청하는 것이 관례이다.

국제무역사 35회 2교시 32번

08 다음 중 항공운송에 관한 설명으로 가장 올바른 것은?

① 항공화물운송주선업자와 항공화물운송대리점 모두 포워더로서 House Air Waybill만을 발행한다.

② 수출자는 수출할 항공화물이 준비되면 해당 항공사에 예약을 한다.

③ 다품종 소량 생산 추세로 인해 항공운임 부담력이 높은 상품이 증가하는 현상이 항공운송의 성장요인이 되고 있다.

④ 항공수입화물의 경우 수화인 또는 그 위임받은 자가 별도의 의사표시가 없을 때에는 포워더가 장치장소를 결정한다. 통상 물건이 적재되어 있는 항공기가 소속된 항공사의 창고를 장치장으로 분류함을 원칙으로 하고 있다.

국제무역사 39회 2교시 30번

09 해상운송에 관한 설명으로 잘못된 것은?

① 운송계약에 있어 정기선운송은 통상 개품운송계약으로서 선하증권이 운송계약 체결의 증거서류로 인정되며 부정기선운송은 용선운송계약으로 체결한다.

② 해상운송 특성은 대량수송, 저렴한 운송비, 자유로운 운송료, 국제성, 느린 속

력 등이다.

③ 복합운송은 복합운송인이 자기책임하에 두 종류 이상 운송수단을 사용하여 운송하는 것을 말하며, Door To Door 운송형태로 발전하고 있다.

④ 정기선운송분야는 유조선과 건화물선으로 특화되어 있다.

국제무역사 38회 2교시 29번

10 AIR WAYBILL(항공화물운송장)에 대한 설명으로 잘못된 것은?

① 항공화물운송장은 ICAO(국제민간항공기구)에 의해 양식과 발행방식이 규정되어 있다.

② 항공화물운송장은 송화인과 항공화물운송인 사이에서 항공운송계약의 성립을 입증하는 증거서류이다.

③ 항공화물운송장은 송화인이 작성하여 제출함이 원칙이지만 항공사나 항공사의 권한을 위임받은 대리점에 의해 발행되는 것이 일반적이다.

④ 항공화물운송장(AWB)은 선하증권과 달리 양도성이나 유통성을 갖고 있지 않다.

국제무역사 36회 2교시 30번

11 다음 중 부정기선의 운송계약과 용선방법에 대한 설명이 올바른 것을 모두 기재한 것은?

A. 항해용선계약은 선주와 용선자가 단일 항해운송을 약정하는 것으로 항로, 화물, 기일 등은 이들 당사자 간의 약정에 의해 결정된다.
B. 정기용선계약은 일정기간 동안 선복의 전부 혹은 일부를 용선하는 계약을 의미한다.
C. 정기용선계약의 용선자는 다시 제3자에게 정기용선 또는 항해용선을 주어 운임의 차액을 얻으려는 상업목적으로, 화주는 일정기간 연속해서 대량의 화물운송이 필요할 때 정기용선을 한다.
D. 나용선계약은 선박 자체만을 임차하고 선원, 항세, 급유비, 수리비, 항해비용, 선체보험료 등 항해에 필요한 일체의 인적 · 물적 요소를 용선자가 부담하는 임대차계약이다.

① A, B　　② A, D
③ B, C, D　　④ A, B, C, D

국제무역사 39회 2교시 29번

12 다음 중 수출입 물류요금에 대한 설명이 잘못된 것은?

① Demurrage는 화주가 Free Time(무료장치기간) 내에 컨테이너를 컨테이너 터미널에서 반출하지 못했을 경우 선사에게 지불하는 요금이다.

② Detention Charge는 화주가 선사로부터 빌린 컨테이너를 Free Time(무료사용기간) 내에 선사가 지정한 장소에 반납하지 못하는 경우 선사에게 지불하는 요금이다.

③ Document Fee는 서류발급비로서 수출 시는 D/O Charge, 수입 시는 B/L Charge라고도 부른다.

④ LCL화물이 CFS를 통해 컨테이너 작업이 이루어질 경우 CFS charge가 발생하지만 FCL화물의 경우 발생하지 않는다.

국제무역사 39회 2교시 33번

CHAPTER

10 무역화물에 대한 적하보험

1 해상위험

해상운송에는 육상운송과 달리 운송되는 화물과 운송수단인 선박이 수많은 위험에 직면한다. 1912년 약 2,224명이 탑승한 호화 여객선인 타이타닉호는 침몰의 가능성이 매우 낮았지만 빙하에 부딪혀 사상 최악의 재난을 겪었다. 이와 같이 해상운송에 예상하기 힘든 많은 위험이 존재하기 때문에 화물과 선박에 경제적 이해관

| 그림 10-1 | 타이타닉호의 침몰

계를 가진 당사자는 이러한 위험으로부터 그의 이익을 보호받기 위하여 보험제도를 이용할 필요성이 생긴다. 이때의 보험이 해상보험이며, 해상보험에 의해 손해가 보상될 수 있는 위험이 해상위험(maritime peril)이다.[01] 해상위험에는 [그림 10-2]와 같이 일반적으로 항해에 기인 또는 부수하는 위험(perils consequent on, or incidental to the navigation of the sea), 즉 해상 고유의 위험(perils of the sea)과 기타 해상운송과 관련하여 발생하는 위험이 있다.

| 그림 10-2 | 해상위험의 종류

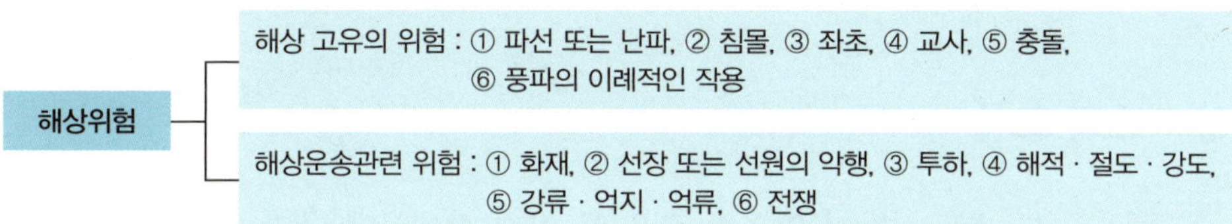

해상위험은 항해에 관한 사고이기 때문에 그 발생장소가 해상이어야만 하는 것이 아니며, 사고가 해상에서 발생해도 항해와 관련하여 생긴 것이 아닐 때에는 그것은 해상위험에 속하지 않는다.

1.1 해상 고유의 위험

해상 고유의 위험이란 바다에서의 우연한 사고 또는 재난을 의미하는 것으로 해난(海難)이라고도 한다. 해난은 해상에서 발생하여야 하고, 우연히 발생한 것이어야 하며, 바다의 작용을 원인으로 하거나 바다 특유의 사건이어야 한다. 해상 고유의 위험에는 파선 또는 난파(shipwreck), 침몰(sinking), 좌초(stranding), 교사(膠沙, grounding), 충돌(collision), 풍파(風波)의 이례적인 작용 등이 해당한다.

01 위험은 손해를 초래할 사고발생의 가능성이다. 위험을 의미하는 'perils'는 포괄적이고 추상적인 개념이다. 런던보험자협회의 신보험증권에서는 위험을 'risk'라는 용어로 표현하고 있다.

(1) 파선 또는 난파

파선 또는 난파(shipwreck)란 바람과 파도의 격렬한 작용 또는 좌초, 충돌 등에 의하여 선체가 부서지거나 대파된 상태를 말한다.

(2) 침몰

침몰(sinking)이란 선박이 부력을 상실하고 상갑판(上甲板)이 수면 아래, 즉 수중(水中) 또는 해저(海底)에 놓인 상태를 의미한다.

(3) 좌초와 교사

좌초(stranding)란 선박이 암초와 같은 물 아래 장애물에 올라 앉아 진퇴(進退)의 자유를 상실한 상태를 의미한다. 교사(grounding)란 뻘 · 모래 등 견고하지 아니한 물 아래 장애물에 올라 않아 진퇴의 자유를 상실한 상태를 의미한다. 좌초는 항해 중 우연한 원인에 의해 유형물체에 얹혀야 하고, 일정시간 또는 영구적으로 진퇴불능의 상태에 놓여야 한다.[02]

(4) 충돌

충돌(collision)은 선박과 선박과의 충돌뿐 아니라 선박과 물 이외의 다른 물질, 즉 얼음, 잔교, 방파제, 항공기 등과의 충돌을 모두 포함한다.

(5) 풍파의 이례적 작용

여기에는 본선의 침수로 인한 화물의 해수침손(seawater damage), 갑판적화물의 유실(washing over board), 기타 악천후로 인한 화물의 손상 등이 해당한다.

---

02 영국 판례에 따르면 1분 30초간 정지되었을 때는 좌초로 인정하지 아니하였으나, 15분 내지 20분간 암초에 얹힌 경우는 좌초로 인정하였다. Baker v. Towry case(1816)

1.2 해상운송관련 위험

해상운송관련 위험이란 해상운송과정에서 발생할 수 있는 화재, 선원의 악행, 투하, 해적 · 절도 · 강도, 강류 · 억지 · 억류, 전쟁 등의 위험과 동종의 위험 또는 보험증권에 기재되는 기타의 모든 위험을 말한다.[03]

(1) 화재(fire/burning)

해상위험으로서의 화재에는 화재로 인한 직접 손해는 물론 소방수단으로 인하여 입은 손해도 포함된다.

(2) 선장 또는 선원의 악행(惡行, barratry of master and mariners)

선장 또는 선원이 의식적으로 범하는 범죄적 행위로서 선박 또는 적하에 손해를 입히는 것을 말한다. 예를 들면 밀수목적에 의한 선박의 사용, 선박의 유기(遺棄), 방화, 고의적 침몰이나 좌초, 선장에게 강요하여 항로를 이탈케 하는 행위 등이 그것이다.

(3) 투하(投荷, jettison)

투하란 해난을 맞아 선박을 가볍게 하기 위하여 선장이 화물이나 선박 장구의 일부를 바다에 버리는 희생적 행동을 말한다. 즉 선박이 폭풍우 등을 만났을 때 침몰이나 좌초를 면하기 위하여 선장이 고의로 화물, 선용품 등의 일부를 바다에 버리는 것을 의미한다. 투하는 공동해손의 대표적 형태이다.

(4) 해적(pirates) · 절도(thieves) · 강도(rovers)

해적이란 해상재산을 사리사욕(私利私慾)을 위해 무차별적으로 습격, 약탈, 파

03 영국해상보험법(MIA, 1906) 제3조 c.

괴, 방화하는 자를 의미한다. 해적 등은 과거 해상무역에서 큰 위험이 되었기 때문에 주요한 해상위험의 하나로 인정되었으나 오늘날 이 위험은 일반적으로 특약에 의해서만 보험의 대상이 되고 있다.

(5) 강류(arrests) · 억지(restraints) · 억류(detainments)

이는 선박 또는 적하의 압류를 말하는데 나포 또는 포획과 같이 몰수의 목적을 가지는 것은 아니다. 이것은 범죄수사를 하거나 검역 등을 위해 선박을 압류하는 경우가 해당한다.

(6) 전쟁(war)

전쟁위험에는 군함, 적의 선박이나 적의 병기, 적국의 시설, 적국인(敵國人)의 행위에 의한 사고 등이 해당한다. 또한 습격과 포획, 해상탈취 및 나포 등도 포함된다.

2 해상손해

해상위험, 즉 사고가 발생하여 피보험이익의 전부 또는 일부가 소멸함으로써 발생하는 피보험자(Insured)의 경제상 부담 또는 재산상의 불이익이 해상손해이다. 해상손해에 대한 이해는 그 위험으로부터 보호방안을 강구할 수 있도록 해준다. 손해(loss or demage)란 위험의 결과로 피보험목적물의 일부 또는 전부가 손상을 입거나 소멸되는 것을 말한다. 해상손해는 손해발생의 원인과 손해의 정도, 그리고 그 손해를 누가 부담하느냐에 따라서 [그림 10-3]과 같이 여러 종류로 분류된다.

| 그림 10-3 | 해상손해의 종류

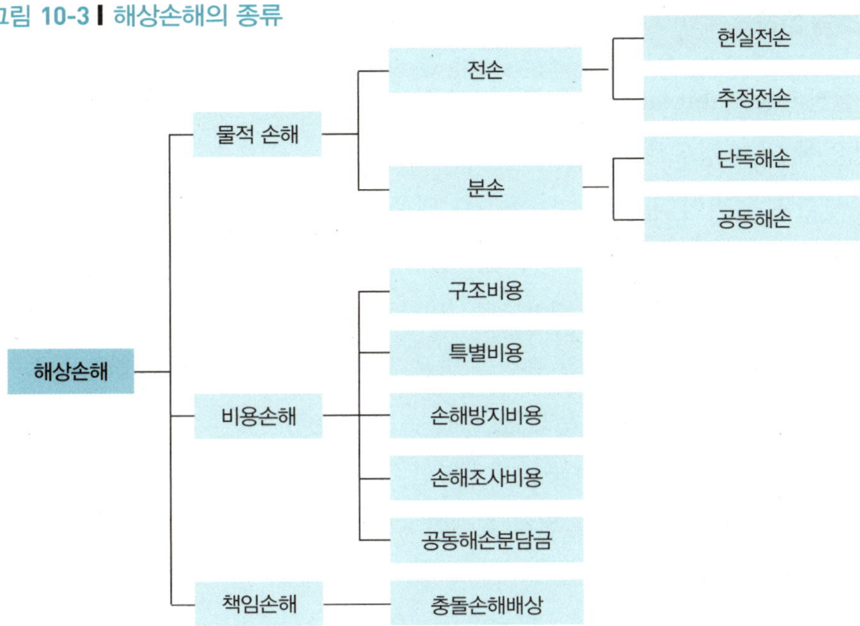

2.1 물적 손해

물적 손해(物的 損害)란 선박, 화물 및 이에 준하는 유체물에 해상위험이 발생하여 멸실 또는 손상 등 실체적인 손해(physical loss), 직접적인 손해가 발생한 것을 말한다. 물적 손해는 손해발생의 정도에 따라 피보험이익의 전부가 멸실된 전손(全損, total loss)과 부보(付保)된 피보험이익의 일부에만 손해가 발생한 분손(分損, partial loss)의 두 가지로 나누어진다.[04] 전손은 다시 피보험목적물 혹은 피보험이익이 현실적으로 완전히 소멸한 것인가 아니면 경제적으로 보아 사실상 완전히 소멸한 것으로 간주하는가에 따라 현실전손과 추정전손의 두 가지로 구분된다. 분손은 손해에 대한 부담을 누가 지는가에 따라 단독해손(particular average)과 공동해손(general average)으로 구분된다.

04 분손을 해손(海損, average)이라고도 한다.

(1) 현실전손

현실전손(actual total loss)은 절대전손(absolute total loss)이라고도 한다. 다음과 같은 네 가지 경우가 이에 해당한다.[05]

① 보험의 목적이 파괴(destroyed)된 경우. 보험의 목적이 완전히 파괴되거나 멸실된 경우로 침몰에 의한 멸실, 화재에 의한 손실 등이 이에 해당한다.

② 보험목적이 물적으로 존재하고 있지만, 보험에 부보된 종류의 물품으로서 존재할 수 없을 정도로 심한 손상을 받은 경우. 즉 손해발생으로 인해 상품가치가 전혀 없게 된 경우를 말한다.

③ 피보험자가 보험의 목적물을 박탈당한 경우. 즉 보험의 목적이 나포 또는 포획되어 피보험자가 이를 전혀 회수할 수 없게 된(irretrievably deprived) 경우를 말한다.

④ 항해사업에 종사하는 선박이 행방불명되고 상당한 시간이 지난 후에도 그 소식을 모를 경우. 이것은 선박이 행방불명된 경우는 현실전손으로 추정될 수 있는 경우인데, 이때 얼마의 기간을 상당한 기간(reasonable time)으로 보는 것은 사실(事實)의 문제로 선박의 종류, 화물, 항해의 성질과 기간에 따라 결정된다.

(2) 추정전손

추정전손(constructive total loss)은 보험의 목적물이 위험발생으로 인하여 손상을 입었으나 현실전손의 사유에는 해당되지 않는 것으로서, 보험목적물을 구조하기 위한 비용과 구조 후의 수리비용이 이들 비용지출 후의 보험목적가액을 초과하는 경우와 같이 현실적으로 경제적 전손이라고 인정되는 다음의 경우가 이에 해당한다.[06] 추정전손이 성립하기 위해서는 반드시 위부(abandonment)행위가 필요하다.

---

05 ①~③항은 영국해상보험법 제57조에, ④항은 제58조에 규정되어 있다.

06 영국해상보험법 제60조

① 피보험자가 피보험위험으로 인하여 자신의 선박 및 화물의 점유권을 박탈당한 경우로서 피보험자가 그 선박 및 화물을 회복(recover)하기 어려운 때나 선박 또는 화물을 회복하는 비용이 회복 후의 그 가액(價額)을 초과할 것으로 예상될 때

② 선박손상의 경우는 선박이 피보험위험으로 인하여 심하게 손상되어 그 손상을 수리하는 비용이 수리 후의 선박가액을 초과할 것으로 예상되는 경우

③ 화물손상의 경우에 있어서 그 손상의 수리비용과 목적지까지의 운반비용이 도착 시의 화물가액을 초과할 것으로 예상되는 경우

(3) 단독해손

단독해손(particular average)이란 공동해손에 대응하는 말로서 피보험위험으로 인하여 보험목적의 일부가 멸실 또는 손상된 손해 가운데 공동해손을 제외한 분손의 손해를 말한다. 단독해손은 손해를 입는 피보험자가 단독으로 그 손해를 부담해야 하는 것이다. 예컨대 폭풍으로 인한 선박의 손상, 화물의 침수, 화재로 인한 화물의 소실 등이 이에 해당한다. 단독해손은 그 발생이 우연적이어야 하며, 손해가 발생된 보험목적에 관련된 이해관계자는 피보험자와 그의 보험자에 한정된다. 이러한 단독해손은 해손 정산인들에 의해 그 손해액이 사정(査定)된다.

(4) 공동해손

공동해손(general average)이란 선박이나 화물이 해난에 직면하였을 때 선박 및 화물을 위험으로부터 구조하기 위하여 선장이 임의로, 그리고 합리적으로 선박이나 화물 일부를 희생시키거나 비용을 지출함으로써 발생한 손해를 말한다.[07] 이들 손해 및 비용은 이해관계자에게 분담된다. 이러한 손해와 비용의 지출로 인해 잔여 화물과 선박이 구조되었으므로 그와 같은 손해를 구출된 재산의 소유주들이 공동으로 부담하는 것이 합리적이기 때문이다. 공동해손에서 선박이나 화물에 발생한

07 영국해상보험법 제66조

손해를 공동해손희생(general average sacrifice)이라 한다.

2.2 비용손해

비용손해란 위험발생의 결과 부수적으로 비용이 지출되는 경우의 손해를 말한다. 비용손해는 사고로 인한 피보험이익 자체에 발생하는 직접 손해가 아닌 간접 손해로서 사전에 보험계약상 그 금액을 명시할 수 없는 성질의 것이다. 비용손해에는 구조비용, 특별비용, 손해방지비용, 손해조사비용, 그리고 공동해손분담금이 있다.

(1) 구조비용

구조비용(salvage charge)은 제3자가 선박이나 화물을 해난구조계약을 체결하지 않고 임의로 해난구조행위를 하고 그 결과 재난이 구조되었을 때 해상법에 따라 지급되는 보수로 임의 구조료라고도 한다. 이 구조비용이 보험회사가 담보한[08] 위험에 의한 손해를 방지하기 위하여 지출되었을 때에는 보험자에게 보상책임이 있다. 구조비용에는 피보험자, 그 대리인 또는 보수를 받고 이들에 의하여 고용된 자가 피보험위험을 피하기 위해서 행한 구조의 성질을 띤 노무비용은 포함되지 않는다.[09]

(2) 특별비용

특별비용(P/C : Particular Charge)이란 피보험목적물의 안전 또는 보존을 위하여 피보험자 또는 피보험자의 대리인에 의해 지출된 비용으로 공동해손비용과 구조비용 이외의 것을 말한다. 특별비용은 손해방지비용과 거의 비슷한 성격을 띠고

08 담보(cover)란 보험자가 피보험자에게 피보험목적물의 손해에 대하여 보상하기로 한 약속을 말한다. 이 약속이 실현되는 것을 보상(pay)이라 한다.

09 영국해상보험법 제65조. 정당하게 지출된 이러한 종류의 비용은 그 지출된 사정에 따라 특별비용 또는 공동해손손해로서 회수할 수 있다.

있으나 손해방지비용보다는 넓은 개념이다. 보험금 지급에서 손해방지비용은 보험금액을 초과해도 보상되지만, 특별비용은 보험금액을 한도로 보상된다. 특별비용을 손해방지비용과 특히 구별하는 것은 손해방지비용에 포함될 수 없는 특별비용이 있기 때문이다. 특별비용에는 항해 중 사고로 인하여 중간항에서 발생하는 양륙비, 창고보관료, 재포장비, 재선적비, 건조비용, 감정료(survey fee), 화물판매비용 등이 있다.

(3) 손해방지비용

보험계약자 또는 피보험자는 손해를 방지하거나 손해의 경감조치를 취할 의무가 있는데 이러한 의무를 이행하는 데 필요한 비용을 손해방지비용(sue and labour charge)이라 한다. 손해방지비용은 보험증권상의 손해방지의무에 따라 지출된 비용이기 때문에 특약이 없어도 보험자가 부담하며, 물적 손해 등 다른 손해에 대한 보상액과 손해방지비용의 합계액이 보험금액을 초과한 경우에도 보험자가 이를 부담한다.

손해방지비용은 피보험자 자신의 손해를 방지하는 비용에 한정하고, 선박과 화물 공동의 이익을 위하여 지출된 비용은 공동해손비용에 속한다. 이러한 손해방지비용은 위부(委付)와 관계없이 지급된다.

(4) 손해조사비용

손해조사비용(loss survey charge)은 손해가 발생하였을 경우 보험자가 부담할 보험손해를 조사하고 그 정도를 확정하는 데 드는 비용이다. 즉 검정보고서(survey report)를 취득하기 위한 비용으로 당해 손해가 보험자에 의해 보상될 성질의 손해일 때만 보험자가 보상한다. 손해조사비용에는 여비, 통신비, 검정료, 공매비, 사진비용, 입회비 등이 있다.

(5) 공동해손분담금

공동해손의 발생으로 인하여 직접 자신의 선박이나 화물에 손해가 발생하지는 않았으나 다른 화물 등의 손실로 인하여 부담하게 되는 비용이다. 공동해손의 행위에 따른 비용을 공동해손비용(general average charges)이라 하고, 이러한 공동해손으로 이익을 얻은 당사자들이 그 손해를 분담할 경우 이를 공동해손분담금(general average contribution)이라 한다. 공동해손분담금의 정산은 공동해손정산인(general average adjuster)에 의해 행해진다. 통상 공동해손정산의 원칙과 기준은 요크앤트워프규칙(The York-Antwerp Rules)에 따르거나 따로 합의된 정산 기준에 의한다.[10]

2.3 책임손해

책임손해란 타인에 대해 손해배상책임을 지는 경우의 손해를 말하는 것으로 선박충돌손해배상금 등 책임의 부담에 따른 손해가 이에 해당한다.[11]

책임손해 시 적용되는 충돌약관(running down clause)은 피보험선박이 그의 과실 또는 쌍방과실에 의해 충돌함으로써 입게 되는 피해를 보험자가 자기의 비용으로 피보험자에게 보상하도록 하고 있다. 선박의 충돌은 일방의 과실(one to blame)에 의한 충돌, 쌍방의 과실(both to blame)에 의한 충돌, 쌍방 모두의 무과실(neither to blame)에 의한 충돌 등 세 가지로 분류된다. 이때 배상금은 과실의 책임 여부에 따라 달라지게 된다. 일방의 과실에 의한 충돌의 경우에는 당연히 가해 선주가 배상책임의 전액을 부담하고, 쌍방과실일 경우에는 과실의 비율에 따라 배상한다. 그러나 선박이 불가항력적으로 혹은 원인불명으로 충돌한 경우 선주는 배상책임을 지지 않는다. 충돌의 원인과 선주의 배상책임한도는 쌍방선주의 합의가 있을 경우를 제외하고 대부분 해사 전문가로 구성된 해난심판소의 판결에 따르

10 요크앤트워프규칙은 1924년 제정되어 1950, 1974, 1990, 1994년에 각각 개정되었다.

11 선박보험에 있어서 해상사고로 인한 분손의 약 20%가 선박과 선박의 충돌을 원인으로 해서 발생하고 있으며, 전손사고의 경우도 충돌로 인하여 발행하는 경우가 많다.

고 있다. 우리나라에도 해난심판법과 해상충돌예방법이 있으며 이를 중심으로 선주의 과실 유무와 비율 등을 심판한다.

3 해상보험

3.1 해상보험의 의의

해상보험(marine insurance)이란 "항해사업에 관한 사고에 직면하는 재산권을 가진 다수의 경제주체가 각자의 위험 정도에 따라 합리적인 기금을 부담하여 공동준비재산을 형성한 후 해상위험(항해사고)의 발생으로 손해를 입은 자에게 보상함으로써 그 경제상의 불안을 제거하거나 덜어주는 제도"를 말한다.[12] 즉 해상보험은 항해와 관련하여 일어나는 사고에 의하여 생기는 손해의 보상을 목적으로 보험자는 손해를 보상하여 줄 것을 약속하고, 보험계약자는 그 대가로서 보험료를 지급할 것을 약속하는 손해보험의 일종이다.

국제무역은 해운, 금융, 보험의 3요소에 의해 운영되고 있다고 말해질 정도로 보험은 국제무역에서 불가결한 요소의 하나로 인정되고 있다. 보험의 기본적인 원리는 동일위험에 노출된 다수의 경제주체가 하나의 위험집단을 구성하여 각자가 갹출한 보험료에 의해 구성원의 일부가 입은 손해를 보상하는 위험부담제도라 할 수 있다. 보험제도는 위험에 대하여 적극적으로 사고의 발생을 방지하고자 하는 것이 아니라 소극적으로 사고발생으로 인하여 생긴 손해의 보상을 목적으로 한다. 이러한 보상제도의 존재로 인하여 무역과정에서 발생하는 위험은 분산될 수 있기 때문에 보다 원활한 국제무역이 가능해지는 것이다. 적하(積荷)에 대한 보험과 관련하여 현재 사용되고 있는 신 또는 구협회적하약관에는 기본조건과 부가조건 그리고

12 해상보험은 해상을 운항하는 선박에 대한 선박보험과 그러한 선박에 적재된 적하에 대한 적하보험으로 크게 구분된다. 여기에서의 설명은 이를 따로 구분하지 않고 해상보험으로서 취급하되 적하보험에 중점을 두고 있다.

면책조항들이 다수 규정되어 있다. 또한 해상보험은 원래 화물이 선박 등 운송수단에 적재되는 시점부터 수입항에서 하역될 때까지만을 보호하였으나, 오늘날에는 필요시 해상운송과 연결되는 육상운송까지도 포함하여 전 구간에 대해 해상보험계약을 확장 체결할 수 있도록 하고 있다. 따라서 무역업자는 거래되는 상품의 특징과 운송경로, 운송시기, 운송방법, 거래조건 등을 종합적으로 고려하여 최소의 부담으로 최대의 위험회피가 가능할 수 있도록 보험조건을 주의 깊게 분석하여 선택할 필요가 있다.

3.2 해상보험의 당사자

해상보험에는 보험자와 보험계약자, 피보험자의 기본당사자가 있고, 그 외에 보험대리점과 보험중개인이 있다.

(1) 보험자

보험계약자로부터 보험료를 받고 그 대가로 보험기간 중에 생긴 담보위험에 의한 손해에 대하여 보험금을 지급할 것을 약속한 자이다. 실무상으로는 보험회사 또는 로이드(Lloyd's)의 개인보험업자(underwriter)를 말한다. 보험자(insurer, assure, underwriter)는 우리나라에서는 전부 법인체인 보험회사로 되어 있으나 보험의 탄생지라고 할 수 있는 영국에서는 회사형태의 보험자뿐 아니라 개인보험업자도 있다.[13]

13 Lloyd's는 개별적인 보험업자이나 전체적으로는 Lloyd's라는 이름을 사용하는 독특한 name의 집합체를 구성하고 있다. name은 보험을 인수할 자본을 투자하고 그 자본에 대하여 무한책임을 지는 개인을 의미하는데, syndicate라는 다수의 자금조직을 결성하여 각 syndicate별로 1~10인의 underwriter가 보험인수를 전담한다. name과 syndicate의 숫자는 해마다 달라지나 2000년 현재 약 2만 명의 name과 200여 개의 syndicate가 있는 것으로 알려져 있다.
한편 Lloyd's 개인보험업자들의 성장과는 별도로 18세기 초부터 법인형태의 보험회사들도 발전하기 시작하여 영국의 보험시장은 크게 개인보험업자집합체와 보험회사의 두 형태로 구성되어 있다.

| 그림 10-4 | 런던 로이드빌딩

(2) 보험계약자와 피보험자

보험계약자(applicant, policy holder)는 보험계약을 신청하는 자로서 보험료를 지급할 의무를 지는 자를 말한다. 피보험자(insured, assured)는 이러한 보험계약에 의해 보호되는 자이며 손해가 발생한 경우 보험금을 지급받을 수 있는 자이다.[14] 무역거래에서 거래의 조건에 따라 보험계약자와 피보험자는 달라지게 된다. 예를 들면 FOB나 DES와 같은 거래조건에서는 보험계약자가 자기 자신을 위해 보험계약을 체결하지만, CIF나 CIP와 같은 거래조건에서는 수입상을 위하여 수출상이 보험계약자가 되므로 보험계약자와 피보험자는 달라지게 된다.

14 보험료(insurance premium)는 보험계약을 체결할 때 보험자가 위험을 담보하는 대가로 보험계약자가 보험자에게 지급하는 금전이다. 보험료율은 보험금액에 대한 백분비로 표시한다. 보험금액(insured amount)은 보험계약금액으로 손해발생 시 보험자가 부담하는 보상책임의 최고금액이다. 이에 비해 보험금(claim amount)은 실질적인 보상금액이다. 해상적하보험에서 전부보험(full insurance)으로 계약하고, 화물에 전손이 발생한 경우 보험금과 보험금액은 동일하다.

(3) 보험대리점

보험회사를 위해 보험계약의 체결을 중개 · 대행하는 자를 말한다. 보험대리점(insurance agent)은 그 취급업무의 성격에 따라 구분된다. 보험사를 위해 손해의 사정 및 보험금의 지급에 관한 업무를 취급하는 대리점을 손해정산대리점(claims setting agent) 또는 손해사정대리점(claims surveying agent)이라고 하고, 이러한 클레임관계대리점과 구별하기 위해서 보험인수를 위한 대리점을 보험인수대리점(under-writing agent)이라 한다.

(4) 보험중개인

보험자와 보험계약자 사이에 보험계약체결을 중개하는 자를 보험중개인(insurance broker), 즉 보험브로커라고 한다. 브로커의 기능은 보험대리점이 보험회사를 위해 보험회사로부터 대리권을 행사하는 데 비해 브로커는 보험계약자를 위해 보험자로부터 유리한 보험조건, 요율을 획득하는 데 있다. 특히 영국의 로이드보험조합에서는 반드시 브로커를 통해야만 보험계약의 체결이 가능하다.

3.3 피보험이익

피보험이익(insurable interest)은 보험계약을 체결할 수 있고, 이로 인하여 불확실한 미래의 사고로부터 재산상 손실을 보상받을 수 있는 이익을 말한다. 여기에서 보험계약을 체결할 수 있는, 보호의 대상이 되는 객체를 보험목적이라 한다. 예를 들면 선박, 선박비용, 화물, 화물의 예상이익, 운임, 재보험가입 시의 인수보험금액 등이 보험목적이다. 이러한 보험목적과 특정인과의 이해관계가 피보험이익이 된다.

해상운송과 관련하여 사고가 발생하면 여러 이해관계인들이 손해를 입는다. 이 때의 손해는 선박 또는 적하와 같은 물품 자체에 한정되지 않는다. 물품의 화주(貨主)는 물품 자체의 손실 외에도 선불(先拂)한 운임과 보험료의 손실도 입게 되며,

물품이 무사히 목적지에 도착함으로써 얻을 수 있는 희망이익[15]도 상실된다. 뿐만 아니라 화물이 무사히 도착한 경우에도 다른 사람의 화물에 생긴 공동해손(共同海損)에 대해 분담액을 지급하여야 하는 경우도 있다. 선박의 선주(船主)는 운송이 완료되지 않으면 후급(collect freight)인 운임을 청구할 수가 없게 되고, 이미 지출한 연료 또는 소모품 등의 선비(船費)도 회수할 수가 없게 된다. 또한 자신의 선박이 다른 선박과 충돌해서 다른 선박 또는 다른 선박의 적하에 손해를 끼쳤을 때는 자기 선박의 손해와는 별도로 배상책임을 부담해야 한다. 선주가 아닐지라도 선박의 용선자(傭船者)는 용선료를 회수할 수 없고, 선박에 저당권을 설정한 저당권자는 저당된 목적물을 상실하는 손해를 입을 수 있다.

보험당사자들이 갖는 이와 같은 이해관계가 피보험이익(insurable interest)이 되는 것이다. 따라서 피보험이익을 갖는 선주나 용선주, 화주 등 이해관계자는 선박보험이나 적하보험, 운임보험 등을 통해 자신이 갖는 피보험이익에 대해 발생할 수 있는 위험을 회피할 수 있다. 또한 보험자도 자신이 인수한 금액만큼을 피보험이익으로서 다른 보험자와 재보험계약을 체결하여 보험사고발생에 따른 위험을 전가(轉嫁)시킬 수도 있다.

3.4 해상보험의 주요 원칙

(1) 피보험자의 고지의무

해상보험은 보험계약의 대상이 되는 화물이나 선박에 대해 보험자가 실지 조사를 하지 않고 피보험자가 하는 고지(告知, disclosure) 또는 표시를 토대로 계약이 체결된다. 따라서 피보험자는 계약체결에 앞서 자기가 알고 있는 중요사항(material circumstance)을 최대선의의 원칙(the principle of utmost good faith)에 입각하여 보험자에게 고지하여야 한다. 만약 피보험자가 이러한 고지를 소홀하

15 희망이익은 물품의 도착에 의해 매수인인 수입상이 취득할 것으로 기대하는 이익이며, 보통 CIF가격의 10%를 희망이익으로 본다.

게 하거나, 하지 아니하였을 경우 보험자는 보험계약을 취소하거나 해지(解止)할 수 있다.[16] 그러나 위험을 감소시키는 요인(circumstance with diminishes the risk)이나 보험자가 사실상 알고 있는 것으로 간주되는 사항(circumstance which is known or presumed to be known to the insurer) 또는 보험자가 별도로 고지의무를 면제한 사항(circumstance as to which information is waived by the insurer) 등은 고지할 필요가 없다.

(2) 피보험자의 담보의무

여기에서의 담보(warranties)란 피보험자가 지켜야 할 약속을 의미한다. 즉 피보험자가 특정한 사실의 이행 · 불이행을 약속하거나, 특정한 조건이 충족될 것을 약속하거나 또는 특정한 상황의 존재를 긍정하거나 부정하는 약속을 뜻한다.[17] 담보에는 명시담보(express warranties)와 묵시담보(implied warranties)가 있다.

명시담보는 그 내용이 보험증권이 기재되거나 담보의 내용이 인쇄된 서류가 보험증권에 첨부되는 것이다. 명시담보에는 안전담보(warranty of good safety), 중립담보(warranty of neutrality), 선비담보(disbursement warranty), 항해제한담보(institute warranties) 등이 있다.

묵시담보는 보험증권에 명시되지는 않으나 피보험자가 묵시적으로 제약을 받게 되는 담보조건이며, 내항성담보(warranty of seaworthiness)와 적법담보(warranty of legality)의 두 가지로 구성된다. 내항성담보란 보험목적이 선박인 경우 특정항해를 감당할 능력을 갖춘 상태를 의미하고 적법담보란 항해의 내용이 합법적이어야 한다는 것이다.

(3) 근인주의

보험자가 보상해 주는 손해는 반드시 보험증권에 담보된 위험이거나 담보된 위

16 영국해상보험법 제17조, 제18조

17 영국해상보험법 제33조

험에 근인(近因)하여 발생한 손해이어야 한다.[18] 이를 근인주의(近因主義)라 한다. 여기서 근인이란 통상 시간적으로 사고 발생시각에 가까운 원인을 뜻하는 것이 아니라 특정손해를 야기시킨 가장 직접적이고 지배적인 원인을 의미한다. 즉 지배력(predominance)과 효과(efficiency) 면에서 비중이 가장 큰 것을 근인으로 파악하는 것이다.

(4) 소급보상의 원칙

해상보험에서는 보험계약이 체결되기 이전에 발생한 손해일지라도 보험계약 당사자가 계약체결 시 그 손해의 발생 여부를 알지 못하였다면 피보험대상인 손해로서 해석된다.[19] 즉 소급보상이 인정되는 것이다. 그러나 보험계약 당시 피보험자는 손해가 발생한 사실을 알고 있으나 보험자는 모른 경우는 손해에 대한 보상을 받을 수 없다.

4 해상보험증권과 보험약관의 변천과정

보험의 역사는 매우 오래되었으나 현대의 보험에서 말하는 해상보험은 1688년 영국의 로이드(Lloyd's)가 템즈(Thames)강변에 커피숍(Lloyd coffee shop)을 개점하면서 이 커피숍을 중심으로 개인 금융가들이 모여 해외시장과 거래하는 상인들로부터 위험을 인수하는 개인보험자의 역할을 시작하면서 유래하였다고 보는 것이 일반적이다. 이들 개인보험업자들은 각자 마음대로 모여 보험거래를 하고 아무런 규칙에도 구속되지 않는 무법률(無法律)상태의 집단이었으나 점차 통일된 보험증권 양식과 약관(約款)을 사용할 필요를 느끼게 되어 이를 표준화하게 되었다. 그 후 1906년에 이르러 마침내 영국해상보험법(MIA 1906)에 이들이 사용하던

18 영국해상보험법 제55조
19 영국해상보험법 제6조

Lloyd's SG form이 수록됨으로써 이 양식에 의한 보험증권과 약관이 영국을 비롯한 여러 나라에서 널리 쓰이는 계기가 되었다.[20]

이 보험증권과 약관은 그 후 시대의 변화가 반영되면서 증권의 문언(文言)에 대한 수정과 추가가 지속적으로 행하여졌다. 수정과 추가는 대개 증권의 전면에 난외약관(marginal clause)을 삽입하거나 증권 이면에 특별약관을 기재 또는 별도 첨부하는 형태로 이루어졌다. 그 결과 Lloyd's SG form의 체계는 크게 보면 스케줄(schedule),[21] 본문약관(body clause), 이탤릭서체약관, 난외약관, 특별약관 등으로 복잡하게 구성되었다.[22] 특별약관에는 1912년 제정된 분손부담보약관(FPA : Free from Particular Average), 1921년 제정된 분손담보약관(WA : With Average), 그리고 1951년 제정된 전위험담보약관(AR : All Risk)의 세 가지 위험부담조건이 규정되어 있다.[23] 이 특별약관은 로이드와 보험회사를 대표하는 보험자와 해손정산인으로 구성되는 런던보험자협회(ILU : Institute of London Underwriters)가 제정한 것이다. 통상 협회적하약관(ICC약관 : Institute Cargo Clause)이라 하는데, 1983년 이후의 신(新)협회적하약관과 구별하기 위해 구(舊)협회적하약관이라 한다.

그런데 SG form은 그 체계가 매우 복잡하고 증권문언 또한 해상보험과 관련한 영국의 여러 판례에서 비롯되어 그 내용과 표현이 상당히 난해(難解)하다. 이에 따라 UNCTAD에서는 1968년 개발도상국들이 중심이 되어 해상보험증권의 국제적인 통일작업을 추진하기로 결의하였다. 이러한 국제적 움직임에 대응하여 런던보험자협회는 1983년 4월부터 UNCTAD의 연구보고서를 수용한 새로운 해상보험증

20 원래 Lloyd's SG form증권은 선박보험용의 S보험증권과 적하보험용의 G보험증권을 복합시킨 것으로 선박, 적하의 양 보험에 이용하였다.

21 보험증권에서 스케줄이란 보험계약내용인 선박명, 출항예정일, 보험목적물, 보험조건, 담보조건, 기타 중요사항을 기재하는 것을 말한다.

22 보험증권에는 그 외에도 여러 가지 형태의 약관이 추가될 수 있다. 이와 같은 상황에서 보험증권 해석의 원칙은 나중에 삽입된 약관이 먼저 있던 약관에 우선하며, 선후의 차이가 없을 때는 정형화의 정도가 약한 것이 우선되는데 이를 '수기(手記)문언 우선의 원칙'이라 한다. 이에 따라 보험증권 해석의 우선순위는 다음과 같다. ① 수기문언, ② 타자문언, ③ 인쇄문언, ④ 스탬프약관, ⑤ 기타 특별약관, ⑥ ICC약관(특별약관), ⑦ 난외약관, ⑧ 이탤릭서체약관, ⑨ 본문약관

23 이 세 가지 약관들은 1963년에 대폭적으로 개정된 바 있다. 따라서 FPA, WA, AR보험조건은 '1963년판 ICC 협회적하약관'에 의하고 있는 것이다.

권(이를 MAR form이라 한다)과 협회적하약관을 제정하여 시행하였다.

MAR form은 약인(約因)약관과 재판관할권만을 본문에 나타내고 있어 간소화되었고, 그 외의 각종 약관과 난외약관의 유효한 조항은 신협회적하약관에 포함시켜 단순화하였다는 특징이 있다. 신협회적하약관에서는 보험조건의 명칭도 (A) Clause, (B)Clause, (C)Clause로 각각 변경하였다. 신협회적하약관은 그 내용이 간소화되고 획일성을 갖추도록 정비되었으나 보험자의 보상 범위나 기타 담보에 대한 원칙 등 근본적 조항들에서는 큰 변동이 없다.

실무적으로 보험계약에 있어 SG form과 구협회적하약관을 적용할 것인가, 아니면 MAR form과 신협회적하약관을 적용할 것인가 하는 점은 법 또는 국제협정으로 강제되는 것이 아니라 보험자와 보험계약자 간의 약정에 의해 결정된다. 영국뿐 아니라 세계 각국에서 이 두 약관은 병용되고 있다.[24] 따라서 무역실무자들은 이 두 약관 모두에 대해 이해를 해두는 것이 필요하다.

5 구협회적하약관

5.1 약관의 구성

SG form에는 보통약관인 본문약관과 이탤릭서체약관, 난외약관과 이와는 별도로 만들어져 추가된 특별약관인 구협회적하약관이 있다. 구협회적하약관은 보험증권의 본문 및 난외약관, 이탤릭서체약관만으로 화물을 부보할 수 없거나 그 내용이 현실적으로 부적합 · 불분명한 점을 명확하게 표시한 것으로서 14개의 조항으로 구성되어 있다. 이 중 손해에 대한 보상의 범위를 정하고 있는 제5조만 분손(分損)부담보조건(FPA Clause), 분손담보조건(WA Clause), 全위험담보조건(AR Clause)의

24 보험개발원 통계에 따르면 1997년의 경우 우리나라의 무역과 관련한 해상보험에서 SG form과 구협회적하약관을 사용한 경우가 전체의 73%, MAR form과 신협회적하약관이 19%, 그리고 특약조건이 8%였다. 보험계약자들이 구협회적하약관을 아직도 선호하는 이유는 관련 판례가 풍부하여 논란의 소지가 적고, 장기간 사용으로 인해 익숙하다는 점 때문이다.

세 가지로 담보위험의 내용이 서로 다를 뿐이고 나머지 조항의 내용은 동일하다.

5.2 구협회적하약관의 보험조건과 담보위험

| 표 10-1 | 구협회적하약관에 의한 보험조건별 담보위험

<table>
<tr><td rowspan="3">AR</td><td rowspan="2">WA</td><td>FPA</td><td>[물적 손해]
① 전손(현실전손, 추정전손)
② 공동해손
③ 특정사고에 의한 단독해손
㉠ 본선 · 부선의 좌초, 침몰, 대화재의 단독해손
㉡ 선적 · 환적 · 하역 중의 포장 1개당 전손
㉢ 화재 또는 폭발에 의한 화물의 멸실 · 손상
㉣ 본선 · 부선과 다른 물체와의 충돌 또는 접촉에 의한 화물의 멸실 · 손상
㉤ 피난항에서의 하역에 따른 화물의 멸실 · 손상
[비용손해]
① 구조비용, ② 특별비용, ③ 손해방지비용, ④ 손해조사비용, ⑤ 공동해손 분담금</td></tr>
<tr><td colspan="2">FPA의 담보위험에 더하여 풍랑으로 인한 해수침손 등이 추가</td></tr>
<tr><td colspan="3">FPA, WA의 담보위험에 더하여 각종 부가위험이 추가</td></tr>
<tr><td colspan="3">면책위험</td><td>① 피보험자의 고의적 해태(disfault) · 비행(非行, misconduct)에 의한 손해
② 화물 고유의 하자 · 성질에 의한 손해
③ 위험의 요건을 구비하지 아니한 통상의 손해, 자연소모
④ 항해의 지연으로 인한 손해, 비용
⑤ 포장불완전에 의한 손해
⑥ 전쟁, 폭동, 동맹파업(SRCC : Strike, Riot, Civil Commotion) 등의 위험</td></tr>
</table>

(1) ICC(FPA : 분손부담보)조건

담보위험으로 발생한 손해 중 전손(全損), 공동해손(共同海損) 및 비용손해는 보상하나 단독해손(單獨海損)이 발생했을 때는 보험자가 보상하지 않는다는 것을 원칙으로 하고 있다. 그러나 예외적으로 선박 또는 부선(艀船)이 좌초하거나 침몰, 충돌 또는 화재가 발생함으로써 입은 단독해손과 화물의 적재(loading), 환적(transhipment), 양하(discharge)작업 중에 생긴 화물 1개마다의 전손 등은 보상

된다.[25]

(2) ICC(WA : 분손담보)조건

보험자가 단독해손에 대해서도 보상하는 것을 원칙으로 한다. 이때 침몰, 좌초, 화재, 충돌의 경우에는 전액 보상하나 그 이외의 위험으로부터 발생한 손해는 면책률약관이 적용되어 일정비율 미만의 소손해(小損害)에 대해서는 원칙적으로 보상하지 않는다(이 면책비율을 흔히 franchise라 한다).

실무적으로는 WA3%와 면책률부적용 분손담보(WAIOP : With Average Irrespective of Percentage)의 두 조건으로 보험계약이 체결된다. WA3%조건일 경우 발생된 손해가 3% 이상일 때는 전액 보상되지만 3% 미만일 때는 보상되지 않는다. 이 경우 보험증권에는 'Average payable if amounting to 3% on the whole or each hold'라 기재된다.

WAIOP의 경우는 손해가 발생하면 그 비율에 관계없이 전액 보상이 이루어진다. 이 경우 보험증권에는 'Average payable irrespective of percentage'라 기재된다. 그러나 WA3%에도 소손해공제를 의미하는 'Excess'나 'Deductible'과 같은 표현이 있을 경우에는 3% 이상의 손해가 발생하면 기본면책비율인 3%를 공제하고 나머지 차액만 보상한다.

(3) ICC(AR : 전위험담보)조건

이 조건은 전쟁위험 및 동맹파업위험을 비롯한 면책위험과 보험료율표상에서 따로 제외되는 위험 이외의 모든 위험으로 인한 손해를 보상해 주는 조건이다. 따라서 AR조건에서는 WA조건과 FPA조건에서 인정된 해상위험의 결과로 발생한 손해와 화물의 취급이나 적재로 인하여 발생하는 위험인 부가위험(extraneous peril)에 대해서도 보험율표상 특별히 제외하지 않는 한 그 위험을 담보한다. 이 조건에서

25 이를 특정분손(special particular average) 또는 S.S.B.C.(Sinking, Stranding, Burning and Collision)손해라고도 한다.

소손해면책율은 적용되지 않는다.

FPA조건과 WA조건은 열거주의를 택하고 있는 데 반해 AR조건은 포괄주의를 따른다. 따라서 FPA조건이나 WA조건에서는 손해의 입증책임이 피보험자에게 있지만 AR조건에서는 피보험자가 이러한 입증의무를 지지 않는다.

(4) 면책위험

SG form의 FPA나 WA조건뿐 아니라 AR조건하에서도 [표 10-1]에서 열거된 면책위험에 대해서는 보험자가 보상을 하지 않고 면책된다. 이러한 면책위험 중 화물 고유의 하자 또는 성질에 의한 손해나 전쟁, 폭동, 파업 등에 기인한 손해 등은 특약을 통해 부보가 가능하다.

5.3 부가위험조건

제한된 담보조건인 FPA 또는 WA조건으로 부보할 경우 이에 추가하여 화물의 특성에 따라 발생할 수 있는 특정위험을 특약담보로써 회피할 수 있다. 이러한 위험을 부가(附加)위험(extraneous risks)이라 한다.

① 도난(盜難), 발하(拔荷), 불착(不着)위험(TPND : Theft, Pilferage and Non-Delivery)
② 투하(投荷) 및 갑판유실위험(JWOB : Jettison and/or Washing Overboard)
③ 파손(破損)위험(breakage)
④ 곡손(曲損)위험(bending and/or denting)
⑤ 비, 담수(淡水)위험(RFWD : Rain and/or Fresh Water Damage)
⑥ 누손(漏損) 및 부족손(不足損)위험(leakage/shortage)
⑦ 증발위험(evaporation)
⑧ 한습손(寒濕損) 및 열손(熱損)위험(SH : Sweat and/or Heating)
⑨ 곰팡이위험(MM : Mould and Mildew)

⑩ 혼합위험(contamination)

⑪ 녹위험(rust)

⑫ 유류(油類) 또는 다른 화물과의 접촉에 따른 위험(COOC : Contact with Oil and/or Other Cargo)

⑬ 갈고리 사용에 따른 위험(HH : Hook and Hole)

⑭ 적재선박의 전손(全損)으로 인한 부보화물의 전손(TLO : Total Loss Only)

6 신협회적하약관

6.1 약관의 구성

런던보험자협회가 1982년 제정하여 1983년 4월부터 사용하기 시작한 신보험증권 MAR form은 [그림 10-5]와 같이 본문약관과 난외(중요)약관, 그리고 신협회적하약관으로 구성된다.

그림 10-5 신협회적하약관의 구성

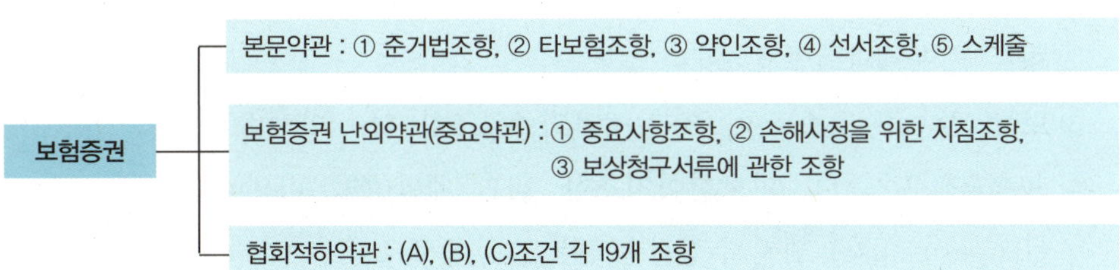

[그림 10-5]에서 본문약관의 준거법조항은 피보험자의 손해배상청구에 대한 보험자의 책임 및 해결에 관하여 영국의 법률과 관례를 따를 것을 규정하고 있다.[26]

26 우리나라에서 부보한 해상보험에 대하여 영국의 법률과 관습을 적용하는 것은 보험의 청구, 즉 클레임에 대한 책임과 정산에 대해서이고, 클레임과 관련이 없는 보험계약의 체결, 보험료의 수납, 계약의 해지 등에 대해서는 우리나라의 상법이 적용된다.

타보험조항(他保險條項)은 피보험재산에 손해가 발생한 경우 그 재산이 화재보험이나 타보험과 중복 부보되어 있다면 다른 보험으로 보상된 금액을 초과하는 보험금액에 대해서만 보상한다는 것[27]으로 이중(二重)보상을 불인정한다는 취지이다. 약인(約因)조항은 보험자가 피보험자로부터 보험료를 영수한 대가로 손해가 발생하면 그 손해를 피보험자에게 보상할 것을 약속하는 것이다. 선서조항은 보험인수의 증거와 보험증권의 효력이 발생하는 증거로서 보험회사의 담당 책임자가 서명한다는 것을 명시한 것이다. 난외(중요)약관의 중요사항조항은 손해발생의 경우 피보험자가 지켜야 할 사항을 열거하고 있다. 여기서 손해사정을 위한 지침조항은 손해발생의 경우 즉시 보험회사나 그 대리점에 통지하고 검정보고서(survey report)를 입수해야 한다는 지침을 명시하고 있다. 또 보상청구서류에 관한 조항은 보험사고발생 시 피보험자나 그 대리인이 보험회사에 제출해야 할 서류에 대해서도 규정하고 있다. 적하약관은 담보위험(risk covered)을 기준으로 (A), (B), (C)조건으로 나누고 각 조건별로 19개의 약관조항을 두고 있다. 이 19개의 조항은 이해하기 쉽도록 관련 조항을 묶어 다음과 같이 9개의 표제를 달고 있지만, (A), (B), (C)조건의 19개 조항은 제1조(위험조항), 제4조(면책위험), 제6조(전쟁위험면책조항)만 내용에 차이가 있고 나머지 조항은 전혀 차이가 없다.

① **위험담보** : §1. 위험조항, §2. 공동해손조항, §3. 쌍방과실충돌조항

② **면책위험** : §4. 일반면책조항, §5. 불내항 및 부적합면책조항, §6. 전쟁면책조항, §7. 동맹파업면책조항

③ **보험기간** : §8. 운송조항, §9. 운송계약종료조항, §10. 항해변경조항

④ **보험금청구** : §11. 피보험이익조항, §12. 계반(繼搬)비용조항(forwarding charges clause), §13. 추정전손조항, §14. 증액조항

⑤ **보험의 이익** : §15. 보험이익불공여조항

⑥ **손해의 경감** : §16. 피보험자 의무조항, §17. 포기조항

⑦ **지연의 회피** : §18. 신속조치조항

⑧ **법률 및 관습** : §19. 영국법 및 관례조항

27 이 약관의 실제 적용에 있어서 타 보험증권도 이러한 약관이 있을 때에는 각각의 보험금액의 비율에 의해 분담하여 보상하는 방식이 취해진다.

⑨ 주의사항(NOTE)

6.2 신협회적하약관의 보험조건과 담보위험

| 표 10-2 | 신협회적하약관에 의한 보험조건별 담보위험

<table>
<tr><td rowspan="3">(A)</td><td rowspan="2">(B)</td><td>(C)</td><td>[물적 손해]
• 다음과 상당 인과관계(reasonably attributable to)가 있는 보험목적의 멸실이나 손상
① 화재 또는 폭발
② 본선 또는 부선의 좌초, 교사, 침몰 또는 전복
③ 육상운송용구의 전복 또는 탈선
④ 본선, 부선 또는 운송용구와 물 이외의 타물과의 충돌 또는 접촉
⑤ 피난항에서의 화물의 하역
• 다음 사유로 인한(caused by) 보험목적의 멸실이나 손상
① 공동해손희생 손해
② 투하 또는 갑판유실
[비용손해]
① 구조비용, ② 특별비용, ③ 손해방지비용, ④ 손해조사비용,
⑤ 공동해손분담금</td></tr>
<tr><td colspan="2">(C)의 담보위험에 더하여 다음 위험이 추가
① 지진, 화산의 분화, 낙뢰
② 본선, 부선, 선창, 운송용구, 컨테이너, 지게자동차, 보관장소에 대한 바닷물 · 호숫물 · 강물의 침수
③ 본선, 부선으로의 선적 또는 하역작업 중 바다에 떨어지거나 갑판에 추락한 포장당 1개의 전손</td></tr>
<tr><td colspan="3">(B), (C)의 담보위험에 더하여 각종 부가위험이 추가</td></tr>
<tr><td colspan="3">면책위험</td><td>① 일반면책
② 불내항 및 부적합위험면책
③ 전쟁위험면책
④ 동맹파업위험면책</td></tr>
</table>

(1) ICC(A)조건

이 조건은 제4조(일반면책), 제5조(불내항과 부적합면책), 제6조(전쟁위험면책),

제7조(동맹파업위험면책)에서 규정한 면책위험을 제외하고는 피보험목적물에 발생한 모든 위험을 담보한다. 이 조건은 포괄책임주의를 채택하고 있으며, 면책위험에 대한 입증책임은 보험자가 진다.

(2) ICC(B)조건

이 조건은 제4조, 제5조, 제6조, 제7조에서 규정한 면책위험을 제외하고 열거된 위험을 담보한다. (B)조건을 구협회적하약관의 WA와 비교해 보면 다음과 같은 차이가 있다.

① 열거되어 있는 위험에 기인한 손해를 분손(partial loss)이나 전손(total loss)으로 구분하지 않고 보상한다.
② 소손해면책비율(franchise)의 적용 없이 담보하고 있다.
③ '해상 고유의 위험'을 열거위험으로 하지 않고 해상 고유의 위험 중 중요한 것을 열거위험으로 하고 있다.
④ 육상운송용구의 전복, 탈선의 담보가 명확히 되었다.
⑤ 육상에서의 지진, 분화, 낙뢰가 열거위험이 되었다.
⑥ 해상 고유의 위험이 아닌 바닷물, 호수물, 강물의 침수에 의한 손해가 담보되었다.
⑦ 갑판유실위험이 열거위험이 되었다.
⑧ 강도나 선원의 악행과 같은 악의(惡意)행위에 의한 의도적 화물 손상, 파괴는 담보에서 제외되었다.
⑨ 선박회사의 도산(倒産)위험 및 원자력관련 위험이 면책위험이 되었다.

(3) ICC(C)조건

이 조건도 제4조, 제5조, 제6조, 제7조에서 규정된 면책위험을 제외하고 열거된 위험을 담보한다. (C)조건과 (B)조건의 차이점은 (B)조건에서 담보되는 것 중 지진, 화산의 분화, 낙뢰로 인한 멸실 또는 손상이나 본선, 부선, 선창, 운송용구, 컨테이너, 지게자동차, 보관장소에 대한 바닷물 · 호수물 · 강물의 침수로 인한 멸실 또는 손상, 그리고 본선, 부선으로의 선적 또는 하역작업 중 바다에 떨어지거나 갑판에 추락한 포장당 1개의 전손이 (C)조건에서는 담보되지 않는다는 점이다.

(4) 면책위험

신협회적하약관에는 따로 특약을 하지 않는 한 (A), (B), (C)조건에 의해서는 그 위험이 담보되지 않는, 즉 보험자가 면책되는 위험이 다음과 같이 네 가지로 규정되어 있다.

1) 일반면책(general exclusions clause)

이 약관에 의하여 보험자가 면책되는 경우는 다음과 같은 7가지이다.

① 피보험자의 고의적 비행으로 인한 멸실, 손상 또는 비용

② 피보험목적의 통상의 누손, 중량 · 용적의 부족 또는 자연소모

③ 피보험목적의 포장 또는 준비의 불완전 또는 부적절로부터 생기는 멸실, 손상 또는 비용

④ 피보험목적 고유의 하자 또는 성질을 근인으로 하는 멸실, 손상 또는 비용

⑤ 지연이 피보험위험에 의하여 생긴 경우라도 당해 지연을 근인으로 생긴 멸실, 손상 또는 비용

⑥ 본선의 소유자, 관리자, 용선자 또는 운항자의 지급불능 또는 금액상의 채무불이행으로 생기는 멸실, 손상 또는 비용

⑦ 원자력 또는 핵의 분열 및/또는 융합 또는 기타 이와 유사한 반응 또는 방사능이나 방사성물질을 응용한 무기의 사용으로 인하여 발생한 멸실, 손상 또는 비용

2) 불내항 및 부적합면책(unseaworthiness and unfitness exclusion clause)

이 약관에 의해 보험자가 면책될 수 있는 것은 본선 또는 부선의 불내항과 본선 또는 부선, 컨테이너 또는 지게자동차가 피보험목적물의 안전한 수송에 부적당한

경우이다. 다만 불내항 및 부적합 사실을 피보험자 또는 그 사용인이 해당 운송용구에 선적할 때 알고 있을 경우에 한한다. 즉 피보험자가 불내항, 부적합을 해당 운송수단에 적재할 때까지 모르고 있었을 경우라면 담보가 된다는 것을 의미한다.

3) 전쟁위험면책(war exclusions clause)

이 약관에 의해 보험자가 면책될 수 있는 것은 다음과 같은 세 가지 경우이다.

① 전쟁, 내란, 혁명, 반역, 반란 또는 이로 인하여 생기는 국내투쟁 또는 교전국에 의한 또는 교전국에 대하여 가해진 적대행위

② 포획, 나포, 강류, 억지 또는 억류와 이러한 행위의 결과 또는 이러한 행위를 하고자 기도한 결과

③ 유기(遺棄, derelict)기뢰, 어뢰, 폭탄, 기타 유기된 전쟁병기

4) 동맹파업면책(strike exclusions clause)

이 약관에 의해 보험자가 면책될 수 있는 경우도 다음과 같이 세 가지가 명시되어 있다.

① 동맹파업자, 직장폐쇄노동자 또는 노동쟁의, 폭동 또는 소요에 가담한 자에 의하여 발생된 것

② 동맹파업, 직장폐쇄, 노동쟁의, 폭동 또는 소요의 결과로 발생된 것

③ 테러리스트(terrorist) 또는 정치적 동기를 가지고 행동하는 자에 의하여 발생되는 것

6.3 부가위험조건

포괄담보인 (A)조건의 경우 면책위험을 제외하고는 추가담보할 사항이 없다. 그러나 열거담보인 (B)나 (C)조건의 경우 필요에 따라 담보받고자 하는 부가위험을 특약을 통해 추가할 수 있다. 한편 전쟁위험과 동맹파업위험에 대하여도 독립된 조항으로 구성된 별도의 약관이 마련되어 있다. 부가위험에는 다음과 같은 것들이

있다.

① 도난(盜難), 발화(發火), 불착(不着)위험(TPND : Theft, Pilferage and Non-Delivery)

② 투하(投荷) 및 갑판유실위험(JWOB : Jettison and/or Washing Overboard)

③ 비, 담수(淡水)위험(RFWD : Rain and/or Fresh Water Demage)

④ 원산지손위험(country damage)

⑤ 지진, 화산폭발위험(earthquake or eruption)

⑥ 파손, 누손(漏損) 및 부족손(不足損)위험(breakage, leakage and/or shortage)

⑦ 증발위험(evaporation)

⑧ 한습손(寒濕損) 및 열손(熱損)위험(SH : Sweat and/or Heating)

⑨ 곰팡이위험(MM : Mould and Mildew)

⑩ 혼합위험(contamination)

⑪ 녹위험(rust)

⑫ 유류(油類) 또는 다른 화물과의 접촉에 따른 위험(COOC : Contact with Oil and/or Other Cargo)

⑬ 갈고리 사용에 따른 위험(HH : Hook and Hole)

⑭ 환적위험(T/S : Transhipment)

⑮ 내륙운송확장담보(ITE : Inland Transit Extension)

⑯ 내륙장치확장담보(ISE : Inland Storage Extension)

⑰ 항구할증담보(P/C : Port Charge)

7 해상보험의 계약

7.1 보험의 청약

해상보험의 청약과 계약관계는 [그림 10-6]과 같다.

| 그림 10-6 | 해상보험의 청약과 계약관계

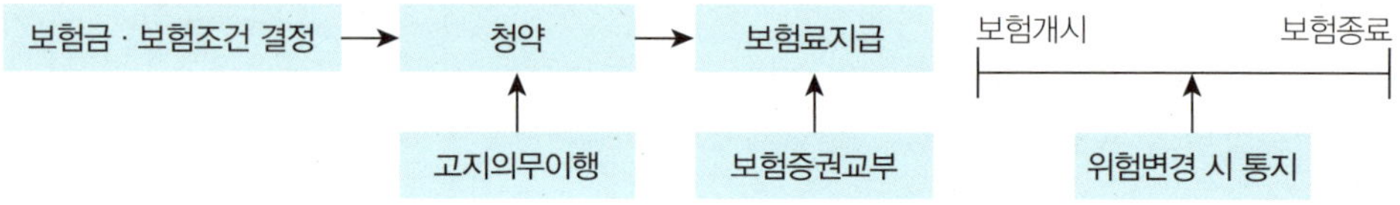

[그림 10-6]에서 보험계약자인 매도인 또는 매수인은 무역계약에 따른 의무로서 또는 자신의 필요에 따라 보험금액 및 보험조건을 결정한 다음 보험계약을 청약한다. 해상보험의 계약은 보험계약자가 보험자의 정형화된 청약서 양식을 작성하여 제출하고, 보험자가 이를 승낙함으로써 성립한다. 보험자는 원칙적으로 보험증권과 교환으로 지급되어야 하나 사실상 후급(後給)이 많고, 일정기간별로 지급하기도 한다. 보험청약 시 보험계약자는 보험목적에 대하여 가지고 있는 위험사정에 대하여 충실하게 고지할 의무가 있다. 또한 보험기간 중에도 위험이 당초 예측하였던 것과 상이한 경우 이를 지체 없이 보험자에게 고지하여야 한다. 해상보험에 있어 주요한 위험 변경사항으로는 다음과 같은 것이 있다.

① 선박의 변경
② 항로의 변경
③ 적치장소(선창 또는 갑판적)의 변경
④ 환적의 유무와 그 회수
⑤ 포장의 불안전
⑥ 위험시기 및 위험지역으로 항해의 강행
⑦ 운송계약상의 특약(위험 증가 또는 면책약관 등)

⑧ 기타 선박 또는 적하에 관한 내항성의 중대한 결함

해상보험계약의 청약주체와 청약시기는 무역거래조건에 따라 달라진다. 그러나 어느 경우이든 보험계약의 청약은 화물운송에 관한 보험책임의 개시 이전에 행해져야 한다. 보험책임의 개시는 통상 운송개시를 위해 화물이 보험증권에 기재되는 출발지의 창고로부터 반출되는 시점부터이다. 따라서 CIF나 CIP조건의 경우에는 물품이 운송되기 시작하는 출발지 창고 또는 공장에서 반출되기 이전에 매도인에 의해 보험청약이 이루어져야 한다. 그러나 FOB조건과 같이 보험 부보 여부가 매수인의 책임사항인 경우에는 위험부담이 매수인에게 이전되기 전, 즉 선적항에서 선적 이전에 매수인에 의해 보험청약이 이루어져야 할 것이고, 매도인은 국내운송 구간에서의 위험에 대하여 별도로 보험계약을 체결하여야 해당 구간에서의 위험발생으로 인한 손해가 회피될 수 있을 것이다.

7.2 포괄보험

반복적으로 수출 또는 수입을 하는 무역업체의 경우 포괄보험제도를 활용할 수 있다. 해상보험의 포괄보험에는 다음 세 가지 방법이 있다.

(1) Floating Policy

이 방법은 정기적으로 상품을 운송하여야 하는 무역상이 활용할 수 있다. 장래 계속적으로 출하 및 운송할 화물에 대하여 보험계약의 내용, 피보험목적물, 보험금액 및 적재선박을 확정하지 않고 미리 포괄적으로 부보하는 것이다. 이 방식에서 피보험자와 보험자는 미리 총보험금액을 약정하고, 보험료를 지불한 다음 이 금액이 다 소진될 때까지 피보험자가 선적될 화물을 고지하기만 하면 자동적으로 담보가 이루어진다. 이 경우 매 선적당 혹은 매 지역당으로 보험자가 보상할 최고책임한도액은 미리 정해지게 된다. 일반적으로 선적 시마다 보험증명서(insurance certificate)가 발급된다.

(2) Open Cover

반복되는 선적에서 FOB계약의 매수인이 선적품에 대한 명세를 잘 알지 못하고 부보할 때 사용하는 방법이다. Open Cover는 보험증권이 아니라 보험자가 나중에 보험증권을 발행하겠다고 확약한 서류이다. 매 선적이 끝난 후 기본적 고정요율도 매 선적에 대한 보험료를 지급하며 부보기간은 보통 1년을 단위로 한다.

(3) Open Slip(Open Policy)

이것은 선적화물이 소량인 무역업자에게 적합하다. Open Cover는 담보기간이 보통 1년으로 제한되고 보험자의 총책임한도액이 사전에 정해지지 않지만 Open Slip은 담보기간에 제한이 없고 보험자의 총책임한도액도 계약 시에 미리 정해진다.

8 보험의 구상

8.1 구상의 통지

보험계약의 목적은 위험의 발생으로 인해 피보험이익이 손해를 입었을 경우 그 손실에 대해 보험자에게 구상(求償, claim)을 하고 보험금을 지급받는 데 있다. 피보험자나 그 대리인은 보험사고가 발생한 경우 지체 없이 보험자나 그 대리점에 위험이 발생한 사실을 구두나 서면으로 통지하여야 한다.[28] 이를 예비적 이재(罹災)통지(PLA : Preliminary Loss Advice)라 한다. 정식 구상청구에 있어 구비하여야 하는 서류는 대체로 다음과 같다.

28 상법 제657조

① 보험증권원본(original policy or certificate of insurance)

② 상업송장원본(또는 원본대조필 사본)과 선적명세서(original or certificate copy of shipping invoice, together with shipping specification and/or weight notes)

③ 선하증권(또는 원본대조필 사본) 혹은 기타 운송계약서(original or certificate copy of bill of lading and/or other contract of carriage)

④ 검정보고서 또는 기타 멸실 · 손상관련 증빙서류(survey report or other documentary evidence to show the extent of the loss or demage)

⑤ 화물의 수량 및 중량명세서(landing account and weight notes at port of discharge and final destination)

⑥ 운송인 또는 손해 · 손상에 책임 있는 당사자와의 관련 교신서류(correspondence exchanged with the Carriers and other parties regarding their liability for the loss or demage)

⑦ 기타 참고서류

한편 공동해손이 발생하였을 경우 피보험자가 보험자에게 제출하여야 하는 서류는 이와 차이가 있다. 화주가 자신의 화물이 공동해손과 관련된 것을 알게 되는 것은 선박회사가 공고하는 공동해손선포(declaration of general average) 및 화주에게 통지되는 공동해손통지서(notice of general average)에 의한다. 이 공고나 통지서에는 공동해손의 발생 경위와 각 화주가 취해야 할 조치사항이 명기된다. 화주는 통지서를 받는 즉시 보험자에게 이를 통지하고 필요한 조치를 취해야 한다. 이때 화주가 보험자에게 제출하여야 하는 공동해손관련 서류는 공동해손구상장(claim letter of general average), 공동해손통지서(notice of general average), 공동해손언약서(general average bond)[29] 등이다.

선박회사는 화주에게 화물을 인도하기 전에 최종적으로 공동해손공탁금(general average deposit) 또는 이에 대신하여 보험자가 발행하는 공동해손보증장(general

29 공동해손언약서는 피보험자가 장차 자기 앞으로 할당될 공동해손분담금을 지급할 것과 그 분담금 산정의 기초가 되는 자기 화물의 명세 및 가격을 정당히 신고할 것을 선박회사에 약속하는 서류이다.

average contribution)을 요구한다. 공탁금이나 보증장을 요구하는 것은 공동해손의 정산에 상당한 기일이 소요되기 때문이다. 만일 화물이 보험에 가입되어 있지 않다면 공동해손공탁금은 화주가 독자적으로 부담해야 하지만, 보험에 들어 있으면 보험자가 이 공탁금을 부담하거나 공동해손보증장을 제출함으로써 공탁금에 대신한다.

8.2 보험금의 지급

피보험자가 보험자에게 구상을 청구하였을 때 보험자는 증권상으로 담보되지 않는 위험임을 증명할 수 없는 한 지체 없이 보험금을 지급하여야 한다. 그러나 보험자와 피보험자의 의견이 상반될 때 '여타보험에 영향을 주지 않는(without prejudice)' 조건하에 또한 장차 이와 유사한 클레임을 제기하지 않을 것을 조건으로 클레임의 전부 또는 일부가 지급되기도 한다. 이를 특례지급(without prejudice settlement)이라 한다.

한편 물품이 해상운송도중에 손상이 발생하였을 때 중간항에서 매각처분한 다음 손상품에 해당하는 보험금에서 순판매대금을 공제한 후의 금액을 보험금으로 지급하는 경우도 있다. 이를 구조물(救助物) 차감 보상방식(salvage loss settlement)이라 한다. 그 외에 보험금이 확정되었을 때 보험금이 아니라 보험자가 피보험자에게 대부금을 지급하는 방식으로 지급되기도 한다. 이를 대부금형식 보상방식(loan form payment)이라 한다. 대부금형식으로 보상하는 것은 보험금을 지급한 후 보험자가 직접 그 화물손해에 대한 귀책사유가 있는 선주나 기타 수탁자에게 대위(代位)에 의해 구상청구를 하게 되면 수탁자와 보험자 간의 거래관계가 곤란해지고 또한 피보험자가 직접 수탁자에게 손해배상을 청구하면 당연히 변상되어야 하는 경우도 보험자가 개입하면 감액될 가능성이 있기 때문에 이를 회피하기 위한 것이다.

9 위부와 대위제도

9.1 위부와 대위의 의의

위부(委付, abandonment)란 해상손해 가운데서 추정전손이 있는 경우에 피보험자가 보험의 목적에 대한 권리 전부를 보험자에게 이전함과 동시에 보험금액 전액에 대한 청구권을 발생시키는 행위이다. 위부는 ① 보험의 목적에 관한 권리의 이전, ② 보험금액 전액에 대한 청구권발생을 효과의사로 하는 것이기 때문에 만약 이들 중 하나의 효과의사라도 결여되면 성립되지 않는다. 일반적으로 손해보험의 원칙에서 보면 손해발생 시 피보험자는 보험금의 지급청구를 위해 손해의 발생사실과 손해액을 증명하여야 한다.

그러나 해상보험에 있어서는 해상사고의 특이성으로 인해 사고의 범위나 손해의 범위에 관한 입증이 불가능한 경우가 많다. 이런 경우 위부는 유용하게 활용된다. 예를 들어 선박이 행방불명되었을 경우 현실적으로 전손의 성립이 없더라도 일정한 조건하에서 전손으로 간주하여 피보험자에게 보험금액 전액의 청구권을 인정함과 동시에 보험자에게는 보험목적에 대한 피보험자의 모든 권리를 취득하게 함으로써 보험자와 피보험자의 이익을 비례하게 하는 것이 합리적이다. 위부는 연혁상, 법률상으로 해상보험의 영역에서만 인정되고 있으며 법규가 규정하고 있는 특정의 경우에만 한정된다.

한편 대위(代位, subrogation)란 보험자가 피보험자에게 보험금을 지급한 경우에 멸실 혹은 손상된 보험목적에 대하여 피보험자가 가지고 있던 소유권과, 손해를 발생시킨 과실이 있는 자에게 구상권을 행사할 수 있는 권리를 승계받는 것을 말한다. 다시 말해서 보험금을 지급한 경우에 잔존물에 대한 소유 및 제3자 손해배상청구에 관해 피보험자의 위치에 보험자가 대신 서게 되는 것이 대위제도의 원리이다. 대위는 다른 사람의 자리를 차지하거나 또는 대치(代置)하는 것을 의미하며 이러한 대위에는 보험의 목적에 대한 보험대위와 제3자에 대한 보험대위로 구분된다. 보험의 목적에 대한 대위는 보험금액의 전부를 지급하였을 때 잔존물에 관하여 피보험자가 가지고 있던 권리를 취득하는 것을 말한다. 일부보험의 경우 보험자는 보험금액의 보험가액에 대한 비율로 권리를 취득한다. 제3자에 대한 대위란 손해가 제3자의 행위에 의해 생긴 경우 보험자가 피보험자에게 그 부담액을 지급하였을 때 피보험자가 제3자에 대해 소유하고 있는 권리를 취득하는 것을 말한다.[30]

9.2 위부의 원인과 통지

영국해상보험법에서는 위부의 요건을 추정전손의 경우로 하고 있다. 우리나라 상법(제710조)에는 위부의 원인을 다음과 같이 규정하고 있다.

① 선박이 침몰된 때
② 선박이 행방불명된 때
③ 선박이 수리할 수 없게 된 때
④ 선박 또는 화물이 포획된 때
⑤ 선박 또는 화물이 관공서에 압수되어 6월 이상 환부(還付)되지 아니한 때

제②항에서 위부의 원인으로 되어 있는 선박의 행방불명은 영국해상보험법에서는 현실전손으로 추정하고 있고(MIA 제58조), 현실전손의 경우에는 위부의 통지를 할 필요가 없다고 하여(MIA 제57조) 우리나라의 경우와는 차이를 보이고 있다.

별도의 규정을 둔 경우를 제외하고 피보험자가 보험의 목적을 보험자에게 위부하기로 선택한 경우에는 피보험자는 위부의 통지를 해야 한다. 우리나라의 경우 위부는 피보험자의 일방적 의사표시로 보기 때문에 보험자의 동의를 필요로 하지 않으며 위부는 통지에 의하여 효력을 발생하는 단독행위이다. 그러나 영국의 경우 위부는 단독행위가 아니며 위부의 통지를 한 때에 추정전손이 성립할 수 있는 상태에 있어도 보험자는 이를 거절할 수 있다.[31] 만일 피보험자가 위부의 통지를 하지 않으면 그 손해는 분손으로 처리된다.[32]

30 상법 제682조
31 영국해상보험법 제62조
32 결국 추정전손이 있는 경우 피보험자는 그 손해를 분손으로 처리할 수도 있고, 보험의 목적을 보험

위부의 통지는 서면이나 구두로 할 수 있으며 일부는 서면으로 일부는 구두로 할 수도 있다. 통지의 내용은 보험의 목적에 관한 피보험자의 이익을 보험자에게 무조건적으로 위부한다는 피보험자의 의사를 표시하고 이때 용어의 선택은 자유롭다. 위부의 승낙은 보험자의 행위에 의하여 명시적 또는 묵시적으로 행해지며 위부의 통지가 승낙된 경우 철회될 수 없다.

9.3 위부의 효과

위부의 의사표시에 의해 위부가 유효하게 성립한 때에는 두 가지 효과가 발생한다. 그 하나는 피보험자가 보험의 목적에 대해 가지는 일체의 권리가 보험자에게 이전되는 권리이전효과이고, 다른 하나는 피보험자가 보험금액 전부의 지급을 청구하는 보험금 지급청구권의 발생이다. 해상보험에 있어서 피보험자의 위부는 일정한 요건을 구비한 경우 추정전손으로 처리하려고 할 때에 행해지므로 피보험자가 위부의 의사표시를 하는 것은 직접적으로는 피보험자 이익의 이전을 목적으로 하는 것이지만 동시에 그 위부의 의사표시 중에는 보험관계를 추정전손으로 처리하려는 의사가 포함되고 있는 것이다. 따라서 위부가 적법하게 행해진 때에는 그 직접적인 효과로서 권리이전의 발생과 동시에 간접적으로는 보험금청구권이 발생하는 것이다.

9.4 위부와 대위의 차이

위부와 대위는 유사해 보이지만 다음과 같은 점에서 명백한 차이가 있다. 먼저 위부는 전손 그 중에서도 추정전손의 경우만 해당되지만 대위는 전손이나 분손에 상관없이 적용된다. 보험자가 승계받는 권리의 범위에 있어서는 위부의 경우 피보

자에게 위부하고 그 손해를 현실전손의 경우에 준하여 처리할 수도 있다. 이러한 규정은 영국해상보험법 제61조에 명시되어 있다.

험목적물의 모든 권리가 보험자에게 이전되는 반면, 대위는 전손이나 분손을 막론하고 피보험자가 보상받은 한도 내에서만 보험자가 그 권리를 수취할 수 있다. 따라서 만일 피보험자에게 보상한 금액 이상의 잉여금을 보험자가 취득하였다면 그것은 피보험자에게 반환되어야 한다. 또한 위부는 보험자의 재량에 따라 이를 인수하거나 거부할 수 있는 반면, 대위는 지급한 보험금액에 해당되는 이익만큼의 권리가 자동적으로 보험자에게 이전되는 점에서 차이가 있다.

10 항공보험

10.1 항공운송인의 책임보험

항공운송에 있어 운송사는 위탁받은 화물에 대하여 과실책임주의에 입각하여 운송과정에서의 멸실 또는 손상에 대하여 책임을 진다. 즉 운송과정에서 발생한 화물의 멸실이나 손상에 대해 운송인이 그 손해를 막기 위하여 필요한 모든 조치를 취하였거나, 그와 같은 조치가 불가능하였다는 것을 입증하지 않는 한 과실책임으로서 운송인이 배상책임을 지게 되는 것이다.[33] 항공사는 이러한 위험을 부담하기 위하여 책임보험에 부보한다. 이 보험을 화물배상책임보험(freight legal liability insurance)이라 한다.

10.2 화주보험과 항공화물보험

항공화물은 소량의 화물이 운송되는 경우가 대부분이므로 운송화물에 대한 보험도 간단한 절차로서 계약할 수 있는 제도가 운영되고 있다. 화주보험(shipper's

33 이때의 배상책임한도는 제9장에서 설명한 바와 같이 화물의 시가(時價)를 신고하고 할증요금을 지급한 경우에는 신고가액, 그렇지 아니할 경우에는 헤이그의정서에 규정된 금액 범위 이내가 된다.

interest insurance)이 그것이다. 화주보험제도는 항공사와 보험자가 미리 포괄적인 예정보험계약을 체결해 두고, 송화인이 화물을 항공사에 인도할 때 항공화물운송장에 필요한 사항을 기재하고 보험료를 지급하면 보험계약이 성립되도록 한 것이다. 즉 항공사가 보험자의 대리인으로서의 역할을 하고 있는 것이다. 이 보험의 특색은 원칙적으로 모든 화물이 전위험담보약관(all risk)조건으로 부보되며 화물의 종류에 관계없이 담보조건이 같다는 점이다. 담보기간은 항공사 또는 그 대리점이 화물을 수령하고 운송장에 화물의 명세를 기입한 때부터 통상의 운송과정을 거쳐 도착지의 수화인에게 인도되거나 지정된 장소에 도착할 때까지이다.

화주보험에서는 보험증권이 발행되지 않으며, 요청이 있을 경우 보험증명서가 발행된다. 따라서 복잡한 담보조건이 필요하거나 보험증권이 필요한 경우에는 별도로 런던보험자협회의 '협회항공화물약관'에 의한 항공화물보험계약을 체결하여야 한다. 협회항공화물약관은 해상보험의 ICC(A)조건과 별 차이가 없다. 다만 해상화물의 경우 보험기간의 종료는 본선에서 양하된 후 60일로 되어 있으나, 항공화물의 경우에는 항공기로부터 양하된 후 30일로 짧다는 특색이 있다.

기출문제 5 보험

01 다음은 무역계약의 보험조건에 관한 내용이다. 잘못된 것은?

① 매도인인 한국의 기업과 매수인인 미국의 기업 간의 거래 시 Incoterms 2010을 무역계약에 사용한 경우 보험계약 체결자를 누구로 할지는 별도로 약정할 필요가 없다.

② 한국의 매도인인 'A'기업은 매수인과 CIF조건으로 무역계약을 체결하고 ICC(C)조건으로 부보하였다.

③ 한국의 매도인인 'B'기업은 매수인과 CIP조건으로 무역계약을 체결하고 선적항에서 물품이 선적된 때로부터 목적항에서 매수인에게 인도할 때까지 cover하도록 보험계약을 체결하였다.

④ 한국의 매도인인 'C'기업은 CIF조건으로 무역계약을 체결하고(대금결제조건은 L/C), 보험금액은 CIF금액의 110% 그리고 보험증권상의 표시통화를 무역계약서와 동일하게 보험계약을 체결하였다.

국제무역사 35회 2교시 15번

02 KITA상사는 산업용 포장기계 10대를 수입하면서 ICC(C)조건으로 적하보험에 부보하였다. 다음 사고 중에서 보험자로부터 보상을 받을 수 있는 사고는?

① 기계를 배에 선적하다가 크레인의 고장으로 1대가 바다에 떨어져서 파손, 침수된 경우

② 선적된 포장기계 중에서 1대가 누군가에 의해 고의로 파손된 경우

③ 갑판 아래(under deck)에 선적하였는데 운송 중에 선박이 폭풍을 만나서 빗물이 선창 내부에 유입되어 기계가 침수된 경우

④ 선박이 폭풍으로 인하여 일부 침수되어 피난항에서 수리하고자 화물을 양하하다가 파손이 일어난 경우

국제무역사 36회 2교시 36번

03 다음은 ICC(FPA Clause)에 대한 설명이다. 이에 대한 설명으로 가장 잘못된 것은?

① 침몰, 좌초, 행방불명 등에 의한 현실전손, 추정전손은 보험자가 보상을 해준다.

② 화물운송 중 대화재를 입은 선박에 사고 당시 선적되어 있던 화물이 또 다시 폭

풍을 만나서 악천후로 인한 단독해손이 발생하였다면 보험자는 보상을 해준다.
③ 선박의 지연으로 인해 발생한 비용손해에 대해서 보험자는 보상을 해준다.
④ 피난항에서 양하를 하다가 발생된 분손은 보험자가 보상을 해준다.

국제무역사 35회 2교시 39번

04 다음 중 신용장거래에서 보험서류에 대한 설명으로 잘못된 것은?

① 보험서류는 문면상 보험회사, 보험인수업자 또는 그들의 대리인에 의해서 발행되고 서명된 것이어야 한다.
② 신용장에서 부보금액에 대하여 별도의 명시가 없다면 해당 선적분 CIF 또는 CIP금액에 10%를 가산한 금액을 최저금액으로 부보하여야 한다.
③ 신용장에서 보험증권 원본 1부의 제시를 요구하였더라도 보험증권에 원본이 2부 발행된 것으로 표시되었다면 원본 2부를 모두 제시해야 한다.
④ 신용장에 보험서류에 대하여 "Irrespective of Percentage"라고 명시되어 있더라도 면책비율(franchise)조항이 기재된 보험서류가 수리가능하다.

국제무역사 37회 1교시 57번

05 다음 문장의 괄호 (A) 안에 들어갈 용어로 올바른 것은?

> (A) occurs in the following circumstances. During the sea voyage, three interests are at risk: the ship, the cargo, and the freight. They form a common adventure and they are exposed to the same risks. When these interests encounter a common peril, it may become necessary voluntarily to make an extraordinary sacrifice or to incur an extraordinary expenditure in order to preserve the property imperilled in the common adventure.

① Actual total loss ② Constructive total loss
③ General average ④ Particular average

국제무역사 35회 2교시 67번

06 다음은 ICC(A)조건으로 보험에 가입한 화물이 보험기간 중 입게 된 다양한 손해들이다. 다음 사고 중 보험자의 보상책임이 발생하는 경우는?

① 화물의 성질 자체를 원인으로 발생한 화물의 품질 하락
② 선원의 고의적인 방화로 인한 화물의 훼손

③ 악천후에 조우한 선박이 감속 운항함으로써 발생한 운송지연으로 인한 화물 감가손

④ 선박운항자의 재정상의 채무불이행으로 발생한 추가 운송비용

국제무역사 37회 2교시 36번

07 다음 〈보기〉에서 ICC(Average Clause)에 의해 보험보상이 가능한 것을 모두 기재한 것은?

> 〈보기〉
> A. 화재로 인하여 화물의 일부가 손실된 경우
> B. WA 3%로 부보하였는데 악천후로 2%의 손실이 발생한 경우
> C. 조난항에서 양하작업 중에 발생된 일부화물의 파손
> D. 공동해손이 발생하여 투하한 화물
> E. 항해 중에 선박의 지연으로 인한 비용손해

① A, B, D　　② B, C, E

③ C, D, E　　④ A, C, D

국제무역사 36회 2교시 37번

08 ABC호는 해상운송 중 선박이 좌초되는 사고가 발생하였다. 화물 일부를 다른 선박으로 이동하여 선박을 가볍게 하고, 이후 구조선의 도움을 받아 이초하여 피난항에 입항하였다. 선주는 공동해손을 선언한 바 다음의 손해 중 공동해손 손해로 인정될 수 없는 것은?

① 좌초로 인해 발생한 선저 파공부위로 유입된 해수에 의한 화물 수침손

② 다른 선박으로 이적하는 과정에서 발생된 화물의 멸실

③ 구조선의 구조비용

④ 피난항 입항비

국제무역사 38회 2교시 37번

09 다음은 위부에 관한 설명이다. 올바른 설명을 모두 기재한 것은?

> A. 피보험자가 보험의 목적을 보험자에게 위부할 것을 결정한 경우에는 피보험자는 위부의 통지를 해야 한다.
> B. 위부의 통지는 서면이나 구두로 할 수 있으나, 일부는 서면으로 하고 일부는 구두로 하는 것은 허용되지 않는다.
> C. 위부의 통지는 손해에 관한 신뢰할만한 정보를 수취한 후에 부당한 지체 없이 이를 행하여야 한다. 단 그 정보가 의심스러운 경우에는 피보험자는 이를 조사하기 위하여 합리적인 시간적 여유를 가질 권리가 있다.
> D. 위부의 통지가 수락되었을 경우에는 손해에 대한 정보가 미흡하거나 사정의 변경이 있어도 피보험자는 위부를 철회할 수 없다.

① A, B, C ② A, C, D
③ B, C, D ④ A, B, D

국제무역사 35회 2교시 37번

10 다음 중 적하포괄보험계약에 관한 설명으로 올바른 것을 모두 기재한 것은?

> A. 포괄보험계약이 체결되면 보험자는 약정한 범위에 해당하는 모든 화물을 인수하는 것이 원칙이다.
> B. 포괄보험계약의 보험료는 보험계약기간을 1년으로 하여 산정되었으므로 약정된 기간 이전에 보험계약은 해지될 수 없다.
> C. 보험계약자는 매 선적단위별, 월별 혹은 보험계약체결 당시 합의된 기간별로 해당 화물에 대한 확정통지를 통해 보험계약을 확정하여야 한다.
> D. 정해진 기간 내에 확정통지가 실시되지 않아 누락된 화물은 보험 보호를 받을 수 없다.

① A, B, C ② A, C
③ B, D ④ A, B, C, D

국제무역사 39회 2교시 35번

11 ICC(All Risks)나 ICC(A)의 약관상 공통으로 규정되어 있는 면책위험은 어떤 것인가?

① 피보험자 고의에 의한 위법행위 ② 보험목적물 고유의 하자나 성질
③ 제3자에 의한 고의적인 손상 파괴 ④ 선주의 재정상 채무 불이행

국제무역사 39회 2교시 40번

12 다음 중 해상보험의 '피보험이익'에 대한 설명이 올바른 것을 모두 기재한 것은?

> A. 보험목적물에 보험사고가 발생하여 경제적 손해가 발생될 우려가 있는 경우 보험목적물과 피보험자와의 경제적 이해관계를 말한다.
> B. 공서양속에 위반되는 도서, 밀수행위, 도박 등과 관련된 이익은 피보험이익이 될 수 없다.
> C. 피보험이익은 객관적인 재산적 가치를 가지는 것으로서 금전으로 산정할 수 있는 이익이어야 한다.
> D. 피보험이익은 보험계약체결 이전에 보험계약의 요소로서 확정하거나 확정될 수 있는 것이어야 한다.
> E. 실무에서 Incoterms 2010의 FOB규칙으로 화물을 수입하면서 보험계약을 체결한 수입업자는 보험계약이 체결되고 나서 발생한 사고일 경우에는 그 손해가 선적 이전에 이루어졌다고 하더라도 피보험이익이 있기 때문에 보상받을 수 있다.

① A, B, C　　② B, D, E
③ A, B, C, D　　④ A, C, D, E

국제무역사 39회 2교시 36번

13 한국무역은 미국에 있는 매수인과 DAP Huston terminal조건으로 무역계약을 체결하고 자신의 이름으로 적하보험계약을 체결하였다. 다음의 사고 중 보험자의 보험보상대상이 되는 사고를 모두 기재한 것은 어느 것인가? (단, 보험조건은 ICC(A/R)–1/1/63조건으로 체결되었으며, 보험조건에 대해 무역 양 당사자 간에 합의된 별도 내용은 없는 것으로 한다.)

> A. 한국무역 공장 내에서 화물을 지게차를 이용하여 컨테이너에 적입하는 과정 중 발생한 추락사고
> B. 한국무역 공장에서 선적항으로 이동 중 트럭의 급정거로 발생한 화물 일부 파손
> C. 해상운송 중 유입된 해수로 인한 화물 수침손
> D. 휴스톤항에서 본선으로부터 하역 중 발생한 추락손
> E. 휴스톤 터미널에서 수화주 공장으로 이동 중 발생한 화물 파손

① A, B, C, D, E　　② B, C, D
③ A, B, E　　④ A, C, D

국제무역사 39회 2교시 37번

CHAPTER

11 무역대금의 결제

1 무역대금결제의 의의

국내외 간의 거래를 막론하고 상거래에 있어 가장 중요한 것은 말할 것도 없이 거래되는 물품의 대가, 즉 대금의 결제이다. 무역대금결제에 있어 주요 고려요소는 대금지급의 시기, 장소, 수단, 방법 등인데 이와 같은 요소를 무역거래당사자는 각자 자기가 처한 거래환경과 입장을 종합적으로 반영하여 무역계약 시 대금결제조건으로서 약정하게 된다.

거래당사자와 각종 금융기관들은 대금을 지급하고 회수하는 과정에서 위험과 비용의 최소화, 서비스의 다양화와 세분화를 통한 금융시장의 확대 등을 위해 관련 국가의 법규와 제도가 허용하는 한도 내에서 다양한 대금결제방식을 개발하여 적용하고 있다. 무역대금의 결제형태와 과정은 무역거래당사자뿐 아니라 무역과 관련된 업무를 수행하는 정부 당국에게도 많은 관심의 대상이 되는 부분이다. 무역대금의 결제방식을 거래형태별로 살펴보기로 한다.

2 무역대금의 결제시기와 결제통화

쌍무적이고 유상의 거래계약하에서 수입상의 대금지급의무는 수출상이 물품을 제공하는 것과 동시에 이루어지는 것이 원칙이다. 따라서 수입상은 약정된 물품을 수출상 자신이 수입상에게 직접 인도하거나, 수입상이 지정한 운송인에게 인도할 때 지급하여야 한다. 그러나 실제에 있어서 대금의 지급은 동시지급(concurrent payment)뿐 아니라 선지급(payment in advance), 후지급(deferred payment), 누진 또는 할부지급(progressive-installment payment) 등 여러 방법이 활용되고 있다.

2.1 동시지급

동시지급(concurrent payment)이란 대금결제의 원칙에 맞게 수출상이 약정한 계약물품이나 관련 운송서류를 인도할 때 수입상이 대금을 지급하는 것이다. 이에는 현물상환지급(COD : Cash on Delivery)과 서류상환지급(CAD : Cash against Document), 지급인도조건의 무신용장 추심(D/P : Document against Payment), 일람불의 신용장(at sight L/C)방식 등이 해당된다.

2.2 선지급

선지급(先支給, payment in advance)이란 물품을 선적 또는 인도하기 이전에 미리 대금을 지급하는 방식이다. 수출상으로서는 선지급방식에 의할 때 수출상은 대금회수를 가장 확실하게 할 수 있다. 선지급(先拂)은 통상 계약물품을 확보하기 위하여 주문이나 계약을 함과 동시에 대금을 지급하는 것으로 주문도방식(CWO : Cash with Order)이 대표적인 예이다. 이 방식에 의할 경우 수출상은 대금회수에 따른 위험을 감수하지 않아도 되는 반면, 수입상으로서는 적격(適格)물품의 적기

(適期) 입수가 확실하지 아니할 수 있는 위험이 따르게 된다. 선지급은 대개 송금방식에 의하나 선대(先貸 또는 轉貸)신용장(red clause L/C)에 의해서도 가능하다.

2.3 후지급

후지급(後支給, deferred payment)은 계약물품 또는 관련서류가 수입상에게 인도되고 일정한 기간이 경과된 뒤에 대금을 지급하는 것으로 선지급과는 반대의 경우이다. 후지급에 의할 경우 수입상은 자금부담 없이 적격물품의 적기 입수가 보다 확실해질 수 있으나 수출상으로서는 수출채권의 회수에 부담을 갖게 된다. 후지급 방식에는 인수인도조건의 무신용장 추심방식(D/A)이나 기한부 신용장방식(usance L/C)의 외상판매(sales on credit), 위탁판매(sales on consignment), 그리고 청산계정(Open Account : O/A)에 의한 결제 등이 있다.

2.4 누진 또는 할부지급

누진(累進) 또는 할부(割賦)지급(progressive · installment payment)은 각 단계, 즉 주문 시부터 물품이 수입상에게 최종 인도될 때까지 단계별로 일부씩 대금을 지급하는 방식이다. 이 방식은 장기간에 걸쳐 계약이 이행되는 대규모 거래에서 주로 이용된다. 결제기간이 1년 미만인 경우를 단기연지급(연불), 1년 이상인 경우를 중 · 장기 연지급(연불)이라고 한다.

3 거래형태에 따른 결제의 방식

무역거래의 형태에 따른 대금의 결제방식을 보면 [그림 11-1]과 같이 현금방식, 송금방식, 무신용장 추심방식, 신용장 및 유사신용장방식, 연계무역방식, 청산계

정방식 등으로 나누어진다. 이러한 결제방식에는 대금결제의 불확실성, 상품인도와 대금결제시기의 괴리불일치 등의 문제점이 따르는 경우도 있기 때문에 Factoring, Forfaiting 등의 다양한 금융기법도 개발되어 함께 활용되고 있다.

| 그림 11-1 | 무역대금의 결제방식

현금결제방식	• 현물상환지급(COD) • 서류상환지급(CAD)
송금방식	• 수표방식 • 우편환(M/T)방식 • 전신환(T/T)방식 • 전자결제방식
무신용장 추심방식	• 지급인도방식(D/P) • 인수인도방식(D/A) • 팩토링(factoring)방식
신용장방식	• 일람불(at sight)방식 • 기한부(usance)방식 • 포페이팅(forfating)방식
유사신용장방식	• 어음매입수권서(authority to purchase)방식 • 어음매입지시서(letter of instruction)방식 • 어음지급수권서(authority to pay)방식
연계무역방식	• 물물교환(barter trade)방식 • 구상무역(compensation trade)방식 • 상계무역(off–set trade)방식 • 제품환매(product buy–back)방식
청산계정방식	• 네팅(netting)방식 • 매칭(matching)방식

3.1 현금방식

현금방식(또는 대금교환도방식)은 교환방법에 따라 현물상환지급(COD)과 서류상환지급(CAD)의 두 가지로 나누어진다. COD방식은 수출상이 인도하는 계약물품을 목적지에서 수입상이 검사한 후 품질이나 수량이 계약내용과 부합하면 그 물품과 상환으로 직접 대금을 지급하는 방식이다. CAD방식은 수출상이 계약물품을 발송하고 이를 증명하는 선하증권 등 운송서류를 갖추어 수입상이나 수입상의 대리인으로 지정된 거래은행에 제시하면 당해 서류와 상환으로 대금을 지급하는 방식이다.

COD방식은 무역거래의 특성에 비추어 불편한 점이 많기 때문에 수입상이 직접적인 확인을 할 필요가 있는 물품, 예를 들어 물품의 색상 · 가공방법 · 순도 등에 따라 품질과 가격이 크게 달라지는 상품의 거래나 신용위험이 높은 경우의 거래, 여행자에 의한 직접 거래 등에 일부 이용되고 있다.

CAD방식은 COD방식에 비해 보다 발전된 대금결제방식이라 할 수 있다. 대금교환도방식에서 지급수단은 현금, 수표, 약속어음 등 여러 가지가 될 수 있다.

3.2 송금방식

송금방식이란 수입상이 직접 또는 간접적으로 대금의 전액을 수출상에게 송금하여 결제하는 것을 말한다. 송금방식은 송금하는 방법에 따라 수표방식, 우편환방식, 전신환방식, 전자화폐방식 등으로 구분되고, 송금시기에 따라 계약물품의 선적(발송) 전에 송금하는 선송금(先送金)방식과 선적(발송) 후에 송금하는 후송금(後送金)방식으로도 구분된다.

수표는 은행수표(banker's check, demand draft)와 개인수표(personal check, firm check), 그리고 우체국의 지급지시서(postal money order)로 대별된다. 은행수표는 수입상이 거래대금에 상당하는 현금을 거래은행에 지급하고 요구불의 은행수표를 발급받아 이를 수출상에게 교부(송부)하는 방식으로 사용된다. 개인수표는 수입상이 주문단계에서 자기가 발행한 개인수표를 직접 수출상에게 교부(송부)하는 방식으로 사용될 수 있다. 그러나 사후의 지급 거절이나 부도 등의 위험성이 있으므로 수출상이 이를 꺼리게 되고 그 결과 무역대금의 결제수단으로 잘 활용되지 않고 있다. 우체국의 지급지시서는 은행 대신 우체국이 지급지시서를 발행한 것을 수출상에게 송부하는 방식이다.

우편환(M/T : Mail Transfer)은 송금은행이 수입상에게 은행수표를 발급하는 대신 상품 수출지에 소재하는 지급은행에 대하여 일정한 금액을 지급해 줄 것을 위탁하는 지급지시서를 송부하는 것이다. 따라서 수입상이 수출상에게 직접 은행수표를 우송하는 절차가 생략된다. 전신환(T/T : Telegraphic Transfer)은 송금은행이 지급지시를 전신수단을 이용하여 지급은행 앞으로 전송하는 경우를 말한다.

전자화폐는 인터넷을 통한 전자상거래에서 전자적 기술을 이용하여 대금을 결제하는 것으로 일반적으로 전자현금, 전자지갑, 디지털머니 등의 용어로도 불린다. 전자화폐는 기존의 결제수단을 대체하는 방법에 따라서 선불카드형 전자화폐, 신용카드형 전자화폐, 수표형 전자화폐, 현금형 전자화폐 등이 있다.[01] 최근 들어 전자상거래의 급증에 따라 전자화폐에 의한 대금결제도 급속히 증가하는 추세에 있다. 전자화폐를 이용하는 대금의 결제방식은 현재 활발하게 개발되고 있는 과정에 있기 때문에 상당히 다양한 형태로 이루어지고 있다.

선송금의 경우를 예로서 우편환 및 전신환에 의한 대금결제과정을 보면 [그림 11-2]와 같다.

| 그림 11-2 | 우편환(M/T) 및 전신환(T/T)에 의한 대금결제과정

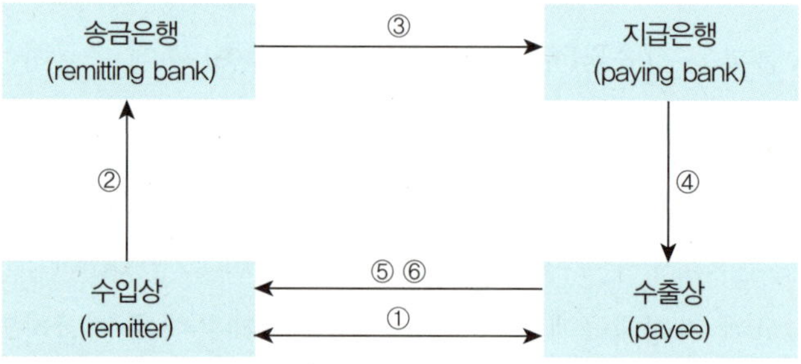

① 무역계약체결(M/T, T/T방식 명시)
② 대금불입
③ 지급시시서 송부(전신환은 전송)
④ 대금지급
⑤ 상품송부
⑥ 상품인수

01 최승우 · 김성배 · 김종걸, 전자화폐, 한국경제신문사, 1998, pp.40-41.

송금방식에서 어떤 송금수단을 사용하느냐에 따라 각각 장단점이 있다. 예를 들면 수표나 우편환방식은 송금비용은 저렴하나 우송에 따른 분실, 도난의 위험과 우송기간 중 환위험이 발생할 수 있다. 전신환은 송금비용이 상대적으로 비싸지만 이와 같은 분실, 도난 또는 환위험은 발생하지 않는다. 또 전자화폐의 경우 편리하긴 하나 아직까지 거래과정에서의 구매자에 대한 정보유출로 발생하는 피해문제가 과제로 남아있는 상태이다.

3.3 무신용장 추심방식

추심(collection)방식은 무역계약에 따라 수출상이 수입상을 지급인으로 하여 발행한 화환어음을 수출지의 수출상 거래은행과 수입지의 추심은행을 통하여 수입상에게 추심함으로써 대금을 결제하는 것이다. 추심방식은 CAD방식이 발전하여 추심환어음이 추가된 방법이다. 추심방식에 의한 대금결제에는 기본적으로 수출상인 추심의뢰인(principal), 수출상의 거래은행인 추심의뢰은행(remitting bank), 수입지의 추심은행(collecting bank), 그리고 수입상인 지급인(drawee)의 네 당사자가 개입하게 된다.

추심방식은 대금교환도방식에서 수입상이 외환 등 대금을 소지하는 위험과 거래당사자가 출장하게 되는 불편을 극복하는 한편, 선송금방식에서 수입상이 대금을 먼저 지급함에 따라 적격상품의 입수와 관련하여 발생되는 위험을 커버할 수 있는 장점이 있다. 그러나 수출상은 은행의 서비스를 이용할 때 발생하는 비용을 부담하여야 하며, 수출대금의 회수가능성이 전적으로 수입상의 신용에 의존한다는 신용위험의 약점이 있다. 추심방식은 수출상이 발행하는 화환어음의 지급기한에 따라 지급인도방식(D/P : Document against Payment)과 인수인도방식(D/A : Document against Acceptance)이 있다. D/P방식의 변형인 D/P Usance(기한부 D/P)방식이 사용되기도 하는데 추심은행이 Usance기간 동안 서류를 보관하다가 만기일에 제시하여 대금의 지급과 상환으로 서류를 인도하는 방식의 결제를 말한다. 서류보다 물품이 일찍 도착한 경우 수입상의 부담을 덜기 위해 사용되며 “D/P at 30 days after B/L date"와 같이 표기한다. 무신용장 추심방식의 대금결제과정을 보면 [그림 11-3]과 같다.

| 그림 11-3 | 무신용장 추심방식에 의한 대금결제과정

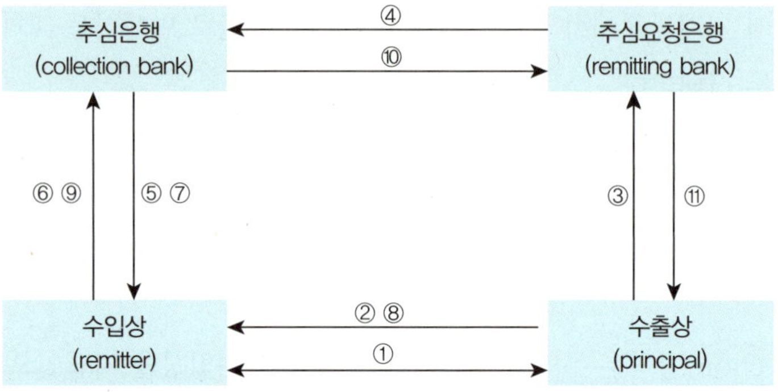

① 무역계약체결(D/P, D/A거래 명시)
② 상품송부
③ 화환어음추심의뢰
④ 추심의뢰서송부
⑤ 운송서류 도착통지
⑥ D/P의 경우 대금결제, D/A의 경우 인수
⑦ 선적서류인도
⑧ 상품인수
⑨ D/A의 경우 만기일에 대금결제
⑩ 추심대금송금
⑪ 대금지급

3.4 신용장 · 유사신용장방식

무신용장의 추심방식하에서 발생하는 신용상의 위험을 부담하기 위해 보다 발전한 대금결제형태가 신용장방식이다. 무역상들은 일찍부터 대금결제과정에서 수입상을 대신하여 대금지급을 보증하고 또한 수출상의 대금회수업무를 대신해 줄 제3자를 필요로 하였는데 신용장방식에서는 이 업무를 은행이 수행하고 있는 것이다. 거래와 결제의 메커니즘 측면에서 볼 때 신용장거래는 D/P나 D/A의 결제방식과 기본적으로 동일하다. 다만 여기에 신용장발행은행의 보증이 더 붙는다는 점에서 차이가 있다.[02]

02 외국환은행이 추심환에 대해 대금을 지급하는 방법에는 수출자가 수표나 어음을 거래은행에 제시

신용장방식은 대금의 결제시기에 따라 기한부방식(usance L/C)과 일람불방식(at sight L/C)으로 나누어진다(신용장에 대한 보다 구체적인 내용에 대하여는 제12장 참조).

한편 개설은행이 대금의 지급을 확약하고 있는 신용장은 아니나 이를 대신하여 수출상과 수입상 간에 대금결제의 역할을 수행하는 유사신용장도 있다. 어음매입수권서(authority to purchase), 어음매입지시서(letter of instruction), 어음지급수권서(authority to pay) 등이 그것이다.

(1) 어음매입수권서

수입상의 요청에 따라 수입지의 거래은행이 발행하는 서류이다. 수출지에 있는 자신의 본점이나 지점 또는 환거래은행에 대하여 수출상이 일정한 서류를 첨부하고 수입상을 지급인으로 하여 발행한 화환어음을 제시하면 이를 매입할 수 있는 권한을 부여한 통지서를 말한다. 어음매입수권서는 신용장과 달리 개설은행이 환어음의 인수나 지급을 독자적으로 확약하고 있는 것이 아니다. 따라서 대금결제은행이 매입한 환어음이 지급인인 수입상에 의하여 인수, 지급 거절된 경우 발행인인 수출상은 매입은행의 상환청구에 응하여야 한다.

(2) 어음매입지시서

어음매입수권서와 그 기능이 유사하다. 다만 수입지 거래은행이 수출지에 있는 대금결제은행에 대하여 환어음을 매입하도록 '지시'한 통지서란 점에서 그 성격이 다르다. 즉 어음매입수권서의 경우 대금결제은행은 수출상이 제시한 환어음의 매

하였을 때 대금을 즉시 지급하는 추심 전 매입(bills purchased)과 수표나 어음의 대금을 수입상에게 추심한 다음 추심은행으로부터 동 대금이 입금되었다는 통보를 받은 후에 지급하는 추심 후 지급(bills collection) 두 가지가 있다. 추심 전 매입이냐, 추심 후 지급이냐에 따라 대금의 지급시기는 보통 일주일 이상의 차이가 난다(at sight조건 시 환가료(換價料)는 그 기간 동안의 이자 성격을 갖는다). 추심 전 매입은 대개 신용장거래에서만 가능하고, 신용장거래가 아닐 경우 수출상의 신용을 고려하고, 환어음 부도에 대비한 조치가 따르게 된다. 그러나 1997년 말의 외환위기 이후 우리나라 은행들이 D/P나 D/A조건의 거래는 물론이고 at sight조건의 신용장거래까지도 추심이 이루어진 후에 지급함에 따라 수출업체들의 자금사정이 크게 악화된 바 있다.

입에 대한 재량권을 가지지만 어음매입지시서의 경우 이러한 재량권이 없는 것이 특징이다. 따라서 어음매입지시서는 통상 동일 은행 내의 본사와 지점 간에 사용된다.

(3) 어음지급수권서

수입상의 요청에 따라 수입지 거래은행이 발행하는 서류이다. 수출지의 지정은행에게 수출상이 당해 지정은행 앞으로 발행한 환어음에 대하여 대금을 지급할 권한을 부여한 통지서이다. 어음지급수권서는 개설은행의 지급확약이 없는 취소가능한 통지서라는 점에서는 어음매입수권서와 같다. 그러나 환어음이 지정은행, 즉 대금결제은행을 지급인으로 한다는 점, 대금의 결제는 환어음 매입방식이 아니라 지급방식에 의한다는 점, 매입은행이 수출상에게 상환청구권을 갖지 못한다는 점에서 차이가 있다.

유사신용장은 개설은행의 지급 확약이 없기 때문에 수출상으로서는 신용장의 경우에 비해 대금의 회수가 불안한 상태다. 하지만 선적서류가 첨부된 화환어음으로 대금을 결제하게 되므로 수출상과 수입상 간에 대금을 직접 결제하는 경우보다는 유리하다고 할 수 있다.

3.5 국제팩토링과 포페이팅방식

무역이 발전하면서 은행이라는 제3의 신용보증기관을 이용하는 신용장거래 대신 상대방에 대한 직접적인 신용에 기초한 무신용장거래가 증가하고 있다. 무신용장방식의 거래가 증가하고 있는 것은 해외직접투자의 확대에 따른 본지사 간의 거래증가, 신용조사기관의 발전, 거래 경험의 누적에 따른 거래 쌍방 간의 신뢰도 향상, 수출보험제도의 적극적 활용, 다양한 무역관련 금융기법의 발전 등에 따른 결과이다.

국제팩토링(factoring)에 의한 대금의 결제는 무신용장 추심방식의 무역거래와 관련하여 팩토링회사가 신용조사 및 신용위험인수, 금융제공, 대금회수, 기타 업무처리대행 등의 서비스를 제공하는 일련의 금융기법에 의하는 것이다. 이는 전 세계 도처에 있는 팩터(factor)의 회원망을 통해 수출상에게 수출채권과 관련한 대금의 회수를 수출팩터가 보장함으로써 외상수출로 인한 대금회수의 불안을 제거해 준다. 또한 대금의 회수 이전에 전도(前渡)금융을 통해 수출상으로 하여금 조기에 수출대금을 자금화할 수 있게 한다. 반면 수입상에게는 수입팩터의 지급보증으로 연지급이 가능하게 한다.

국제팩토링거래에서는 기본적으로 수출상(client), 수출팩터(export factor), 수입팩터(import factor), 그리고 수입상(customer)의 네 당사자가 관여한다. 팩토링방식에 의한 대금의 결제과정은 [그림 11-4]와 같다.

포페이팅(forfaiting)방식은 usance L/C 등의 외상거래에서 활용된다. 이것은 포

그림 11-4 국제 팩토링방식에 의한 대금의 결제과정

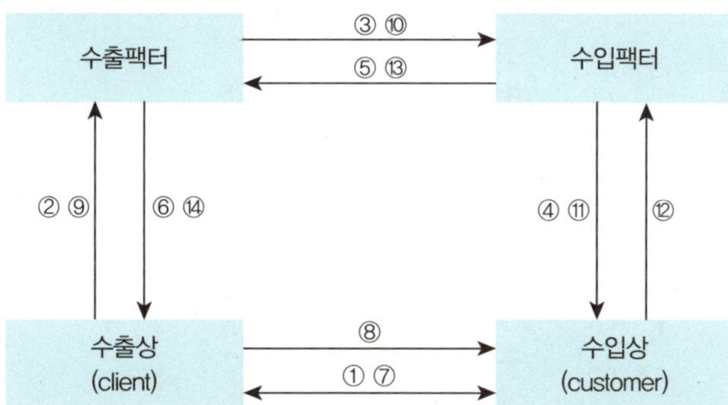

① 무역상담(외상거래내용 등 포함)
② 수출팩터와 수출팩토링약정 및 신용승낙의뢰(CAR : Credit Approval Request)
③ 수입상에 대한 신용승낙의뢰
④ 수입상에 대한 신용조사 후 수입팩토링약정(신용승인한도, 거래조건 명시)
⑤ 신용승낙통지
⑥ 신용승낙통지서 발급
⑦ 무역계약체결
⑧ 수출상의 상품송부(통상 선적서류도 직접송부)와 수입상의 상품인수
⑨ 수출채권 매입신청(전도금융 요청 시 수출팩터는 대금의 95%까지 지급)
⑩ 수출채권 양도(추심의뢰)
⑪ 수입대금 추심(추심불가능 시 만기 후 90일째 수입팩터가 대신 지급)
⑫ 대금결제
⑬ 대금의 송금
⑭ 대금지급(전도금융 제공 시는 정산 후 차액지급)

페이터(forfaitor)가 개입하여 수출상으로부터는 수출채권을 할인하여 매입함으로써 거래대금을 미리 지급하고, 매입된 어음을 만기일까지 보유하여 신용장개설은행 등 신용보증은행으로부터 어음대금을 회수하는 형태의 대금결제방식이다.[03] 포페이터들은 주로 다국적 금융기관으로서 국제금융시장에서 저리(低利)의 자금을 조달하여 상대적으로 유리한 금리를 적용하여 usance L/C조건의 환어음을 매입한다. 포페이팅거래는 거래에 앞서 신용장이나 지급보증서(L/G : Letter of Guarantee)의 발급 또는 어음보증(aval)이 필요하다는 점과 수출상이 준비한 선적서류를 거래은행을 경유하여 수입상이 인수하는 전반적 과정은 신용장거래와 유사하다. 또한 대금의 결제과정에 거래은행이 아닌 포페이터라는 제3의 다국적기업이 개입한다는 점에서는 국제팩토링거래와도 유사한 면이 있다. 그러나 국제팩토링은 무신용장거래를 기초로 하며 무역계약 전에 팩토링거래에 대한 신용승인이 필요하

| 그림 11-5 | 포페이팅방식에 의한 대금의 결제과정

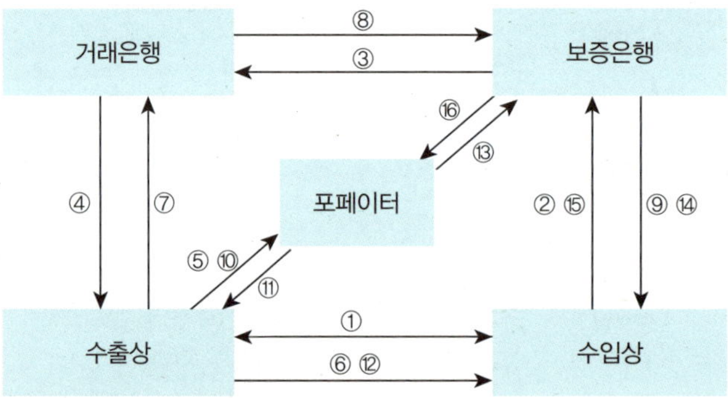

① 무역계약체결(외상거래약정)
② L/C개설(또는 L/G, aval)의뢰
③ ④ L/C(L/G, aval)통보
⑤ 포페이팅거래약정
⑥ 상품송부
⑦ ⑧ ⑨ 선적서류 송부와 인수
⑩ 환어음매각
⑪ 대금의 할인지급(이자 · 수수료공제)
⑫ 상품인수
⑬ ⑭ 만기일에 어음제시
⑮ 대금결제 · 대금지급

03 한국수출입은행, '포페이팅의 이론과 실제'(1999)에 자세한 설명이 있다.

나 포페이팅은 신용장이나 지급보증서(또는 어음보증)가 있어야 한다. 또한 무역계약 전은 물론이고 계약물품의 송부 후, 심지어는 은행이 이미 수출상으로부터 매입한 수출채권에 대하여도 당해 매입은행과 포페이터 간에 포페이팅거래가 가능하다는 점[04]에서 차이가 있다. 포페이팅에 의한 대금의 결제과정은 [그림 11-5]와 같다.

포페이팅은 수입상의 신용을 보증한 은행의 파산, 수입국의 지불불능 또는 지급통제사태(moratorium)의 경우에도 이미 수출자에게 지급된 거래대금을 소구(遡求)하지 아니한다는 특징이 있다.[05] 따라서 포페이팅은 거래대금을 조기에 또 확실하게 회수할 수 있다는 점에서 정치적 위험(political risk)도가 높은 나라와의 외상거래를 할 때 수출상들이 유용하게 활용할 수 있다.

3.6 연계무역방식

연계무역방식에 의한 대금의 결제는 대금의 전부 또는 일부를 외국환이 아닌 실물 또는 서비스, 지식소유권 등으로 지불하는 방식을 말한다. 이에는 물물교환(barter)방식, 제품환매(product buy-back)방식, 구상무역(compensation trade)방식, 상계무역(상쇄무역 또는 절충교역, off-set trade)방식 등이 있다. 연계무역은 무역균형을 위한 수출입의 의도적인 연계라는 측면에서 파악되기도 한다.

3.7 청산계정방식

서로 거래가 많은 무역당사 간 일정기간에 한 번씩 누적된 대금을 청산하여 결제하는 방식이다. 결제조건에 따라 선적일을 기준으로 일정기간이 경과한 후에 수출상이 지정한 은행의 계좌(account)로 대금을 송금하여 결제한다. 통상 선적일로부터 30일에서 180일 후에 결제가 이뤄지며, 계약서의 결제조건(terms of payment)

04 이를 복합포페이팅(synthetic forfaiting)이라 한다.

05 어음매입 시 포페이터는 소구권과 관련된 모든 법적 권리를 포기한다는 내용을 명시한 포기증서를 환어음발행인, 즉 수출상에게 제공한다.

란에 'open account 60 days'와 같이 표기한다. 일종의 외상거래이며 신용거래이다. 수출상이 수입상에게 선적통지를 함과 동시에 수출채권이 확정되는데, 수출상은 O/A Nego(청산계정방식에 따른 거래에서 확정된 채권을 거래은행에 매각하여 조기에 채권을 현금화하는 것)할 수 있다. 청산계정방식은 D/A거래의 한 변형으로서 이루어질 수도 있고, 상호 간 수출입이 있는 경우 그 차액만을 일정기간별로 정산하는 방식으로 이루어질 수도 있다. 차액정산의 방법은 그 상대방에 따라 네팅(netting)과 매칭(matching)의 두 가지가 있다.

네팅(netting)은 다국적기업들이 흔히 사용하는 방법이다. 이는 본사와 해외자회사 간 또는 해외자회사 간의 사내거래를 함에 있어 상호 간에 발생하는 채권과 채무의 순차액만 일정한 기간마다 수령하거나 지불함으로써 외환거래를 최소화하는 방법이다. 이때 채권과 채무의 발생원인은 상품의 거래 외에도 서비스나 지식재산권의 거래 등 여러 가지가 있을 수 있다. 네팅에는 2자간 네팅(bilateral netting)과 다자간 네팅(multilateral netting)이 있다. 2자간 네팅은 한 자회사와 다른 자회사 또는 본사의 한 사업본부와 한 해외자회사만 관여하는 네팅이다. 다자간 네팅은 본사의 사업본부들과 해외자회사들 중에서 3개 이상의 운영단위들이 관여하는 네팅이다. 네팅방법은 최근 더욱 발전하여 일부 외국기업들은 사내은행(inhouse bank)까지 설치하여 상호 결제시스템을 갖추어 운영하기도 한다.

매칭(matching)은 기본적으로 네팅과 유사한 개념이지만 거래의 상대가 다국적기업의 사내거래뿐 아니라 개별기업이 제3자와 거래할 때도 이용한다는 점에서 차이가 있다. 이 방법은 기본적으로 통화별로 현금의 수입과 지급을 의도적으로 일치시킴으로써 환거래를 배제하는 것이다. 이렇게 함으로써 현금흐름에 따른 환리스크와 비용을 최소화하고, 수입과 지급이 일치하지 않는 부분(금액)이 있으면 이는 외환시장을 통해 결제한다.

4 선적서류의 구비

4.1 선적서류의 의의

무역대금의 결제에 있어 가장 일반적으로 사용되는 방법은 화환어음에 의한 대금결제이다. 화환어음에 의한 대금의 결제에서는 수출상이 환어음을 발행하고 여기에 거래물품의 선적사실을 증명하는 운송서류와 기타 무역거래계약에 따라 추가되어야 할 서류, 즉 선적서류를 첨부하여 매입신청 또는 추심의뢰를 함으로써 대금결제가 이루어지게 된다.

선적서류(shipping document)란 용어는 운송서류(transport document)라는 용어와 혼용되고 있다. 분류자에 따라서는 선적 · 발송 또는 수령 등을 표시하는 서류를 운송서류로, 여기에 대금결제와 관련하여 상업송장과 보험서류, 기타 임의적 서류를 더한 것을 선적서류라 부른다. 또 이와는 달리 선적 · 발송 또는 수령 등을 표시하는 서류를 선적서류로, 여기에 상업송장, 보험서류, 기타 임의적 서류를 더한 것을 운송서류로 부르기도 한다.

그러나 신용장통일규칙에서는 선적 · 발송 또는 수령 등을 표시하는 서류를 운송서류로 표시하고, 상업송장, 보험서류, 기타 임의적 서류를 별도의 조항으로 규정하면서 이들을 총칭할 때는 단지 서류(document)라 표시하고 있다. 그러므로 이때의 서류란 '무역서류' 또는 '대금결제서류'로서의 의미를 갖는다. 그러나 무역실무에서는 관습적으로 이러한 무역서류를 '선적서류'라 부르고 있다.

4.2 선적서류의 종류

선적서류는 [그림 11-6]과 같이 필수적인 서류로 분류되는 주요 서류와 당사자간의 무역거래계약에 따라 추가되는 부속서류로 구성된다. 일반적으로 주요 서류는 모든 무역거래에 기본적으로 필요한 서류이나 부속서류는 거래대상 국가에 따라 그리고 거래물품에 따라 달라질 수 있다. 따라서 무역계약을 체결하기 이전 단계에서 수출 또는 수입통관과정에서 요구되는 서류가 무엇인지를 미리 파악하여 무역계약을 체결할 때 선적서류로서 계약서에 명시해 두어야 한다. 또한 필요할 경우 이러한 선적서류를 어떠한 방법으로 작성할 것인지에 대해서도 마찬가지로 명시해 두어야 한다.

| 그림 11-6 | 선적서류의 종류

- 주요 서류
  - 운송서류
    - 선하증권(bill of lading)
    - 해상화물운송장(sea waybill)
    - 항공화물운송장(air waybill) · 항공화물탁송장
    - 철도화물탁송장(rail consignment) · 철도화물상환증
    - 도로화물탁송장(road consignment note)
    - 내수로운송서류(inland waterway document)
    - 복합운송서류(combined transport b/l)
    - 우편물수령증(post receipt) · 우편증명서
    - 특사배달수령증(courier receipt)
  - 보험서류
    - 해상보험증권(marine insurance policy)
    - 보험증명서(certificate of insurance)
  - 매매관계서류
    - 상업송장(commercial invoice)
- 부속서류
  - 원산지증명서(certificate of origin)
  - 포장명세서(packing list)
  - 위생증명서(certificate of health)
  - 세관송장(customs invoice)
  - 영사송장(consular invoice)
  - 검사증명서(certificate of inspection)
  - 차변표(debit note)
  - 대변표(credit note)

(1) 운송서류

운송서류는 거래상품의 운송경로, 운송수단, 운송방법 등에 따라 달라지는데 선적서류 중 중심서류이다. 유가증권으로서 성질을 갖춘 운송서류는 화환어음에 의한 대금결제에 있어 은행과 화주 간의 채권 · 채무관계상 제1질권(質權)인[06] 환어음

06 질권(質權)은 채권자가 채권의 담보로서 채무자 또는 제3자로부터 인수한 물건을 변제받을 때까지 점유하다가 채무자가 변제를 하지 아니할 때 그 물건을 환가(換價)하여 변제를 받을 수 있는 담보물건이다.

에 대한 담보로서 제2질권이 된다.

(2) 보험서류

보험서류는 모든 무역거래에서 선적서류의 일부가 되는 것이 아니고, 무역거래 조건상 매도인에게 부보의 의무를 부과하고 있는 CIF 또는 CIP거래에서 필요하다.[07] 무역거래에서 자주 사용하는 보험서류에는 보험증권(insurance policy)과 보험증명서(certificate of insurance)이다. 보험증권은 보험계약의 내용과 조건 등을 기재한 증서로서 수출상은 보험계약을 체결함과 동시에 보험자에게 청구하여 보험증권을 교부받아야 한다. 보험증권은 매도인이 보험계약을 체결하여 발급받은 것을 손해가 발생하였을 때 매수인이 보험금을 청구하게 되기 때문에 유통성증권(negotiable document)이어야 한다.

해상보험을 체결할 때 고지(告知)사항 모두가 확정된 경우에는 확정보험증권(definite insurance policy)이 발행된다. 그러나 고지사항이 불확정적일 경우에는 예정보험(provisional insurance)계약을 체결하고 예정보험증권(provisional insurance policy) 또는 포괄예정보험증권(open policy)을 발급받아야 한다. 예정보험의 경우 적재선박이 미정일 때는 선명미상보험증권(floating policy)이 발행되고, 그 후 고지사항이 확정되면 확정보험증권으로 교환한다. 포괄예정보험이 체결되어 있는 경우에는 개개의 선적화물에 대해 포괄보험에 부보되어 있음을 증명하는 보험증명서(insurance certificate)나 확정통지서(declaration)가 발행된다.

INCOTERMS(2010)의 CIF조건에서는 매도인에게 ① 보험계약은 평판이 좋은 보험업자 또는 보험회사와 체결할 것, ② 반대의 명시적인 합의가 없는 한 런던보험자협회의 협회적하약관 또는 이와 유사한 약관의 최소한의 담보조건으로 부보할 것, ③ 보험금액은 무역계약에서 약정된 대금에서 10%를 가산한 금액을 계약상의 통화로 할 것, ④ 보험증권이나 기타 보험담보의 증거를 매수인에게 제공할 것을

07 우리나라는 수입물품에 대한 과세가격을 결정할 때 물품의 가격에 수입항까지의 운임과 보험료를 포함하므로, 매수인이 보험에 부보하였을 경우에는 수입신고를 할 때 보험영수증을 첨부하여야 한다. 그러나 매도인이 부보한 경우는 거래가격에 보험료가 포함되어 있기 때문에 수입신고를 할 때 별도의 보험영수증을 제출할 필요가 없다.

의무로 부여하고 있다. 따라서 당해 화물이 단순히 보험에 부보되었다는 사실만을 증명하는 보험증명서는 보험서류로서 보험증권을 대용(代用)하는 기능이 없다. 또한 보험중개인(broker)이 보험계약을 인수하고 발행하는 보험인수증(cover note)도 신용장에서 특별히 허용하지 않는 한 신용장거래에서 은행은 이를 수리하지 않는다.

(3) 송품장

송품장(invoice, 송장이라고도 한다)에는 여러 종류가 있다. 크게 보면 상거래에서 사용되는 상업송장(commercial invoice)과 수입국 정부가 특정목적달성을 위해 수입통관단계에서 요구하는 공용송장(official invoice)으로 분류된다. 상업송장은 수출상이 작성하여 수입상 앞으로 송부하는 서류로 이는 선적통지서, 선적화물의 명세서, 대금청구서(debit note) 등의 성격을 갖추고 있다. 상업송장은 정해진 형식이 없지만 관습에 따라 일정한 양식으로 작성된다. 상업송장에서 가장 중요한 것은 품명과 규격, 수량, 단가, 거래조건, 금액 등이다. 신용장통일규칙에는 송품장에 대해 ① 문면상 반드시 신용장상에 지정된 수익자에 의하여 발행된 것으로 표시되어 있어야 한다. ② 별도의 약정이 없는 한 신용장개설의뢰인 앞으로 작성되어야 한다. ③ 서명을 필요로 하지 않는다. ④ 신용장에 별도의 규정이 없는 한 은행은 신용장에 허용된 금액을 초과한 금액으로 발행된 상업송장을 거절할 수 있다. ⑤ 상업송장의 물품명세는 신용장상의 명세와 일치하여야 한다는 것 등을 규정하고 있다.[08]

상업송장은 다시 작성시기와 용도에 따라 선적송장(shipping invoice)과 견적송장(pro forma invoice)으로 구분되고, 공용송장은 세관송장(customs invoice)과 영사송장(consular invoice)으로 나누어진다.

1) 선적송장

선적송장은 실제로 선적된 화물의 내용과 가격을 명시한 서류를 말한다. 선적송장에는 수출이 이루어질 경우에 수출상이 작성하는 수출송장(export invoice, 이

08 UCP 600 제18조

를 'sales invoice'라고도 한다), 위탁판매와 관련하여 수출상이 작성하는 위탁판매 송장(consignment invoice), 수입상의 매입대리인으로서 수출상이 작성하는 매입 위탁송장(indent invoice), 수입상에게 견본을 송부할 때 그 견본의 선적내용과 가격을 표시하여 수출상이 작성하는 견본송장(sample invoice) 등이 있다.

| 그림 11-7 | 상업송장 견본

COMMERCIAL INVOICE

Export References:
Baking Technologies, Inc. quote number BT10102
Mendez Panaderias S.A. purchase order number M3652
Invoice No: BT-1638

Exporter Name and Address: Baking Technologies, Inc. 45 South 7th Street Minneapolis, MN 55402	**Ultimate Consignee Name and Address:** Mendez Panaderias S.A. Col. Roma Mexico D.F., C.P. 06760	**Sold To Name and Address:** Mendez Panaderias S.A. Col. Roma Mexico D.F., C.P. 06760
Intermediate Consignee/Consigned to: Galfiro Montemayor Brokers Avenida de Colombia 1025 Veracruz, Mexico	**Notify Party Name and Address:** Mendez Panaderias S.A. Col. Roma Mexico D.F., C.P. 06760 Phone: 5 25 1 348 1572 Contact: Carlos Mendez	**Date of Shipment:** 14JAN02 **AWB/BL Number:** MXVZ 9707503 **Currency:** USD **Letter of Credit Number:** 120ICCI000-990093
Conditions of Sale and Terms of Payment: **Freight:** Pre-Paid **Title Transfer Occurs At:** Minneapolis, Minnesota CPT Veracruz, Mexico per Incoterms 2000 **Payment Terms:** Payable by letter of credit	**Transportation:** **Via:** Ocean **From:** Port of Houston, Texas to Port of Veracruz, Mexico	**Total Number of Packages:** 4 **Total Net Weight (kgs):** 1,815 **Total Gross Weight (kgs):** 2,722

Line No.	Item Number, Harmonized Number, Product Description	Country of Origin	Quantity	Unit Price	Total Price
1.	Model BT002043 Baking/Kneading Equipment Tariff Classification 8438.10	USA	4	75,500	USD 302,000
	Export Packing/Crating				800
	U.S. Inland freight: Minneapolis to Chicago				300
	Forwarding fees				540
	Ocean freight				5,760
	Total CPT Veracruz, Mexico per Incoterms 2000				**USD 309,400**

Please Note: These commodities, technology, or software were exported from the United States in accordance with the Export Administration Regulations. Diversion contrary to U.S. law prohibited.

Authorized Signature:	**Company:** Baking Technologies, Inc.
Name: Douglas R. Jacobson	**Title:** Export Manager
Date: 03JAN02	**Telephone Number(s)** **Voice:** 987 654 3210 **Facsimile:** 987 654 3211

This invoice is for export/import purposes only and not intended for payment purposes.

2) 견적송장

견적송장은 수출상이 거래를 트기 위한 수단 또는 수입승인이나 외화배정 등을 받으려는 수입상의 요청에 따라 수출상이 작성하는 송품장이다. 가정적(假定的)이고 시험적인 성격을 갖는다.

3) 세관송장과 영사송장

세관송장은 수입지 세관이 과세가격의 결정, 수입통계의 목적 등을 위해 세관이 특정해 둔 양식에 따라 작성된 송품장을 말한다. 한편 영사송장은 외화도피의 방지나 관세포탈 등을 방지하기 위해 수출국에 담당하는 수입국 영사의 확인을 받도록 한 송품장을 말한다. 세관송장과 영사송장은 오늘날 일반적으로 잘 사용되지 않고 있다.[09]

(4) 기타 부속서류

1) 원산지증명서(C/O : Certificate of Origin)

원산지증명서는 당해 물품이 그 수출국에서 생산되었다는 사실을 증명하는 서류이다. 원산지증명서는 쿼터수량의 확인, 특혜관세의 적용 등을 위하여 사용된다.[10] 수출하는 물품에 대한 원산지증명서는 상공회의소, 자유무역지역 관리소장, 시·도지사 등이 발급하고 있다. [그림 11-8]은 중국에서 발급된 원산지증명서 견본이다.

---

09 우리나라의 경우도 통관을 위하여 수입신고를 할 때 과세가격의 결정 등을 위하여 송품장을 반드시 제출하도록 하고 있다. 이때 제출하여야 하는 송품장은 특별한 서식에 따라 작성된 세관송장이 아니라 수출상이 작성한 일반적인 상업송장이다.

10 수출입과정에서 적용되는 특혜관세 중 원산지증명서가 필요한 것으로는 일반특혜관세(GSP : Generalized System of Preference), UNCTAD의 개발도상국 간 특혜무역제도(GSTP : Global System of Trade Preference among Developing Countries), WTO의 개발도상국 간 양허관세(TNDC : Protocol Relating to Trade Negotiations among Developing Countries), 방콕협정에 의한 양허관세, 자유무역협정에 따른 특혜관세 등이다.

| 그림 11-8 | 중국 발급 원산지증명서 견본

4707695502

1. Goods consigned from (Exporter's business name, address, country)
SHENZHEN MAOXINGYUAN INDUSTRY LTD CHINA
O/B T AND D GIFTS INDUSTRIAL LTD.

Reference No. ZC1995/07/6602

GENERALIZED SYSTEM OF PREFERENCES
CERTIFICATE OF ORIGIN
(Combined declaration and certificate)
FORM A
Issued in THE PEOPLE'S REPUBLIC OF CHINA
(country)
See Notes overleaf

2. Goods consigned to (Consignee's name, address, country)
[illegible] .00
[illegible] BELGIUM

3. Means of transport and route (as far as known)
FROM [illegible] ALY BY SEA
ON/AF [illegible]

4. For official use

5. Item number	6. Marks and numbers of packages	7. Number and kind of packages; description of goods	8. Origin criterion (see Notes overleaf)	9. Gross weight or other quantity	10. Number and date of invoices
1		EMERGENCY MOBILE CHARGER TOTAL:ONE HUNDRED AND SIXTY SEVEN (167) CTNS ONLY. *** *** *** *** *** *** *** ***	"W"85.04	20000PCS	SC07-A1233 Oct. 26, 2007
	EUROC CODE :CARICABATTERIA D'EMERGENZA ORDER 11682 REF. : EL/95617/3 CONTIENE 60 PEZZI NERI +60 PEZZI ROSSI WEIGHT: CARTON NO :				

11. Certification
It is hereby certified, on the basis of control carried out, that the declaration by the exporter is correct.
SHEN ZHEN Oct. 26, 2007
Place and date, signature and stamp of certifying authority

12. Declaration by the exporter
The undersigned hereby declares that the above details and statements are correct; that all the goods were produced in
CHINA
(country)
and that they comply with the origin requirements specified for those goods in the Generalized System of Preferences for goods exported to
ITALY
(importing country)
SHENZHEN Oct. 26, 2007
Place and date, signature of authorized signatory

2) 포장명세서

포장명세서(packing list)는 포장된 물품의 내용을 설명하는 서류로 상업송장 부속서류의 성격을 갖는다. 신용장이나 무역계약서에서 따로 요구하지 않을 경우 포장명세서는 작성이 생략될 수 있다. 포장명세서에는 포장단위, 포장형태, 포장단위별 내용물의 명세, 화인(貨印), 포장수량과 일련번호, 총중량(gross weight)과 순중량(net weight), 용적(measurement) 등이 기재된다. 우리나라의 경우 수입통관 과정에서 세관의 검사 필요성이 있을 때 포장명세서의 제출을 요구하고 있다([그림 11-9] 참조).

▌그림 11-9▐ 포장명세서 견본

PACKING LIST

① Seller Gil Dong Trading Co., Ltd.	⑧ Invoice No. and date 8905 HC 3108 Aug. 15, 2012.
② Consignee(or For account & risk of Messrs.) Monarch Products Co., Ltd. P.O.Box 208 Bulawayo, Zimbabwe ③ Notify Party Same as above.	⑨ Buyer(if other than consignee) Monarch Products Co., Ltd. P.O.Box 208 Bulawayo, Zimbabwe ⑩ Other references Country of Origin: Republic of Korea
④ Departure date Aug. 20, 2012.	
⑤ Vessel/flight Phoenix ⑥ From BUSAN, KOREA	
⑦ To Bulawayo, Zimbabwe	

⑪ Shipping Marks	⑫ No.&kind of packages	⑬ Goods description	⑭ Quantity or net weight	⑮ Gross Weight	⑰ Measurement
MON/T Bulawayo LOT NO C/NO.1-53 MADE IN KOREA	4200DX420D Material, As per Monarch Products Indent No T.858	Nylon Oxford	60,000M 1208.06Kgs.	1,317kgs	24.5CBM

//

Signed by
⑱

3) 위생증명서

위생증명서는 동 · 식물이나 식료품, 의약품, 화장품 등을 수출하는 경우에 수입국에서 규정한 기준에 합격하였다는 사실을 증명하는 서류이다. 검역증(certificate of quarantine)도 위생증명서의 일종이다([그림 11-10] 참조].

| 그림 11-10 | 검역증명서 견본(인도네시아 발행)

REPUBLIC OF INDONESIA
MINISTRY OF AGRICULTURE
AGENCY FOR AGRICULTURAL QUARANTINE

KT-10 No. 0576078

PHYTOSANITARY CERTIFICATE

No : 2015.2.11.04.K10.E.001140

TO : PLANT PROTECTION/QUARANTINE ORGANIZATION
OF. KOREA

I. DESCRIPTION OF CONSIGNMENT

Name and address of Exporter : UD SURYANA
JL. RADEN IMBA KUSUMA NO 2 SUMUR PUTRI - BANDAR LAMPUNG 35215 - INDONESIA

Declared name and address of consignee : MRS. KIM MIN JUNG
LUWAK BEAN LTD, 8ho 2nd FLOOR 104-1, BAEKYANG KWANMUNRO, DANGGAMDONG, BUSAN JINGU,
BUSAN, SOUTH KOREA (614 - 778)

Number and description of packages : ALUMUNIUM FOIL CARTON BOXES,PLASTIC - GROSS=15 KGS, NETT=5 KGS.

Distinguishing marks :

Place of origin : BANDAR LAMPUNG - INDONESIA
Declared means of conveyance :
Declared point of entry : KOREA
Name of produce and quantity declared : INDONESIAN COFFEE

Botanical name of plants : Coffee sp.

This is to certify that the plants or plant products or other regulated articles described here in have been inspected and/or tested according to appropriate official procedures and are considered to be free from the quarantine pests specified by the importing contracting party and to conform with the current phytosanitary requirements of the importing contracting party, including those for regulated non-quarantine pests.
They are deemed to be practically free from other pests.

II. ADDITIONAL DECLARATION

NONE

III. DISINFESTATION AND /OR DISINFECTION TREATMENT

Date. NONE
Treatment. NONE
Chemical. NONE
Duration and temperature. NONE
Concentration. NONE
Additional information. NONE

(Stamp of Organization)

Place of issue : BANDAR LAMPUNG
Name of authorized officer : ISTIQOMAH KURNIAWATI
Date : August 27, 2015

(Signature)

No financial liability with respect to this certificate shall attach to Plant Quarantnie Service of Indonesia or to any of its officers or representatives.

4) 검사증명서

검사증명서는 수출국에서 특정한 검사를 필하였다는 사실을 증명하는 서류이다. 이에는 품질증명서(quality certificate), 분석증명서(certificate of analysis), 선적전 검사증명서(certificate of pre-shipment inspection),[11] 중량 · 용적증명서(certificate of weight/ measurement) 등이 있다([그림 11-11] 참조).

| 그림 11-11 | 품질증명서 견본

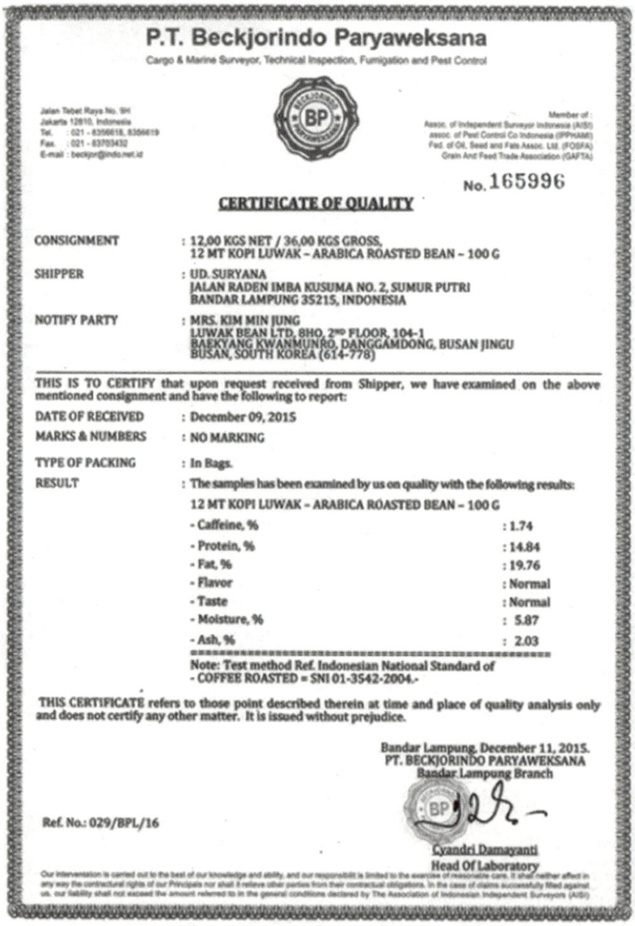

P.T. Beckjorindo Paryaweksana

Cargo & Marine Surveyor, Technical Inspection, Fumigation and Pest Control

Jalan Tebet Raya No. 9H
Jakarta 12810, Indonesia
Tel. : 021 - 8356618, 8356619
Fax. : 021 - 83703432
E-mail : beckjor@indo.net.id

Member of :
Assoc. of Independent Surveyor Indonesia (AISI)
assoc. of Pest Control Co Indonesia (IPPHAMI)
Fed. of Oil, Seed and Fats Assoc. Ltd. (FOSFA)
Grain And Feed Trade Association (GAFTA)

No. 165996

CERTIFICATE OF QUALITY

CONSIGNMENT : 12,00 KGS NET / 36,00 KGS GROSS,
12 MT KOPI LUWAK – ARABICA ROASTED BEAN – 100 G

SHIPPER : UD. SURYANA
JALAN RADEN IMBA KUSUMA NO. 2, SUMUR PUTRI
BANDAR LAMPUNG 35215, INDONESIA

NOTIFY PARTY : MRS. KIM MIN JUNG
LUWAK BEAN LTD. 8HO, 2ND FLOOR, 104-1
BAEKYANG KWANMUNRO, DANGGAMDONG, BUSAN JINGU
BUSAN, SOUTH KOREA (614-778)

THIS IS TO CERTIFY that upon request received from Shipper, we have examined on the above mentioned consignment and have the following to report:

DATE OF RECEIVED : December 09, 2015

MARKS & NUMBERS : NO MARKING

TYPE OF PACKING : In Bags.

RESULT : The samples has been examined by us on quality with the following results:

12 MT KOPI LUWAK – ARABICA ROASTED BEAN – 100 G

- Caffeine, %	: 1.74
- Protein, %	: 14.84
- Fat, %	: 19.76
- Flavor	: Normal
- Taste	: Normal
- Moisture, %	: 5.87
- Ash, %	: 2.03

Note: Test method Ref. Indonesian National Standard of
- COFFEE ROASTED = SNI 01-3542-2004.-

THIS CERTIFICATE refers to those point described therein at time and place of quality analysis only and does not certify any other matter. It is issued without prejudice.

Bandar Lampung, December 11, 2015.
PT. BECKJORINDO PARYAWEKSANA
Bandar Lampung Branch

Ref. No.: 029/BPL/16

Cyandri Damayanti
Head Of Laboratory

Our intervention is carried out to the best of our knowledge and ability, and our responsibilit is limited to the exercise of reasonable care. It shall neither affect in any way the contractual rights of our Principals nor shall it relieve other parties from their contractual obligations. In the case of claims successfully filed against us, our liability shall not exceed the amount referred to in the general conditions declared by The Association of Indonesian Independent Surveyors (AISI)

---

11 선적전 검사증명서는 일부 개발도상국 정부에 의해 수입통관단계에서 요구되는 것이다. 이것은 당해국으로 수출되는 상품의 품질과 수량을 조사하고, 상품의 거래가치가 수출국에서 일반적으로 통용되는 수출시장가격에 일치하는 여부를 제3의 검사기관에 의뢰하여 평가하도록 하는 것이다. 대개 조세의 포탈, 외화유출 등을 방지하기 위한 수단으로 활용된다.

5) 차변표와 대변표

차변표(debit note)는 발행자가 상대방에게 기재된 금액을 청구할 권리가 있음을 표시한 서류이다. 예를 들어 수입상이 부담한 선적전 검사비를 수출상이 일체부담한 경우 수출상이 수입상 앞으로 그 금액을 청구하기 위해 차변표를 발행할 수 있다. 대변표(credit note)는 발행자가 상대방에게 지급계정의 내용과 금액을 상대방에게 통지하는 서류이다. 예를 들어 수출상이 수입상에게 대리점수수료를 지급해야 하면 수출상이 대변표로 작성해 보낸다.

5 환어음의 발행과 대금의 결제

5.1 환어음의 의의

무역대금의 결제에서 아직까지 가장 많이 활용되고 있는 것은 환어음(bill of exchange)이다.[12] 환어음은 채권자가 채무자에게 어음에 기재된 금액을, 지정된 지급일에, 지정된 장소에서 지명인 또는 해당 환어음 소지자에게 지급하도록 위탁하는 지급위탁증권이다.

환어음은 국내외를 막론하고 격지 간 자금을 이동하는 데 사용할 수 있다. 그러나 우리나라는 전국이 일일생활권인데다 은행의 지로 등 간편한 송금방식이 개발되어 있어 국내에서 이용되는 경우는 드물다. 환어음은 다음과 같은 경제적 기능이 있다.[13]

---

12 영미법에서는 환어음 · 약속어음 · 수표의 세 가지를 일괄하여 어음이라 하나, 우리나라와 같은 대륙법계 국가에서는 환어음과 약속어음만을 어음이라 하여 어음법에서 다루고, 수표는 수표법에서 다룬다.

13 이철송, 상법강의, 박영사, 1997, pp.709-712. 이러한 환어음의 기능은 송금환과 추심환 모두를 고려하여 정리한 것이다.

(1) 지급기능

환어음의 기본적인 기능이다. 환어음의 발행이나 그 이후의 양도는 원인관계에서 생겨난 금전채무의 이행수단으로, 현금의 지급에 대신하여 행해진다.

(2) 송금기능

격지 간 거래에서 환어음은 현금의 운반에 대신하여 송금기능을 수행한다.

(3) 추심기능

채권을 추심하는 데 환어음은 중요한 기능을 한다. 특히 무역거래에서는 추심만을 위해 환어음이 발행되기도 한다.

(4) 담보기능

환어음은 유가증권이므로 그 자체를 입질(入質) 또는 양도담보의 방법으로 담보화할 수 있다.

(5) 신용창조의 기능

만기를 후일(後日)로 해서 환어음을 발행할 때는 신용을 창조하는 기능을 한다.

(6) 경제거래의 촉진

환어음은 격지자 간의 지급거래수단으로 유용하므로 경제교류를 촉진시키고 비용을 경감시킨다. 또한 신용창조기능을 통해 구매력을 창출하므로 경제를 활성화한다.

5.2 환어음의 당사자

신용장에 의한 거래와 무신용장 추심거래(D/P, D/A)에서 사용되는 환어음의 당사자는 다음과 같다.

(1) 발행인(drawer)

환어음을 발행하고 서명하는 자, 즉 수출상인 채권자를 말한다.

(2) 지불인(drawee)

환어음의 지급을 위탁받은 자로 신용장에 의한 거래의 경우 대개 신용장개설은행이 되나, 경우에 따라서는 신용장개설의뢰인인 수입상이 될 수도 있다.[14]

(3) 수취인(payee)

환어음금액을 지급받는 자로 수취인은 환어음에 표시되는 바에 따라 달라진다. 특정인이 기명되어 있을 때는 그 특정인, 지시형식으로 되어 있을 때는 그 지시를 받은 자, 무기명식으로 되어 있을 때는 그 소지인 등이 된다.

(4) 배서인(endorser)과 피배서인(endorsee)

수취인이 배서(背書)[15]에 의하여 환어음의 채권을 양도할 때 양도인(transferer)이 배서인, 양수인(transferee)이 피배서인이 된다.

14 신용장통일규칙(UCP 600 제6조)에는 신용장이 매입을 약정하고 있을 경우 신용장개설의뢰인을 지급인으로 하는 환어음을 발행할 수 없도록 하고 있다.

15 배서란 어음, 수표, 화물상환증 등의 지시증권을 남에게 양도 · 入質 등을 할 때 그 증권의 뒤에 소지인(배서인)이 일정한 법정사항을 적고 기명날인하여 상대방(피배서인)에게 교부하는 행위를 말한다.

5.3 환어음의 종류

(1) 은행어음과 개인어음

환어음에 기재된 지급인이 누구냐에 따라 구분한 것이다. 은행어음(bank bill)은 지급인이 은행이고, 개인어음(private bill)은 지급인이 수입상이다. 어음의 부도(不渡) 여부는 지급인에게 달려 있으므로 일반적으로 은행어음이 안전성이 높고 어음할인에 있어서도 우대를 받는다.

(2) 화환어음과 무화환어음

환어음에 선적서류가 첨부되었는지 여부로서 구분한 것이다. 화환어음(documentary bill)은 상품을 대표하는 선하증권 등 선적서류가 첨부된 것이고, 무화환어음(clean bill)은 이와 같은 선적서류가 첨부되지 않는 서류를 의미한다. 무화환어음은 주로 수수료, 보험료, 운임 등의 지급에 사용된다.

(3) 일람불어음과 기한부어음

어음에 기재된 만기일(tenor)에 따라 구분한 것이다. 일람불어음(sight bill)은 어음이 제시되는 즉시 대금이 지급되는 것이고, 기한부어음(usance bill)은 어음이 발행된 뒤 또는 제시된 뒤 일정기간이 지난 다음에 대금이 지급되는 것이다.

(4) 지급도어음과 인수도어음

무신용장 추심거래에서 대금지급시기에 따른 구분이다. 지급도(支給渡)어음(documentary payment bill)은 수입상이 어음대금을 지급하여야 선적서류를 인도받을 수 있는 것이다. 인수도(引受渡)어음(documentary acceptance bill)은 어음이 제시되었을 때 수입상이 이를 인수함으로써 선적서류를 인도받을 수 있는 것이다.

5.4 환어음의 준거법(準據法)

외국환어음의 유통에는 적어도 2개국 이상의 당사자가 개입한다. 이때 환어음의 효력은 원칙적으로 행위지의 법률에 의해 처리된다. 따라서 우리나라에서 발행되는 환어음은 우리나라 어음법의 적용을 받는다. 외국환어음의 추심과 관련하여 널리 적용되고 있는 국제규칙은 국제상공회의소가 1956년 제정(현행은 1995년 개정판)한 추심에 관한 통일규칙(Uniform Rules for Collections)이 있다.[16] 이 규칙에는 동 규칙이 당사자 간 별도로 명백한 합의가 없거나, 국가 · 주 · 지방의 법률 또는 규정에 위배되지 않는 범위 내에서 적용되는 것임을 명시하고 있다.[17]

5.5 환어음의 작성

환어음은 요식(要式)증권이므로 일정한 형식을 갖추어야 유가증권으로서의 기능을 한다. 추심에 사용되는 환어음의 양식은 [표 11-1]과 같다.

| 표 11-1 | 환어음의 서식

① **BILL OF EXCHANGE**

NO. ⑧ **** **DATE :** ② *** ** **** *SEOUL, KOREA*

FOR ③ *US$ 10,000*

AT ④ *30days after* **SIGHT OF THIS** ⑨ *FIRST* **BILL OF EXCHANGE(***SECOND* **OF THE**
(가) **SAME TENOR AND DATE BEING UNPAID) PAY TO** ⑤ order or *****BANK
OR THE SUM OF ③ *U.S. DOLLARS TEN THOUSAND ONLY*
VALUE RECEIVED AND CHARGE THE SAME TO ACCOUNT OF ⑩________
DRAWN UNDER THE ⑪_______**L/C NO.** ⑫_____ **DATED** ⑬_____

TO ⑥ ***** *BANK* ⑦ ____________
NEW YORK, USA *VENTURE DIGITAL CO.*

※ 진한 표시는 인쇄된 양식. 이탤릭 및 밑줄 친 부분은 발행인이 작성

16 우리나라는 전국은행협회의 결의에 따라 1979년 7월 2일부터 이 규칙을 채택하여 적용하고 있다.
17 추심에 관한 통일규칙 총칙

환어음을 작성할 때는 어음법(제1조)에서 규정하고 있는 법정기재사항을 반드시 기재하여야 한다. 만일 법정기재사항이 누락되면 환어음으로서 법적 효력을 갖지 못한다. 그 외 임의기재사항은 어음 효력에는 영향을 미치지 않는 것으로 필요에 따라 기재한다.

(1) 법정기재사항

① **환어음의 표시** : 환어음임을 표시하는 문구가 어음 작성에 사용되는 언어로 표시된다.

② **발행일 및 발행지** : 발행일은 어음이 발행된 날로서 어음상에 기재된 날짜를 말한다. 발행일은 선적서류의 매입일자로 신용장의 유효기일 이내로 표시되어야 한다. 발행지는 환어음이 발행된 장소이다. 일반적으로 도시명과 국가로 표시된다. 이에 관한 표시가 없는 경우에는 발행인의 주소지에서 발행한 것으로 간주한다. 우리나라는 섭외사법상 행위지법에 따르도록 되어 있으므로 국내에서 발행되었음이 표시된 경우 우리나라 어음법을 따르게 된다는 의미를 갖는다.

③ **무조건 위탁문언** : 일정한 금액을 지급하는 위탁문언이다. Pay to … the sum of … 로 표시되는데, the sum of 뒤에는 지급금액을 통화의 종류와 함께 기재한다. 지급방법을 한정시키거나 기타 조건을 기재하면 무조건 지급지시가 될 수 없다.[18] 환어음의 금액은 문자나 숫자 가운데 어느 것으로도 기재될 수 있으나, 착오를 방지하기 위해 두 가지를 병기한다. 통상 환어음의 상단에 있는 FOR 다음에 숫자로, the sum of 다음에 문자로 환어음금액을 기재한다. 양자 간 금액에 차이가 있을 경우에는 문자금액이 숫자금액에 우선하여 인정된다. 만일 두 개의 금액을 중복하여 기재한 경우에는 적은 금액을 어음금액으로 본다.[19]

18 예를 들어 'on arrival of' 또는 'after clearance'와 같은 문구가 표시되면 어음의 무조건성을 저해하는 것이 된다.

19 어음법 제6조

④ **만기일(tenor)의 표시** : 어음의 만기를 표시하는 방법에는 다음 네 가지가 있다.

- 일람불(at sight) : 어음의 지급인에게 제시되는 날이 어음의 만기일이다. 환어음에 일람불 또는 기한부에 관한 표시가 없는 경우는 일람불로 간주된다.[20]
- 일람 후 정기출급(at … days or months after sight) : 어음의 지급인에게 제시된 날의 익일부터 어음에 기재된 일정한 기간이 경과한 날이 어음의 만기일이다.
- 발행일자 후 정기출급(at … days or months after date) : B/L 또는 어음의 발행일 익일로부터 어음에 기재된 일정한 기간이 경과한 날이 어음의 만기일이 된다.
- 확정일 출급(on a fixed date) : 어음만기일로 기재한 특정일이 어음의 만기일이다.

⑤ **수취인 또는 지급을 받을 자를 지시할 자의 명칭** : 수취인은 pay to라는 문구 다음에 기재된다. 수취인의 표시에는 다음 세 가지 방법이 있다.

- 기명식 : 수취인을 명기하는 것이며, (pay) to ○○○Bank와 같이 기재된다.
- 지시식 : 지시할 수 있는 자를 명기하는 것이며, to order of ○○○Bank or order와 같이 기재된다.
- 소지인식(또는 무기명식) : 소지인에게 지급됨을 명기하며, 'payable to bearer'와 같이 기재된다.

⑥ **지급인의 명칭과 지급지** : 환어음 좌측 하단의 To 다음에 기재된다. 신용장의 환어음조항 중 'value on' 또는 'drawn on' 문구 다음에 US라 기재되어 있으면 개설은행이 지급인이므로 개설은행명을 기재한다. 계약서에 의한 거래에서는 항상 수입상이 기재된다. 지급지는 지급인과 함께 그 주소로 표시된다. 만약 지급지가 기재되어 있지 않을 때는 지급인의 명칭에 부기한 곳이 지급지이다.

20 어음법 제2조

⑦ **발행인의 서명** : 발행인의 서명은 환어음의 우측 하단에 발행인인 수출상의 회사명, 대표자 또는 대리인의 자격을 명기하고 기명날인한다. 이 서명은 은행에 수출거래약정(화환어음거래약정) 시 제출한 서명감(signature book)의 것과 일치하여야 한다.

(2) 임의기재사항

⑧ **환어음번호** : 환어음의 발행인이 임의로 기재하는 것으로 후일의 참조를 위한 것이다.

⑨ **어음발행수의 표시** : 환어음은 유통과정상 분실에 대비하여 통상 두 통의 복사본(set bill)으로 발행된다. 복본으로 발행된 환어음은 각각 동일한 효력을 가지는데, 이 중 어느 하나에 의해 지급이 이루어지면 나머지 것은 자동으로 무효가 된다. 환어음에는 이러한 취지를 담은 문언이 'SECOND(제2원본에는 FIRST로 표시) of the same tenor and date being unpaid'로 표시된다.

⑩ **수입상의 표시** : Account of … 문구 다음에는 수입상이 표시된다. 그러나 수입상이 표시되는 경우는 환어음의 지급인이 은행일 경우이고, 지급인이 수입상인 경우에는 이곳은 공백으로 남겨둔다.

⑪ **신용장개설은행의 표시** : Drawn down … 문구 다음에 신용장개설은행명을 기재한다.

⑫ **신용장번호** : L/C NO. 다음에 해당 신용장의 번호를 기재한다.

⑬ **신용장개설일자** : Dated 다음에 신용장개설일자를 기재한다. 만일 계약서에 의한 거래의 경우에는 ⑪ 내지 ⑬ 부분은 공백으로 남겨둔다.

5.6 환어음의 매입과 추심

(1) 외국환거래약정의 체결

외국환은행은 수출상으로부터 환어음을 매입하거나 추심하는 거래를 시작하기에 앞서 먼저 수출상과 '외국환거래약정'의 체결을 요구한다. 이 약정에는 외국환은행이 현재 또는 장래에 수출상에게서 환어음을 매입 또는 추심함으로써 발생할 수 있는 문제점을 어떻게 해결할 것인지에 대하여 포괄적으로 계약하고 있다. 이는 화환어음을 매입한 후 금융사고가 발생하였을 때 은행이 당해 사고로부터 면책됨과 동시에, 선지급하는 환어음대금을 만회할 수 있는 담보를 확보하는 데 주목적이 있다(외국환거래약정은 제12장 참조).

(2) 환어음대금의 지급

1) 환어음의 매입

수출상이 환어음을 발행하고 구비된 각종 선적서류를 이에 첨부한 다음 외국환은행에 매입신청을 할 때는 환어음매입신청서를 작성하여야 한다. 환어음매입신청서에는 일반적으로 외국환은행과 외국환어음약정이 체결된 수출상이 매입신청을 할 때 환어음 및 선적서류와 함께 제출하는 신청서(covering)이다. 환어음매입신청서는 신용장 및 선적서류에 관한 각종 사항을 기재하는 난과 매입대금의 처리방법을 기재하는 난으로 구분되어 있다.

2) 매입서류의 심사

신용장제도의 핵심은 신용장에 명시되어 있는 서류가 정확하게 갖추어지면 그러한 서류와 상환으로 개설은행이 대금의 지급을 보장한다는 데 있다. 만일 매입이나 지급, 인수를 하는 은행이 신용장에 명시된 서류와 내용이 다른 서류를 상환으로 매입, 지급 또는 지급인수를 하였다면 그것은 그런 행위를 한 은행의 책임이다. 따라서 매입은행은 매입신청 시 제출된 서류가 일치하는 제시(complying presentation)인지를 상당한 주의를 기울여 확인하게 된다.[21] 명시된 서류가 문면상 신용장의 제조건과 일치하는지 여부는 신용장통일규칙에 반영된 국제표준은행관행에 따른다.

매입심사 시에 은행은 선적서류에 하자를 발견하면 정정가능한 것은 정정하고,

---

21 UCP600 제15조, 제16조

정정이 불가능하고 신용장개설은행의 지급 거절 우려가 있는 경우에는 다음 방법 중 한 가지를 선택하여 처리한다.

① 환어음을 먼저 추심하여 대금이 입금되었을 때 지급하는 방법(collection basis)

② L/C개설은행 앞으로 하자내용을 통보하여 매입 여부를 전신을 조회한 다음 개설은행의 승인하에 매입하는 방법(cable nego)

③ L/C를 먼저 선적서류에 맞도록 변경(amend)한 후 매입하는 방법(amend 후 nego)

④ 수출상으로부터 대금지급 거절 시 상환(recourse)하겠다는 각서를 받은 후 매입하는 방법(L/G Nego). 이 경우 수출상은 반드시 수입상으로부터 서류상의 하자에도 불구하고 수입대금을 결제하겠다는 보증서(Letter of Guarantee : L/G)를 발급받아야 한다.

매입은행뿐 아니라 신용장개설은행, 확인은행(있는 경우) 또는 이들을 대행하는 지정은행도 각각 서류를 검토하고 그 서류를 수리 또는 거절할 것인지 여부를 판단한다. 신용장개설은행이 서류검토에 소요되는 기간은 서류접수 익일부터 7일 이내를 합리적인 기간으로 간주한다.

서류의 심사는 신용장에 의한 거래에서 매입은행, 지급 · 인수은행, 개설은행, 확인은행 등에서 필요하고, 계약서에 의한 거래(D/P, D/A)에서는 수입상이 무역계약서와 송부된 서류의 일치 여부를 확인할 뿐 은행에서는 심사하지 않는다.

3) 매입대금의 지급

외국환은행은 환어음과 선적서류를 검토하고 하자가 없을 때 이를 매입한다. 매입 시 적용되는 환율은 통상 대금을 지급받는 날의 전신환 매입환율(T/T buying rate)이 적용된다. 매입금액에서 환가료(換價料)[22]와 환어음 등을 수입지에 있는 지

22 수출환어음 매입 시 적용되는 환가료는 은행이 징수하는 이자의 성격을 갖고 있다. 환가요율은 매일 고시되는데 은행마다, 그리고 결제기간에 따라 차이가 있다. 일람불의 경우 LIBOR+2.5~4.5% 정도의 환가요율이 적용된다. 예를 들어 일람불로서 LIBOR+2.5%의 요율이 적용되는 은행에서 매

급은행에 송부하기 위한 우편료(mail charge) 등과 수출상이 융자받은 무역금융이 있으면 이를 공제한 잔액이 지급된다. 계약서에 의한 거래에서 발행되는 D/P나 D/A 환어음의 경우에는 환어음 면에 D/P 또는 D/A라 표시하고 여기에 선적서류를 첨부하여 외국환은행에 제출한다. 이 경우 외국환은행은 환어음을 매입하는 대신 이를 추심(collection)한다. 그러나 경우에 따라서는 추심 전 매입(bill purchased)도 가능하다.

4) 대금결제서류의 발송

외국환은행이 환어음을 매입하면 수익자에게 대금을 지급하면서 관련 신용장 이면에 화환어음의 매입사실을 기재한다. 환어음을 매입한 외국환은행은 이를 개설은행이나 상환은행에 송부하게 된다. 이를 위해 매입은행은 발송통지서(covering letter)를 작성한다. 발송통지서는 송부되는 서류에 대한 표지이다. 이에는 매입은행이 신용장조건에 일치하게 매입하였다는 사실, 첨부된 선적서류의 종류와 수량, 신용장조건대로 상환은행에 대금의 상환을 청구하였다는 사실, 기타 특기사항이 기재된다. 선적서류가 신용장조건과 일치하지 않는 점이 있을 경우 그 사실도 특기사항란에 기재된다.

발송통지서가 작성되면 매입은행은 화환어음의 권리를 이전한다는 취지로 그 이면에 'pay to … Bank'라 배서, 서명한 후 일건서류를 송부한다. 우편을 이용한 송부는 도난 또는 분실에 대비하여 정본(original)과 부본(duplicate)서류로 나누어 최소 1일의 시차를 두고 별도 송부한다. 이때 전통(full set)은 신용장개설은행에 송부되고, 환어음만 지급은행에 송부하는 방식도 있고, 선적서류를 2조로 나누어 한 조에는 환어음을 첨부하여 지급은행으로 보내고 다른 한 조는 신용장개설은행으로 송부하는 방식도 있다.

입한다면 환가요율은 다음과 같이 계산된다. 수출금액×(LIBOR+2.5%)×10÷365. 여기서 10은 결제서류의 우송에 소요되는 기간으로 은행이 산정하는 표준우편일수이다. 이 기간은 일본, 홍콩, 싱가포르, 말레이시아 등의 국가 통화의 경우는 9일로 계산한다. 일람불 대신 기한부어음의 경우라면 10 대신에 어음기간을 곱한다.

5) 선적서류의 인도와 수입상의 대금결제

일람불어음이나 D/P계약에 의한 환어음의 경우 수입상은 수입대금을 지급하여야 선적서류를 인도받을 수 있다. 도착된 서류의 심사가 종료되면 개설은행은 수입상으로부터 대금을 결제받기 위해 먼저 수입상에게 선적서류도착통지(A/N : Arrival Notice Of Document)를 한다. 수입상은 통지 접수일부터 7일 이내에 대금을 직접 지급하거나 신용장개설 시 예치한 보증금 또는 수입금융으로 대금을 결제하고 선적서류를 인도받는다. 이때 수입상이 지급하는 대금은 원화로서, 적용환율은 지급일의 수입어음 결제율이다. 선적서류 인도 시 수입상은 개설은행에 선적서류수령증(receipt of shipping documents)을 제출한다.

지급은행이 별도로 있을 경우, 지급은행이 환어음의 제시를 받으면 서류심사 후 환어음의 대금을 매입은행계정에 입금시키고, 그 금액을 신용장개설은행의 계정에서 인출한 다음 신용장개설은행에 차변표(debit note)를 송부한다. 차변표를 받은 개설은행은 즉시 수입상에게 환어음의 대금지급을 요청하게 된다.

6) 환어음의 인수

신용장에 의한 거래에서의 기한부어음(usance L/C)이나 계약서에 의한 거래에서의 인수인도조건어음(D/A)에서는 지급인의 환어음 인수(acceptance)에 의해 먼저 선적서류가 인도되고 만기일에 대금이 결제된다. 인수란 환어음의 지급인이 어음금액의 지급채무를 부담하는 것을 목적으로 하는 어음행위이다. 인수의 방법에는 정식인수와 약식인수의 두 가지가 있다. 정식인수란 어음에 인수의 뜻을 기재하고 지급인이 기명(記名)날인하는 것을 말하며, 약식인수란 지급인이 어음의 표면에 단순히 기명날인하는 것을 말한다. 인수의 표시는 다음과 같다.

Accepted on Aug. 15, 2001 By ○○○ Trading Co. Ltd., Seoul Payable at ○○○ Bank, Seoul

기출문제 6 결제

01 'D/P at 60 days after B/L date'거래의 추심에 관여하는 은행의 역할에 대하여 다음 설명 중 올바른 것은?

① Remitting Bank는 추심의뢰인이 Collecting Bank를 지정하지 않는 경우 임의로 선정한 인수지 국가에 있는 어떠한 은행으로도 추심은행을 이용할 수 있다.

② Collecting Bank는 추심서류가 도착하면 수입자에게 서류를 즉시 인도하지만 Remitting Bank에 대금을 B/L일자 후 60일에 지급한다.

③ 이 거래에서 환어음 만기일은 어음지급인의 인수일로부터 60일째 되는 날이 된다.

④ Remitting Bank는 전신의 송달 중에 발생한 서류의 지연 및 멸실에 대해서는 상응하는 책임을 져야 한다.

국제무역사 35회 1교시 42번

02 환어음에 대한 다음 설명 중 잘못된 것은?

① D/A거래에서는 환어음지급인이 수입상이 된다.

② 환어음은 배서함으로써 유통된다.

③ 환어음 발행지는 반드시 기재되어야 하나 발행일은 기재되지 않아도 무방하다.

④ 환어음에는 반드시 지급지가 기재되어야 한다.

국제무역사 37회 1교시 64번

03 다음은 송금결제방식의 업무에 관한 기술로 가장 잘못된 것은?

① CAD, COD는 동시결제방식이지만 선적 이후에 상품대금이 지급되기 때문에 사후송금방식의 일종으로 볼 수 있다.

② CAD방식은 보석, 귀금속 등 고가품거래 시 직접 물품의 검사를 하기 전에는 품질 등을 정확히 파악하기 어려운 경우의 거래에 활용된다.

③ COD방식에서 상품의 수하인은 수입업자를 기재할 수도 있지만 수출상 자신의 지사나 대리인을 상품의 수하인으로 기재하여 수입업자가 대금을 지급하지 않고는 물품의 인수를 하지 못하게 할 수도 있다.

④ CAD는 서류상환결제방식이다.

국제무역사 36회 1교시 55번

04 다음 중 송금결제방식의 특징으로 잘못된 것은?

① 송금결제방식은 수입상이 계약물품을 인수하기 전이나 인수 후 또는 인수와 동시에 결제하는 방식이다.

② 송금결제방식은 환어음을 사용하지 않으며 따라서 어음법이 적용되지 않는다.

③ 서류 및 대금결제는 수출 · 입자 간의 개인적 책임하에 직접 처리되며 대금결제는 수입지의 은행을 통하여 수출업자에게 송금되고 서류는 은행을 경유하지 않고 직접 수출업자가 수입업자에게 송부한다.

④ 송금수표(D/D : Demand Draft), 전신송금(M/T : Mail Transfer), 우편송금(T/T : Telegraphic Transfer), 현금, 수표(Banker's Check, Personal check)의 방법으로 수출업자에게 송금하여 수입대금을 결제하는 방식이다.

국제무역사 37회 1교시 41번

05 다음 중 추심결제방식의 특징 및 업무에 관한 기술로 올바른 것은?

① 추심에 관여하는 은행들은 대금지급을 확약하고 서류를 검토할 의무가 있다.

② 추심결제방식은 무신용장거래로서 선적서류는 당사자 간에 발송된다.

③ 추심결제방식은 환어음이 발행되며 대금지급의무자는 은행이다.

④ D/P의 경우는 대금의 영수가 보장되지 않을 수 있고, D/A의 경우는 대금영수 및 물품회수가 보장되지 않을 수 있는 위험이 있다.

국제무역사 36회 1교시 56번

06 추심결제방식의 의미 및 특성에 관한 설명으로 올바른 것을 모두 기재한 것은?

A. 어음법 적용
B. 국제규칙(ISBP 745) 적용
C. 신용장거래보다 높은 수수료
D. 서류와 대금을 당사자가 송부 및 처리
E. 은행의 지급확약 없음

① A, B
② A, D, E
③ B, C, D
④ A, E

국제무역사 37회 1교시 43번

07 포페이팅에 관한 다음 기술 중 가장 적절하지 않는 항목은?

① Forfaiting은 sight L/C, usance L/C뿐만 아니라 D/A거래도 대상이 된다.

② 수출거래에서 생성되는 환어음 등 청구권이 자유롭게 유통가능한 증서를 이전의 어음소지인에게 상환청구권을 행사함이 없이 매입하는 것이다.

③ Country risk, Bank risk 등을 감안하여 할인율이 차등 적용된다.

④ 신용장방식에서 수출상에 대한 무상환청구권(무소구조건)으로 전환되는 시점은 선적서류를 접수한 수입국 신용장개설은행으로부터 선적서류에 대한 인수의사를 통보하는 시점이다.

국제무역사 35회 1교시 64번

08 다음은 D/P Usance방식에 대한 설명이다. 이 중 잘못된 것은?

① D/P Usance방식은 추심은행이 Usance기간 동안 서류를 보관했다가 이후에 수입업체에게 제시해 대금의 지급과 상환으로 서류를 인도하는 방식의 거래를 의미한다.

② 결제조건에 대한 표현이 'D/P at 30 days after B/L date'라고 되어 있으면 D/P Usance방식에 해당한다.

③ 추심은행은 D/P Usance방식의 추심업무 처리 시 수입업체의 결제가 이뤄지지 않은 상태에서 서류를 인도할 수 없기 때문에 D/A방식과 차이가 있다.

④ D/P Usance는 서류도착일로부터 수입화물이 도착할 때까지의 기간 동안 수입업체에게 대금지급을 유예하는 것으로, 화물이 지정일자 이전에 도착하고 수입업체가 인도를 요구하면 추심은행은 임의로 인도할 수 있다.

국제무역사 38회 1교시 49번

09 국제팩터링에 관한 다음 기술 중 잘못된 것은?

① 국제팩터링은 무신용장방식인 O/A, D/A거래와 Usance L/C에 수입팩터의 신용승인이 첨가되는 거래이다.

② 수입상이 자금부족, 파산 등의 재무상 이유로 수입팩터링 채무를 이행하지 못하는 경우에 수입팩터가 그 대금을 지급할 것임을 약속하는 일종의 보증서를 말한다.

③ 수출상은 송장 및 선적서류를 수출팩터에게 양도하고 전도금을 제공받는다.

④ 수입상은 본인 신용만으로 기한의 이익을 향유하여 외상수입이 가능하다.

국제무역사 38회 1교시 57번

10 다음 결제조건 중 수출상의 입장에서 볼 때 수입상으로부터 대금회수위험이 가장 큰 것은?

① CAD
② D/P
③ D/A
④ Usance L/C

국제무역사 38회 2교시 53번

11 다음 중 송금결제방식에 관한 설명으로 올바른 것을 모두 기재한 것은?

A. 수출입 거래당사자 간의 신용을 바탕으로 하는 거래방식
B. 신용장, 추심방식에 비해 낮은 은행 수수료를 부담
C. 전체 거래과정의 흐름이 신용장, 추심방식보다 신속하지 않은 거래방식
D. 선적서류가 은행을 경유하여 대금이 지급되는 거래방식
E. 관련된 국제규칙이 존재하지 않는 거래방식
F. 거래내용이 은행에 노출되는 거래방식

① B, C, E
② C, E, F
③ A, B, D
④ A, B, E

국제무역사 39회 1교시 42번

12 다음 중 송금, 추심, 신용장결제방식을 비교한 설명이 잘못된 것은?

① CAD는 D/P와 유사하지만 환어음이 사용되지 않으며 선적서류는 은행을 경유하지 않고 수출자가 수입자에게 직접 발송하여 대금을 청구하는 방식이다.
② D/A는 O/A와 유사한 외상거래이지만 O/A와 달리 은행을 지급인으로 하는 환어음을 발행하여야 하며 은행을 통해서 추심이 이루어진다는 차이점이 있다.
③ D/P, D/A는 선하증권의 수하인이 수입업자가 되지만 신용장거래의 수하인은 통상 지시식으로 발행토록 요구된다.
④ O/A, D/A, Usance L/C는 모두 다 외상거래방식이라고 볼 수 있다.

국제무역사 39회 1교시 47번

CHAPTER

12 신용장

1 신용장거래의 개요

1.1 신용장의 의의

신용장의 역사는 상당히 오래된 것으로 알려져 있다. 그러나 근대적 의미의 상업신용장은 19C 중엽 이후 영국을 중심으로 무역거래에서 대금결제의 안전성과 확실성을 보장함으로써 무역거래를 원활히 하기 위해 널리 이용되기 시작하였다. 신용장이 갖는 기능은 여러 가지이다. 그 중 가장 중요하고 본질적 기능인 대금결제기능을 보자. 무역거래가 발생하면 상품의 이동과 함께 당연히 대금의 결제가 따른다. 이때 먼 거리에 떨어져 있는 상품매매당사자 간 대금결제는 현금수송에 의하지 않고 금융기관을 매개로 어음을 발행하여 결제하는 환(exchange)거래를 하는 것이 일반적이다. 환거래에는 송금환(送金換)방식과 추심환(推尋煥)방식의 두 가지가 있다. 수입상이 수출상 앞으로 어음을 발행하여 먼저 대금을 송금하는 경우가 송금환, 수출상이 수입상 앞으로 어음을 발행하여 대금을 청구, 결제하는 경우가 추심환이다. 오늘날 무역에서는 소액거래의 경우 송금환을 이용하기도 하지만 역시 주된 결제방법은 추심환에 의한 결제이다.

무역거래에서 신용장과 무신용장의 D/P, D/A방법에 의한 거래가 전형적인 추심환에 의한 결제이다. 그런데 D/P, D/A와 같은 거래에서는 상품을 먼저 송부한 다음 어음을 발행하여 대금지급을 요구하게 되므로 수입자가 대금지급을 거부하거나 지급불능상태에 빠지게 되면 수출상으로서는 큰 손실이 불가피해지는 위험이 있다. 또 상품을 송부하기 전이라도 계약에 따라 상품생산을 시작한 뒤 계약이 취소될 경우도 수출상은 많은 손실을 입게 된다. 수입상이 상품거래를 계약한 뒤 주문을 취소하거나 도착된 상품의 인수를 거절하고 대금을 지급하지 아니할 경우, 수출상이 수입상의 계약불이행에 대하여 무역클레임을 제기하면 손해의 구제가 어느 정도 가능하지만, 여기에는 많은 시간과 경비가 들 수밖에 없다. 이와 같은 위험을 회피할 수 있는 방법이 바로 신용장이다.

신용장통일규칙에는 신용장을 "그 명칭과 상관없이 개설은행이 일치하는 제시에 대하여 결제(honour)하겠다는 확약으로서 취소가 불가능한 모든 약정"이라고 규정하고 있다.[01] 따라서 신용장을 근거로 하여 수출상이 발행한 어음에 대하여는 수입자가 지급 거절을 할 수 없음은 물론 비록 수입자가 지급불능상태가 될지라도 신용장개설은행 자신이 어음지급인이 되거나 또는 지급에 대한 책임을 부담하고 있기 때문에 수출상은 안전하게 대금을 결제받을 수 있다.[02]

신용장에 의한 거래가 수출상과 수입상 모두에게 이점이 있을 수 있으나 주된 이익을 얻는 것은 수출상이다. 신용장을 확보하게 되면 수출상은 판매 및 대금의 회수가 확실하게 보장된다는 점 외에, 상품을 생산하기 위한 원재료의 조달과정과 상품의 생산과정에서 무역금융 혜택을 받을 수 있고, 상품의 선적 후에도 수출대금의 추심 전 매입이 가능한 등 D/P나 D/A거래에 비해 보다 많은 금융 혜택을 누릴 수가 있기 때문이다. 한편 수입상의 입장에서 보면 신용장이 상품의 입수를 확실하게 한다는 점에서 긍정적인 면이 있다.[03] 신용장거래에서는 수입상이 상품의 대금을 선급(先給)하지 않고 상품을 화체(化體)한 운송서류를 입수하면서 대금을 지급하게

01 UCP 600 제2조

02 물론 신용장개설은행 자신이 파산한 경우는 문제가 달라진다. 이 경우 추심 전 매입을 한 매입은행은 어음발행인인 수출상에게 상환을 요구하게 될 것이며 수출상은 수입상과 대금결제문제를 별도로 해결하여야 한다.

03 그러나 이것이 신용장에 의한 거래가 반드시 계약된 상품을 입수시켜 주도록 보장하는 것은 아님에 유의할 필요가 있다. 이는 신용장의 추상성이란 특성의 결과이다.

되므로 상품의 입수를 보장받을 수 있기 때문이다.

1.2 신용장의 독립성과 추상성

신용장은 무역거래에 있어 신용장에 기술된 대로의 무역서류가 갖추어져 은행에 제시되었을 때 약속한 대금의 지급을 보장한 것일 뿐이다. 이것은 실제 수입상에게 전달되는 상품이 계약된 것과 동일하다는, 또는 신용장에 기술된 그것과 일치한다는 것을 보장하는 것은 아니다. 신용장의 이러한 한계는 신용장의 독립성과 추상성이라는 특성을 살펴보면 보다 명확해진다.

(1) 신용장의 독립성

현행 신용장통일규칙 제4조에는 신용장의 독립성에 관하여 다음과 같이 네 가지를 규정하고 있다.

① 신용장은 본질적으로 그것이 근거를 두고 있는 매매계약이나 기타의 계약과는 별개의 거래이다.

② 은행은 매매계약 등 계약에 대한 여하한 참조사항이 신용장에 포함되어 있어도 그러한 계약과는 무관하며 또한 이에 구속되지 않는다.

③ 은행이 지급, 환어음의 인수 및 지급 또는 매입한다거나 신용장에 따른 기타 모든 의무를 이행한다는 확약은 개설의뢰인이 개설은행 또는 수익자와의 관계를 근거로 주장하는 청구권 또는 항변에 지배받지 않는다.

④ 수익자는 어떠한 경우에도 은행 상호 간 또는 신용장개설의뢰인과 개설은행 간에 존재하는 계약관계를 원용할 수 없다.

이 조항은 수익자로부터 신용장의 조건과 일치하는 서류가 제시되면 즉각적인 지급을 해야 하는 개설은행의 의무를 명시하면서, 이러한 의무는 수출상과 수입상 사이에 체결되는 매매계약과는 전혀 무관하며 또한 이에 구속되지 않는다는 점을 규정하고 있다. 무역계약은 통상 매매당사자가 합의한 각종 조건들을 서류화하여 쌍방이 서명한 후 보관하지만 합의한 구두계약으로도 성립될 수 있다.

신용장은 계약이 성립되고 난 후에 그 계약을 근거로 수입상이 개설은행에 요청함으로써 개설되는 것이다. 그러나 일단 신용장이 개설되고 나면 개설은행이 수익자 등에게 지급하기로 한 약속의 이행은 신용장에 있는 조건의 충족에 대하여 이루어지는 것일 뿐 그 신용장개설의 근거가 된 매매계약서 등의 조건은 전혀 고려되지 않는다. 신용장의 독립성이란 바로 이와 같은 특성을 말하는 것이다. 그러므로 만일 외국의 수출상과 매매계약을 체결하고 신용장을 개설한 뒤 수출상이 계약조건과 다르게 상품을 선적하였다 할지라도 수입상은 이를 이유로 신용장조건과 일치하는 서류를 제시받은 개설은행에 대하여 대금의 지급을 거절하도록 요구할 수 없는 것이다.

개설은행은 신용장 자체의 조건만 충족되면 계약서의 조건과는 상관없이 대금의 지급을 행하여야 할 뿐 계약서의 조건대로 이행되었는지 여부에 대하여는 개입할 권리가 없고, 그 결과로서 계약불이행과 관련된 분쟁으로부터 보호받을 수 있다. UCP 600에서는 신용장에 따른 은행의 지급의무는 개설의뢰인이 개설은행이나 수익자와 관계에 기초하여 주장하는 청구권 또는 항변과는 별개로 독립된 것임을 명백히 하고 있다. 이는 종전의 신용장통일규칙의 해석과 관련하여 개설의뢰인이 개설은행과의 신용장개설약정을 이유로 수익자에 대한 은행의 지급의무에 대해 개입할 수 있다는 주장이 있었기 때문이다. 한편, 수익자에 대하여도 개설은행에 대하여 개설의뢰인과의 신용장개설약정에 일치하는 신용장의 개설을 요구하거나 지급을 강요할 수 없도록 하고 있다.

(2) 신용장의 추상성

신용장통일규칙 제5조에는 “신용장거래에 있어서 모든 거래당사자는 서류로 거래하는 것이지 그 서류에 관련될 수 있는 상품(goods), 용역(service), 이행(performance)으로 거래하는 것이 아니다”라는 규정을 두고 있다.

신용장거래에서는 은행, 수출상, 수입상 등 모든 당사자들이 서류를 가지고 거래할 뿐 상품의 실질적인 거래상태와는 아무런 상관이 없다. 신용장개설은행은 수출상인 수익자가 신용장에 기술되어 있는 대로 상품을 실제로 선적하여야 대금을 지급하겠다고 약속하는 것이 아니기 때문이다. 그 대신 신용장에 기술되어 있는 대로 상품을 선적하였다는 표시가 된 서류를 제시하면 대금을 지급하겠다고 약속하는 것이다. 이를 신용장의 추상성이라 한다. 정상적인 경우라면 신용장이 선하증권과 같은 선적서류를 요구하는 경우 수익자는 신용장에 기술된 내용의 상품을 운송인에게 넘겨주어야 선적서류를 발급받을 수 있다.

또한 검사증명서와 같은 서류를 요구한 경우에도 상품의 품질이나 수량은 검사증명서에 기재된 바와 일치할 것이므로 신용장이나 계약서에 명시되어 있는 상품이 수입상인 신용장개설의뢰인에게 전달된다고 생각할 수 있다. 그러나 경우에 따라서는 수출상인 수익자가 신용장조건과 상이한 품질의 상품을 선적하고 서류상에는 신용장에 명시된 내용과 동일한 내용을 기재하여 서류를 만들 수도 있다. 뿐만 아니라 상품이 서류상 기재된 선적일자와 다른 날에 선적되었을 수도 있다. 이때 은행은 문면상 신용장조건과 일치한 것으로 보이는 서류가 제시되면 대금을 지급하여야 하며 수입상은 은행의 지급에 대해 보상할 수밖에 없는 것이다.

서류에 의해 거래한다는 신용장거래의 추상성원칙은 은행이 매매당사자 사이의 거래에서 원활한 거래를 도와주어 결제를 할 수 있도록 하는 최소한의 요구사항이다. 만일 은행으로 하여금 거래되는 상품의 실질상태가 신용장에서 요구하는 내용과 일치하는 경우에만 대금을 지급하도록 하고 일치하지 않는 경우에도 대금을 지급하였을 때는 책임을 지도록 한다면 어느 은행도 신용장업무를 취급하고자 하지 않을 것이다. 신용장의 조건과 일치하는 서류가 개설은행에 제시되었으나 상품은 제대로 도착하지 않은 경우 수입상인 개설의뢰인이 취할 수 있는 조치는 일반적인 클레임제기를 통해서이다. 즉 상품의 실질상태와 상관없이 은행을 통한 결제는 먼저 하되 이와는 별도로 계약조건 위반에 대하여 클레임을 제기하여 배상을 받는 방법을 모색하여야 하는 것이다.

1.3 신용장통일규칙(UCP 600)

신용장이 무역거래에서 본격적적으로 사용되기 시작한 것은 제1차 세계대전 이후이다. 신용장 사용 초기에는 각국의 법과 상관습이 다름에 따라 사용되는 용어의 해석에 있어 혼란이 있었고, 이에 따라 분쟁도 자주 발생하였다. 이러한 문제점을 해소하기 위하여 국제상업회의소(ICC)가 중심이 되어 1933년 제정한 것이 신용장통일규칙(UCP : Uniform Customs and Practice for Documentary Credit)이다. 신용장통일규칙은 그 후 1951, 1962, 1974, 1983, 1993, 2006년에 각각 개정되었으며, 현재 적용되고 있는 것은 2006년 개정판인 UCP 500이다.

신용장통일규칙도 INCOTERMS와 마찬가지로 민간단체인 국제상업회의소(ICC)가 제정한 규칙에 불과하기에 관계당사자의 의사에 관계없이 신용장거래에서 강제적으로 적용되지 않는다. 따라서 신용장에 UCP 600을 적용한다는 문구가 명확하게 표시되어 있어야 적용된다.

6차 개정인 UCP 600에서는 제2조(definition, 정의), 제3조(interpretation, 해석), 제9조(신용장 및 변경통지), 제12조(지정), 제15조(일치하는 제시), 제17조(원본서류 및 사본)가 신설되었고, 기존의 제5조(신용장의 개설/변경 지시), 제6조(취소가능 및 취소불능 신용장), 제8조(취소), 제12조(불완전 또는 불명료한 지시), 제38조(기타 서류) 등의 조항은 삭제되었다. 이에 따라 UCP 600에서는 은행의 서류심사기간이 기존의 '7은행영업일 내 상당한 기간'에서 '5은행영업일'로 단축되었고, 기존의 49개 조항이 39개 조항으로 통합되었다.

1.4 신용장거래의 시스템과 그 당사자

(1) 신용장거래시스템

신용장이 개설(issuing)되어 그 역할을 다하기까지의 경로는 대개 신용장의 개설, 수익자에 대한 통지, 매입은행의 선적서류 매입과 개설은행에 대한 송부, 그리고 수입상의 대금결제 그리고 개설은행의 매입은행에 대한 대금상환으로 이어진다. 그러나 이러한 거래시스템은 신용장의 거래조건에 따라 상당히 달라진다. 일반적인 경우를 예로 보면 [그림 12-1]과 같다.

| 그림 12-1 | 신용장에 의한 무역거래

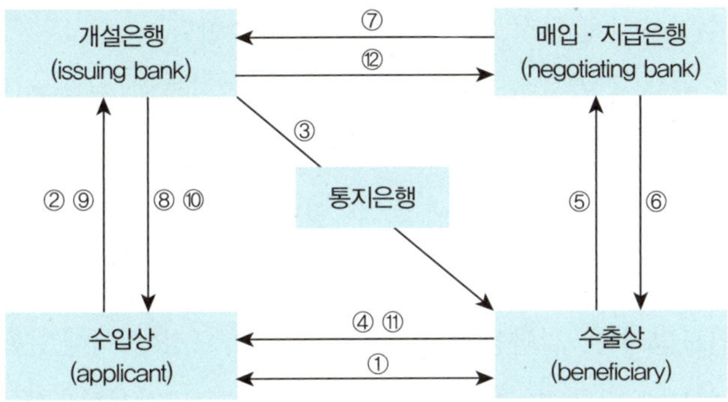

① 수출상과 수입상이 계약체결을 체결하면서 신용장으로 거래할 것을 합의한다.

② 수입상은 자신의 거래은행과 외국환거래약정을 체결한 다음 신용장의 개설을 의뢰한다.

③ 신용장개설은행은 신용장을 개설하여 이를 통지은행을 통하여 통지한다. 신용장개설방법은 우편에 의하는 경우와 약식전문(short cable) 발송 후 우편에 의하여 개설하는 경우, 그리고 정식전문(full cable)에 의하여 개설하는 경우의 세 가지가 있다. 정식전문에 의할 경우 전신문 그 자체로서 신용장의 기능을 다할 수 있고, 신속하게 신용장이 전달될 수 있기 때문에 오늘날 가장 많이 이용되고 있다. 신용장은 개설은행이 수익자에게 직접 통지할 수도 있으나 직접 수익자에게 통지할 경우 신용장의 진위(眞僞) 여부가 문제가 되어 선적서류 매입을 거절당하는 등의 불이익이 있을 수 있기 때문에 일반적으로 수출지의 통지은행을 통하여 수익자에게 통지된다.

④ 수출상은 상품을 구매하거나 생산하여 선(기)적한다.

⑤ 수출상은 운송회사로부터 선하증권(또는 항공화물운송장 등)을 발급받고 기

타 선적서류를 구비한 다음 환어음을 발행하여 거래은행에 매입을 신청한다.

⑥ 거래은행은 선적서류와 신용장을 대조, 확인한 다음 이상이 없을 때 대금을 지급한다.

⑦ 매입은행은 환어음과 선적서류를 신용장개설은행으로 송부한다.

⑧ 개설은행은 매입은행이 송부한 선적서류와 신용장을 검토한 다음 이상이 없을 경우 수입상에게 선적서류 도착사실을 통지한다.

⑨ 일람불의 경우 수입상이 대금을 결제한다. 기한부의 경우는 환어음을 인수(acceptance)한 다음 만기일에 대금을 결제한다. 그러나 환어음을 결제하기 전일지라도 운송서류를 인도받을 수 있다. 이를 수입화물대도(貸渡, T/R : Trust Receipt)라 한다. 대도는 기한부조건에서 수입상이 대금결제 전에 선적서류를 인도받거나, 일람불조건에서 수입상의 요청에 의해 은행이 당해 물품을 먼저 처분한 다음 그 판매대금으로 수입대금을 결제하도록 허용하는 제도이다. 은행이 대도를 허용하는 경우 지급보증과 함께 당해 물품의 매도, 인도, 대금의 영수방법 등에 관해 미리 은행의 승인을 받도록 요구하는 경우가 많다.

⑩ 신용장개설은행은 선적서류를 인도한다. 만일 화물이 먼저 수입지에 도착하였으나 선적서류가 도착하지 않은 경우 수입상은 은행으로부터 수입화물선취보증서(Letter of Guarantee : L/G)를 발급받아 운송회사로부터 화물을 인수할 수 있다. 이때 은행은 L/G 발급액에 상당하는 수입보증금을 요구한다. L/G의 발행은 은행이 수입상을 위하여 운송회사에 보증을 하는 여신행위의 일종이라 할 수 있다.

⑪ 수입상은 선하증권(또는 항공화물운송장 등)을 운송회사에 제출하고 상품을 인수한다.

⑫ 신용장개설은행은 매입은행에 대금을 상환한다.

[그림 12-1]은 송금방식(remittance)에 의한 대금상환방식을 설명하고 있다. 이 방식은 신용장에 별도의 상환은행(reimbursing bank)을 지정하지 않고 매입은행이 개설은행에 선적서류를 송부하면, 개설은행이 서류를 검토하여 이상이 없을 경

우 매입은행이 요청한 계좌에 송금함으로써 상환하는 방식이다.

개설은행의 대금의 상환방법에는 그 외에도 Reimbursement방식과 Debit방식이 있다. Reimbursement방식은 신용장에서 별도의 상환은행을 지정하고 매입은행이 그 은행에 자금상환을 청구하는 방식이다. 신용장에 지정된 상환은행은 지급자금에 대해 개설은행으로부터 즉시 보상받을 수 있거나 미리 자금을 수취하고 있어야 개설은행의 요청에 따라 지급할 수 있다. 대개 개설은행은 자기의 예치환거래은행(depositary correspondent bank)을 상환은행으로 지정하고 있다. 상환청구방법에는 수익자가 발행한 환어음을 상환은행에 송부하는 방법, 매입은행이 신용장개설은행을 지급인으로 하는 별도의 환어음을 발행하여 상환은행에 송부하는 방법, 매입은행이 전신으로 상환은행에 자금을 청구하여 상환받는 방법 등이 활용된다. Debit방식은 개설은행이 자기의 예치환거래은행을 지급은행(paying bank)으로 정하여 놓고 동 은행으로 하여금 수출대금을 지급하였을 때 해당 금액을 지급은행에 예치한 개설은행 명의의 계좌에서 차기(借記)하도록 하는 방식이다.

(2) 신용장거래의 당사자

신용장거래에 관계되는 자를 신용장의 당사자라 한다. 신용장의 당사자는 그가 신용장거래와 관련하는 기능에 따라 구분한 것이다.[04] 이들 당사자는 하나의 신용장거래에 모두 관여하는 것이 아니고 신용장거래의 형태에 따라 당사자가 달라진다.

---

04 예를 들어 수입상과 수출상은 그 기능에 따라 다음과 같이 다양하게 불려진다.

거래관계내용	수입상	수출상
매매관계	Buyer(매수인)	Seller(매도인)
무역관계	Importer(수입상)	Exporter(수출상)
신용장관계	Applicant(개설의뢰인)	Beneficiary(수익자)
어음관계	Drawee(지급인)	Drawer(발행인)
계정관계	Accountee(대금결제인)	Accounter(대금수령인)
화물관계	Consignee(수화인)	Consigner(송화인)

1) 개설의뢰인(applicant)

무역계약에 따라 매도인에게 신용장을 개설해 주어야 할 의무가 있는 매수인(buyer)이다. 자기의 거래은행에 수출상 앞으로 신용장개설을 의뢰하기 때문에 개설의뢰인이라 부른다.

2) 수익자(beneficiary)

무역계약상의 매도인(seller)이다. 신용장에 의하여 가장 혜택을 많이 보는 당사자라 하여 수익자(beneficiary)라 한다.

3) 개설은행(opening bank)

개설의뢰인의 요청과 지시에 따라 매매계약의 당사자인 수출상 앞으로 신용장을 개설하는 은행이다. opening bank 또는 issuing bank라고도 한다.

4) 통지은행(advising bank)

개설은행의 요청에 따라 신용장을 수출상에게 통지하는 은행이다. notifying bank 또는 transmitting bank라고도 한다.

5) 확인은행(confirming bank)

개설은행의 공신력이 미약하거나 수입국의 외환사정 악화 등으로 개설은행이 신용장대금을 반드시 지급할 수 있다는 확신이 가지 않을 경우 수출상은 제3의 은행으로 하여금 확인을 요구하는 경우가 있다. 확인(confirmation)이란 개설은행의 요청을 받은 제3의 은행이 신용장에 의한 인수, 지급, 매입을 틀림없이 하겠다는 추가적인 확약을 말한다. 이러한 확인을 하는 은행을 확인은행이라 한다.

6) 지급은행(paying bank)

지급은행은 지급신용장하에서 수익자가 제시한 선적서류에 대해서 직접 대금지급을 해주는 은행이다. 개설은행 또는 개설은행의 환거래은행(통지은행) 등이 지급은행이 될 수 있다. 지급신용장의 경우 대부분이 통지은행을 지급은행으로 지정하고 있다. 이러한 지급은행은 개설은행의 본 · 지점이거나 예치환거래은행일 경우에 이용된다.

7) 매입은행(negotiating bank)

수익자로부터 수출환어음을 매입하는 은행을 말한다. 매입은행은 곧 환어음의 선의의 소지인(bona-fide holder)이 되고, 개설은행은 신용장에 확약한 대로 이러한 어음의 소지인에게 신용장금액을 상환해 주어야 할 의무가 발생한다.

8) 인수은행(accepting bank)

기한부(usance)신용장에 의하여 발행된 어음을 인수하는 은행을 말한다.

9) 상환은행(reimbursing bank)

개설은행의 지시에 따라 매입은행에 신용장대금을 결제하는 은행을 말한다. 이를 결제은행(setting bank)이라고도 한다. 개설은행이 예치금계정을 개설해 놓은 예치환거래은행(depositary correspondent bank)이 이를 담당한다.

10) 양도은행(transferring bank)

양도가능신용장하에서 수익자의 요청에 의하여 제3자(제2수익자)에게 신용장을 양도하는 은행을 말한다.

1.5 신용장거래당사자 간의 법률관계

(1) 매수인과 매도인

매도인과 매수인 간에 무역계약이 체결되면 매수인은 신용장개설의뢰인으로서 자신의 거래은행에 수출상 앞으로 신용장의 개설(발행)을 의뢰한다. 만일 수입을 대행하는 경우에는 수입대행업자가 신용장개설의뢰인이 되어 자신의 이름으로 신용장을 개설하고 이에 대한 책임을 진다. 매수인과 매도인 간의 법률관계는 매매계약, 즉 무역계약에 의해서 결정되고, 이러한 매매계약은 신용장거래와는 직접적인 관계가 없다. 그러나 매매계약의 한 조항으로 대금지불수단이 신용장에 의한다고 명시되면 매수인은 신용장개설의무 등 신용장개설에 따르는 법률관계가 성립한다.

매수인의 신용장개설의무는 매도인 측에서 보면 매매계약 이행의 선행조건(先行條件)이므로 계약에 약정된 대로 신용장이 개설되지 않거나 지연되면 매도인은 매매계약에서 해제될 수 있는 것으로 본다.[05] 신용장은 약정된 개설기한 내에 약정된 종류의 신용장을 개설하여야 하는데 개설은행이 계약서상에 명시되지 않고 수출업자가 인정하는 은행(a bank approved by the seller)으로 표현되는 경우가 많다. 이 경우 매수인의 의뢰로 개설된 신용장을 받고 매도인이 아무런 이의를 제기하지 않으면 수출상에 의해 인정(approved)된 것으로 간주한다.

매수인이 신용장을 개설하였다는 사실이 곧 매수인의 매도인에 대한 대금지급의무를 완성시키는 것은 아니다. 신용장이 개설된 후 개설은행이 파산한 경우 매도인과 매수인의 관계를 보면 대개의 경우 신용장은 절대 지급수단(absolute payment)이 아닌 조건부 지급수단(conditional payment)으로 간주하므로 이러한 조건부 지급수단이 소멸하면 다시 원계약에 준하여 매도인은 매수인에게 대금지급을 요구할 수 있는 것으로 해석한다 다만, 계약서상에 대금은 매도인이 은행으로부터만 결제받는다는 명시적 조항이 있으면 신용장은 절대지급수단으로 간주되어 매도인은 매수인에게 항변(抗辯)하지 못한다. 그러나 대개의 계약서에는 이러한 언급이 없이 신용장을 개설해 줄 것만 요구하고 있다. 이 경우 매도인은 개설은행과 매수인과의 어떠한 계약에 관계없이, 또한 신용장을 통해 이미 확보된 매도인의 권리를 해침이 없이, 매수인에게 지급요청을 할 수 있다.

05 다음 판례들은 이를 뒷받침해 주고 있다.
Dix v. Grainger(1922) 10 LI. L. Rep. 496; Bril v. Suomen Pankki Finlands Bank(1950) 97 N.Y, Supp.(2d) 22, affd. 101 N.Y, Supp.(2d) 256

(2) 개설의뢰인과 개설은행

매수인은 먼저 거래은행과 외국환거래약정을 체결한 다음 신용장개설을 의뢰하게 되는데 개설의뢰인과 개설은행 간의 기본적인 법률관계는 이들 양자 간에 체결되는 외국환거래약정서에 의해 결정된다.

그런데 개설되는 신용장이 취소불능신용장인 경우 신용장이 일단 개설되면 개설의뢰인과 개설은행 간에 어떠한 새로운 합의가 있어도 제3자인 수익자의 동의 없이는 신용장내용의 변경이나 취소가 불가능해진다는 점을 유의할 필요가 있다.

한편 신용장개설은행이 개설의뢰인의 요청을 충족시켜 주기 위해서 다른 나라에 있는 제3의 은행서비스를 이용하는 경우가 있다. 이때 제3의 은행을 이용하는 데 드는 비용과 또 이들 은행이 지시내용을 정확히 이행하지 못함으로 야기되는 위험부담문제가 따르게 된다. 그리고 또 다른 나라의 법률이나 관습에 의해 부과되는 비용과 위험도 있을 수 있다. 이러한 모든 위험과 비용은 개설의뢰인의 요구를 이행해 주기 위해서 취하는 행위로부터 발생하는 것이므로 모두 개설의뢰인의 비용과 위험부담이 된다.[06] 아울러 개설의뢰인은 개설은행이 지급 · 인수 또는 매입한 은행에 대해서 지급 · 인수 또는 매입한 서류를 인수하고 개설은행에 대해 신용장개설약정서에 따라 그 대금을 상환하여야 할 의무를 진다.

(3) 수익자와 개설은행

신용장의 법률관계 가운데 가장 중요한 것이 바로 수익자와 개설은행 간의 법률문제이다. 이 수익자와 개설은행 간의 법률관계는 은행이 개설한 신용장에 의해 발생하는 것이고, 매도인과 매수인 간의 무역계약과는 별개이다. 개설은행의 의무는 매매계약에서 매수인의 의무에 해당하며, 이것은 개설되는 신용장이 취소가능이냐 불가능이냐에 따라 많은 차이가 생긴다. 취소가능신용장은 수익자의 동의 없이 개설은행이 일방적으로 그 내용의 변경이나 취소를 할 수 있으므로 법적 구속력을 갖

06 UCP 600 제37조 a.

지 못한다.[07] UCP 600에서는 신용장은 취소불능이라는 표시가 없더라도 취소가 불가능하다.[08] 취소불능신용장에서는 개설은행이 수익자에게 한 '지급확약'은 법적인 구속력을 갖는다. 따라서 개설은행, (있다면) 확인은행, 수익자 모두의 동의가 없는 한 취소나 변경이 불가능하다.[09] 개설은행의 확약은 절대적이며 매수인과 매도인 간의 매매계약상 분쟁과 관계없이 유효하다.[10] 개설은행은 제시된 서류가 신용장조건이 아닌 매매계약조건에 합치되지 않는다는 이유로 지급을 거절할 수 없다. 또 개설의뢰인의 상환능력 상실 또는 개설의뢰인과 계약상의 하자 등을 이유로도 수익자에게 지급을 거절할 수 없다. 일단 신용장이 개설되면 신용장은 그것 자체로서 독립된 기능을 갖게 되어 다른 어떤 계약관계에 의해 영향을 받지 않기 때문이다. 그러나 개설은행이 파산하면 매도인은 다시 매매계약으로 돌아가 매수인에게 직접 지급요청을 할 수밖에 없다.

(4) 통지은행과 개설은행

개설은행의 요청에 의하여 신용장을 수익자에게 통지하는 통지은행은 신용장개설의뢰인의 특별한 요청이 없으면 수출상 소재지에 있는 신용장발행은행의 본 · 지점[11]이 되거나 본 · 지점이 없는 경우에는 개설은행의 환거래은행이 된다. 통지은행은 신용장의 개설사실을 수익자에게 통지할 뿐이고 신용장의 심사, 지급확약과 같은 책임을 지지 않는다. 다만[12] 통지은행이 신용장이나 조건변경을 통지한다는 행

07 UCP 600 제10조 a.

08 UCP 600 제3조

09 UCP 600 제10조 a.

10 UCP 600 제4조

11 신용장통일규칙에서는 어느 은행의 다른 나라에 있는 지점은 다른 은행으로 간주된다. UCP 600 제3조

12 UCP 600 제9조에는 통지은행에게 신용장의 통지 여부에 대하여 선택을 할 수 있는 선택권을 부여하고 있다. 따라서 만일 통지은행이 통지의 요청을 받고 그런 통지를 하기로 선택한다면 통지하는 신용장의 진위를 확인해야 한다는 것이다. 만일 통지은행이 신용장의 진위성을 확인할 수 없을 때는 개설은행에 지체 없이 그 진위성(眞僞性)을 확인할 수 없음을 통보해 주어야 하며, 진위성을 확인할 수 없음에도 수익자에게 신용장을 통지해 주기로 한다면 진위성 확인이 불가능하다는 사실도 알려주어야 한다. 통지은행에 대하여 신용장을 확인하는 데 상당한 주의를 할 의무를 추가한 것은 제4차 신용장통일규칙 개정(1983) 때이고 이에 더하여 통지를 아니할 수 있는 선택권과 또 진위성

위 자체는 신용장이나 조건변경에 대한 외견상의 진정성(眞正性, the apparent authenticity of credit)이 충족된다는 점과 송부받은 조건들을 정확하게 반영하고 있다는 점을 나타낸다고 본다.

신용장의 당사자 중 법적으로 가장 가벼운 책임을 지는 것이 통지은행이다. 통지은행은 수입지 개설은행의 선택에 의해 결정되는데, 개설은행과 통지은행 간에는 대리 또는 위임의 관계가 성립되어 이러한 위임을 받은 통지은행은 개설은행의 지시내용을 수익자에게 정확하고 신속하게 전달하기만 하면 된다.

그러나 개설은행의 위임이나 지시가 아니고 매입신용장하에서 통지은행이 신용장에 대한 어음을 매입한 때에는 통지은행이 위험과 부담을 진다. 이러한 경우 통지은행은 완전히 매입은행의 기능을 발휘하게 되어 신용장조건에 일치하는 서류와 상환으로 인수 또는 매입하게 되며 개설은행에 대하여 상환청구권을 갖는다.

(5) 통지은행과 수익자

통지은행이 수익자에게 신용장을 통지하는 것은 수익자에 대한 의무가 아니고 개설은행에 대한 의무이다. 통지은행이 별도로 신용장을 확인하거나 어음을 매입하지 않는 한 수익자에 대한 의무는 신속 · 정확한 통지의무 외에는 별다른 책임이 없다. 그러므로 전달하는 내용에 오류가 있어도 통지은행은 하등의 책임을 지지 않으며 이러한 뜻을 수익자에게 전달하기 위하여 통지은행은 보통 면책조항을 신용장에 기재한다. 그러나 통지은행이 통지의무를 태만히 하거나 고의적으로 속여서 통지함으로써 수익자에게 손실을 입히면 개설은행으로부터(수익자가 개설의뢰인을 통해서) 손해배상청구를 받을 수 있다.

(6) 통지은행과 개설의뢰인

개설의뢰인과 통지은행 간에는 직접적인 법률관계가 성립하지 않는다. 설령 개설은행이 특정은행을 통지은행으로 지정하여도 개설의뢰인과 통지은행 간에 대리

을 확인하지 않았다고 통지해 줄 수 있는 선택권을 추가한 것은 제5차 개정(1993)에서이다.

나 위임 등의 법적 관계는 발생하지 않는다. 다만 양자 간의 특약이 있다면 그에 따라 법적 효과가 발생할 수는 있다.

(7) 수익자와 지급 · 인수 · 매입은행

수익자가 어음을 발행한 경우 지급 · 인수 또는 매입은행은 어음법상의 어음소지인으로서 권리를 취득한다. 따라서 수익자와 지급 · 인수 또는 매입은행 간의 법률관계는 신용장거래뿐 아니라 어음법의 구속도 받는다. 지급 · 인수 또는 매입은행은 당해 신용장에 의해서 지급 · 인수 또는 매입이 지정되어 있지 않는 한 수익자가 제시한 화환어음을 지급 · 인수 또는 매입하여야 할 의무는 없다. 그러나 은행이 일단 수익자가 발행한 환어음을 지급 · 인수 또는 매입하면 그 은행은 어음법상 어음발행인(수익자)에 대하여 선의의 어음소지인(bona-fide holder)의 권리를 가지게 되며, 어음의 인수나 지급이 거절되면 어음발행인에게 상환청구를 할 수 있게 된다.[13]

(8) 지급 · 인수 · 매입은행과 개설은행

취소불능신용장으로 매입은행이 제한되어 있지 않은 경우에는 은행이 신용장조건과 일치하는 선적서류를 매입한 때에는 개설은행에 선적서류의 지급 또는 인수를 요청할 수 있다. 그러나 신용장에서 특정은행만이 지급 · 인수 또는 매입할 수 있도록 지정된 경우에는 그 특정은행만이 지급 · 인수 또는 매입을 할 수 있는 권리가 있다.

한편 개설은행은 매입은행 등이 제시한 선적서류가 신용장조건과 일치하지 않는 경우 그 수령 익일부터 5은행영업일 내에 이를 결제할 것인가 또는 거절할 것인가

13 우리나라의 어음법 제9조에는 "어음발행인은 어음을 발행함으로 인하여 그 어음의 인수와 지급을 담보하는 것으로 인수나 지급이 없을 때는 스스로 지급할 의무를 부담한다. 그러나 이 의무 중에서 인수담보책임만은 어음 면에 면책문구를 기재하여 이를 면할 수 있다. 이에 반하여 지급의 무담보는 어떠한 경우에도 허용되지 않으며 이러한 기재를 하여도 그 기재를 하지 아니한 것으로 본다"고 규정하고 있어 우리나라에서 발행된 어음은 비록 without resourse라고 기재되어 있어도 법적 효력을 갖지 못한다.

를 결정하여야 한다.[14] 개설은행은 제시된 서류가 일치하지 않는다고 판단하는 때에는, 자신의 독자적인 판단으로 하자에 대한 권리포기(waiver)를 개설의뢰인과 의논할 수 있다. 그러나 이로 인해 심사기간이 연장되지는 않는다.[15]

(9) 지급 · 인수 · 매입은행과 개설의뢰인

지급 · 인수 또는 매입은행과 개설의뢰인 간의 관계는 통지은행과 매수인과의 관계와 마찬가지로 아무런 관계가 없으므로 법적으로 권리 · 의무관계도 존재하지 않는다. 수익자가 발행한 어음을 지급 · 인수 또는 매입은행이 소지하고 있어도 개설은행이 지급인으로 되어 있는 경우 개설의뢰인은 어음의 당사자가 아니므로 매입은행에 대하여 어음상의 채무를 지지 않는다. 은행이 수익자가 발행한 어음을 할인 또는 매입하는 것은 비록 신용장에 개설의뢰인의 표시가 있어도 개설의뢰인을 보고 매입이나 할인행위를 하는 것이 아니고 개설은행을 염두에 두고 하는 것이므로 개설의뢰인은 관계가 없다고 본다.

2 신용장의 종류

신용장의 종류는 상당히 다양하다. 신용장의 기능이 여러 가지가 있기 때문이기도 하지만 분류자의 기준에 따라 동일한 신용장도 여러 가지로 분류될 수 있기 때문이다. 신용장은 이용 주체와 용도에 따라 크게 보아 개인이나 기업이 상업적 목적으로 사용하는 상업신용장(commercial credit), 국가 또는 지방자치단체가 공금을 결제하기 위한 공용신용장(official credit), 그리고 개인의 여행자가 현금소지에 대한 위험과 부담을 덜기 위해 개설하는 여행자신용장(traveller's credit) 등으로 대별될 수 있다. 그러나 공용신용장과 여행자신용장은 오늘날 거의 사용되지 않고

14 UCP 600 제16조 c.
15 UCP 600 제16조 b.

있으므로 일반적으로 신용장이라 할 때는 상업신용장을 지칭하는 것으로 인식된다. 신용장통일규칙에서 말하는 신용장도 상업신용장만을 의미하는 것이다. 여기에서도 상업신용장에 대해 기능과 용도 등을 기준으로 신용장의 종류를 보기로 한다.

2.1 취소불능신용장과 취소가능신용장

신용장이 개설된 후 개설은행에 의해 수익자에게 사전통지 없이 변경 또는 취소될 수 있는지 여부에 따른 구분이다. 취소불능신용장(irrevocable credit)은 신용장이 개설되어 수익자에게 통지된 뒤에는 개설은행, 확인은행(확인은행이 있는 경우), 수익자 모두의 합의 없이는 신용장을 취소하거나 조건을 임의로 변경할 수 없는 신용장을 말한다.[16] 반면 취소가능신용장(revocable credit)은 개설은행이 언제든지 그리고 수익자에게 사전통지 없이 신용장의 내용을 변경하거나 취소할 수 있다. 신용장에는 취소가능인지 또는 취소불능인지를 명확히 표시하여야 하는데, 이러한 표시가 없는 신용장은 취소불능인 것으로 간주된다.[17]

2.2 확인신용장과 미확인신용장

신용장에 의한 보증을 개설은행 이외의 다른 은행이 추가적으로 확약하였는지 여부에 따른 구분이다. 확인(confirmation)이란 신용장개설은행의 수권(授權)과 요청에 따라 제3의 은행이 하는 추가적 확약(definite undertaking)이다. 이 확약은 신용장조건과 일치하는 서류가 확인은행 또는 다른 지정은행에 제시되는 경우 발행은행의 확약에 부가(附加)하여 일람출급이나 연지급(延支給) 또는 환어음의 인수 및 만기일 지급을 확실히 이행하겠다는 약속이다. 확인신용장(confirmed credit)

16 UCP 600 제10조 a.

17 UCP 600 제3조

은 이러한 확인이 추가되어 있는 신용장을 말하고, 미확인신용장(unconfirmed credit)은 이와 같은 확인이 없는 신용장을 말한다. 확인은행은 수익자 소재지에 있는 신용장개설은행의 환거래은행이나 제3국의 명망 있는 은행이 되는 것이 보통이다.

2.3 화환신용장과 무화환신용장

신용장에 의하여 발행되는 환어음에 선하증권 등 선적서류의 첨부가 필요한지 여부에 따른 구분이다. 화환신용장(documentary credit)은 신용장개설은행이 신용장에 명기된 조건과 일치하는 서류상환을 조건으로 수익자가 발행한 환어음의 인수, 지급 또는 매입을 확약하는 신용장이다. 일반적으로 신용장이라 할 때는 이러한 화환신용장을 의미한다.

무화환신용장(documentary clean credit, 이를 '무담보신용장'이라고도 한다)이란 선하증권 등의 선적서류 첨부 없이 발행되는 환어음을 인수, 지급 또는 매입할 것을 확약하고 있는 신용장이다. 이 신용장은 수출입거래에서는 잘 이용되지 않는다. 무화환신용장의 경우 선적서류는 수출상으로부터 수입상에게 직접 송부되므로 신용장개설은행이 부담하는 위험이 크게 되고, 수입상으로서도 수출상이 계약한 대로 상품을 송부할 것이라는 확신이 없으면 이러한 신용장을 개설할 수 없기 때문이다. 무화환신용장은 무역외거래인 운임, 보험료, 수수료의 결제 또는 차입금의 반환 등과 관련하여 사용되는 Clean Credit과 엄밀한 의미에서 구별된다. 무화환신용장은 선적서류가 있으나 이의 첨부를 요구하지 않는 경우이고, Clean Credit은 선적서류 자체가 발급되지 않는 경우이기 때문이다. 그러나 대금결제 시 선적서류가 필요하지 않다는 점에서는 일치하는 면이 있다.

2.4 상환청구가능신용장과 상환청구불능신용장

신용장에 의해 환어음을 매입한 은행이 어음발행인에게 소구권(溯求權)을 행사할 수 있는지 여부에 따른 구분이다. 취소불능신용장은 환어음이 신용장조건에 합치되게 발행된 이상 개설은행이 그 어음의 지급, 인수 또는 매입을 확약하고 있으므로 수입상이 파산하여 대금지급이 불가능한 경우에도 신용장개설은행이 지급, 인수의 책임을 지게 된다. 따라서 신용장조건대로 환어음이 발행되었다면 환어음의 발행인인 수익자는 소구, 즉 상환청구를 받지 아니한다. 그러나 개설은행의 파산 등으로 어음의 인수 및 지급이 불가능하게 되었을 때나 어음이 신용장조건대로 발행되지 않아 어음지급인이 지급을 거절하였을 때는 이미 지급한 어음매입대금의 상환 여부가 문제가 된다. 이때 매입은행이 어음발행인에게 상환을 청구할 수 있는 것이 상환청구가능신용장(with recourse credit)이고, 상환을 청구할 수 없는 것이 상환청구불능신용장(without recourse credit)이다.[18]

2.5 양도가능신용장과 양도불능신용장

신용장의 수익자가 신용장을 제3자에게 양도할 수 있는지 여부에 따른 구분이다. 신용장에는 수익자가 지정되어 있어 특별히 수권(授權)되어 있지 않는 한 신용장 자체를 양도할 수 없는 것이 원칙이다. 양도가능신용장(transferable credit)이란 'transferable'이란 문언이 있어서 제1수익자가 신용장금액의 일부 또는 전부를 제2수익자에게 양도할 수 있도록 권한이 부여되어 있는 신용장을 말한다.[19] 반면 양도불능신용장(non-transferable credit)은 이러한 문언이 없는 신용장을 말한다. 양도된 신용장의 조건은 원신용장의 조건과 동일하여야 하지만 신용장의 금액,

18 상환청구가능 여부는 어음의 효력과 관련이 있는 것으로 어음법의 규정에 따라 그 효과가 달라진다. 우리나라의 어음법은 상환청구불능어음은 인정하지 않고 있다. 그러나 영미법에서는 상환청구불능을 인정하고 있으므로 상환청구불능신용장에 의한 경우 어음상에 without recourse라는 문언을 기재하면 그대로 유효하다.

19 UCP 600 제38조 b.

단가, 유효기일, 서류의 제출기한, 선적기간 등은 감액되거나 축소될 수 있다. 반면 부보되어야 하는 보험금액의 비율은 높일 수 있다. 양도와 관련한 수수료, 요금, 비용 또는 경비 등 양도은행의 비용은 별도로 합의되지 않는 한 제1수익자가 지급하여야 한다.

신용장개설의뢰인의 이름을 제1수익자의 이름으로 대체할 수 있다. 다만 신용장에서 송장 이외의 서류에 개설의뢰인의 이름을 기재하도록 특정하여 요구했다면, 양도된 신용장과 관련된 서류에도 개설의뢰인의 이름을 기재하도록 해야 한다.[20] 제1수익자는 신용장에서 명시된 금액을 초과하지 않는 한도 안에서 자신의 송장과 환어음을 제2수익자의 것으로 대체할 권리를 가지고, 이 경우 송장 간 차액에 대해 신용장하에서 청구할 수 있다.

2.6 일람출급신용장과 기한부신용장

신용장에 의하여 발행되는 환어음이 일람출급이냐, 기한부이냐에 따른 구분이다. 일람출급신용장(sight credit)은 신용장에 의하여 발행되는 어음이 지급인(drawee)에게 제시되었을 때 즉시 대금이 지급되는 일람출급환어음(sight draft)인 경우의 신용장을 말한다. 반면 기한부신용장(usance credit 또는 acceptance credit)은 어음이 지급인에게 제시된 후 일정기간이 경과한 후에 대금이 지급되는 기한부어음(usance draft, time draft, term draft)인 경우의 신용장을 말한다. 기한부신용장의 경우 30days after sight, 60days after date, 60days after date of B/L 등과 같이 표시된다. 이와 같은 표시에서 수입상의 입장에서는 각각 환어음 일람 후 30일, 환어음 발행일로부터 60일, 그리고 B/L 발급일로부터 60일 뒤에 대금을 지급하면 되므로 수입물품을 판매하거나 다른 상품을 제조 · 가공하여 판매한 자금으로 수입대금을 지급할 수 있는 자금 활용상 이점이 있다.

기한부신용장(usance credit)은 다시 어음기간에 대한 신용공여를 수출상이 하느냐, 은행이 하느냐에 따라 Shipper's Usance와 Banker's Usance로 구분되고,

20 UCP 600 제38조 g.

Banker's Usance는 다시 해외은행이 신용공여를 하느냐, 국내은행이 신용공여를 하느냐에 따라 Overseas Banker's Usance와 Domestic Banker's Usance로 구분된다. Overseas Banker's Usance의 경우 일반적으로 Banker's Usance라는 표현을, Domestic Banker's Usance는 Domestic Usance라는 표현을 많이 사용하고 있기 때문에 통상 Banker's Usance라 하면 Overseas Banker's Usance를 지칭하는 것으로 이해되고 있다.

기한부신용장에 의하여 발행된 어음을 매입한 은행은 이를 다시 금융시장에서 재할인함으로써 자금 부담을 전가시킬 수 있다. 외국환은행에서 할인 매입하는 기한부어음은 흔히 그 인수인이 국제금융시장이 발달한 런던이나 뉴욕의 일류은행(prime bank)으로 되어 있다. 이때 인수지가 런던으로 되어 있는 어음을 London acceptance라 하고 그러한 조건의 신용장을 London acceptance Credit라 하며, 마찬가지로 인수지가 뉴욕인 경우를 New York acceptance 및 New York acceptance Credit라 한다.

2.7 매입신용장과 지급 · 인수신용장

신용장에 의하여 발행된 환어음의 대금회수방법에 따른 구분이다. 수익자가 서류를 구비하여 외국환은행에 제시하고 대금을 회수하는 방법은 대체로 매입(negotiation), 지급(payment), 그리고 인수(acceptance) 또는 연지급확약(deferred payment undertaking) 후 지급의 세 가지로 대별된다. 신용장통일규칙에 의하면 모든 신용장에는 일람지급, 연지급, 환어음의 인수 또는 매입에 의해 이용가능하게 표기하여야 한다.[21]

그러나 신용장이 개설은행에서만 사용가능한 것으로 규정하고 있거나, 어느 은행에서나 자유롭게 매입을 허용하는 신용장의 경우는 따로 은행을 지정하지 않아도 된다. 즉 자유매입신용장에서는 모든 은행이 지정은행이 되는 것이다. 여기에서 매입이란 지정된 매입은행이 환어음/서류에 대하여 이를 검토하고 이와 상환으로

21 UCP 600 제6조 b.

대금을 지급하는 것을 말한다. 즉 수익자가 발행한 일람불 또는 기한부환어음을 매입하고 그 대가로 수출대금을 수익자에게 지급하는 행위이다. 이 경우 환가료 및 우편료에 해당하는 금액만큼 할인할 수 있으며, 기한부어음의 경우 Usance 이자까지 추가적으로 할인될 수 있다. 대금을 지급하지 않는 단순한 서류의 검토는 매입으로 보지 않는다.

매입신용장(negotiation credit)이란 신용장에 의해서 발행되는 어음이 매입될 것을 예상하고 수익자 또는 그 어음의 배서인, 선의의 소지인(bona-fide holder)에게 공히 지급을 확약하고 있는 신용장을 말한다. 그러나 환어음의 매입 여부에 대하여는 언급하지 않고, 신용장개설은행 또는 그가 지정하는 은행에 환어음을 제시하면 지급하겠다고 확약하고 있는 신용장은 지급신용장(straight credit)이다. 여기에서 지급이란 대금결제은행이 개설은행으로부터 예치받은 금액이나 개설은행의 계정에서 신용장대금을 대금결제서류와 상환으로 직접 수익자에게 지급하는 행위를 말한다. 지급행위는 수익자가 발행한 환어음의 금액을 할인 없이 또는 환어음 없이 선적서류만을 상대로 이루어진다. 지급에는 일람불지급(sight payment)과 연지급(deferred payment)으로 나누어진다. 지급은행이 신용장개설은행일 경우 수익자는 자신의 거래은행을 통하여 개설은행에 어음의 추심을 의뢰한다. 지급신용장의 경우에도 어음의 매입 자체가 금지되는 것은 아니므로 수출상의 거래은행은 은행 자신의 위험부담으로 어음을 매입할 수 있다.

연지급신용장(deferred payment credit)은 앞서 설명한 기한부신용장(usance credit)과는 차이가 있다. 기한부신용장은 신용장조건에 의해 발행된 환어음이 신용장에 정해진 서류와 동시에 제시되고, 지급인이 동 어음을 인수(acceptance)한 후 만기에 대금을 지급하는 것이다. 여기에서 인수란 신용장의 조건에 따라 수익자가 발행한 기한부환어음을 대금결제은행이 만기일에 지급할 것을 확약하는 행위이다. 그러나 연지급신용장은 연지급의 확약(deferred payment undertaking)시점에서는 전체 대금에 대한 환어음을 제시하지 않고 연지급기간 동안 자금청구 시마다 환어음을 발행하는 차이가 있다. 이때 연지급의 확약이란 수익자가 환어음 또는 선적서류를 제시할 때 개설은행(또는 확인은행)의 지시에 따라 수익자에게 만기일을 기재한 연지급확약서를 발급해 주는 행위를 말한다.

한편 개설은행이 어음의 매입을 특정은행에 제한하는 신용장을 제한신용장(restricted credit) 또는 특정신용장(special credit)이라 하고, 이를 제한하지 않고 어느 은행에서나 매입할 수 있도록 한 신용장을 보통신용장(general credit) 또는 개방신용장(open credit)이라 한다.[22] 지급방법에 따른 신용장의 종류는 지급시기에 따라 [표 12-1]과 같이 정리해 볼 수 있다.

| 표 12-1 | 지급방법과 시기에 따른 신용장의 종류

<table>
<tr><th>구분</th><th>지급시기</th><th colspan="2">종류</th></tr>
<tr><td rowspan="2">지급신용장
(payment credit)</td><td>일람불</td><td colspan="2">일람지급신용장(sight payment credit)</td></tr>
<tr><td>기한부</td><td colspan="2">연지급신용장(deferred payment credit)</td></tr>
<tr><td rowspan="3">인수신용장
(acceptance credit)</td><td rowspan="3">기한부</td><td colspan="2">무역인수신용장(shipper's usance credit)</td></tr>
<tr><td rowspan="2">은행인수신용장
(banker's usance credit)</td><td>해외은행인수신용장
(overseas banker's usance credit)</td></tr>
<tr><td>국내은행인수신용장
(domestic banker's usance credit)</td></tr>
<tr><td rowspan="4">매입신용장
(negotiation credit)</td><td rowspan="2">일람불</td><td rowspan="2">일람출급매입신용장
(sight negotiation credit)</td><td>자유매입신용장(open credit)</td></tr>
<tr><td>매입제한신용장(restricted credit)</td></tr>
<tr><td rowspan="2">기한부</td><td rowspan="2">기한부매입신용장
(usance negotiation credit)</td><td>자유매입신용장(open credit)</td></tr>
<tr><td>매입제한신용장(restricted credit)</td></tr>
</table>

2.8 기타 특수신용장

(1) 보증신용장

보증신용장(standby credit)은 수출입대금의 결제를 목적으로 개설되는 신용장[23]

22 Straight Credit과 Restricted Credit은 다음과 같이 구분한다. ① 신용장에서 매입을 허용하면 Negotiation Credit이고, 허용하고 있지 아니하면 Straight Credit이다. ② Negotiation Credit 중 매입은행을 제한하고 있으면 Restricted Credit이고, 제한하고 있지 아니하면 Open Credit이다.

23 이를 보증신용장과 대비하여 무역신용장(trade credit)이라고도 한다.

이 아니고 금융이나 보증을 위해 발행되는 특수한 조건의 신용장(clean credit)이다. UCP 600이 적용된다고 명시된 경우 보증신용장(standby letter of credit)에도 UCP 600의 규정이 적용된다.[24] 보증신용장은 외국에서의 공사나 물품구매 등과 관련한 입찰보증(bid bond), 계약이행보증(performance bond), 선수금환급보증(advance payment bond), 유보금환급보증(retention bond), 하자보증(maintenance bond) 등을 위해 해외현지법인이나 지사가 보증서를 대신하여 사용한다.

또한 해외지사가 현지의 외국은행으로부터 자금을 융자받기 위한 지급보증서로서 또는 다른 신용장을 개설할 때 그 담보로서 사용되기도 한다. 이때 지사에 자금을 융자한 후 지정된 기간 내에 융자금을 회수하지 못한 현지은행은 보증신용장발행은행 앞으로 무담보어음(clean draft)을 발행하여 융자금 또는 신용장대금을 회수할 수 있다.

(2) 회전신용장

회전신용장(revolving credit)이란 같은 거래처와 동일물품을 일정기간에 걸쳐 반복적으로 거래할 경우 사용된다. 이와 같은 거래관계에서 매번 거래할 때마다 신용장을 개설하려면 개설의뢰인에게 많은 시간과 비용이 필요하게 되고, 거래 예상액 전액을 한꺼번에 개설하려면 일시에 과중한 자금부담도 생긴다. 이때 사용될 수 있는 것이 회전신용장이다. 이것은 일정기간 동안 일정범위 내에서 신용장금액이 자동으로 갱신되도록 허용하고 있는 것으로 자동갱신신용장(self-continuing credit)이라고도 한다. 회전신용장이 자동으로 갱신되는 방법에는 다음과 같은 세 가지가 있다.

① 회전신용장에 의하여 발행된 환어음에 대하여 개설은행으로부터 지급이 완료되었다는 통지가 있을 때 그 금액만큼 자동적으로 갱신되는 방법

② 회전신용장에 의하여 발행된 환어음이 매입되어 개설은행으로 일건서류가 송부된 후 일정기간 내에 지급거절(unpaid) 통지가 없으면 그 금액이 자동적으

24 UCP 600 제1조

로 갱신되는 방법

③ 일정기간(예를 들면 1개월)마다 그 금액이 자동적으로 갱신되는 방법

신용장금액이 갱신될 때는 갱신되기 전의 미사용 잔액을 다음 갱신금액에 합산하여 사용할 수 있는 누적적 방법(cumulative method)과 미사용 잔액이 있을지라도 다음 갱신금액에 합산되지 않는 비누적적 방법(non cumulative method) 중 한 가지가 사용된다.

(3) 선대신용장과 연장신용장

선대(前貸)신용장(advanced payment credit 또는 red clause credit)[25]은 수입상의 입장에서 본 것이고 같은 신용장을 수출상의 입장에서는 선수금(先收金)신용장이라 한다. 선대신용장은 수출상이 계약상품을 생산·가공하거나 구매하는 데 필요한 자금을 수입상이 미리 공여해 주고자 할 때 사용된다. 신용장개설은행은 수입상의 의뢰에 따라 매입은행이 일정한 조건하에 신용장금액의 일부를 수익자 앞으로 선대하여 줄 것을 허용하고, 그러한 선대금에 대한 상환을 개설은행이 보증하는 것이다. 선대신용장하에서 은행은 영수증과 물품 송부 후 선적서류를 은행에 제출하겠다는 각서를 받고 수익자에게 대금을 지급한다. 수익자는 물품 송부 후 선대금을 공제한 금액에 대해 환어음을 발행하여 당해 은행에 매입을 의뢰하는 형태로 선대금을 상환하게 된다. 선대신용장은 본사와 지사 간 거래나 매매당사자 간 신용도가 높은 경우에 한해 자금의 효율적 운영을 위해 사용된다.

한편 연장신용장(extend credit)은 계약물품의 선적 전에 수익자가 신용장개설은행 앞으로 무화환어음(clean draft)을 발행하는 경우 일정기간 이내에 상품에 관한 일체의 선적서류를 매입은행에 제출할 것을 조건으로 이를 매입할 수 있도록 허용하는 신용장이다. 연장신용장은 선적 전에 대금이 지급되는 점에서는 선대신용

25 선대신용장은 선대받은 대금으로 수출상품을 제조·가공 또는 구매하여 포장한다는 의미에서 Packing Credit라고도 한다. Red Clause란 선불허용약관이 붉은색으로 표시되어 있는 데서 유래한 것이다.

장과 유사하나, 선적서류 제출과 동시에 신용장금액이 갱신되어 연장된다는 점에서는 회전신용장과 유사한 기능을 갖는다.

(4) 구상무역관련 신용장

구상무역과 관련하여 사용되는 신용장에는 동시개설신용장(back to back credit), 기탁신용장(escrow credit), 토마스신용장(tomas credit) 등이 있다.

동시개설신용장은 어느 한 국가에서 수입신용장을 개설하는 경우 그 신용장이 수출국에서도 동액의 수입신용장을 개설하는 경우에만 유효하도록 제한하고 있는 신용장이다. 이 신용장은 수입과 수출을 연계시킴으로써 궁극적으로 교역국 간에 무역수지의 균형을 유지시키고자 하는 목적에서 사용된다.

기탁신용장 역시 수출입의 균형을 위해 사용되는 것으로, 이는 그 신용장에 의하여 발행되는 환어음의 매입대금을 수출상에게 직접 지급하지 않고 수출상 명의의 기탁계정(escrow account)에 기탁해 두었다가 그 수출상이 원 신용장개설국으로부터 수입하는 상품의 대금결제에만 사용하도록 조건을 둔 신용장을 말한다. 기탁신용장은 동시개설신용장과 달리 똑같은 금액의 신용장이 동시에 서로 개설되어야 하는 것은 아니므로 물품의 선택과 수입시기가 보다 자유롭다.

토마스신용장은 수출상과 수입상 양측이 상호 동액의 신용장을 개설하기는 하나, 일방이 먼저 신용장을 개설하는 경우 상대방은 일정한 기간 후에 동액의 신용장을 개설하겠다는 보증서(letter of guarantee)를 발행하여야 먼저 개설된 신용장이 유효하게 되는 신용장을 말한다. 이것은 동시개설신용장과 유사하지만 그 발효조건이 신용장의 개설이 아니라 보증서의 발행이라는 점에서 차이가 있다.[26]

(5) 내국신용장과 Baby Credit

외국의 수입상으로부터 신용장을 받은 수출상이 수출상품을 국내에서 구매하거

26 선(先)수출하고 후(後)수입하는 경우를 Tomas Credit, 선수입하고 후수출하는 경우를 Reverse Tomas Credit라고 구분하기도 한다. Tomas란 명칭은 중국과의 거래에서 이 방식을 처음 사용한 일본무역회사의 전신약호에서 유래한 것으로 알려져 있다.

나 생산을 위해 원재료를 국내에서 매입할 경우 동 수출품 또는 원재료의 공급자에 대한 대금지급을 보증하기 위해 원(原)신용장(이를 original credit, prime credit, master credit, first credit 등으로 부른다)을 견질담보로 자기의 거래은행에 의뢰하여 개설하는 제2의 신용장이 내국신용장(local credit)이다. 한편 Baby Credit이란 수출물품 생산에 필요한 원재료를 외국에서 수입하여 조달하는 경우 수출상이 원신용장을 견질로 원자재의 해외공급자를 위하여 자기의 거래은행에 의뢰하여 개설하는 신용장을 말한다.

(6) Transit Credit

Transit Credit은 거래 상대국에 환거래은행이 없고, 통화가 서로 직접 태환되지 않는 국가 간의 거래에 있어 사용된다. 이 경우 양국이 모두 거래하고 있는 제3국의 은행에서 제3국의 통화로 표시된 신용장을 개설하여 사용할 수 있다. 이와 같이 신용장을 개설하는 은행이나 국가가 실제 상품의 교역과는 아무런 관계가 없는 신용장을 Transit Credit라 한다.

(7) Omnibus Credit

이 신용장은 수익자가 수출화물을 선적하기 전에 화물 또는 창고증권(warrant)을 담보로 환어음을 발행하여 수출대금을 지급받을 수 있도록 허용하고 있는 신용장을 말한다. Omnibus Credit는 수익자가 선적준비는 완료하였으나 선하증권 등 관련 서류가 확보되지 아니한 상태에서 미리 대금을 입수할 수 있도록 혜택을 부여하는 것이다. 따라서 본 · 지사 간의 거래 등 신용상의 문제점이 없는 당사자 간에 제한적으로 이용된다.

(8) Blank Credit

Blank Credit은 금액만 확정되어 있고 상품의 명세를 생략한 채로 개설된 신용장을 말한다. 선적될 물품이 명세가 없기 때문에 선적물품에 대하여는 백지위임한다. 이 신용장은 플랜트 등의 거래에서 활용된다.

(9) 할부선적신용장

할부선적신용장(installment shipment credit)은 일정한 기한 내에 주기적으로 일정한 양의 상품을 선적하도록 제한을 두고 있는 신용장이다. 만일 어느 한 할부선적분을 명시된 기간 내에 선적하지 않거나, 지정된 수량을 위반하여 선적하거나 또는 어음을 발행한 경우 당해 할부선적뿐 아니라 그 이후의 모든 할부 부분에 대해서도 신용장은 무효가 된다.[27]

3 신용장의 개설과 양도

3.1 신용장의 개설

(1) 외국환거래의 약정

무역상이 외국환은행과 외국환과 관련되는 신규거래를 하고자 할 때 외국환은행은 거래에 앞서 외국환거래약정의 체결을 요구한다. 즉 신용장의 개설이나 수출환어음의 매입 등은 은행이 수입상 또는 수출상에 대한 일종의 여신행위에 속하기 때문에 이러한 여신업무와 관련하여 적용될 은행 자체의 약관에 대하여 수입상 또는 수출상에게서 동의를 받는 것이다.

외국환거래약정은 은행과 무역상과의 외국환거래에 있어 권리 · 의무사항을 규정하고 있다. 이 약정은 수출환어음의 매입, 신용장의 발행, 내국신용장의 발행, 내국신용장환어음의 매입 등에서 적용된다. 이 약정을 살펴보면 외국환은행과 무역상과의 제반 거래과정을 파악할 수가 있다. 외국환거래약정서는 [표 12-2]와 같다.

27 UCP 600 제32조

| 표 12-2 | 외국환거래약정서 서식

외국환거래약정서

【수출 · 수입 · 내국신용장발행 · 내국신용장환어음매입(추심)거래】

주식회사 ○○은행 앞

본인 (인)

주소

본인은 ○○은행(이하 "은행"이라 한다)과 수출 · 수입 · 내국신용장발행 · 내국신용장환어음매입(추심)거래를 함에 있어 "은행여신거래기본약관"이 적용됨을 승인하고 다음 각 조항을 확약한다.

제1장 공통사항

제1조 적용범위

이 약정은 다음 각항의 현재 및 장래의 모든 거래에 적용하기로 한다.

① 수출거래

1. 화환어음(환어음이 첨부되지 않은 선적서류를 포함한다. 이하 이 약정에서 같음)의 매입 및 추심
2. 보증신용장 등에 의한 무화환어음(Clean Bill)의 매입
3. 기타 전 각호에 준하는 거래

② 수입거래

1. 신용장발행
2. 화환어음의 인도 및 결제
3. 보증신용장에 의한 무화환어음의 인도 및 결제
4. 기타 전 각호에 준하는 거래

③ 내국신용장발행거래

④ 내국신용장환어음매입(추심)거래

제2조 권리의 행사

① 수출환어음 및 내국신용장환어음 매입대금(은행의 매입대금을 말한다. 이하 이 약정에서 같음)의 경우에는 은행은 환매채권에 의하여 청구하거나 금전소비대차에 의한 대출금으로 보아 어음채권 또는 여신채권 중 어느 것에 의하여도 청구할 수 있다.

② 수입화환어음 및 내국신용장환어음결제를 위한 대지급금의 경우에는 은행은 어음채권 또는 여신채권 중 어느 것에 의하여도 청구할 수 있다.

제3조 담보

본인은 제1조의 거래에 수반하는 물품 및 관련 서류를 당해 거래와 관련하여 은행에 부담하는 채무의 이에 부수하는 이자, 할인료, 수수료, 지연배상금, 기타 부대비용 등의 지급을 위한 담보로서 은행에 양도한다.

제4조 적용환율

적용환율은 신청서 등을 접수한 날과 관계없이 실제로 지급받거나 지급하는 날의 은행이 정한 해당 환율로 한다.

제5조 수수료, 비용 및 손해의 부담

① 본인은 은행의 책임 있는 사유로 인하여 추가로 발생한 것이 아닌 한 제1조의 거래에 따른 이자, 할인료, 수수료, 지연배상금, 손해배상금, 기타 부대비용 및 은행의 권리행사, 권리보전, 담보의 취득 및 처분에 따른 비용, 운임, 보험료, 기타 모든 비용 및 손해를 부담하며, 은행이 계산근거를 명시하여 청구하는 바에 따라 곧 지급한다. 다만, 본인이 계산방법 등에 관하여 이의를 제기하는 경우에는 은행은 이를 심사하여 그 결과를 통지한다.

② 은행은 제1항의 이자, 할인료, 수수료 등 제반비용의 요율 및 계산방법을 성질상 고시하기 어려운 것을 제외하고는 고시토록 한다.

③ 제1항의 수수료 등을 본인 이외의 자가 부담하기로 되어 있는 경우에는 본인의 비용으로 은행이 본인 이외의 부담자에게 청구하였으나 입금되지 아니하여 본인에게 청구한 때는 본인이 이를 곧 지급한다. 다만, 은행이 본인 이외의 부담자로부터 이를 지급받는 경우에는 반환한다.

제6조 백지어음 제공의무와 보충권 수여

본인은 은행의 채권보전을 위해 제1조 각항의 거래별로 액면과 지급기일이 백지로 된 약속어음을 연대보증인과 공동발행하여 은행에 제공하겠으며 은행은 필요하다고 인정하는 경우 백지어음을 보충하여 행사할 수 있다.

제7조 적용기간

이 약정의 적용기간은 정하지 않기로 한다. 다만, 부득이한 사유가 있는 경우 은행이나 본인은 이 약정을 해지할 수 있으며 이 경우 해지 전에 이루어진 거래에 대하여는 이 약정을 계속 적용한다.

제8조 준용규정

본인과 은행은 약정되지 아니한 사항에 대하여 따로 정함이 없는 한 '신용장통일규칙,' '추심에 관한 통일규칙,' '은행간 신용장대금상환에 관한 통일규칙,' 기타 국제규약, '무역업무자동화처리약관' 및 은행의 관련 규정에 따르기로 한다.

제2장 수출거래에 대한 특약

제9조 환거래은행 및 송달방법의 선정

신용장 또는 계약서, 매입신청서 등에 명시되어 있지 않은 경우 환거래은행 및 화환어음의 송달방법은 은행이 선정하기로 한다.

제10조 결제기간의 연장

지급의무자가 결제기간의 연장을 요청한 경우 은행은 본인의 동의를 얻어 승낙할 수 있다. 다만 은행이 부득이하다고 인정하는 때는 본인의 동의 없이 승낙할 수 있다. 이 경우 은행은 승낙한 사실을 곧 본인에게 통지한다.

제11조 매입대금 상환

① 다음 각 호에서 정한 사유 중 하나라도 발생한 경우 본인은 은행으로부터 독촉, 통지 등이 없어도 당연히 다음 각호에서 정한 화환어음 매입대금의 상환의무를 지고 곧 변제하기로 한다.
  1. 본인에 대하여 은행여신거래기본약관 제7조 제1항(당연 기한 전 채무변제의무) 각호에서 정한 사유 중 하나라도 발생한 경우에는 모든 화환어음
  2. 화환어음의 지급의무자에 대하여 은행여신거래기본약관 제7조 제1항(당연 기한 전 채무변제의무) 각호에서 정한 사유 중 하나라도 발생한 경우에는 그가 지급의무자로 되어 있는 모든 화환어음
  3. 은행의 관련 규정이 정하는 기간까지 은행의 매입대금이 입금되지 아니하거나 화환어음의 인수가 이루어지지 아니하는 경우의 그 화환어음
  4. 환거래은행 등으로부터 지급 또는 인수 거절된 경우의 그 화환어음
  5. 본인이 화환어음 만기일 이전에 매입대금을 상환하고자 하는 경우의 그 화환어음

② 본인에 대하여 은행여신거래기본약관 제7조 제4항 및 제5항(은행의 서면독촉에 의한 기한 전 채무변제의무) 각호에서 정한 사유 중 하나라도 발생한 경우 본인은 은행의 서면독촉 통지 도달일로부터 10일 이상으로 은행이 정한 기간이 경과하면 모든 화환어음의 매입대금의 상환의무를 지고 곧 변제하기로 한다.

③ 제1항 및 제2항과 관련하여 본인은 매입 당시의 외화여신 연체이율로 매입일로부터 지급일까지 계산한 손해배상금을 지급한다. 이 경우 은행은 매입 당시 징수한 환가료를 환급한다.

④ 제1항 및 제2항과 관련하여 본인은 매입신청 시 제출한 화환어음 또는 매입신청서에 근거하여 매입대금을 상환하며 은행은 본인이 매입대금과 이에 부수하는 손해배상금, 수수료, 비용 등을 변제할 때까지 화환어음 및 수출물품에 대하여 모든 권리를 행사한다.

제12조 화환어음 등의 반환

① 이 약정에 의하여 은행에 대한 채무의 변제 또는 은행여신거래기본약관 제9조(은행으로부터의 상계 등)에 의한 상계 등의 경우 은행은 본인에게 화환어음 및 수출물품을 채

무변제 등의 시점에 반환하지 아니하여도 된다.

② 본인은 은행이 반환하는 화환어음을 은행에서 수령한다. 다만, 수출물품은 화환어음을 수령함으로써 반환받은 것으로 한다.

③ 은행의 책임 없는 사유로 인하여 화환어음 및 수출물품의 반환이 불가능한 경우 은행의 반환의무는 없는 것으로 한다.

제3장 수입거래에 대한 특약

제13조 신용장의 발행, 통지 및 환거래은행 등의 선정

① 은행은 본인이 제출하는 신용장발행신청서(조건변경신청서 포함) 등의 기재사항에 따라 신용장을 발행, 통지한다.

② 신용장발행신청서에 명시되어 있지 않는 경우 환거래은행(통지은행, 지급은행, 인수은행, 확인은행, 기타 관련 은행을 말한다. 이하 같음) 및 통지방법은 은행이 선정하기로 한다.

제14조 대도물품의 처분

① 본인은 대도물품을 입고, 운반, 출고, 가공, 매도 이외의 목적으로 사용하거나 제3자에게 담보로 제공할 수 없으며 또한 기타 은행의 권리를 해하는 행위도 할 수 없다.

② 본인은 대도물품을 매도할 경우 금액, 물품의 인도, 대금의 영수방법 등에 관하여 미리 은행의 동의를 받는다.

③ 본인은 대도물품의 매도대금 영수 후 곧 은행에 지급하며 매도대금을 어음, 기타 유가증권 등으로 받는 경우에는 이를 곧 은행에 양도한다.

제15조 신용장조건과 불일치하는 화환어음

① 은행이 채권보전을 위하여 필요하다고 인정하는 경우 은행은 신용장조건과 불일치하는 화환어음에 대하여 본인의 동의 없이 지급 또는 인수를 거절할 수 있다. 이 경우 은행은 본인에게 사후통지하기로 한다.

② 화환어음이 은행에 도착하기 전 신용장조건과의 불일치를 사유로 환거래은행 등으로부터 지급 또는 인수 등의 동의 여부에 대한 조회를 받은 경우에도 제1항과 같다.

③ 은행이 본인에게 신용장조건 불일치에 관한 조회를 하였으나 본인의 회보가 은행의 관련 규정이 정한 기간 내에 도착하지 않는 경우 은행은 화환어음의 지급 또는 인수에 대한 동의 또는 거절 여부를 결정할 수 있다.

제16조 결제일

본인은 대금의 결제조건이 일람출급인 경우에는 화환어음(차기통지서가 먼저 도착하는 경우에는 그 차기통지서) 도착 후 은행의 관련 규정이 정한 기일 내에 결제하고, 기한부출급일 경우에는 만기일에 결제한다.

제17조 수입물품선취보증서에 의한 수입물품인도

① 본인은 화환어음 도착 전에 운송회사로부터 수입물품을 인도받고자 하는 경우 은행에

수입물품선취보증서(항공화물운송장에 의한 수입물품인도승낙서를 포함한다. 이하 같음) 발급을 신청하여 은행의 사전승낙을 받아야 한다.
② 본인은 수입물품선취보증서의 발급을 신청하는 경우 은행의 관련 규정이 정하는 바에 따라 수입결제대금을 적립한다.

제18조 신용장의 취소 및 조건변경
① 은행은 본인이 신청한 경우에 한하여 신용장을 취소 또는 조건변경할 수 있다. 다만, 그 효력은 신용장의 취소 또는 조건변경의 당사자(개설은행, 수익자, 확인신용장의 경우는 확인은행) 전원의 동의가 있어야 비로소 발생한다.
② 제1항 본문에 불구하고 유효기일 경과 등 상당한 사유가 있는 경우 은행은 취소할 수 있다. 이때 은행은 본인에게 사후통지한다.

제19조 제3자 명의의 신용장발행
본인이 제3자 명의의 신용장발행을 은행에 본인명의로 신청한 경우에는 모든 부분에 있어서 이 약정이 적용된다.

제4장 내국신용장발행에 대한 특약

제20조 지급금액
본인은 은행의 내국신용장발행에 따라 은행에 지급할 원화금액은 발행 당시의 내국신용장 원화금액에 불구하고 내국신용장 부기 외화금액에 매입(추심)은행이 환어음을 매입(추심)하는 날의 해당 환율을 곱하여 청구한 금액으로 한다.

제21조 구매물품의 처분
구매물품 처리에 관하여는 제14조를 준용한다.

제22조 신용장의 취소 및 조건변경
은행은 본인이 관계당사자의 동의를 얻어 신청한 경우에 한하여 내국신용장을 취소 또는 조건변경할 수 있다. 다만 유효기일 경과 등 상당한 사유가 있는 경우에는 은행이 신용장을 취소할 수 있다. 이때 은행은 본인에게 사후통지한다.

제5장 내국신용장환어음매입(추심)에 대한 특약

제23조 매입대금상환
① 다음 각호에서 정한 사유 중 하나라도 발생한 경우 본인은 은행으로부터 독촉, 통지 등이 없어도 당연히 다음 각호에서 정한 환어음 매입대금의 상환의무를 지고 곧 변제하기로 한다.
1. 본인에 대하여 은행여신거래기본약관 제7조 제1항(당연 기한 전 채무변제의무) 각호에서 정한 사유 중 하나라도 발생한 경우의 모든 환어음

2. 내국신용장 발행은행에 의하여 지급 거절되는 경우의 그 환어음

② 본인에 대하여 은행여신거래기본약관 제7조 제4항 및 제5항(은행의 서면 독촉에 의한 기한 전 채무변제의무) 각호에서 정한 사유 중 하나라도 발생한 경우 본인은 은행의 서면독촉 통지 도달일로부터 10일 이상으로 은행이 정한 기간이 경과하면 모든 환어음 매입대금의 상환의무를 지고 곧 변제하기로 한다.

③ 제1항 및 제2항과 관련하여 본인은 매입 당시 원화여신연체이율로 매입일로부터 지급일까지 계산한 손해배상금을 지급한다. 이 경우 은행은 매입 당시 징수한 매입이자를 환급한다.

④ 제1항 및 제2항과 관련하여 본인이 매입대금과 이에 부수하는 손해배상금, 수수료, 비용 등을 변제할 때까지 은행은 매도물품에 대하여 모든 권리를 행사한다.

제24조 환어음 등의 반환

① 이 약정에 의하여 은행에 대한 채무의 변제 또는 은행 여신거래기본약관 제9조(은행으로부터의 상계 등)에 의한 상계 등의 경우 은행은 환어음 및 이에 첨부된 서류를 채무변제 등의 시점에 반환하지 않아도 된다.

② 본인은 은행이 반환하는 환어음 및 이에 첨부된 서류를 은행에서 수령한다.

③ 은행은 책임 없는 사유로 인하여 환어음 및 이에 첨부된 서류의 반환이 불가능한 경우 은행의 반환의무는 없는 것으로 한다.

<table>
<tr><td colspan="2">본인은 은행여신거래기본약관 및 이 약정서 사본을 확실히 수령하고, 주요 내용에 대하여 충분한 설명을 듣고 이해하였음</td></tr>
<tr><td>본인</td><td>(인)</td></tr>
</table>

(2) 신용장개설의 신청

1) 개설신청 시의 제출서류

신용장개설을 신청하고자 할 때는 다음 서류를 개설하고자 하는 외국환은행에 제출하여야 한다.[28] 외국환은행은 이러한 서류를 검토한 다음 신용장개설 여부를 결정한다.

28 신용장을 개설할 때 은행은 개설의뢰인으로부터 수수료를 징수한다. 신용장의 개설수수료는 은행에 따라, 그리고 수입물품에 따라 차이가 있으나 일반소비재의 경우 3개월마다 0.23% 내외이고 수출용원재료는 3개월마다 0.15% 내외이다. 단 어느 경우에나 최저요금을 건당 10,000원 정도 징수한다.

① 취소불능화환신용장 개설신청서

② 수입계약서 또는 물품매도확약서(offer sheet)

③ 보험서류(가격거래조건이 FAS, FOB, FCA, CFR, CPT인 경우)

④ 수입대행계약서(대행 수입의 경우)

⑤ 기타 은행이 필요하다고 인정하는 서류

2) 개설신청서의 작성

신용장개설신청서는 은행에 따라 서식구성에 약간의 차이가 있다. 작성방법은 아래와 같다.

① **신용장개설방법** : 신용장의 개설통지는 신청인의 요청에 따라 전신 또는 우편으로 한다. 개설신청서 상단의 □CABLE 또는 □AIRMAIL에 표시를 하면 된다. 은행에서는 일반적으로 CABLE(SWIFT)로 통지하도록 권유한다.

② **신용장번호 부여** : 1. Credit No는 은행이 전산 입력을 하면 전산으로 부여되는 번호이다.

③ **신용장개설일자** : 2. Date란에 개설신청 의뢰일자를 기재한다.

④ **통지은행의 선정** : 3. Advising Bank란은 개설신청인이 지정하여 신청할 수 있다. 그러나 신청인이 지정하지 않거나, 지정한 은행이 개설은행과 환거래계약이 체결되지 않은 경우에는 은행과 협의하여 지정한다.

⑤ **신용장의 확인 여부** : 6. Confirm란은 개설신청인이 수출상의 요구에 따라 개설은행 이외의 제3의 은행을 요청하는 경우에 □YES에 표시하고, 그렇지 않은 경우에는 □NO에 표시한다.

⑥ **양도가능 여부** : 7. Transferable란은 개설되는 신용장의 양도가능 여부를 표시하는 항목이다. 양도를 허용할 경우에 □YES에 표시하고, 그렇지 않은 경우에는 □NO에 표시한다.

⑦ **개설의뢰인의 표시** : 8. Applicant란에 신용장개설신청인의 영문명과 주소 등을 기재한다.

⑧ **수익자의 표시** : 9. Beneficiary란에는 수익자를 기재한다. 여기에는 통지은행이 전화 또는 FAX를 통하여 수익자에게 신용장 도착사실이 통보할 수 있도록

수익자의 주소, 전화번호 등도 기재한다.

⑨ **신용장금액** : 10. Amount란에는 신용장 한도금액을 기재한다. 숫자와 문자로 병기되어 있는 경우 상호 모순되지 않게 기재하여야 한다.

⑩ **유효기일** : 12. Expiry date란은 매입은행 등에 서류가 제시되어야 하는 최종 기일이다. 유효기일과 제시되어야 하는 장소를 기재한다.

⑪ **결제조건** : 13. Tenor란은 환어음 지급기일의 표시이다. 일람출급신용장의 경우 □At sight에 표시하고, 기한부신용장의 경우 □Usance에 표시하되 신용공여자에 따라 □Banker's 또는 □Shipper's를 구분표시한다. 또한 해당 결제기간도 60days after sight, 60days after B/L date 등으로 함께 표시한다.

⑫ **결제은행** : 19. Drawee Bank란에는 개설은행의 지시에 따라 매입은행에 신용장대금을 결제하는 은행을 기입한다. 신용장개설은행은 당해 은행의 예치환거래은행(depositary correspondent bank) 중에서 결제은행을 선정하게 된다.

⑬ **무역서류 요구문언** : 23. 무역서류란에는 개설신청인이 신용장에 요구할 무역서류의 해당 □에 표시한다. 통상적인 무역서류의 명세와 요구 통수는 개설신청서에 인쇄되어 있으나 추가적인 서류를 요구할 경우에는 40. Other Document or Other Conditions란에 추가로 기재한다.

⑭ **상품명세** : 36. Commodity Descriptions란은 품명, 단가, 수량 등을 기재한다. 이 명세는 수입계약서의 내용과 일치하여야 한다.

⑮ **원산지** : 37. Country of Origin란에 수입물품의 원산지를 기재한다.

⑯ **가격조건** : 38. Price terms란의 □CIF, □CFR, □FOB에 해당 가격조건을 표시한다. CIF와 CFR조건일 경우는 도착항명을, FOB조건일 경우는 선적항명을 뒤에 기재한다.

⑰ **선적항 및 도착항** : 28. Shipment란의 선적항 및 도착항은 수입계약서의 내용과 일치하여야 한다. 선적항은 From 칸에, 도착항은 To 칸에 기재한다.

⑱ **선적기일** : 29. Latest Shipment Date란에 신용장 유효기일 이내인 선적기일을 명시한다. 선적기일을 명시하지 않은 경우에는 유효기일이 최종 선적기일로 간주된다.

⑲ **분할선적** : 30. Partial Shipment란에 분할선적의 허용 여부를 표시한다. 허용할 경우에는 □Allowed에 표시하고, 허용하지 아니할 경우에는 □Prohibited에 표시한다. 분할선적을 금지할 경우에는 반드시 금지표시를 하여야 하며, 아무런 표시가 없을 경우는 분할선적을 허용한 것으로 간주된다.

⑳ **환적** : 31. Transshipment란에 환적의 허용 여부를 표시한다. 허용할 경우에는 □Allowed에 표시하고, 허용하지 않을 경우에는 □Prohibited에 표시한다.

㉑ **서류제시기간** : 서류제시기간은 선적 후 선적서류를 매입은행 등에 제시하여야 하는 기간을 말한다. 32. 공란에 해당 기간을 기재한다. 기재하지 않고 별도의 명시가 없으면 선적일자 후 21일 이내에 제시하여야 하는 것으로 간주한다.

㉒ **국외발생 은행수수료 부담자** : 국외에서 발생하는 해외은행수수료(advising commission, telex charge 등)의 부담자가 개설신청인일 경우 33. □Applicant란에 표시하고 수익자가 부담할 경우에는 □beneficiary란에 표시한다.

㉓ **기타 조건** : 기타 신용장의 개설과 관련하여 필요한 조건이 있는 경우에는 40. Other Conditions란에 이를 기재한다.

3.2 신용장의 구성내용

신용장의 형식은 국제상업회의소에서 제정한 표준양식을 각국의 은행들이 채택하는 형태를 취하고 있으나 발행은행과 신용장의 종류에 따라 그 형식이 다소 달라진다. 그러나 신용장통일규칙을 준수한다는 점은 공통적이다. 일반적으로 신용장은 ① 신용장 자체에 관한 사항, ② 환어음에 관한 사항, ③ 상품 및 선적에 관한 사항, ④ 선적서류에 관한 사항, ⑤ 기타의 기재사항으로 구성된다.

(1) 신용장 자체에 관한 사항

1) 신용장발행은행(issuing bank)

신용장의 서두 부분에 나타나는 은행명이 신용장발행은행이다. 이 발행은행은 수출상이 발행하는 어음의 지급 · 인수를 확약하는 은행이다. 본문 중에서는 'we', 'our', 'us' 등은 이 발행은행을 지칭하는 것이다. 보통 발행은행의 명칭 밑에 우편주소, 전신약호, 웹 사이트 등이 기재된다.

2) 신용장의 종류

신용장이 취소불능화환신용장인지, 취소가능화환신용장인지 여부에 따라 'Irrevocable Documentary Credit' 또는 'Revocable Documentary Credit'로 표시된다.

3) 신용장번호(L/C No.)

신용장의 번호는 모든 관계 선적서류에 기재되도록 요구된다.

4) 신용장 발행지와 발행일자

'Place and date of issue'에 기재된다. 통상 월 표시는 문자로 한다. 신용장개설은행은 개설일로부터 유효기간 동안 수익자에게 지급, 인수 등을 확약하며 개설일자는 환어음에도 표시하도록 하고 있다.

5) 신용장개설의뢰인(applicant)

신용장발행을 신청한 수입상이 기재된다. 표준형식을 사용하지 않는 신용장에서는 보통 'for account of' 다음에 기재된다.

6) 수익자(beneficiary)

신용장의 수신인인 수출상으로 'addressee'로 표시된다. 본문 중에서는 'you' 또는 'your' 등의 인칭대명사로 표시된다.

7) 통지은행(advising bank)

신용장의 개설내용을 수익자에게 통지하여 주는 은행이다. 통지은행은 수익자가 소재하는 지역의 은행으로서 자기은행의 본 · 지점이나 환거래계약체결은행이 된다. 신용장이 전신으로 개설되는 경우에는 통지은행의 소정양식을 사용하여 통지하기 때문에 통지은행명이 반드시 표시되나 표준양식을 사용하지 않는 신용장에서는 통지은행명이 생략되기도 한다.

8) 신용장금액(amount)

신용장금액은 신용장에 의하여 발행되는 환어음의 한도금액을 나타낸다. 신용장금액은 변조를 방지하기 위하여 문자와 숫자로 병기(倂記)된다. 표준양식을 사용하지 않는 신용장에서는 금액 앞에 'amount' 대신 다음과 같은 문언이 기재될 수 있다.

① for a sum or sums not exceeding a total of …

② to the extent of not exceeding a total of …

③ for a maximum amount of …

④ up to an aggregate amount of …

⑤ up to an amount not exceeding …

9) 신용장의 유효기일과 만료 국가(expiry date)

'Date and place of expiry'에 신용장의 유효기일과 유효장소 또는 국가가 기재된다. 유효기일은 수익자가 신용장에 따라 발행된 어음의 지급 · 인수 또는 매입을 위하여 은행에 제출하여야 할 최종기일을 말한다. 만일 신용장에 유효기일이 명시되어 있지 않을 경우 은행은 선적일로부터 21일이 경과하여 은행에 제시된 서류는 이를 수리하지 않는다.[29] 만일 유효기일 및 서류제시기간이 일요일이나 법정공휴일과 같이 은행영업일이 아닌 경우에는 그 다음의 최초영업일까지 유효기간은 자동으로 연장된다. 표준양식을 사용하지 않는 신용장에서는 다음과 같은 문언 뒤에 유

29 UCP 600 제14조 c.

효기일이 표시된다.

① Drafts must be presented for negotiation not later than …

② This Credit expires on …

③ The Draft(s) drawn under this credit must be presented on or before …

④ This credit is valid until … presentation of documents with a bank.

10) 신용장의 통지번호(advice No.)

이것은 신용장통지은행이 신용장조건변경 통지업무 등의 편의를 위해 임의의 번호를 부여한 것이다.

(2) 환어음에 관한 사항

1) 환어음발행인(drawer)

신용장 본문에서 'you' 또는 'your'라는 문구가 환어음발행인을 지칭하는 것으로 신용장의 수익자인 수출상이다.

2) 환어음지급인(drawee)

환어음의 지급인은 일반적으로 신용장발행은행이나 개설의뢰인(수입상)이지만 발행은행의 예치환거래은행(depository correspondent bank)이 되기도 한다. 표준양식을 사용하지 않는 신용장에서는 본문에서 'to value on' 또는 'to draw on' 문구 다음에 오는 자가 지급인이다.

3) 환어음의 지급기일(tenor)과 환어음금액(amount of draft)

일람출급어음(sight draft)거래인 경우에는 at sight로, 기한부어음(usance bill)인 경우에는 'at ○○days after sight'로 표시된다. 환어음금액은 보통 송품장금액과 일치하기 때문에 'for 100% invoice value' 또는 'for full invoice value' 등으로 표시된다. 예를 들어 'at 60days after sight for 100% invoice value'로 표시된 경우 '송품장금액 전액에 해당하는 일람 후 60일 기한부어음'이란 의미이다.

4) 환어음표시 문구

신용장 본문에는 발행되는 환어음에 'Drawn under Documentary credit No.(신용장번호) dated(신용장발행일자) of(신용장발행은행)'의 문구를 표시하도록 요구하는 문언이 있다. 이러한 기재는 환어음이 신용장에 근거하여 발행되었음을 나타냄으로써 환어음의 유통성을 높이는 효과를 주게 된다.

(3) 상품 및 선적에 관한 사항

1) 상품의 명세와 가격조건(covering)

선적서류상에 명시되어야 할 상품의 명세와 가격조건에 관한 사항이다. 'Merchandise to be described in the invoice as … FOB Busan'과 같이 표시하도록 요구된다. Covering에는 상품명, 상품의 수량, 상품의 명세, 상품의 단가, 가격조건 등이 기재된다. 예를 들면 '500 sets of color TV, 29 inches widths at US$1,000, FOB Busan'과 같이 연속적으로 표시된다. 하지만 신용장에서 요구하고 있는 상품명세와 상업송장의 기재내용은 완전히 일치하여야 한다.[30] 그러나 상업송장을 제외한 기타 서류에는 신용장상의 상품명세와 모순되지 않는 한 일반적인 용어로 기재할 수 있다. 가격조건은 매매계약에서 약정된 거래조건이 표시된다.[31]

2) 선적지(point of shipment)

'Shipment from' 다음에 표시되는 것이 선적지명이다. 복합운송에 따라 선적이라는 개념은 적재(loading on board)뿐 아니라 발송(dispatch)이나 수탁(taking in charge), 운송을 위한 인수(accepted for carriage) 등을 포괄하는 용어로 사용되고 있다.

30 UCP 600 제18조 c.

31 UCP 600 제14조 e.

3) 선적기일(shipping date)

선적기일은 상품의 최종 선적일(latest date for shipment) 기한을 의미한다. 선적기일은 명시된 날짜를 포함한다. 표준양식을 사용하지 않는 신용장에서 사용되고 있는 선적기일의 표시문언은 다음과 같다.

① shipment latest …

② shipment to be effected(made) not later than …

③ Bill of Lading must be dated not later than …

④ evidencing shipment during …

4) 분할선적(partial shipment)

분할선적 허용 여부를 표시한 것으로 'partial shipments are prohibited'나 'partial shipments are not allowed'로 기재된다. 이러한 표시가 없거나 'allowed' 또는 'permitted' 등의 표시가 있으면 분할선적이 허용된다.

5) 환적(transshipment)

환적의 허용 여부를 표시한 것으로 분할선적의 경우와 같이 명시적인 금지가 없으면 환적이 인정되는 것으로 본다. 환적은 종래 선박에서 선박으로의 이적(移積)을 의미하였으나 오늘날은 그 적용 범위가 확대되어 복합운송에서는 일반적인 운송형태인 서로 다른 운송방식 간의 이적까지 포함하는 것으로 이해되고 있다.

6) 도착지(point of destination)

해상운송의 경우에는 도착항, 복합운송의 경우에는 최종 목적지가 기재된다.

(4) 선적서류에 관한 사항

1) 운송서류에 관한 사항

운송서류는 운송수단과 운송형태 등에 따라 달라진다. 해상운송에서 요구되는 운송서류에 관한 문언은 통상 다음과 같다. 'Full set of clean on board Bill of

Lading, made out to the order of ○○○ Bank.'

여기에서 'full set'이란 발행된 선하증권 모두를 의미한다. 통상 선하증권은 분실이나 도난위험에 대비하여 3통을 1조로 발행되는데, 담보권 확보를 위해 이들 3통 모두를 제출하도록 요구하고 있는 것이다. 'clean B/L'이란 물품이나 포장에 하자(瑕疵)가 없는 무고장선하증권일 것을 요구하는 것이다.[32] 또한 'on Board B/L'이란 수취선하증권이 아닌 선적선하증권일 것을, 그리고 'order of ○○○ Bank'는 지시식 선하증권을 요구하는 것이다.

2) 보험서류에 관한 사항

보험서류에 관한 사항은 거래조건이 CIF이거나 CIP일 때 명시된다. 보험서류에 관한 문언의 예를 들면 다음과 같다. "Insurance Policy or Certificate in duplicate, endorsed in blank for 110% of the invoice value, expressly stipulating that claims are payable in New York and it must be effected on I.C.C.(B) including War Risk and TPND."

이 문언에서는 보험증권이나 보험증서 중 어느 것이나 수리가 가능하며, 보험금액은 송품장금액의 110%, 보험금의 지급지는 New York, 담보조건은 신협회적하약관의 B조건으로 하되 전쟁위험과 도난, 발화(發火), 불착(不着)위험을 특약하도록 요구하고 있다.

3) 상업송장(invoice) 기타 첨부서류

상업송장과 기타 원산지증명서, 포장명세서, 각종 검사증명서 등을 선적서류로서 요구하는 것이다. 이러한 서류는 무역계약에 따라 신용장에 열거되는 것이다.

32 선적과정에서 선적지시서에 기재된 내용과 선적되는 화물이 불일치하거나 포장이나 화물 자체에 이상이 있을 경우 본선수취증(M/R)에 'Remarks'가 기재된다. 이 경우의 M/R을 고장부수취증(foul receipt)이라 한다. 고장부수취증의 내용이 그대로 기재되어 발행된 선하증권이 고장부선하증권(foul B/L)이다. 고장부선하증권은 'clean B/L'을 요구하는 신용장에서 수용될 수 없기 때문에 송하인은 운송회사와 교섭하여 그 화물이 후일 문제가 되더라도 선박회사에 책임을 전가시키지 않겠다는 취지의 각서, 즉 파손화물보상장(Letter of Indemnity : L/I)을 제공하고 무고장선하증권을 발급받을 수 있다.

4) 서류의 제시기한

신용장에는 유효기일 외에 선적서류의 제시기일을 명시하도록 하고 있다. 만일 서류제시기한을 명시하지 않았을 경우, 서류는 발행일 후 21일 이내에 은행에 제시되어야 한다. 그러나 어떤 경우에도 서류의 제시는 신용장의 유효기간 종료일 이전에 이루어져야 한다.

(5) 기타의 기재사항

1) 특수조건

이 란에는 특별기재사항 및 기타 필요한 서류가 기재된다. 만일 란이 부족할 경우에는 별지(attached sheet)가 사용된다. 특수조건(special conditions)의 문언의 예로는 다음과 같은 것이 있다.

① All banking charges outside of the U.S.A. shall be borne by beneficiary.

② This credit is transferable.

③ Shipment must be made on Korean flag vessel only.

④ Forwarder's B/L is acceptable.

⑤ The commercial invoice and packing list must include the serial number list.

2) 발행은행의 지급확약문언

신용장조건에 일치하게 발행된 환어음에 대하여는 틀림없이 지급 또는 인수를 이행하겠다는 발행은행의 확약문언이다. 지급확약의 문언에 따라 지급신용장(straight credit)과 매입신용장(negotiation credit)을 구별할 수 있다. 지급신용장의 경우는 "We hereby agree with you that…"로 기재되고, 매입신용장의 경우는 "We hereby agree with the drawers, endorsers and bona fide holders…"로 기재된다.

3) 매입서류의 직송(直送)문언

매입서류를 우송할 때 개설은행에 직접 보내도록 요구하는 문언이다. 이는 서류가 은행을 통하지 않고 직접 수입상에게 전달됨으로써 개설은행의 채권확보에 차질이 발생하지 않도록 하기 위한 것이다. 한편 분실에 대비해 선적서류를 2세트로 나누어 우송하도록 지시하는 경우도 있다. 표시되는 문언의 예를 들면 다음과 같다.

① All documents must be forwarded direct to us one covered mail.

② All drafts and documents must be forwarded direct to us in two lots.

4) 신용장통일규칙 준거(準據)문언

신용장통일규칙을 채택하고 있는 은행은 반드시 이 문언을 신용장에 표시한다. 당해 신용장은 국제상업회의소가 제정 및 개정한 신용장통일규칙에 의거한다는 것으로 다음과 같은 문언으로 표시된다. "This credit is subject to the Uniform Customs and Practice for Documentary Credit, 2007 Revision, ICC Publication No. 600."

3.3 신용장조건의 변경

신용장의 조건변경이란 관계당사자 간의 합의에 따라 이미 개설된 신용장의 내용을 변경, 추가, 삭제 또는 취소하는 것을 말한다. 신용장의 조건변경은 수출입자 간의 사정에 의하여 거래조건이 변경됨에 따라 발생하게 된다. 신용장조건을 변경할 때 개설은행은 사안에 따라 추가적인 지급보증이나 보험가입 등을 요구하기도 한다.

취소불능신용장의 조건은 신용장당사자인 개설은행, 확인은행(확인신용장의 경우) 및 수익자 전원의 동의하에 변경될 수 있다. 그러나 취소가능신용장의 경우에는 개설은행이 언제든지 수익자에게 사전통보 없이도 변경 또는 취소할 수 있다.

| 그림 12-2 | 신용장 견본

LETTER OF CREDIT

① The Hongkong and Shanghai Banking Corporation
Incorporated in Hong Kong with limited liability
Cable address : Hongbank
Telex No :
PO Box : 10118

Original

③ IRREVOCABLE DOCUMENTARY CREDIT

④ Credit No.(Issuing Branck's No)
HKH207888

② Place and date of issue Hong Kong 30 MAY 1992
☐ Confirmation of our brief teletransmission of

⑤ Date and placd of expiry 30 SEP 1992
at counter of advising Bank in Seoul

⑥ Applicant
I TO MAN CO., LTD
801 Wing On Building
13 Des Voeux Road C
Hong Kong

⑦ Beneficiary
KILDONG TRADING CO., LTD
159 Samsung Dong
Kangnam-Ku,
Seoul Korea

⑧ Advising Bank
The Hongkong and Shanghai Banking Corporation, Seoul
Advising Bank's No.

⑨ Amount
USD11,040.00

⑫ Partial Shipments
☐ allowed ☐ not allowed

⑬ Transhipment
☐ allowed ☐ not allowed

⑩ Credit available with
The Hongkong and Shanghai Banking Corporation, Seoul by
11. ☐ sight payment/ ☐ deferred payment/ ☐ acceptance/
☐ negotiation against the documents detailed herein.
☐ and your drafts (☐ at sight/ ☐ at days)
drawn on US.
for full invoice value of goods

⑭ Loading on board/
from/ Busan Korea
not later than 15 SEP 1992
for transportation to Hong Kong

⑮ Documents required :
- Invoice(s) in quadruplicate
- ☐ Full set original clean "On Board" bills of lading made out to the order of shipper endorsed in blank.
  ☐ Original air waybill marked "for the consignor" signed by the carrier or his agent.
  marked "Freight ☐ Prepaid/ ☐ Collect" and "Notify ABC Co Ltd 13 Des Voeux Rd C Hong Kong ☐ mentioning this DC number evidencing despatch to
- ☐ Marine/ ☐ Air Insurance Policy or Certificate for full CIF value plus 10% covering ☐ Institute Cargo Clauses(A)/ ☐ Institute Cargo Clauses(Air), Institute War Clause (☐ Cargo/ ☐ Air Cargo) and Institute Strikes Clauses(☐ Cargo/ ☐ Air Cargo)
- Packing list in quadruplicate ⑯
- ☐ Insurance covered by ☐ applicant/ ☐ ultimate buyer, covering :

1,600pcs TRAINING PANTS at USD6.90 per pc

CLF

⑰-1
Each ☐ claim for payment/ ☐ draft accompanying documents must state : "Drawn under credit No. HKH207888
The Hongkong and Shanghai Banking Corporation, Hong Kong"

⑰ Doruments to be presented within 10 days after the date of issuance of the shipping documnent(s) but within the validity of the credit

⑱ Special conditions(These shall prevail our all printed terms in case of any apparent conflict)
All banking charges outside Hong. Kong, are for account of beneficiary

☐ to be continued on next page

⑲ We hereby issue this irrevocable documentary credit in your favour which, except so far as otherwise expressly stated is subject to Uniform Customs and Practice for Documentary Credits(1983 Revision), International Chamber of Commerce Publication No. 400.

⑳ ☐ We hereby engage that payment will be duly made against presentation of documents which conform with the terms of this credit.
☐ We hereby engage that drafts drawn in conformity with the terms of this credit will be duly accepted presentation and duly honoured at maturity.
☐ We herely engage with drawers and/or bona fide holders that drafts drawn and negotiated in conformity with terms of this credit will be duly honured on presentation.

So long as there has been strict compliance with all the tems and conditions(including special coditions) of this credit save to the extent that the same have been amended in writing and signed on our behalf
Documentary evidence will be required of compliance with all Conditions of this credit
This document consists of one signed pages.

Yours fathfully

H K Wong 8765
C D Chan 7654

㉑ Important Notice To Beneficiary :
We canot make any alterations to this credit without the opener's authoricy Should any of its terms or conditions be unclear or unacceptable, the beneficiary of this credit must contect the opener directly. We shall insist on strict comphance with all the terms and conditions of this credit unless and until they have been fomally amended in writing signed on our behalf or by tested telex or by sch other method as shall have been agreed from time to time. the beneficiary of this credit is not entitled to rely on communications or discussions with us the advising bank or the opener as in any way amending this credit. The attention of the beneficiary is also drawn to Articles 3 and 4 or UCP 400

Advising Bank's nonfication

㉒

Please, date, name and signature of the Advising Bank

Not : Directions to Advising Bank / Paying Bank / Negotiating Bank are given on the reverse of this ciedit.

| 그림 12-3 | SWIFT 신용장 견본

SUISSE BANK

LC-DRAFT

MT700 - ISSUE OF A DOCUMENTARY CREDIT

40A: FORM OF DOCUMENTARY CREDIT
IRREVOCABLE TRANSFERABLE
20: DOCUMENTARY CREDIT NUMBER
SBLC/XXXXX
31C: DATE OF ISSUE
YY/MM/DD
40E: APPLICABLE RULES
UCP LATEST VERSION
31D: DATE AND PLACE OF EXPIRY
YY/MM/DD XXXXX
51D: APPLICANT BANK – NAME & ADDRESS
SUISSE BANK PLC
TROJAN HOUSE
34 ARCADIA AVENUE
LONDON N32 JU
UNITED KINGDOM
50: APPLICANT
XXXXX
59: BENEFICIARY – NAME & ADDRESS
XXXXX
32B: CURRENCY CODE AMOUNT
CURRENCY: EUR/USD
AMOUNT: XXXXX
39A: PERCENTAGE CREDIT AMOUNT TOLERANCE
XXXXX
41D: AVAILABLE WITH... BY... – NAME & ADDRESS
XXXXX
SWIFT: XXXXX
BY NEGOTIATION
42C: DRAFTS AT...
AT SIGHT
42D: DRAWEE – NAME & ADDRESS
SUISSE BANK PLC
TROJAN HOUSE
34 ARCADIA AVENUE
LONDON N32 JU
UNITED KINGDOM
43P: PARTIAL SHIPMENTS
NOT ALLOWED
43T: TRANSSHIPMENT
NOT ALLOWED
44A: PLACE OF TAKING IN CHARGE / OF RECEIPT
XXXXX
44B: PLACE OF FINAL DESTINATION / OF DELIVERY
XXXXX
44E: PORT OF LOADING/AIRPORT OF DEPARTURE
XXXXX
44F: PORT OF DISCHARGE/AIRPORT OF DESTINATION
XXXXX
44C: LATEST DATE OF SHIPMENT
YY/MM/DD

45A: DESCRIPTION OF GOODS &/OR SERVICES
AS PER PROFORMA-INVOICE NO. XXXXX DD/MM/YY SIGNED BY THE BENEFICARY.
MODEL DESCRIPTION XXXXX QUANTITY XXXXX PRICE XXXXX TOTAL XXXXX OF GOODS XXXXX PER UNIT.
DELIVERY TERMS: CIF

46A: DOCUMENTS REQUIRED
1. COMMERCIAL INVOICES, CERTIFYING THAT THE QUALITY, QUANTITY AND DESCRIPTION OF MERCHANDISE SHIPPED ARE STRICTLY IN ACCORDANCE WITH PROFORMA-INVOICE NO. XXXXX, DD/MM/YY, SIGNED BY BENEFICIARY IN 1 ORIGINAL AND 3 COPIES.
2. PACKING LISTS, CERTIFYING THAT THE QUALITY, QUANTITY AND DESCRIPTION OF MERCHANDISE SHIPPED ARE STRICTLY IN ACCORDANCE WITH PROFORMA-INVOICE NO XXXXX, DD/MM/YY, SIGNED BY BENEFICIARY IN 1 ORIGINAL AND 3 COPIES.
3. ORIGINAL INSPECTION CERTIFICATE ISSUED ON THE LETTERHEAD OF THE APPLICANT AND MANUALLY SIGNED BY THE AUTHORISED SIGNATORY(IES) OF THE APPLICANT (WHOSE SIGNATURE(S) AND ANY SEAL OR CHOP REQUIRED BY THE ISSUING BANK'S MANDATE MUST BE IN CONFORMITY WITH THE RECORD HELD IN THE ISSUING BANK'S FILE) SHOWING QUANTITY AND VALUE OF GOODS SHIPPED.
4. FULL SET OF CLEAN ON BOARD BILLS OF LADING 1 ORIGINAL AND 3 COPIES ISSUED BY THE CARRIER OR AGENT, MADE OUT TO THE ORDER OF SUISSE BANK PLC, TROJAN HOUSE, 34 ARCADIA AVENUE, LONDON N32 JU, UNITED KINGDOM, SHOWING GROSS AND NET WEIGHT, DISPATCH DATE, VESSEL NUMBER, MARKED FREIGHT PREPAID AND NOTIFY THE COMPANY XXXXX.
5. INSURANCE CERTIFICATE/POLICY, TO BE COVERED BY SELLER AND ISSUED FOR 110% OF INVOICE VALUE, COVERING ALL RISKS, SHOWING CLAIM PAYABLE TO THE ORDER OF SUISSE BANK PLC.
6. CERTIFICATE OF ORIGIN 1 ORIGINAL AND 3 COPIES.

47A: ADDITIONAL CONDITIONS
1. DRAWING UNDER THIS CREDIT MUST BE FOR 100% OF THE INVOICE VALUE.
2. DOCUMENTS BEARING A DATE PRIOR TO THE ISSUING OF THIS LETTER OF CREDIT ARE NOT ACCEPTABLE.
3. THIRD PARTY DOCUMENTS ARE NOT ACCEPTABLE.
4. INVOICE EXCEEDING THIS CREDIT AMOUNT IS NOT ACCEPTABLE.
5. ALL BANK CHARGES OTHER THAN THOSE OF ISSUER ARE FOR BENEFICIARY'S ACCOUNT.
6. DISCREPANT DOCUMENTS WILL BE SUBJECT TO A DISCREPANCY HANDLING FEE OF EURO 150.00, WHICH WILL BE FOR BENEFICIARY'S ACCOUNT.
7. ALL DOCUMENTS MUST BE ISSUED IN THE ENGLISH LANGUAGE.
8. THIS DOCUMENTARY CREDIT IS SUBJECT TO THE VERSION OF THE ICC UNIFORM CUSTOMS AND PRACTICE FOR DOCUMENTARY CREDITS, INTERNATIONAL CHAMBER OF COMMERCE, PARIS, FRANCE, PUBLICATION NO. 600, LATEST REVISION AND SHALL BE INTERPRETED IN ACCORDANCE WITH THE LAWS OF ENGLAND. ANY DISPUTE ARISING OUT OF OR IN CONNECTION WITH THIS DOCUMENTARY CREDIT SHALL BE SUBJECT TO THE EXCLUSIVE JURISDICTION OF THE COMMERCIAL COURT OF ENGLAND.
9. THIS IS AN OPERATIVE INSTRUMENT AND NO CONFIRMATION SHALL FOLLOW.
10. CONFIRMATION CHARGES ARE FOR BENEFICIARY'S ACCOUNT.

48: PERIOD FOR PRESENTATION
DOCUMENTS TO BE PRESENTED WITHIN THE VALIDITY OF THE L/C.

49: CONFIRMATION INSTRUCTIONS
MAY ADD.

78: INSTRUCT TO PAYG/ACCEPTG/NEGOTG BANK
REMITTING BANK TO FORWARD DOCUMENTS IN ONE MAILING TO SUISSE BANK PLC, 53 DAVIES STREET, LONDON W1K 5JH, UNITED KINGDOM, BY COURIER AT BENEFICIARY'S EXPENSE, UNDER SWIFT ADVICE TO US, PLEASE INCLUDE YOUR PAYMENT INSTRUCTIONS, PAYMENT WILL BE EFFECTED UPON RECEIPT OF COMPLYING DOCUMENTS AT COUNTERS OF SUISSE BANK PLC, UK.

57A: ADVISE THROUGH BANK - NAME & ADDRESS
SWIFT CODE

3.4 신용장의 양도

(1) 신용장 양도의 의의

신용장의 양도란 신용장상 수익자의 권리 전부 또는 일부를 수익자가 지시하는 제3자에게 이전시키는 것을 말한다. 이때 양도하는 수익자를 원수익자 또는 제1수익자(first beneficiary)라고 하고, 양도받는 제3자를 제2수익자(second beneficiary)라 한다.

신용장을 양도하게 되는 대표적인 경우는 다음 두 가지이다. 먼저 수출지에 수입상의 지사 또는 대리점이 있는 경우이다. 이때 수입상은 지사 또는 대리점 앞으로 신용장을 개설하고, 그 지사 등이 실(實)공급자에게 일부씩 양도하는 경우가 있다. 두 번째는 신용장의 수익자가 계약상품을 생산업자 등으로부터 구입하여 선적하는 대신 신용장 자체를 양도하여 생산업자 등으로 하여금 직접 선적토록 하고 중간차액을 취득하는 경우이다.

(2) 양도의 종류

1) 전액양도(total transfer)

신용장금액 전액이 제2수익자에게 양도되는 것을 말한다.

2) 분할양도(partial transfer)

신용장금액이 두 사람 이상의 제2수익자에게 분할되어 양도되는 것을 말한다. 분할양도는 신용장에서 분할청구 또는 분할선적을 허용하는 경우에만 가능하다.[33]

3) 국내양도

신용장이 제1수익자로부터 동일 국가 내의 제2수익자에게 양도되는 것을 말한다.

33 UCP 600 제38조 d.

4) 국외양도

신용장이 다른 국가에 소재하는 제2수익자에게 양도되는 것을 말한다. 이는 제1수익자의 요청에 의해 양도은행으로 수권된 은행이 신용장에 의한 권리의 일부 또는 전부를 국외의 제2수익자에게 양도하는 것이다. 신용장통일규칙에는 제1수익자가 신용장에 별도의 명시가 없는 한 국내 또는 국외를 막론하고 제2수익자에게 신용장을 양도할 수 있도록 명시하고 있다.

5) 감액양도

제1수익자가 신용장금액을 자기의 중간차액만큼 감액하여 양도하는 것을 말한다. 예를 들어 신용장금액이 US$100,000이고 단가가 US$1,000일 경우 신용장금액을 US$90,000, 단가를 US$900으로 감액하는 것이다. 원수익자가 중간차익을 취득할 목적으로 신용장을 양도할 경우 중간차익을 획득할 수 있도록 원수익자는 제2수익자의 상업송장과 어음을 대체할 권리가 있다.[34] 즉 위의 예에서 제2수익자가 작성한 US$90,000의 송품장과 어음을 교체하여 제1수익자 명의로 된 US$10,000의 송품장과 어음을 기타 선적서류에 첨부하여 송부할 수 있는 것이다.

원수익자는 중간차액을 취득하기 위해서 상업송장과 어음을 대체하는 등 시간적 여유를 갖도록 신용장의 유효기일, 서류제시기일, 선적기일 등을 단축할 수 있다. 또한 감액양도의 경우 부보비율(송품장금액의 110%)을 그대로 적용할 경우 보험금이 작아져 원신용장조건과 일치하지 않게 되므로 원신용장의 금액을 부보하도록 그 부보비율을 변경할 수 있으며, 신용장을 양수받은 자가 원신용장 개설의뢰인과 직접 거래하는 위험을 피할 수 있도록 양도장의 개설의뢰인란에 수입상의 성명을 기재하지 않고 양도인의 성명을 기재할 수 있다. 다만 원신용장에서 상업송장 이외의 서류에 원신용장개설의뢰인의 성명을 표시하도록 명시하고 있는 경우에는 이 요구에 따라야 한다.[35]

원수익자가 송품장과 어음을 대체하기 위해서는 제2수익자가 제시한 서류를 개

34 UCP 600 제38조 h.
35 UCP 600 제38조 g.

설은행으로 직접 송부하지 않고 양도를 취급한 은행에 서류를 제시하여야 하므로 제1수익자에게는 양도은행에서 지급 또는 매입토록 요구하여야 한다. 따라서 양도시 원수익자는 양도 통지서에 다음과 같은 문구를 명시해 둘 필요가 있다.

"Please forward us(transferring bank) all drafts and documents in two consecutive airmail."

(3) 양도의 요건

신용장을 양도하기 위해서는 양도가 허용되는 양도가능신용장이어야 한다. 양도가능신용장이란 신용장상에 양도가능하다는 의미의 'Transferable'이란 문구가 기재되어 있는 신용장을 말한다. 이러한 문구가 없는 경우에는 양도가 불가능하다.

신용장의 양도는 지급, 인수 또는 매입이 수권된 은행에서 취급한다. 자유매입신용장(freely negotiable credit)의 경우에도 신용장에 특별히 수권된 은행이 취급하여야 한다.[36]

양도가능신용장은 1회에 한해서 양도가 가능하며, 분할선적이 금지되지 않는 한 여러 차례의 분할양도가 가능하다.[37] 신용장의 양도가 1회에 한한다는 의미는, 예를 들어 원수익자 A가 신용장을 제2수익자인 B에게 양도하고, 다시 B가 C에게 양도할 수 없다는 의미이다. 만일 분할선적이 허용되어 있어 A가 B, C, D 등에게 각각 신용장금액이 소진될 때까지 분할하여 양도하는 것은 1회의 양도로 간주된다.

(4) 신용장양도의 취소 및 재양도

신용장양도의 취소란 신용장을 양도한 후 양도사실이 개설은행 앞으로 통보되기 이전에 제1수익자와 제2수익자의 합의만으로 기 취급된 신용장의 양도를 취소하는 것을 말한다. 만일 양도사실이 개설은행 앞으로 통보된 이후에는 재양도로 처리된다.

36 UCP 600 제38조 a.
37 UCP 600 제38조 d.

신용장의 재양도(retransfer)란 양수인인 제2수익자가 양도인인 제1수익자에게 다시 양도하는 것을 말한다. 결국 이는 개설은행 앞으로 양도사실을 통보한 후 취소신청하는 것을 말하며 양도의 환원이라고도 한다.

기출문제 7 신용장

01 신용장의 Additional Conditions에 다음과 같이 표시된 경우 관련된 신용장은?

> Advance drawing for 10% of this credit amounts is available against beneficiary's simple receipt accompanied by their written undertaking that they will pay the advance payment by shipment in compliance with the terms and conditions of credit.

① Standby L/C ② Advance Payment L/C
③ Revolving L/C ④ Escrow L/C

국제무역사 35회 1교시 43번

02 UCP 600이 적용되는 신용장거래에서 상업송장과 관련된 다음 설명 중 올바른 것은?

① 신용장에서 서명을 요구하지 않았다면 수익자의 서명은 필요 없으나 발행일자는 기재해야 한다.
② 양도신용장의 경우를 포함하여 상업송장은 제3자가 발행해도 무방하다.
③ 신용장에서 상업송장을 요구하는 경우에 송장이라는 제목이 명기된다면 세금의 목적으로 발행되었다 하더라도 무방하다.
④ 어떠한 경우라도 상업송장금액은 신용장금액을 초과할 수 없다.

국제무역사 36회 1교시 41번

03 UCP 600의 규정에 관한 기술이다. 옳지 않은 것은?

① 신용장은 그 신용장이 이용가능한 은행을 명시하거나 모든 은행에서 이용가능한지 여부를 명시하여야 한다.
② 신용장은 그 신용장이 일람지급, 연지급, 인수 또는 매입에 의하여 이용가능한지 여부를 명시하여야 한다.
③ 신용장의 유효기일 또는 제시를 위한 최종일이 불가항력에 언급된 사유 이외의 사유로 제시를 받아야 하는 은행의 휴업일에 해당하는 경우에는 그 유효기일 또는 제시를 위한 최종일은 경우에 따라 최초의 다음 은행영업일까지 연장된다.
④ 신용장은 개설의뢰인을 지급인으로 하는 환어음에 의하여 이용가능하도록 개설

될 수 있다.

국제무역사 35회 1교시 61번

04 UCP 600상 과부족용인규정과 관련된 설명으로서 올바른 것은?

① 송장과 환어음은 신용장금액의 5%의 범위 내에서 감액발행할 수 있지만, 송장상의 수량과 단가는 신용장조건과 일치하여야 한다.

② 신용장의 수량 앞에 about, approximately라는 표현을 사용한 경우 수량과 금액은 ±10%의 과부족을 허용한다.

③ 신용장상에서 '1,000 pcs of audio speaker'라고 표시된 경우 별도의 과부족 허용문구가 없더라도 선적가능 수량은 900sets에서 1,100sets까지 가능하다.

④ 산화물(bulk cargo)의 수량에 과부족용인조항이 없을 경우 수량과 환어음발행금액은 5%의 과부족이 허용된다.

국제무역사 35회 1교시 66번

05 신용장개설은행과 확인은행의 지위 및 특성에 관한 설명으로 잘못된 것은?

① 개설은행은 보통 개설의뢰인의 주거래은행이 되며 수익자에 대하여 지급 확약하는 자로 환어음지급에 있어서 최종적인 책임, 즉 상환의무를 부담하게 된다.

② 개설은행으로부터 수권되었거나 요청받은 제3은행이 신용장에 의해 발행된 어음의 지급 · 인수 또는 매입을 추가로 확약하는 은행을 확인은행이라고 한다.

③ 개설은행의 확인요구에 대하여 확인은행은 반드시 응해야 한다.

④ 수출상은 수입상의 거래은행이 정치적 · 경제적으로 결제상의 위험이 있다고 판단되면 일반적으로 수출상 소재지의 제3은행을 확인은행으로 하는 확인신용장 발행을 요청하게 된다.

국제무역사 35회 1교시 68번

06 다음은 UCP 600에 대한 내용이다. 올바른 것은?

① 제시(presentation)는 신용장에 의하여 이루어지는 개설은행 또는 지정은행에 대한 서류의 인도를 의미하지만 그렇게 인도된 서류 자체를 의미하기도 한다.

② 결제(honour)란 일람지급(sight payment), 연지급(deferred payment), 인수(acceptance) 및 매입(negotiation)을 의미한다.

③ 신용장은 취소불능(irrevocable)이라는 표시가 없다면 취소가능(revocable)이다.

④ 서로 다른 국가에 위치한 같은 은행의 지점들도 당연히 같은 은행이다.

국제무역사 36회 1교시 42번

07 다음 중 신용장통지은행의 의무사항에 대한 설명 중 올바른 것은?

A. 신용장의 외견상 진정성 확인
B. 개설은행으로부터 통지받은 신용장내용을 정확하게 수익자에 통지할 의무
C. 신용장 수익자의 대금지급 요청에 응할 의무
D. 신용장에 확인(confirmation)을 추가할 의무

① A
② A, B
③ A, C
④ A, D

국제무역사 36회 1교시 51번

08 다음 중 보증신용장에 관한 기술로서 가장 올바른 것은?

① 보증신용장도 화환신용장과 동일하게 UCP가 적용되며 UCP는 다양한 형태의 보증신용장에 적용이 적절하고 완전하게 적용할 수 있다.
② 보증신용장은 주로 무역거래 등에 대한 보증수단으로 사용된다는 점에서 화환신용장과 유사하다.
③ 보증신용장은 각종 채무이행의 보증을 목적으로 발행되는 신용장으로서 documentary credit이라고 한다.
④ 보증신용장은 개설의뢰인이 수익자와의 채무계약을 정당하게 이행하지 않았다는 확인 시 개설은행의 지급의무가 발생하며 불이행진술서는 수익자가 제시하는 서류 중 하나이다.

국제무역사 36회 1교시 60번

09 다음 중 신용장거래에서 서류를 하자로 만드는 기재사항은?

① Packaging may not be sufficient for the sea journey.
② Packaging is not be sufficient for the sea journey.
③ 상업송장의 상품명이 'machine'이 아니라 'mashine'으로 표기된 경우
④ 상업송장은 'fountain pen'이나 'fountan pen'으로 표기된 경우

국제무역사 37회 1교시 65번

10 UCP 600이 적용되는 양도가능신용장에 대한 설명으로 잘못된 것은?

① 신용장을 양도하면서 신용장금액을 감액할 수 있다.

② 신용장을 국외로 양도하기 위해서는 신용장에서 특별히 국외양도를 허용하고 있어야 한다.

③ 원신용장에서 분할선적이 금지되면 분할양도가 불가능하다.

④ 신용장에 'assignable'이라고 기재되어 있다고 하여 신용장이 양도가능한 것은 아니다.

국제무역사 35회 1교시 49번

11 다음 중 화환신용장의 특징을 기술한 내용으로 올바른 것을 모두 기재한 겻은?

A. 선적서류의 심사는 신용장의 조건을 바탕으로 하며 대금지급의 최종 책임자는 매입은행이다.
B. "은행은 서류로 거래하는 것이다"라는 문구는 신용장의 독립성에 해당된다.
C. 은행은 서류의 형식, 충분성, 정확성, 진정성, 위조성 등에 대하여 어떠한 의무나 책임이 없다.
D. 화환신용장은 개설은행의 지급보증서이다.
E. 신용장에서 수입업자가 PSI(Pre-shipment Inspection)를 하는 것은 신용장의 한계성을 극복할 수 있는 방안 중 한 가지이다.

① A, B, C, D, E ② A, C, D, E
③ B, C, E ④ C, E

국제무역사 38회 1교시 50번

12 보증신용장과 은행보증서에 관한 설명으로 가장 잘못된 것은?

① 보증신용장은 금융의 담보 또는 채무이행의 보증을 목적으로 발행되는 무화환신용장으로 개설은행이 상대방으로 하여금 특정인에게 금융지원 또는 채무보증 등을 이행하도록 하고, 특정인이 만기에 채무의 상환을 하지 않을 경우에 지급을 대신 이행하겠다는 내용을 기재한 약속증서이다.

② 보증신용장은 화환신용장과 달리 'Standby L/C'에 관한 별도의 구체적인 국제규칙인 ISP98의 적용을 받고, UCP의 적용은 전혀 받지 않는다.

③ 보증신용장개설은행은 신용장의 조건과 문면상 일치하는 서류의 제시에 대하여 원인계약과는 관계없이 대금을 지급하여야 하는 1차적이고 독립적인 채무를 부

담한다.

④ 은행보증서는 보증신용장과 그 내용과 성격에서는 동일한 효력이 있으며, 다만 형식적으로 보증서의 외형만 가지고 있을 뿐이다.

국제무역사 39회 1교시 49번

13 UCP 600이 적용되는 신용장거래에서 서류작성 요령이 올바른 것은?

① 신용장에서 제시 언어에 대해 침묵한 경우, 서류는 어느 언어로 사용해도 무방하다.

② 둘 이상의 원본으로 발행되는 서류는 반드시 'Original,' 'Duplicate,' 'Triplicate'로 발행해야만 하며, 'First original,' 'Second original,' 'Third original' 등으로 표시할 수 없다.

③ 분석증명서, 검사증명서와 같은 서류는 발행일이 선적일보다 나중일자로 표시될 수 없다.

④ 수익자가 발행하는 서류상 정보의 정정은 환어음을 포함하여 모두 인증되어야 한다.

국제무역사 39회 1교시 64번

14 신용장조건변경에 대한 다음 설명 중 잘못된 것은?

① 하나의 조건변경에 대하여 일부만을 수락하는 것은 허용되지 않으며 아무런 효력도 가지지 못한다.

② 원신용장을 통지한 은행과 조건변경을 통지한 은행이 동일한 은행이 될 필요는 없다.

③ 신용장과 변경된 조건에 일치하는 서류를 수익자가 제시하면 이는 수익자의 조건변경에 대한 동의로 간주된다.

④ 다수의 제2수익자에게 분할양도된 신용장의 조건변경은 그 조건변경에 동의한 제2수익자에게만 조건변경이 성립된 것으로 본다.

국제무역사 35회 1교시 53번

15 다음은 신용장내용의 일부이다. 서류의 불일치가 될 수 있는 것은?

> Full set of clean on board ocean B/L made out to order and blank endorsed, marked 'Freight Prepaid'

① 수출업자가 수취선하증권을 제시한 경우
② 수출업자가 선적선하증권을 제시한 경우
③ 수출업자가 지시식 선하증권을 제시한 경우
④ 수출업자가 운임을 선불로 지불하였음을 표시하는 선하증권을 제시한 경우

국제무역사 38회 2교시 48번

16 다음 중 신용장거래의 당사자에 대한 설명이 잘못된 것은?

① Reimbursing Bank는 Setting Bank라고도 부른다.
② 신용장개설을 의뢰하는 수입상을 Applicant라고 부른다.
③ 어떤 은행이 개설은행으로부터 신용장 확인을 요청받으면 그 확인요청을 거절할 수 없다.
④ 신용장양도은행으로 지정된 은행은 수익자의 양도요청이 있다고 하여 반드시 신용장을 제2수익자에게 양도할 의무를 지는 것은 아니다.

국제무역사 37회 1교시 49번제13장. 수출보험제도

CHAPTER

13 수출보험제도

1 수출보험제도의 의의

수출보험은 수출거래에서 발생하는 여러 위험 가운데 해상보험과 같은 통상의 보험으로는 구제될 수 없는 위험, 즉 비상위험(political risk)이나 신용위험(commercial risk) 또는 기업위험(management risk)으로 인한 손실을 보상함으로써 수출을 지원하기 위한 비영리(非營利)의 정책보험이다. 여기에서 비상위험이란 전쟁, 수입국의 환거래 중지 등 무역계약당사자의 책임이 아닌 사유로 인해 발생하는 위험을 말하고, 신용위험이란 수입상의 파산, 대금지급 지체 등 무역계약당사자의 귀책으로 발생하는 위험을 말한다. 또한 기업위험이란 기업의 활동과정에서 경영자의 판매예상, 경영예측이 어긋남으로 인하여 발생하는 위험을 말한다.[01]

수출보험의 기원은 1890년경 영국의 민간보험업자들이 신용보험사업의 범위를 국내거래에서 대외거래로까지 확대하고, 거의 비슷한 시기에 독일 민간은행들이 수출환어음을 비소구(非遡求)조건으로 할인 · 매입하는 데서 비롯된 것으로 알려져

01 비상위험에는 ① 수입국 또는 대금의 지급국에서 실시하는 환거래 또는 수입의 금지, ② 외국에서의 전쟁 · 혁명 · 내란 · 천재지변 등으로 인한 환거래의 불능이나 수출의 불능, ③ 정부 간 합의에 따른 채무상환연기협정 등에 의한 외화의 송금지연, ④ 대한민국 법령의 변경에 따른 수출의 제한이나 금지 등이 포함된다. 신용위험에는 수출계약 상대방의 파산, 수출물품의 인수 거절이나 인수 불능, 계약 상대방의 대금지급 거절이나 대금지급 불능 또는 지급의 지체 등이 포함된다.

있다. 그러나 오늘날과 같이 정부가 직 · 간접으로 간여하는 비영리의 정책보험이 시작된 것은 1919년 영국에서부터이다. 우리나라는 1968년 12월 수출보험법이 제정되어 보험사업의 주체는 정부로 하되 실제 업무는 대한재보험공사와 한국수출입은행에 위탁하여 수출보험제도를 운영하였으나, 1992년 한국무역보험공사를 설립하여 이를 전담토록 하고 있다.

오늘날 대부분의 나라들이 수출보험의 운영형태는 다소 상이하지만 최종적인 보상책임을 정부가 지는 비영리의 정책사업으로서 수출보험제도를 운영함으로써 수출을 지원하고 있다. 우리나라의 경우도 정부예산을 통하여 수출보험기금을 출연하고, 수출보험계약의 체결한도를 국회 의결을 거쳐 결정하며, 산업통상자원부 장관이 한국무역보험공사(K-sure)의 예산과 업무전반에 대한 감독권을 행사하는 등 국가가 직접 개입하는 정책사업으로서 운영하고 있다.

2 수출보험의 특징과 기능

2.1 수출보험의 특징

수출보험은 보험의 성격이 비상위험, 신용위험 또는 기업위험 등으로 인한 손실을 비영리기관이 대체적으로 보상해 주는 데 있기 때문에 다음과 같은 몇 가지 특징이 있다.

(1) 적정한 보험료율 산출의 곤란

특정한 피보험이익에 대한 보험료율은 소위 대수(大數)의 법칙[02]에 따라 측정되는 위험의 정도를 고려하여 산출되어야 한다. 그러나 수출보험의 대상이 되는 위험

02 어떤 위험에 대해서 그 관찰대상을 늘리면 늘릴수록, 또한 관찰도수를 늘리면 늘릴수록 실제 결과는 예정결과에 가까워지는 현상을 말한다.

은 이를 예측하기가 매우 어렵고, 또한 다수의 수출거래에 대하여 동시에 그 위험이 발생(위험의 동시 다발성)하는 특징이 있다. 이러한 성격으로 인해 수출보험은 보험사고발생의 확률 산정이 상당히 곤란하고 적정 보험료율 산정도 그만큼 어렵다.

(2) 거액 보험사고발생의 가능성

기업들의 기술능력이 향상되면서 대규모 산업설비의 수출도 증가하고 있다. 이에 따라 중장기성 대형 수출보험의 인수도 따라서 증가하고 있다. 이러한 대형 보험의 인수에서 사고가 발생할 경우 지불되어야 할 보험금액도 매우 크다. 뿐만 아니라 비상위험에 의한 사고는 동시 다발성으로 인해 일시에 보험금청구가 집중되어 역시 거액의 보험사고로 이어지게 된다.

(3) 비영리의 정책보험

민간기업이 수출보험을 운영할 경우 이윤 추구의 입장에서 채산에 맞는 위험 유형만을 선택하여 운영하게 되므로 담보하는 위험의 범위도 상당히 제한적일 수밖에 없다. 따라서 신용위험이나 비상위험 또는 기업위험을 효과적으로 회피시킴으로써 수출을 원활히 하기에는 여러 가지로 어려운 점이 많다. 따라서 대부분의 국가들이 이러한 위험에 대한 보험을 비영리의 정책보험으로서 다루고 있다.

(4) 개방시대 유용한 수출지원제도

상품에 대한 국제시장에서의 경쟁이 치열해짐에 따라 수출대상이 되는 국가, 거래의 상대방도 크게 다양화되고 있는 것이 현실이다. 이러한 수출의 다변화는 그만큼 거래상의 위험도 높아지게 되는데 수출보험은 이러한 위험에 효율적인 대처방안이 될 수 있다. WTO체제하에서의 수출은 전례 없이 엄격하게 규정되어 있는 각종 WTO협정의 제약을 받는다. 특히 수출지원과 관련하여서는 보조금 및 상계조치협정의 규제를 받는데, 수출보험제도는 이 협정에 금지하고 있는 보조금의 성격에 포함되지 않으므로 유용한 수출지원수단이 되고 있다. 따라서 선진국들도 이러한 수출보험을 적극 활용하고 있다.

2.2 수출보험의 기능

(1) 수출지원의 기능

수출보험은 수출거래와 관련하여 발생하는 비상위험과 신용위험, 기업위험을 저렴한 보험료로 부담한다. 따라서 불의의 사태가 발생하였을 때도 그로 인한 손실이 최소화될 수 있기 때문에 보다 적극적인 수출활동이 가능하다.

(2) 수출상의 신용제고기능

수출보험은 수출대금이 미회수되는 위험을 담보하므로 금융기관이 보다 유리한 조건으로 수출자금을 적극 공여할 수 있게 한다. 또한 보험사고가 발생하였을 때도 수출상이 입는 손실이 보상됨으로써 자금의 유동성이 확보될 수 있기 때문에 수출상의 신용을 제고시킨다.

(3) 수출관리의 정책수단으로서의 기능

수출보험은 보험인수조건, 즉 담보하는 위험의 범위, 보상률, 보험료율 등을 적절히 조정할 수 있다. 따라서 특정한 수출을 촉진시키거나 억제되도록 유도할 수 있다.

(4) 신용조사기능

수출보험의 보험자는 효율적인 보험의 인수와 관리, 그리고 보험사고의 방지를 위해 다각적으로 외국의 정치, 경제, 사회 사정에 대해 조사하고, 해외수입상의 신용상태도 조사하고 있다. 이와 같이 조사된 수입국과 수입상에 관한 신용정보는 보험사고를 방지하고, 나아가 수출보험을 이용하는 수출상에게 서비스로 제공됨으로써 수출거래를 더욱 원활하게 하는 데 기여하게 된다.

3 수출보험의 종류

K-sure는 대외거래와 관련하여 13개의 보험제도, 2개의 보증제도 및 기타 서비스를 제공하고 있다. 결제기간 2년 이내의 수출거래를 대상으로 하는 단기성 종목에는 단기수출보험, 수출신용보증(선적전, 선적후, Nego), 중소중견기업 Plus+보험 등이 있고, 결제기간 2년 초과 수출거래를 대상으로 하는 중장기성 종목에는 중장기수출보험(선적전, 공급자신용, 구매자신용), 해외사업금융보험, 해외투자보험(주식, 대출금, 보증채무, 부동산에 대한 권리), 해외자원개발펀드보험, 해외공사보험, 수출보증보험, 이자율변동보험, 서비스종합보험(기성고 · 연불방식)이 있다. 해외투자(주식, 대출금, 보증채무, 투자금융, 부동산에 대한 권리), 해외자원개발펀드보험, 해외공사보험, 수출보증보험은 결제기간에 대한 제한이 없으나 통상 중장기거래와 관련하여 이용되는 경우가 많다. 이 외에도 환변동보험, 신뢰성보험, 수입자 신용조사서비스, 해외채권 추심대행서비스를 제공한다.

3.1 수출보험의 이용

수출보험의 종류에 따라 이용절차에는 다소 차이가 있다. 수출상들이 가장 많이 이용하고 있는 단기수출보험의 경우를 간략히 보면, 먼저 수출상이 처음으로 수출보험에 부보(附保)하고자 할 때는 먼저 수출신용정보센터에 가입하여 수출보험의 보험료율 결정, 인수대상 여부 등을 결정하는 데 필요한 신용정보자료를 제공한다. 수출보험의 계약방식에는 개별보험방식과 포괄보험방식이 있는데, 개별보험 시 보험자(수출보험공사)와 보험계약자(수출상)는 보험부보와 보험인수에 있어 각각 선택할 수 있는 권리가 있다. 따라서 수출상은 위험이 크다고 생각되는 거래만 선택해서 부보하고자 할 것이고, 보험자는 위험이 지나치게 크다고 판단되는 거래에 대해서는 인수를 거절하게 될 것이다.

보험료율은 개별보험이나 포괄보험 할 것 없이 기본요율, 특별할인율, 할증률, 중소기업할인율 등을 기초로 계산된다. 이때 기본요율은 대금결제방식, 결제기간, 수입상의 신용도, 수입국의 신용도에 따라 차등적으로 적용된다. 이후 수출대금을 회수할 수 없는 것과 같이 보험사고가 발생하면 [그림 13-1]의 절차에 따라 보상이 이뤄진다.

그림 13-1 | 단기수출보험 사고처리절차 개요도

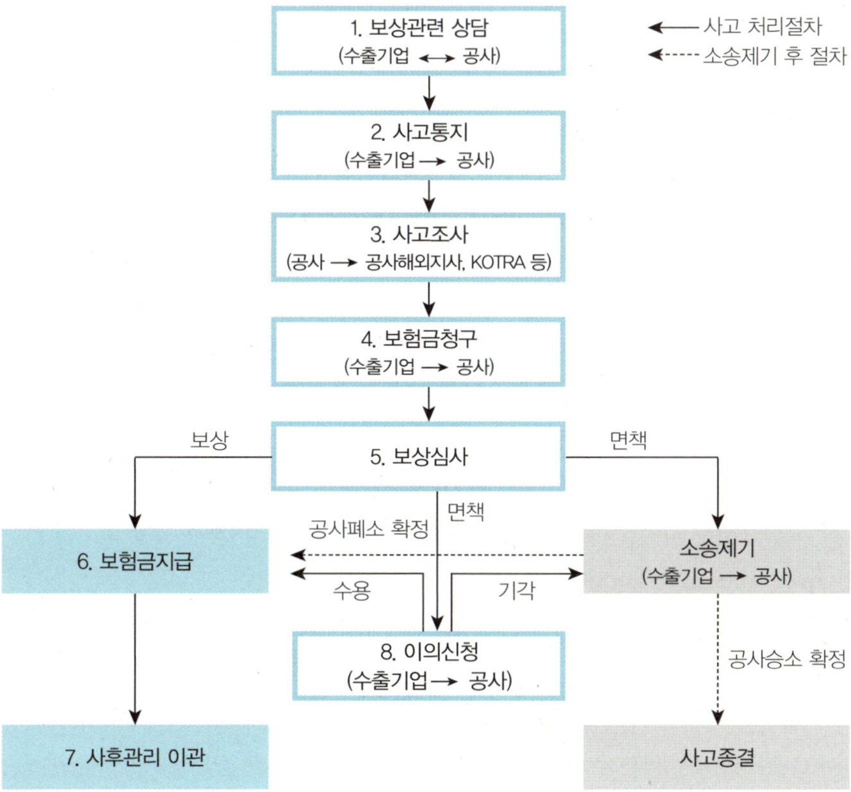

자료 : K-sure. https://www.ksure.or.kr/service/export01.do

기출문제 8 수출보험

01 다음 중 수출보험(Export Insurance)의 혜택이라고 할 수 없는 것은?

① It enables exporters to offer buyers competitive payment terms.

② It protects against ricks and financial cost of non-payment.

③ It protects against losses from damage of goods over the transit.

④ It access to working capital.

국제무역사 34회 2교시 53번

02 다음 중 수출신용보험에 대한 설명으로 가장 적절하지 않은 것은?

① Export credit insurance, or credit insurance policy and a risk management product offered by private insurance companies or governmental export credit agencies.

② This insurance product is a type of property & casualty insurance, and should not be confused with such products as credit life or credit disability insurance.

③ This includes a protection against the damage or loss of goods.

④ This insures the risk of non-payment by foreign buyers due to currency issues, political unrest, expropriation, etc.

국제무역사 35회 2교시 78번

03 다음 중 수출보험(Export Insurance)에 대하여 잘못 설명하고 있는 것은?

① It covers the imposition of foreign exchange controls.

② It covers the enactment of new regulations which prevents performance of the contract.

③ It covers the importer's second order with an O/A term even though he hasn't paid for the previous shipment.

④ It covers the importer's performance in the event it is blocked by "force majeure", such as natural disaster.

국제무역사 38회 2교시 59번

04 다음 중 우리나라 수출지원제도의 하나인 무역보험제도에 대한 설명으로 잘못된 것은?

① 수입보험이란 자원이나 물품을 수입하는 경우 국내기업이 부담하는 선급금 미회수위험을 담보하거나 국내기업에 대한 수입자금 대출지원이 원활하도록 지원하는 제도이다.

② 수출보험은 단기성 종목과 중장기성 종목으로 분류하는데, 결제기간 1년 이내의 수출거래대상을 단기성 종목으로 분류한다. 종류에는 단기수출보험, 수출신용보증(선적전, 선적후, Nego), 중소중견기업 Plus+보험 등이 있다.

③ 환변동보험은 수출 또는 수입을 통해 외화를 획득 또는 지급하는 과정에서 발생할 수 있는 환차손익을 제거, 사전에 외화금액을 원화로 확정시킴으로써 환율변동에 따른 위험을 헷지(Hedge)하는 보험이다.

④ 수출보험은 WTO체제하에서 용인되는 유일한 간접수출지원제도로서 정부의 수출진흥정책 및 산업지원정책의 수단으로 활용되고 있다.

국제무역사 40회 1교시 10번

05 다음 중 무역보험과 보증서에 관한 설명이 올바른 것은?

① 단기수출보험은 결제기간 2년 이내의 일반수출뿐만 아니라 위탁가공무역, 중계무역, 재판맨거래 등도 대상이 된다.

② 수출보험은 신용위험만을 담보대상으로 하며 수입국의 전쟁, 혁명, 내란, 폭동 등 정치적 사태로 인하여 발생한 비상위험은 담보대상이 되지 않는다.

③ 수출입거래에서 Maintenance bond는 통상 수출자가 위험관리 차원에서 수입자 측의 금융기관으로부터 받는 보증서이다.

④ Bank Guarantee는 Standby L/C와 그 용도가 유사하며 ISP 98의 적용을 받는다.

국제무역사 40회 1교시 68번

06 다음 중 우리나라 수출지원제도의 하나인 무역보험제도에 대한 설명으로 잘못된 것은?

① 수출보험은 수입자의 계약파기 · 파산 · 대금지급 지연 또는 거절 등의 신용위험과 수입국에서의 전쟁 · 내란 또는 환거래 제한 등의 비상위험으로 인해 수출자 또는 수출금음을 제공한 금융기관이 입게 되는 손실을 보상하는 것을 목적으로 한다.

② 수출보험은 수출대금 미회수에 따른 손실을 보상받을 수 있기 때문에 위험성이

있는 외상거래나 신규수입자의 적극적인 발굴을 통한 신시장 개척 및 시장 다변화를 도모하도록 하는 기능을 하고 있다.

③ 수입보험은 국내기업이 원유, 철, 시설재 등 국민경제에 중요한 자원이나 물품을 수입하는 경우 기업이 부담하는 선급금 미회수위험을 담보한다.

④ 수입보험은 비상위험 또는 신용위험으로 인하여 선급금이 회수되지 못함에 따라 발생하는 손실을 보상받게 되는 수입자에 한해 시행되고 금융기관은 대상에서 제외된다.

국제무역사 41회 1교시 12번

PART 04

무역계약의 종료

The Practice of International Trade

CHAPTER

14 무역클레임

1 무역클레임의 의의

무역은 일반적으로 언어 · 관습 · 법률 · 제도가 다른 나라 사이에 이루어지고, 계약의 성립에서 물품인도가 끝날 때까지 장시간이 소요된다. 또한 먼 거리에 걸쳐 상품이 이동되기 때문에 국내거래와는 다른 여러 가지 분쟁이 발생되기 쉽다. 게다가 경기침체와 외환시세의 급격한 변동도 계약불이행과 같은 무역클레임 증가의 큰 원인으로 작용한다.

| 그림 14-1 | 미국무역법원(U.S. Court of International Trade)

무역클레임이란 ① 무역계약당사자의 한편이 다른 당사자의 계약불이행 등으로 입은 손해의 배상을 청구하거나 계약이행을 촉구하는 항의(complaint), 경고(warning) 그리고 분쟁(dispute) 등을 의미하거나 ② 그러한 청구를 할 수 있는 권리 또는 자격, ③ 그러한 청구의 목적물 등을 포함하는 여러 가지 의미로 사용된다. 일반적으로는 클레임이라 할 때는 수출입거래에서 발생한 물품이나 기회비용 등의 손해를 구체적으로 배상할 것을 청구하는 분쟁을 말한다.

무역과 관련하여 발생하는 클레임에는 두 종류가 있다. 즉 화물의 운송과정에서 발생하는 화물의 손해에 대한 클레임과 매매계약의 위반으로 인한 손해에 대한 클레임이 그것이다. 흔히 클레임이라면 후자를 가리키는 것이 보통이다. 여기에서도 이를 중심으로 하여 설명하기로 한다(운송클레임에 대한 보다 자세한 내용은 제9장 9절 참조).

무역클레임은 무역계약의 당사자인 수출상과 수입상 어느 쪽이나 제기할 수 있다. 무역거래의 성격상 매도인인 수출상은 대금결제와 관련하여 주로 클레임을 제기하고, 매수인인 수입상은 상품에 관한 하자(瑕疵), 계약의 지연, 계약의 불이행 등을 이유로 클레임을 제기하는 경우가 많다.

2 클레임의 발생원인

클레임이 발생하는 원인은 다양하다. 거래당사자의 불성실이나 사고가 주원인이 되지만 넓게 보자면 계약조건이 명확하지 아니하거나 사용언어, 상관습, 법률의 상이(相異), 적용 도량형(度量衡)의 상이 등에서 오는 오해, 상대국 법규와 상관습에 대한 무지(無知) 등이 각기 클레임발생의 원인으로 작용할 수 있다. 클레임이 발생하는 원인별로 그 내용을 정리해 보면 다음과 같다.

2.1 대금의 결제관련 클레임

결제에 관한 클레임은 대개 신용장과 관련하여 발생한다. 신용장과 선적서류의 불일치, 신용장의 유효기간과 화물의 선적시기 불일치 등을 이유로 매수인이 제기하는 경우도 있고, 신용장의 임의변경, 신용장의 발행지연 등을 이유로 매도인이 제기하는 경우도 있다.

2.2 가격관련 클레임

가격에 관한 클레임은 가격조건에 관한 용어나 국제관습의 이해부족에서 발생하는 경우도 있으나 최근에는 환율의 급등락에 따른 손실의 전가문제와 관련한 클레임도 자주 발생하고 있다. 그 외에 부당한 비용의 청구, 계약이행 전이나 이행 중에 발생하는 관세율 · 운임 · 보험료의 인상에 따른 손실전가문제로 클레임이 발생할 수도 있다.

2.3 품질관련 클레임

품질에 관한 클레임은 품질불량, 견본(sample)과 현품의 불일치, 선적서류의 기재사항과 도착화물의 내용 불일치, 불순물의 침투로 인한 품질저하, 변색 · 변질 · 변형으로 인한 품질저하, 품명 · 상표의 표시와 현품의 불일치 등이 원인이 된다. 함유성분이나 등급(grade)의 미달, 각종 손상 등도 클레임발생의 원인이 된다.

2.4 수량관련 클레임

수량에 관한 클레임은 계약된 상품의 수량과 도착화물의 수량이 과부족으로 일치하지 아니하는 경우에 발생한다. 분할선적조건(partial shipment clause)이나 과

부족인용조건(more or less clause)을 오해하여 선적하거나 이러한 조건을 무역계약 시 명기해 두지 아니하는 것도 클레임의 원인으로 작용할 수 있다.

2.5 포장관련 클레임

포장에 관한 클레임에는 불량포장, 부정포장(false packing), 불완전포장 등이 그 원인이 된다. 포장의 하인(荷印)이나 지정된 기호의 오기(誤記), 탈루(脫漏)도 운송착오 등을 일으켜 클레임의 원인이 되기도 한다.

2.6 운송 및 인도관련 클레임

운송 및 하역과 관련한 클레임에는 조기(早期)선적이나 지연(遲延)선적으로 인한 선적기간의 위반, 선적 불이행, 계약과 다른 환적, 분할선적조건에 있어 할당 선적의 위반, 불착(non-delivery), 분실(missing), 유실(drifting away), 도난(theft) 등이 원인으로 작용한다.

2.7 기타 클레임

이상에서는 무역거래과정에서 거래당사자의 의도와는 관계없이 실제로 발생하는 손해와 관련한 클레임에 대하여 주로 설명하였으나, 그 외에도 여러 가지 이유에서 클레임이 제기될 수 있다.

먼저 계약당사자의 일방이 계약을 임의로 파기하거나 이행이 불가능해짐으로써 클레임이 제기되는 경우를 보자. 무역계약 후 환경이 변하여 계약 당시에 비해 계약상품의 가격이 현저하게 하락하거나 폭등하는 경우, 환율이 급등락하는 경우, 기타 운임 등 부대비용이 큰 폭으로 인상되는 경우 또는 기왕의 계약보다 더 좋은 조건의 오퍼(offer)가 있을 경우 등 다양한 원인으로 계약당사자의 일방은 계약의 파기를 원할 수 있다. 한편 계약당사자는 계약대로 이행하기를 원하지만 상품의 생산, 선적, 결제과정에서 주어진 여건이 적절치 못함으로 인해 계약을 제대로 이행하지 못하는 경우도 있다. 이와 같은 모든 경우가 클레임의 원인이 될 수 있다. 특히 계약의 파기까지는 가지 않더라도 평소 같으면 클레임의 대상이 되지 않을 경미한 손해를 트집 삼아 의도적으로 거래가격의 할인을 요구하는 경우도 있는데 이를 마켓 클레임(market claim)이라 한다. 이러한 마켓 클레임은 시장의 환경이 급격하게 변화하거나 불투명해졌을 경우에 많이 발생한다.

또 드문 일이기는 하지만 매매당사자가 순전히 악의(惡意)를 가지고 계획적으로 계약이행을 불가능하게 하고 손해배상을 요구하는 계획적 클레임도 있으므로 신용이 분명하지 아니한 상대와는 거래에 신중을 기할 필요가 있다.

3 클레임의 제기와 수령

무역클레임이 발생하는 원인은 여러 가지가 있으므로 그 원인에 따라 클레임 제기의 시기와 제기방법도 달라진다. 여기에서는 가장 많은 클레임이 발생하는 품질 · 수량 · 포장 등 상품과 직접 관련되는 무역클레임을 중심으로 클레임의 제기와 이의 수령(受領)과정에 대하여 살펴보기로 한다.

3.1 클레임의 제기시기

클레임의 제기는 무역계약서에 약정된 조건에 따라서 행한다. 클레임의 제기기간에 관한 약정은 일종의 면책조항으로, 규정된 기간이 경과하면 법률적인 구상권(求償權)이 상실된다. 클레임 제기기간은 약정에 따라 결정될 사항이나 특별한 약정이 없으면 각국의 입법사항이 서로 다르므로 유의하여야 한다. 제기기간은 대개 거래되는 물품의 검사와 통지의 의무기간과 동일한 것으로 본다.

물품의 검사와 통지의무는 국제협약과 각국의 입법에 따라 다소간 차이가 있다. 우리나라 상법의 경우는 매수인이 목적물을 수령한 때에 지체 없이 이를 검사하여야 하며, 하자(瑕疵) 또는 수량부족 등을 발견한 때에는 즉시 매도인에게 그 통지를 하도록 규정하고 있다. 만일 이러한 통지를 하지 아니하면 이로 인한 계약해제, 대금감액 또는 손해배상을 청구할 수 없다.[01] 다만 매매의 목적물에 즉시 발견할 수 없는 하자가 있는 경우에는 매수인이 6개월 내에 이를 발견하면 즉시 통지하고 배상을 요구할 수 있다. 미국의 통일상법전에는 합리적인 기간 내(within a reasonable time)에 의의를 제기하도록 규정하고 있다.[02] 한편 국제물품매매계약에 관한 UN협약(비엔나협약)에서는 실행가능한 짧은 시간 내 물품의 검사, 합리적인 기간 내 통지 등을 규정하고 있고,[03] CIF계약에 관한 와르소-옥스퍼드(Warsaw-Oxford)규칙에는 합리적인 검사와 검사완료 후 3일 이내에 통지할 것을 규정하고 있다.[04]

3.2 당사자의 선택

클레임의 제기사유가 발생하면 먼저 누구를 상대로 클레임을 제기할 것인가를 결정하여야 한다. 이를 위해서는 클레임 사유의 발생원인과 책임소재가 누구에게 있는가를 잘 분석하여야 한다. 클레임의 당사자는 수출상의 입장에서는 ① 상대 수입상, ② 신용장발행은행, ③ 선박회사 또는 보험회사, ④ 국내의 maker, ⑤ 하역회사 · 포장회사 · 창고회사 등의 여러 관련자들 가운데서 정한다. 수입상의 입장에서는 ① 상대 수출업자, ② 외국의 제조업자, ③ 선박회사 또는 보험회사, ④ 국내 매수인, ⑤ 하역회사 · 창고회사 · 국내운송업자 등의 여러 관련자들 가운데서 결정한다.

01 상법 제69조

02 UCC제2-606조

03 국제물품계약에 관한 UN협약(1980) 제38, 39조

04 Warsaw-Oxford Rules for CIF Contract(1932) 제19조

3.3 클레임의 통지

클레임의 사유를 발견하면 우선 그 개요에 대하여 클레임통지서(claim notice)를 전신이나 FAX 또는 E-Mail을 이용하여 발송한 후 곧이어 확정된 클레임 제기서장을 송부하여야 한다. 클레임 제기서장에는 ① 클레임 사실진술서, ② 청구액에 대한 손해명세서, ③ 검사보고서(survey report), ④ 청구서, ⑤ 기타 사실을 입증할 수 있는 서류를 첨부하여야 한다. 클레임 사실진술서는 육하원칙에 따라 간단하되 구체적으로 기술하여야 하고, 손해명세서는 손해액과 기타 제비용을 명세별로 명확하게 기술하여야 한다.

검사보고서는 국제적으로 권위가 있는 국제공인검정기관의 보고서가 신빙성이 높다. 제기된 클레임을 상대방이 수락하는 경우 손해배상금을 받거나 대체품의 송부 등을 청구할 수 있다. 그러나 상대방이 이를 거절하면 상사중재기관 등 제3자에게 요청하여 이를 해결하여야 한다.

3.4 클레임의 수락 또는 거절

클레임의 통지를 받았을 때는 먼저 클레임의 내용과 상대방의 요구사항을 명확히 파악한 다음 가급적 신속하고 설득력 있게 클레임에 대한 입장과 해결방안을 상대방에게 전달하는 것이 바람직하다.

제기된 클레임에 대한 우선적 검토사항은 다음과 같다.

① 클레임의 제기는 합리적 기간 내에 이루어진 것인가?

② 하자를 입증하는 객관적 증빙서류가 있는가?

③ 손해청구 등 클레임의 요구내용은 합리적으로 산출된 것인가?

④ 하자의 정도는 계약상, 거래관습상 허용 정도를 초과하는 것인가?

⑤ 증거서류는 합리적으로 작성되었고 신뢰할만한 것인가?

⑥ 당해 계약에서의 특성을 충분히 고려하고 있는가?

검토결과 상대방의 클레임이 정당하다고 인정되면 손해배상을 하거나 대체품을 송부하는 등 보상조치를 하여야 한다. 그러나 상대방의 클레임이 부당하다고 판단되면 그에 대한 반증자료를 첨부하여 항변하고 청구거절의 의사표시를 한다.

4 무역클레임의 청구내용

무역클레임에서 클레임 제기 측이 상대방에게 청구하는 것은 다음과 같이 다양한 내용이 될 수 있다. 이러한 내용은 무역클레임을 제기하는 쪽이나 제기를 받아 이에 대응하여야 할 상대방 양측 모두의 고려사항이 된다.

4.1 손해배상의 요구

손해배상의 요구는 ① 매수인이 정해진 기일 내에 신용장을 개설하지 않은 경우, ② 매도인이 물품을 선적하지 아니하는 경우, ③ 계약의 파기나 불이행과 같이 계약된 물품과는 관계없이 발생한 손해에 대한 대가로서 요구되는 경우, ④ 매수인에게 도착된 물품에 하자가 있어 이에 대한 손해의 대가로 요구되는 경우 등이 있다.

송금방식의 거래나 일람불(at sight)조건의 신용장거래와 같이 물품의 하자 발견이 대금을 결제한 뒤가 되는 경우, 대금결제와는 별도로 클레임 제기와 함께 손해배상이 청구된다. 손해배상의 요구는 기회비용에 대하여도 행해질 수 있다. 즉 당해 물품이 정상적으로 거래되었더라면 얻을 수 있었던 이익이 상실된 기회에 대한 보상도 요구할 수 있는 것이다. 기회비용에는 예상수익(expected profit)과 그동안의 신용장개설비용, 통신료 등 제반지출에 대한 비용과 그 이자까지 포함될 수 있다.

4.2 가격의 인하 또는 인상요구

도착한 상품에 하자가 발견되었을 때나 기타 매도인의 귀책(歸責)으로 매수인이 손해를 입은 경우 매수인은 매도인에게 이를 통지하고 계약된 가격보다 낮은 가격으로 물품을 인수하겠다고 제의할 수 있다. 가격의 인하에 따른 대금의 감액은 지급하여야 할 대금에서 감액하거나 이미 선적되었으나 대금이 지급되지 아니한 다음 거래분의 대금에서 감액 또는 다음 계약의 거래단가를 인하하거나 총대금에서 감액하는 등 여러 방법이 가능하다.

한편 매수인의 귀책으로 인해 매도인이 손해를 입었을 경우에는 이러한 손해에 대한 대가를 가격인상으로 요구할 수 있는데 가격인상에 따른 대금의 증액은 대금의 감액과 유사한 방법이 활용된다.

4.3 상품의 인수거절

도착한 상품에서 하자를 발견하였을 때 매수인은 상품의 일부 또는 전부의 인수를 거절할 수 있다. 매수인이 상품의 인수를 거절하게 되면 매도인은 협상을 통하여 할인된 가격으로 당해 상품을 매수인에게 인수시키든가, 현지에서 제3자에게 판매하거나 혹은 수출국 또는 제3국으로 반송하는 등의 조치를 취할 수밖에 없다.

상품의 인수거절에는 대금의 지급거절, 대금의 반환청구, 감액된 대금의 지급, 차후의 거래와 연계한 가격인하, 대체품의 송부 요구 등의 후속조치가 수반된다.

일단 수출된 물품이 반송되어 다시 수출국으로 반입될 때는 외국물품으로 간주되어 관세 등이 부과 징수될 수 있으므로 유의하여야 한다. 즉 우리나라에서 생산하여 수출한 물품일지라도 다시 수입하게 되면 이 물품은 외국물품으로 간주되어 관세 등의 과세대상이 될 수 있는 것이다. 그러나 물품 수출 후 조세를 환급받지 않았고, 클레임발생으로 인한 물품의 재수입이 수출신고수리일로부터 2년 이내에 이루어질 때는 관세법 제99조에 의한 재수입면세조항이 적용될 수 있다.

매수인이 대금을 지급하였으나 물품의 인수를 거절하고 계약에 합치되는 대체품을 보내 주도록 요구할 경우, 이때의 대체품에 대하여는 별도의 대가가 지급되는 것이 아니므로 매도인의 입장에서는 소위 '무환수출물품'으로서 상품을 송부하여야 한다. 대체품을 송부하기로 분쟁당사자 간 합의하는 경우 인수가 거절된 수량만큼 대체품을 송부할 것인지, 아니면 상품 공급시기 차질로 인한 손해를 보상할 정도의 수량만큼을 더하여 보내거나 대체품과는 별도의 보상을 할 것인지 여부를 분명하게 해야 한다.

4.4 계약의 이행요구

매매당사자 간 어느 일방이 체결된 계약을 이행하지 않을 때 상대방은 계약의 이행을 요구하는 클레임을 제기하게 된다. 물론 이 경우 계약의 이행 요구가 아니라 계약 불이행으로 인한 손해배상을 청구하거나 두 가지를 병행할 수도 있다.

매매당사자가 L/C Base거래로 계약을 체결하였으나 매수인이 L/C를 개설하지 아니한 경우나, 매수인이 L/C를 개설하였음에도 매도인이 상품을 선적하지 아니하는 경우 등이 그 예가 된다. 1998년 하반기 이후 한동안 우리나라 수출상들이 무역계약을 체결한 후 예상과는 달리 환율이 상당한 수준으로 하락하자 적자 수출이 불가피함에도 계약위반으로 인한 클레임발생을 염려하여 울며 겨자 먹기 식으로 수출을 이행한 사례가 발생한 바 있다.

4.5 잔여계약의 해지

분할선적이 허용되거나 장기적 물품 공급계약에 있어 이미 도착한 상품의 하자 등을 이유로 클레임을 제기하는 동시에 잔여물품의 공급에 대한 계약을 해지하는 경우이다. 이러한 잔여계약의 해지가 정당한지 여부에 대하여는 논란의 소지가 있다. 만일 계약서에 "Each installment shall be deemed as a separation transaction"과 같은 약정이 포함되면 매수인은 선적분의 하자 등을 이유로 잔여물품의 공급에 대한 계약을 해지할 수 없을 것이다.

5 클레임의 해결

5.1 당사자 간의 해결

무역클레임이 발생하면 당사자 간 직접 교섭하여 타협(compromise)함으로써 화해(amicable settlement)적으로 해결하는 것이 가장 바람직하다. 왜냐하면 클레임이 발생하게 된 원인과 내용을 서로가 잘 알고 있고, 적정선에서 타협함으로써 상대방과의 장래 거래관계를 해치지 않을 수 있기 때문이다. 당사자 간의 해결방법으로는 청구권의 포기(waiver of claim)와 화해(amicable settlement)가 있는데, 전자(前者)는 피해를 본 당사자가 이의는 제기하되 손해의 보상을 별도로 요구하지 아니하는 것이고 후자(後者)는 당사자 쌍방이 직접 청구액의 범위와 구상방법을 합의하는 것이다. 당사자 간 해결은 서로의 이해가 상반되기 때문에 장기간의 거래로 상대방에 대한 신뢰감이 쌓여있거나 어느 일방이 양보하지 않는 한 해결되기가 어렵다.

5.2 제3자의 개입에 의한 해결

당사자 간의 타협에 의한 화해가 바람직한 클레임 해결방법이고 실제 대부분의 무역클레임도 이 방법에 의하여 해결되고 있다. 그러나 타협에 의해서 해결책을 얻지 못했을 경우에는 상공회의소, 대사관, 영사관, 상사중재원과 같은 제3자를 통하여 클레임을 해결하게 된다. 이 경우에도 분쟁의 해결은 가급적 알선이나 조정을 통한 상호 합의로서 최종적인 매듭을 짓는 것이 바람직하다.

(1) 알선

알선(斡旋, intercession)이란 제3자인 상공회의소 등이 일방 또는 쌍방의 요청에 의하여 사건에 개입, 공정한 입장에서 원만한 타협이 이루어지도록 협조하는 것을 말한다.

알선이 성공적으로 클레임 해결에 이르기 위해서는 알선기관의 역량이 중요한 변수로 작용한다. 알선은 강제성이 없기 때문에 쌍방이 수락하지 아니하면 효력을 발휘할 수 없으므로 쌍방의 협력적 자세, 또는 이를 끌어내기 위한 알선기관의 역량이 중요하다.

(2) 조정

조정(調整, conciliation)은 당사자 쌍방이 공정한 제3자를 조정인으로 선임하고 그가 제시하는 구체적 조정안에 합의함으로써 클레임을 해결하는 방법이다. 조정에서 당사자는 조정안을 수락하여야 할 의무는 없지만 일단 수락하면 강제력을 가지게 된다는 점에서 알선과 차이가 있다. 조정은 중재보다 간편한 절차로 해결에 이르면서도 효과는 중재판정과 동일한 효력을 가질 수 있는 장점이 있으나 알선과 마찬가지로 양 당사자의 합의가 있어야만 하는 약점이 있다.

우리나라 중재규칙상으로는 중재신청 후 양 당사자가 요청할 경우 상호 협의하에 조정인을 선정, 조정을 시도할 수 있도록 하고, 조정에 실패하면 자동적으로 중재규칙에 의해 중재인을 선정, 중재절차가 진행된다.

(3) 중재

중재(仲裁, arbitration)는 공정한 제3자를 중재인으로 선임하고 분쟁의 해결을 전적으로 중재인에게 맡겨 그 중재판정에 복종함으로써 클레임을 해결하는 방법이다. 조정의 경우 조정안의 수락 여부는 당사자의 자유의사에 따르지만 중재의 경우 당사자는 중재판정을 거부할 수 없으며 그 결과에 강제당하게 된다.

중재법에서도 중재판정의 효력은 법원의 확정판결과 동일한 효력이 있다고 명시하고 있다. 또한 외국중재판정의 승인과 집행에 관한 UN협약(일명 뉴욕협약)에서도 외국의 중재판정기관에 의한 판정의 집행을 보장해 주고 있는데 여기서 중재판정(arbitral awards)이라 함은 각개의 사건을 위하여 선정된 중재인에 의하여 내려진 판정뿐 아니라 당사자들이 부탁한 상설의 중재기관이 내린 판정도 포함된다.[05]

(4) 소송

소송(訴訟, litigation)에 의한 무역클레임의 해결은 국가기관인 법원에 소송을 제기하여 그 판결에 의해 분쟁을 강제적으로 해결하는 방법이다. 그러나 무역거래는 상대방이 법역(法域)이 다른 외국에 있기 때문에 법 집행상 문제가 있을 뿐 아니라 소송에는 많은 시간과 비용이 소요되는 문제점이 있다.

6 상사중재제도

6.1 중재의 의의

중재는 분쟁당사자의 합의에 의해 선정된 중재인의 판정에 의해 분쟁을 해결하는 절차다. 중재는 역사적으로 오랜 전통을 갖고 있는 법원의 소송절차에서 나타나는 여러 문제의 해결대안으로 등장했다. 법원의 소송은 처리에 시간이 오래 걸리고 소송비용이 높으며, 엄격한 법적 절차와 요식(要式)행위로 일반인들이 쉽게 접근하기 어려운 면이 있다. 특히 산업사회가 발전하면서 분쟁해결에 해당 분야의 전문적인 지식이 필요하고 신속한 해결의 필요성이 높아지면서 소송외적 분쟁절차(ADR : Alternative Dispute Resolution)가 발달하게 되었다.

소송외적 분쟁해결방식에는 개념상 진행순서별로 단계가 있다. 협상(negotiation)에

05 UN Convention on the Recognition and Enforcement of Foreign Arbitral Awards 제1조. 우리나라는 이 협약에 1973년 5월 가입하였다.

❙ 그림 14-2 ❙ 뉴욕에 문을 연 ICC 국제중재법원(ICA) 빌딩

서 알선, 조정, 구속력 없는 중재에서 구속력 있는 중재, 그리고 정식재판 등이다. 중재(arbitration)는 분쟁당사자가 선택한 중립적인 제3자가 분쟁해결을 의뢰받고, 심문(hearing) 이후에 내리는 판정(award)에 당사자들이 복종하기로 미리 합의한 분쟁해결절차를 말한다. 이때 분쟁당사자들이 선정한 제3자를 중재인(arbitrator)이라고 한다. 중재인은 당사자 어느 편에도 이해를 가지지 않은 중립적인 인사로 쌍방의 동의하에 선정되며, 이러한 중재인이 분쟁내용을 소상히 듣고 검토하여 분쟁을 마무리하는 결정을 내리게 되는 것이다.

말하자면 중재는 법원의 재판을 대신하여 재판의 엄격한 절차와 그로 인한 사건해결의 지연, 복잡한 소송수행과정 등을 피하고 스스로 선택한 사람의 심판에 복종하도록 하는 제도이다. 클레임의 해결에 있어 중재는 다음과 같은 장점을 갖는다.

① 중재는 분쟁을 신속하게 해결한다. 법원재판은 3심제이지만 중재는 단심제(單審制)로 운영된다. 또 당사자 간에 따로 합의하지 않은 경우에 중재판정은 심리가 종결된 날로부터 30일 이내에 내려진다.[06]

② 중재는 재판에 비하여 비용이 적게 든다.

③ 중재는 판정인을 자신이 직접 선택하거나 또는 배척할 수 있다. 따라서 당해 분쟁과 관련되는 업무에 전문적인 지식과 경험을 갖춘 공정한 인사를 선택하여 그 판단을 받을 수 있다.

④ 중재절차는 공개하지 않으며[07] 사업상의 기밀(機密)이나 회사의 명성이 분쟁해결과정에서 손상되지 않고 보호된다.

06 대한상사중재원 중재규칙 제40조 제2항

07 대한상사중재원 중재규칙 제12조

⑤ 중재판정은 외국에서의 집행이 보장된다. 법원의 판결은 주권의 문제 등으로 타국에서의 직접적인 집행이 불가능하지만, 외국중재판정의 승인 및 강제집행에 관한 UN협약에 따라 타 협약국 내에서도 집행이 보장되고 있기 때문이다.

6.2 중재계약과 준거법

무역거래에 있어 분쟁의 양 당사자는 국적을 달리하는 경우가 대부분이므로 무역계약 시 클레임의 제기와 이의 해결에 관한 내용을 미리 약정해 두는 것이 보편적이다. 중재에 의해 클레임을 해결하려면 양 당사자 간의 계약상에 '중재계약'이 있어야 한다. 물론 분쟁이 발생한 후에도 이의 해결을 위한 방편으로서 '중재합의'가 가능하다. 그러나 분쟁이 발생한 이후에는 중재에 의한 해결에 합의하였다 하더라도 중재기관의 선정과 중재절차에 적용할 절차규칙, 즉 준거법(準據法)에 대한 합의가 용이하지 않을 수 있으므로 가급적 무역계약 시 이에 대하여 명시적 규정을 두는 것이 바람직하다.[08]

중재가 유효하게 성립하려면 반드시 당사자 간의 명시적 합의, 즉 그들의 분쟁을 중재로 해결한다는 데 동의한다는 의사표시가 있어야 한다. 중재계약은 계약체결 시기가 분쟁이 발생하기 전이냐, 후이냐에 따라 중재조항(arbitral clause)과 중재합의(arbitral submission)로 구분될 수 있다. 이러한 계약은 후일(後日)에 증거가 될 수 있도록 어떤 형태이든 간에 서면으로 되어 있어야 한다. 즉 중재계약은 당사자가 중재를 합의한 서면에 기명날인한 것이거나, 거래계약서에 중재조항이 기재되어 있거나, 교환된 서신 또는 전신에 중재조항이 기재된 것일 때 중재계약으로서

08 무역계약 시 포함시킬 중재조건과 관련하여 대한상사중재원이 권장하고 있는 표준적 문안은 다음과 같다.
"All disputes, controversies, or differences which may arise between the parties, out of or in relation to or in connection with this contract, or for the breach therof, shall be finally settled by arbitration in Seoul, Korea in accordance with the Commercial Arbitration Rules of the Korean Commercial Arbitration Board and under the Laws of Korea. The award rendered by the arbitrator(s) shall be final and binding upon both parties concerned."

효력이 생기는 것이다.[09]

중재계약에 포함되어야 할 주요 사항은 중재기관과 적용할 준거법, 사용언어, 중재비용의 부담내용 등이다. 국제관례에 따르면 중재기관은 피신청인주의가 적용된다. 즉 클레임 제기를 받은 쪽의 소속국가 중재기관이 중재를 담당하는 것이다. 예를 들어 우리나라의 무역업자가 미국 무역업자를 상대로 중재신청을 할 때 별도의 합의가 없으면 미국 중재기관이 중재를 담당하게 되는 것이다. 피신청인주의 외에 신청인주의 또는 제3국주의 등도 있는데, 거래당사자가 구체적으로 합의하면 그대로 유효하다.

국제적인 거래와 관련한 분쟁에서 중립적 제3국의 중재기관으로 가장 이름이 높은 것이 국제상공회의소(ICC) 부설 국제중재법원(ICA : International Court of Arbitration)이다. ICA는 1923년 설립되어 국제상사분쟁을 전담하고 있으며, 취급분야는 무역, 투자, 해운 등을 포함하여 제한이 없을 정도로 범위가 넓다. ICA는 이상적인 중재법원이기는 하나 중재비용이 상당히 비싸다는 것이 흠으로 지적되고 있다.[10] 그 밖에 영국의 런던, 스위스의 캔턴(canton, 주(州)에 해당하는 행정단위), 스웨덴의 스톡홀름 등에 있는 중재기관도 중립적인 기관으로 널리 알려져 있다.

우리나라에도 중재업무를 맡고 있는 기관으로 대한상사중재원이 있다. 중재에 적용할 준거법으로는 각국에 중재와 관련한 법규가 있지만 UN 산하의 국제무역법위원회(UNCITRAL : United Nations Commission on International Trade Law)가 제정하여 1976년 12월 12일 UN총회에서 채택된 UNCITRAL 중재규칙도 널리 사용되고 있다. UNCITRAL 중재규칙에는 중재심문, 중재절차, 판정, 당사자의 수정권 등이 명시되어 있다. 우리나라의 대한상사중재원의 경우 중재법과 상사중재규칙 등이 있지만 당사자들이 UNCITRAL 중재규칙을 적용하기로 약정하는 경우에 대비하여 UNCITRAL 중재규칙에 따른 중재가 가능하도록 별도의 규칙을 두고 있다.[11]

09 대한상사중재원 중재규칙 제14조

10 분쟁금액이 1백만 달러이고 1인 중재로 진행하는 것을 가정할 때 ICA를 이용할 경우 분쟁금액의 4.5% 내외가 비용으로 든다. 반면 대한상사중재원을 이용할 경우는 분쟁금액의 0.6% 내외가 비용으로 든다. 이순우, 상사중재론, 법경사, 1998, pp.87-88.

11 UNCITRAL 중재규칙에 따른 중재관리규칙

한편 국제중재에서 중재판정의 실효성 확보와 관련하여 중요한 의의를 갖는 것이 '뉴욕협약'으로 불리는 외국중재판정의 승인 및 강제집행에 관한 UN협약(UN Convention on Recognition and Enforcement of Foreign Arbitral Awards, 1958)이다. 이 협약에는 현재 세계 120여 개 이상의 국가가 가입하고 있다. 뉴욕협약에 의해 협약국가 간에는 일방 당사국가의 중재기관이나 제3국 중재기관에서 내려진 중재판정은 상대방 당사자의 국가에서 직접 내려진 중재판정과 동일한 효력이 인정되고 동시에 강제집행도 보장되고 있다.

6.3 중재의 절차

중재사건이 접수되어 판정이 내려질 때까지 제반절차를 말하는 중재절차는 당사자가 계약으로 구체적 방법을 정할 수 있다. 만약 당사자들이 절차에 관하여 합의를 하지 아니하였거나 또는 그 의사가 분명하지 아니한 때에는 중재기관의 규칙에 따라 처리된다. 아래 그림은 우리나라 대한상사중재원의 중재절차이다.

그림 14-3 상사중재의 절차

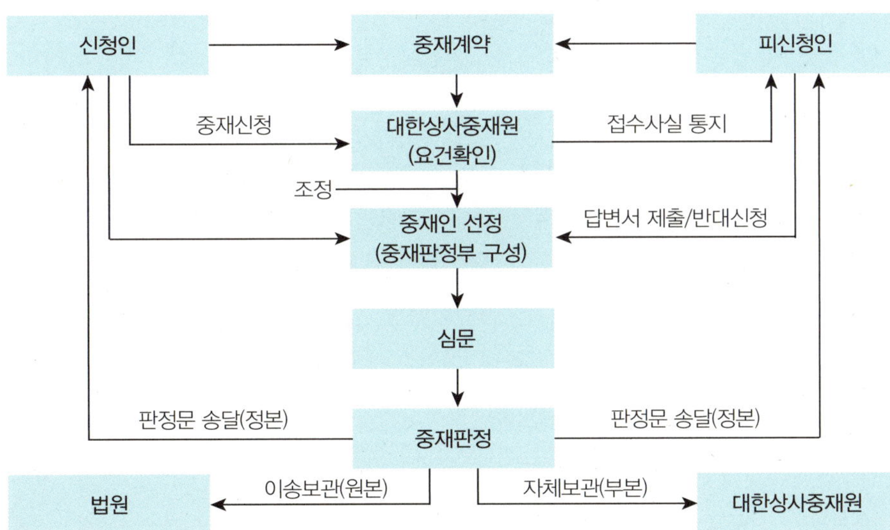

6.4 중재판정의 효력

중재판정은 분쟁의 해결과정에서 중재인이 내리는 최종적인 결정이므로 중재계약당사자들은 이 판정에 구속받게 된다. 즉 중재판정은 당사자에게 법원의 확정판결과 동일한 효력을 가지므로 재심이나 민사소송에서처럼 법원에 항소나 상고와 같은 불복을 할 수 없다. 그러나 중재절차상 명백한 하자가 있을 때 중재판정의 정본을 받은 날부터 3개월 이내에 취소의 소를 제기할 수 있다. 그러나 해당 중재판정에 관해 법원의 승인 또는 집행결정이 확정된 후에는 취소의 소를 제기할 수 없다.[12]

12 중재법 제36조

기출문제 9 클레임

01 다음은 분쟁해결과 관련된 설명이다. 잘못된 것은?

① 당사자 간의 분쟁해결 외에 제3자에 의한 해결방법에는 알선, 조정, 중재, 재판 등의 방식이 있다.

② 제3자에 의한 해결방법 중 중재는 자발적인 분쟁해결방법, 신속한 해결, 적은 비용, 외국에서의 강제집행 등의 장점을 갖고 있다.

③ 중재합의에는 분쟁이 발생한 후에 그 분쟁을 중재에 의하여 해결하기로 하는 사후중재합의와 장래에 분쟁이 발생하면 그것을 중재에 의하여 해결하도록 하는 사전중재합의가 있다.

④ 중재합의는 서면에 의하도록 규정되어 있지만 예외적으로 당사자 간 합의에 의해 구두합의를 하는 것도 가능하며, 중재합의문에는 중재지, 중재기관, 준거법 3가지 요소 외에 중재절차의 진행요건도 기재될 수 있다.

국제무역사 35회 2교시 23번

02 다음 중 상사중재의 특징이 모두 올바르게 기재된 것은?

A. 자발적 분쟁해결방법
B. 중재인의 전문성
C. 판정결과에 대한 높은 예측가능성
D. 적은 비용
E. 세계 모든 국가에서의 강제집행가능성

① A, B, E　　② A, B, C, E
③ A, B, D　　④ A, B, C, D, E

국제무역사 36회 2교시 24번

03 다음은 국제중재판정의 승인 및 집행에 관한 설명이다. 잘못된 것은?

① 중재판정이 일단 내려지면 소송과 같이 불복절차인 항소나 상고제도가 허용되지 않는다.

② 승인 및 집행의 거부사유에 관계없이 중재판정의 효력은 인정된다.

③ 중재판정의 효력은 기판력과 확정력 및 집행력을 지닌다.
④ 국제중재판정의 집행이란 중재에서 이긴 당사자가 상대방 당사자의 임의적인 이행이 없을 때, 상대방의 재산소재지 등에서 중재판정의 내용을 법적으로 실현시키는 행위를 말한다.

국제무역사 38회 2교시 24번

04 다음 중 클레임의 해결방법에 관한 설명으로 잘못된 것은?

① 중재판정의 효력은 법원의 확정판결의 효력과 동일하며 구속력과 확정력 및 집행력을 지니며 어느 나라에서든지 강제집행력을 지닌다.
② 중재에서 당사자의 일방이 출석하지 아니하거나 출석해서 심리에 응하지 아니하는 경우에도 심리절차는 그대로 진행시킬 수 있다.
③ 당사자의 일방 또는 쌍방의 의뢰에 따라 제3의 기관이 해결방안을 제시하거나 조언하는 것을 intercession이라고 한다.
④ 중재합의는 반드시 서면으로만 하여야 하며 사후중재합의도 가능하다.

국제무역사 39회 2교시 27번

05 다음 중 대한상사중재원의 '무역분쟁조정'에 대한 설명으로 잘못된 것은?

① 대외무역법에 근거하여 무역거래자와 외국업체 간의 수출 · 수입과 관련한 분쟁을 조정하는 절차이다.
② 조정대상은 대금미지급 · 선적불이행 및 기타 계약과 관련한 분쟁과 수출자와 선적전 검사기관과의 분쟁 등이다.
③ 소송에 비하여 신속한 조정진행이 가능하며 비용이 저렴하다.
④ 조정절차가 일반에 공개되므로 투명하고 공정한 결과를 기대할 수 있다.

국제무역사 39회 1교시 12번

06 다음은 무역계약서의 일부이다. 그 내용에 대한 설명으로 잘못된 것은?

GOVERNING LAW: This contract shall be governed in all respects by the CISG (United Nations Convention on Contracts for the International Sale of Goods).
ARBITRATION: All disputes arising out of or in connection with the present contract shall be finally settled in A (name of country) under the Rules of XYZ Institution of Arbitration by three arvitrators.

① 이 계약의 실체적 준거법은 국제물품매매계약에 관한 UN협약(CISG)이다.
② 중재조항이 있으므로 이 계약과 관련한 분쟁이 발생하였을 경우 분쟁해결을 위하여 계약당사자들은 소송을 한 후에 중재를 할 수 있다.
③ 계약당사자가 합의한 중재지는 A국이다.
④ 분쟁해결을 위하여 중재를 할 경우 반드시 3인 중재를 하여야 한다.

국제무역사 36회 2교시 48번

07 다음 중 중재(arbitration) 및 재판(litigation)에 관한 설명이 올바른 것을 모두 기재한 것은?

> A. 상대방과 계약협상을 할 때 무엇보다 분쟁해결에 관한 조항 작성에 유의해야 한다. "중재 또는 소송으로 해결한다."라는 선택적 중재조항도 유효하다.
> B. 국제계약에서는 중재지 선택이 중요하기 때문에 우리나라를 중재지로 선택하기 위해서 한국 중재법의 국제성 등을 상대방에게 잘 이해시켜야 한다.
> C. 중재합의는 직소금지와 중재로 해결해야만 하는 법적 효력이 있다.
> D. 중재인은 당사자 자치의 원칙에 따라 당사자가 합의로 선정하게 된다.
> E. 중재판정 후 승소자는 패소자가 중재판정의 내용을 이행하지 않을 경우 법원의 집행판결을 얻어 강제집행을 할 수가 있다.
> F. 중재판정은 법원의 확정판결과 동일한 효력이 있기 때문에 본안에 대해서 법원 또는 중재로 다시 다툴 수 없다.

① A, B, C
② A, D, E
③ B, C, D, E, F
④ B, D, E, F

국제무역사 37회 2교시 27번

08 다음은 무역계약의 분쟁해결방법인 중재(arbitration)에 대한 설명이다. 잘못된 것은?

① 무역계약당사자 간의 분쟁해결을 위한 중재합의는 반드시 문서로 하여야 하며, 직소의 원칙에 의거하여 중재합의가 있는 경우에도 소송이 유리하다고 판단될 경우 곧바로 소송을 제기할 수 있다.
② 조정(mediation)은 조정인이 제시한 조정안을 쌍방이 수락함으로써 분쟁을 해결하는 방법이며, 당사자 중 일방이 조정인이 제시한 조정안을 거부할 수 있다.
③ 당사자가 계약서 작성 시에 미래의 분쟁발생에 대비하기 위해서는 중재조항(arbitration clause)과 개판관할조항(jurisdiction clause) 중 하나를 선택하여 명기하는 것이 필요하다.

④ 단심제로 운영되는 중재판정은 법원의 확정판결과 동일한 효력을 가지며, 중재합의는 사전합의뿐만 아니라, 분쟁이 발생된 이후에 당사자들이 그 분쟁을 중재에 의하여 해결하기로 합의한 경우에는 사후합의도 가능하다.

국제무역사 36회 2교시 25번

09 다음은 무역분쟁의 해결방법에 관한 설명이다. (　　)에 들어갈 용어로 가장 올바른 것은?

> (　　) is the most low-cost and quick measure of dispute resolution, and can be enforced in foreign countries because it has the same force and effect as a final judgment of the court.

① Conciliation　　② Litigation
③ Amicable settlement　　④ Arbitration

국제무역사 36회 2교시 58번

10 다음은 무역계약서 조항의 일부이다. 내용에 대한 설명이 잘못된 것은?

> If any matter, dispute or claim arising out of or relating to this Agreement or the breach of termination hereof, cannot be agreed upon by the Parties hereto, or cannot be settled amicably by the Parties hereto, that matter dispute or claim shall be referred to an arbitrator to be agreed between the Parties hereto or, failing agreement, to be nominated on the application of either Party hereto by the Director of the Kuala Lumpur Regional Centre for Arbitration and any such reference shall be deemed to be a submission to arbitration within the meaning of the Arbitration Act, 2005. The decision of the arbitrator shall be final and binding on each of the Parties hereto: the number of arbitrators shall be 1 (one): the language to be used in the arbitration proceedings shall be English and the law applicable to this agreement shall be the Laws of Malaysia.

① 중재에 관한 조항이며 중재합의는 반드시 문서로 하여야 하며 구두합의는 무효이다.
② 중재합의문에는 ⓐ 중재지, ⓑ 중재기관, ⓒ 준거법(governing law)의 세 가지 요소가 포함된다.
③ 중재판정의 효력은 법원의 확정판결과 동일한 구속력과 확정력을 가진다.

④ 중재합의는 본질적으로 당사자 자치 원칙상 당사자가 모든 절차를 중재합의 또는 기타 특약으로 미리 약정을 할 수가 있으며, 이 약정은 준거법(governing law)상의 규정보다 우선하여 적용될 수는 없다.

국제무역사 37회 2교시 25번

기출문제 정답

기출문제 1_ 계약

01 ② 02 ④ 03 ③ 04 ② 05 ② 06 ③ 07 ③ 08 ① 09 ④ 10 ① 11 ②

기출문제 2_ 인코텀즈

01 ④ 02 ③ 03 ④ 04 ③ 05 ② 06 ④ 07 ④ 08 ③ 09 ② 10 ④

기출문제 3_ 수출입반송통관

01 ② 02 ③ 03 ③ 04 ④ 05 ③ 06 ④ 07 ③ 08 ① 09 ④

기출문제 4_ 운송

01 ② 02 ④ 03 ③ 04 ④ 05 ③ 06 ① 07 ③ 08 ③ 09 ④ 10 ① 11 ④ 12 ③

기출문제 5_ 보험

01 ③ 02 ④ 03 ③ 04 ③ 05 ③ 06 ② 07 ④ 08 ① 09 ② 10 ② 11 ② 12 ①
13 ②

기출문제 6_ 결제

01 ① 02 ③ 03 ② 04 ④ 05 ④ 06 ④ 07 ① 08 ④ 09 ① 10 ③ 11 ④ 12 ②

기출문제 7_ 신용장

01 ② 02 ③ 03 ④ 04 ① 05 ③ 06 ① 07 ② 08 ④ 09 ② 10 ② 11 ④ 12 ②
13 ① 14 ② 15 ① 16 ③

기출문제 8_ 수출보험

01 ③ 02 ③ 03 ③ 04 ② 05 ① 06 ④

기출문제 9_ 클레임

01 ④ 02 ③ 03 ② 04 ① 05 ④ 06 ② 07 ③ 08 ① 09 ④ 10 ④

참고문헌

권재근 · 김화수, 인터넷 무역, 매일경제신문사, 1999.
김동환, 전자상거래를 위한 인터넷, 도서출판 두남, 2000.
김병학, 대외무역법론, 도서출판 두남, 2000.
김영생, 최신외국환거래법, 법경사, 1999.
김인구, 전자상거래-이론과 실무, 도서출판 두남, 2000.
김판국, 인터넷상거래, 홍진출판사, 1999.
남풍우, 무역영어(전정6판), 도서출판 두남, 2014.
대한상공회의소, 인코텀즈 2000, 2000.
박대위, 무역실무, 법문사, 1997.
______, 신용장, 법문사, 1998.
신동수, 무역실무, 법경사, 1998.
오원석, 국제운송론, 박영사, 1995.
오원석 · 박광서, 무역상무, 삼영사, 2017.
이상진 · 이충배, 전자상거래, 도서출판 두남, 2000.
이순우, 상사중재론, 법경사, 1998.
장치순, 무역계약론, 형설출판사, 1995.
전무부, 해상보험론, 형설출판사, 1997.
정재완, 관세환급특례법, 도서출판 두남, 2000.
최승우 · 김성배 · 김종걸, 전자화폐, 한국경제신문사, 1998.
한국무역협회, 사이버 무역의 성공전략, 설명회자료, 2000.4.
____________, 인터넷 Cyber무역, 무역아카데미 교재, 2000.
한국전산원, 한국인터넷 백서, 2000.
한진해운, 해운실무 연수교재, 2000.
한국복합운송주선업협회, 복합운송실무 연수교재, 2000.
한국수출입은행, 포페이팅의 이론과 실제, 2000.

한미은행, 외환 I ~ III 연수교재, 2000.

해운산업연구원, 해운경영론 연수교재, 2000.

Antonio Boggiano, *International Standard Contract : The Price of Fairness*, Graham & Trontoman, 1991.

Donald F. Wood, Anthony Barone, Paul Murphy, Daniel L. Wardlow, *International Logistics*, Champman & Hall, 1994.

P. Fawcett, R. E. McLeish, I. D. Ogden, *Logistics Management*, Longman, 1992.

Richard Cristou, *Drafting Commercial Agreements*, Longman, 1993.

日本貿易實務檢定協會, 貿易實務 ハンドブック, 中央書院, 1999.

井上洋, ネットワーク 貿易取引契約の 理論と 實際, 同文館, 2000.

찾아보기

| 저자소개 |

박현용(hypark21@duksung.ac.kr)

[학력]

- 경희대학교 무역학과 졸업(경제학 박사)

[경력]

- 법무법인 율촌 관세통상전문관
- 인포마스터 전략컨설팅 본부장
- 경희대학교 무역학과 연구교수

현) 덕성여자대학교 국제통상학과 교수

정재완(blue@hannam.ac.kr)

[학력 및 경력]

- 서강대학교 대학원 무역학과 졸업, 경영학 박사(무역 및 국제경영 전공)
- 관세사시험 일반응시 합격(관세사)
- 제주세관 세무과장, 울산세관 감시관
- 재정경제원(현, 기획재정부) 세제실 관세국 근무(행정사무관 및 서기관)
- 관세청장 비서관, 관세청 심사정책과장, 용당세관 세관장
- 인천본부세관 통관국장
- 국립세무대학 교수(관세학과장)
- 한국관세포럼 회장, 한국관세학회 회장
- 국무총리 소속 조세심판원 조세심판관

현) 한남대학교 경상대학 무역학과 교수
　FTA전문가포럼 회장
　산업통상자원부 무역위원회 지식재산권침해조사 자문단 자문위원
　7급 · 9급 공무원시험, 관세사 · 원산지관리사 · 물류관리사 · 국제무역사 자격시험 출제/선정위원

[저서]

- 21세기 무역학개론(삼영사)
- 관세법(도서출판 청람)
- HS품목분류와 관세율표(삼영사)
- 국제통상법규(삼영사)
- FTA 이해와 활용(공저, 도서출판 청람)
- 수출입회계와 세무실무(공저, 영화조세통람)
- 관세감면실무(공저, 한국관세무역개발원)
- 관세행정발전론 상 · 하(한국학술정보)
- 관세쟁송의 이론과 실무(공저, 한국관세무역개발원)
- 인터넷시대 무역실무(도서출판 두남) 외 다수

[주요 연구분야]

- 국제통상거래법, 국제통상법규, 관세, 통관, FTA, 국제물류, 무역실무

무역실무

2023년 2월 20일 1판 1쇄 인쇄
2023년 2월 25일 1판 1쇄 발행

저 자 | 박현용 · 정재완
발행인 | 이수영
발행처 | 도서출판 청람
서울시 마포구 독막로 288(대흥동, 세양상가 109호)
전 화 | 02)3272-2601(대)~2
팩 스 | 02)3272~2603
이메일 | crbooks@daum.net
홈페이지 | http://www.crbooks.co.kr
등 록 | 2000년 8월 26일 제6-0509호

ISBN 978-89-5972-942-5 93320 [정가 28,000원]